云霄年鉴

2022

中共云霄县委党史和地方志研究室　编

方志出版社
Publishing House of Local Records

图书在版编目（CIP）数据

云霄年鉴. 2022 / 中共云霄县委党史和地方志研究室编. —北京 : 方志出版社, 2022.12
ISBN 978-7-5144-5500-7

Ⅰ. ①云… Ⅱ. ①中… Ⅲ. ①云霄县—2022—年鉴
Ⅳ. ①Z525.74

中国版本图书馆CIP数据核字(2022)第252537号

责任编辑：王娜
责任校对：刘玉霞
责任印制：梅中英
出 版 者：方志出版社
地　　址：北京市朝阳区潘家园东里9号（国家方志馆4层）
邮　　编：100021
网　　址：http://www.zgfzcb.cn
发　　行：方志出版社图书营销中心（010-67110500）
印　　刷：福州兴教印刷有限公司
开　　本：889毫米×1194毫米　1/16
印　　张：15.5印张　　插页：2印张
字　　数：494千字
版　　次：2022年12月第1版
印　　次：2022年12月第1次印刷
定　　价：200.00元

《云霄年鉴（2022）》编纂委员会

《云霄年鉴（2022）》编辑部

马铺乡

绘美生态底色 助力乡村振兴

马铺乡位于福建省云霄县西北部，地域面积161平方公里，素有“生态花园”之美誉。这里气候宜人，山清水秀，全省第二大人工水库——峰头水库坐落于辖区腹地，宛若一块碧玉镶嵌在连绵青山之间，独成一派山水相依、草木生翠的库区风光。这里人杰地灵，人文景观丰富，是云霄县第一个乡级苏维埃政权“坪水乡苏维埃政府”和第一个党支部“中共坪水乡党支部”的诞生之地，总投资32亿元的全省首个背靠背换流站——闽粤联网换流站坐落于此。

峰头水库

2021年，马铺乡紧紧围绕全县工作大局，扎实开展“产业发展项目建设年”活动，积极参与“六比一看”竞赛，推进2个市级重点项目开工建设，推进国家电力“十四五”规划重点项目闽粤联网工程及其配套项目建设，有力助推国家“双碳”政策实施。坚持找准“北部生态涵养发展片”发展定位，紧紧围绕“党建引领、产业发展、群众致富、村财增收”的工作思路，立足本乡实际，大力发展农业特色产业，充分发挥龙镜村“镜花缘”、客寮村“淮山产业园”等示范引领作用，逐步探索出了一条产业兴、环境美、治理优、民风淳的乡村振兴共建共治之路。近年来先后被授予“漳州市脱贫攻坚先进单位”“漳州市市级先进基层党组织”“漳州市市级平安建设先进集体”等荣誉称号，客寮村也因发展淮山产业入选全国乡村特色产业亿元村。

（谢勤杰　摄）

镜花缘生态农庄

（谢勤杰　摄）

淮山美食体验馆　　（高志坚　摄）

金竹柏基地

（谢勤杰　摄）

马铺村库区移民休闲公园　（谢勤杰　摄）

红军树（赤卫队员何万圣英勇就义处）（朱乔柽　摄）

坪水乡苏维埃政府革命陈列室　　（朱乔怪　摄）

坪水乡苏维埃政府纪念碑　　（朱乔怪　摄）

淮山面线

（高志坚　摄）

淮山面　　（高志坚　摄）

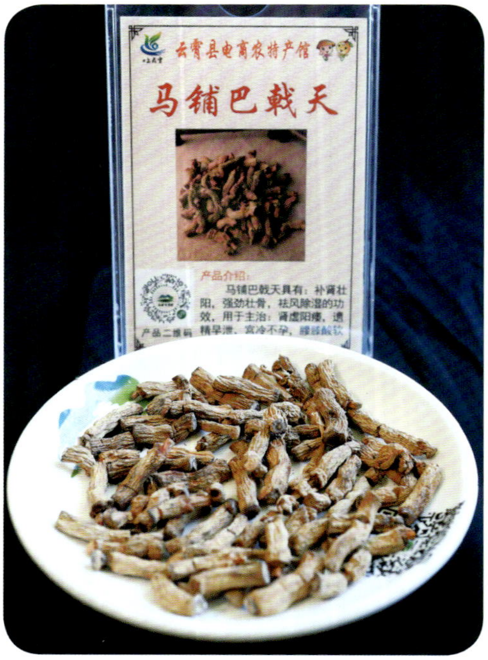

马铺巴戟天　　（高志坚　摄）

马铺风柜斗草　　（高志坚　摄）

云星电子　　（高志坚　摄）

闽粤联网工程　（谢勤杰　摄）

宝石村土楼鸟瞰　（谢勤杰　摄）

油坑庵　（谢勤杰　摄）

谷春庵（高志坚　摄）

太平庙（高志坚　摄）

林太史公讲学亭
（四角楼学堂）
（谢勤杰　摄）

“水乡龙镜”

龙镜水乡鸟瞰　　（谢勤杰　摄）

（张元锋　摄）

龙镜村　　（高志坚　摄）

淮山体验馆　（谢勤杰　摄）

直播带货　（谢勤杰　摄）

云霄第三中学　（谢勤杰　摄）

马铺中心小学　　（谢勤杰　摄）

马铺中心幼儿园　　（谢勤杰　摄）

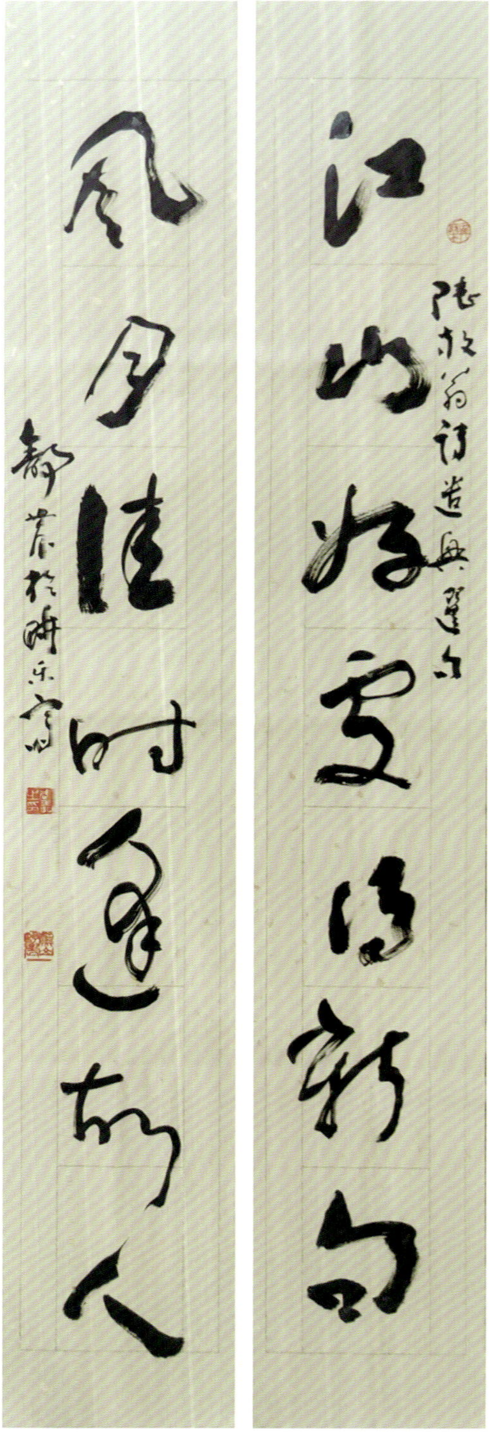

《江山风月联》138厘米×23厘米×2 施武弄

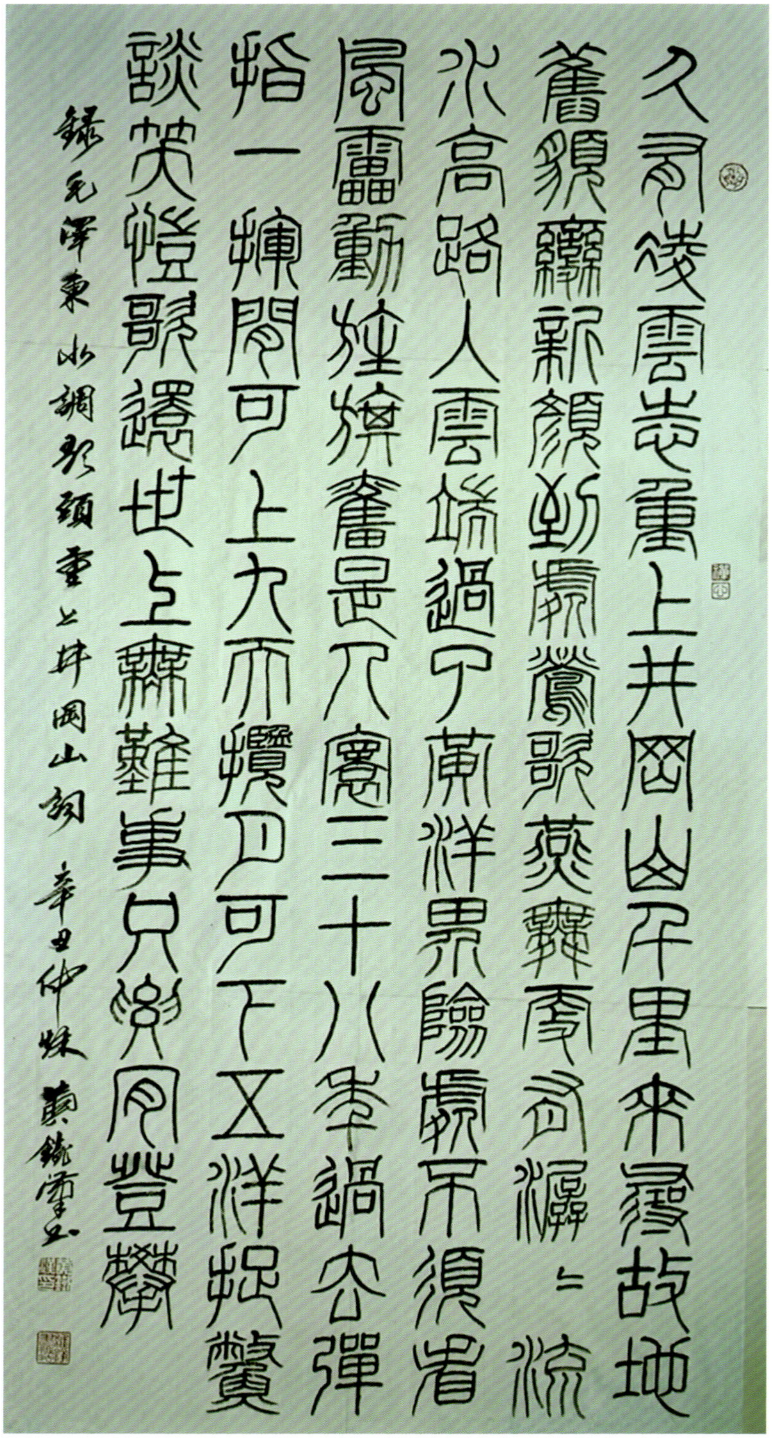

《水调歌头·重上井冈山》 138厘米×69厘米 黄铁汉

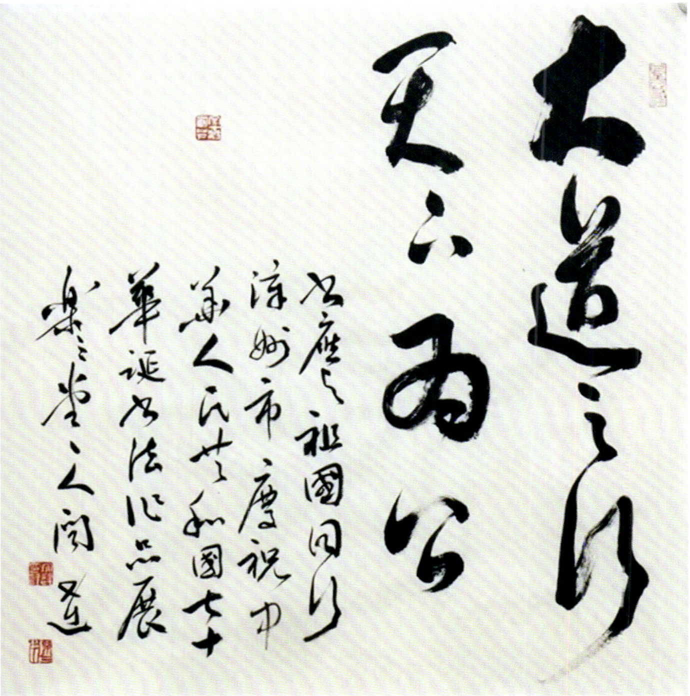

《大道之行》 69厘米×69厘米 方文达

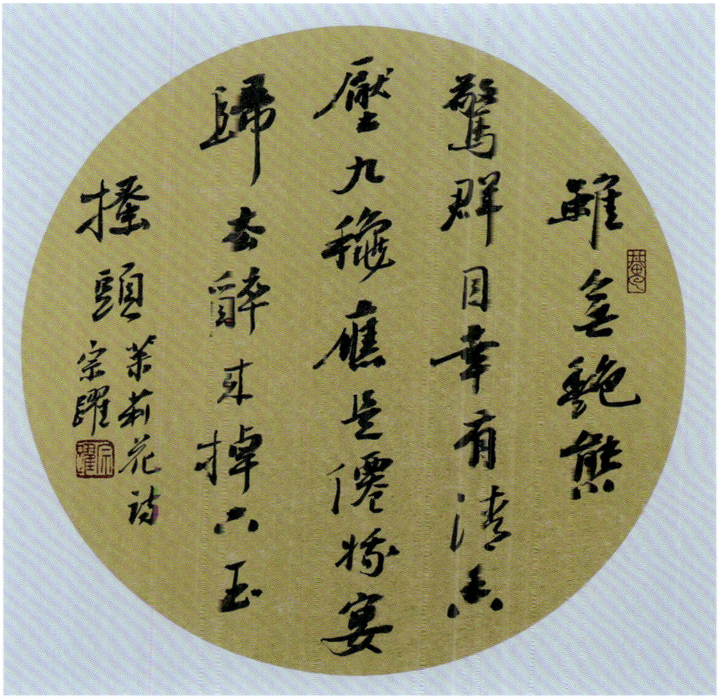

《茉莉花诗》 40厘米×40厘米 林宗跃

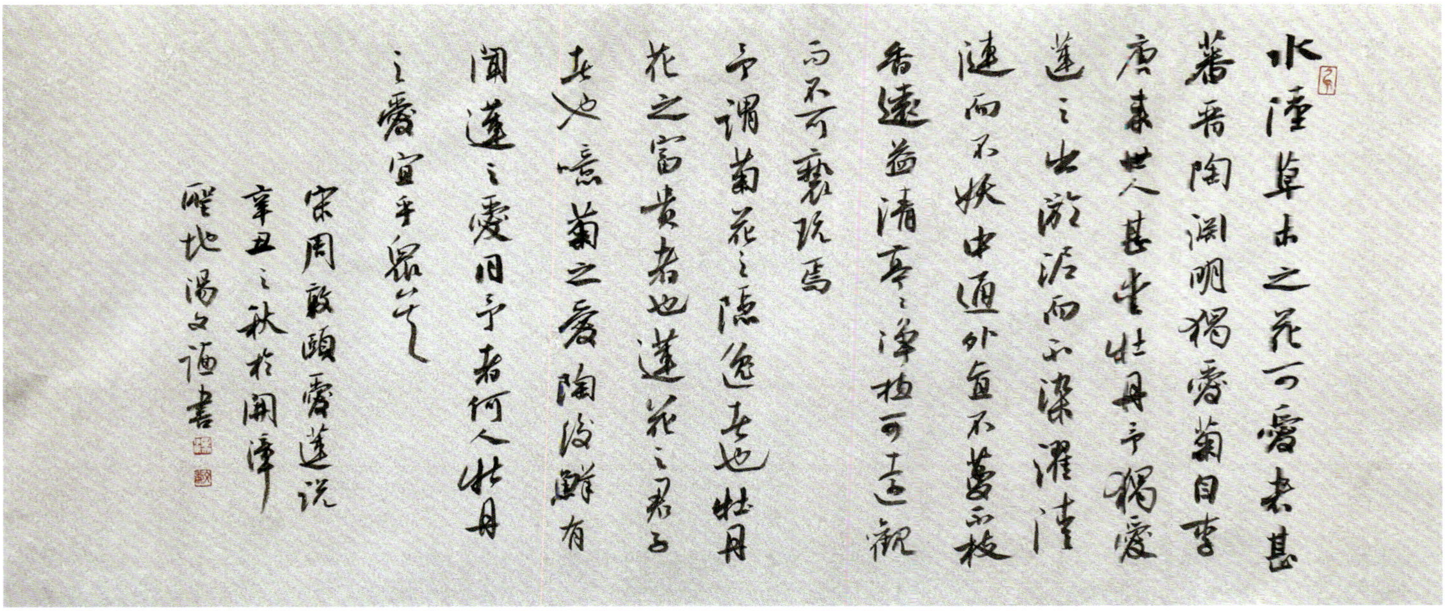

《爱莲说》 72厘米×33厘米 汤文谦

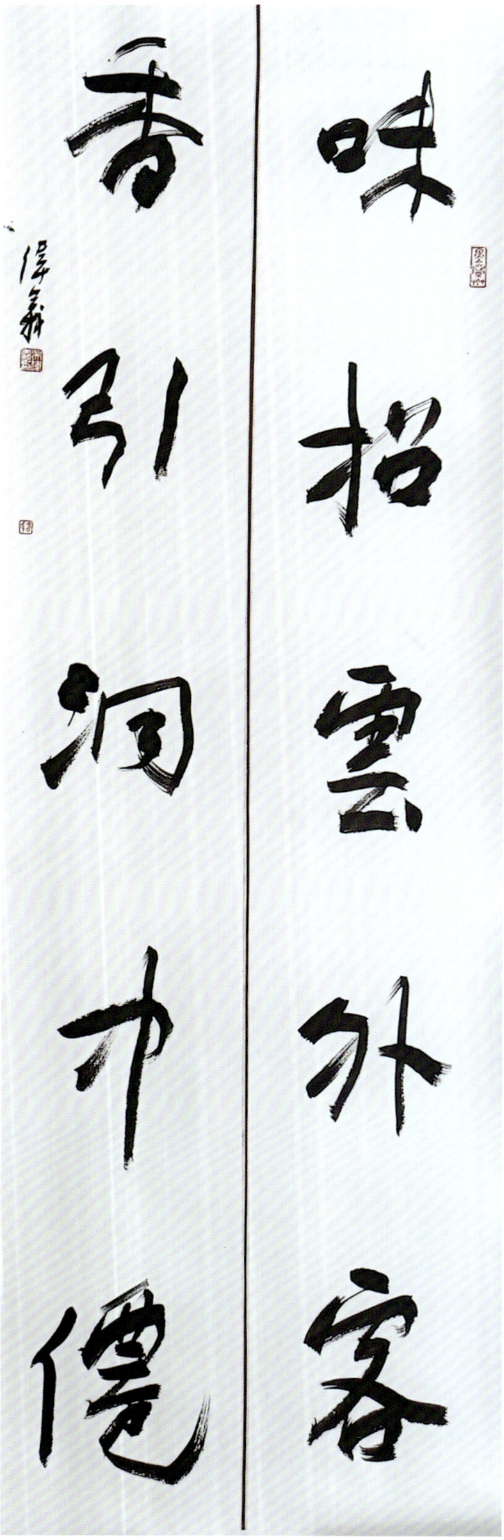

《味招香引联》 138厘米×22厘米×2 吴伟义

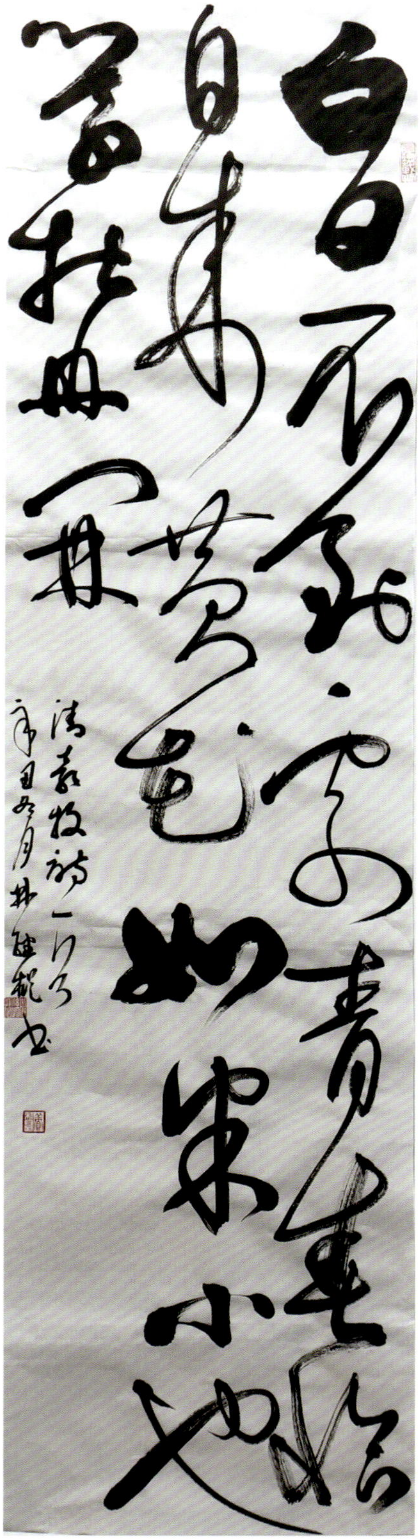

《苔》 136厘米×34厘米 林继枞

《鹰击长空》134厘米×34厘米 吴俊雄

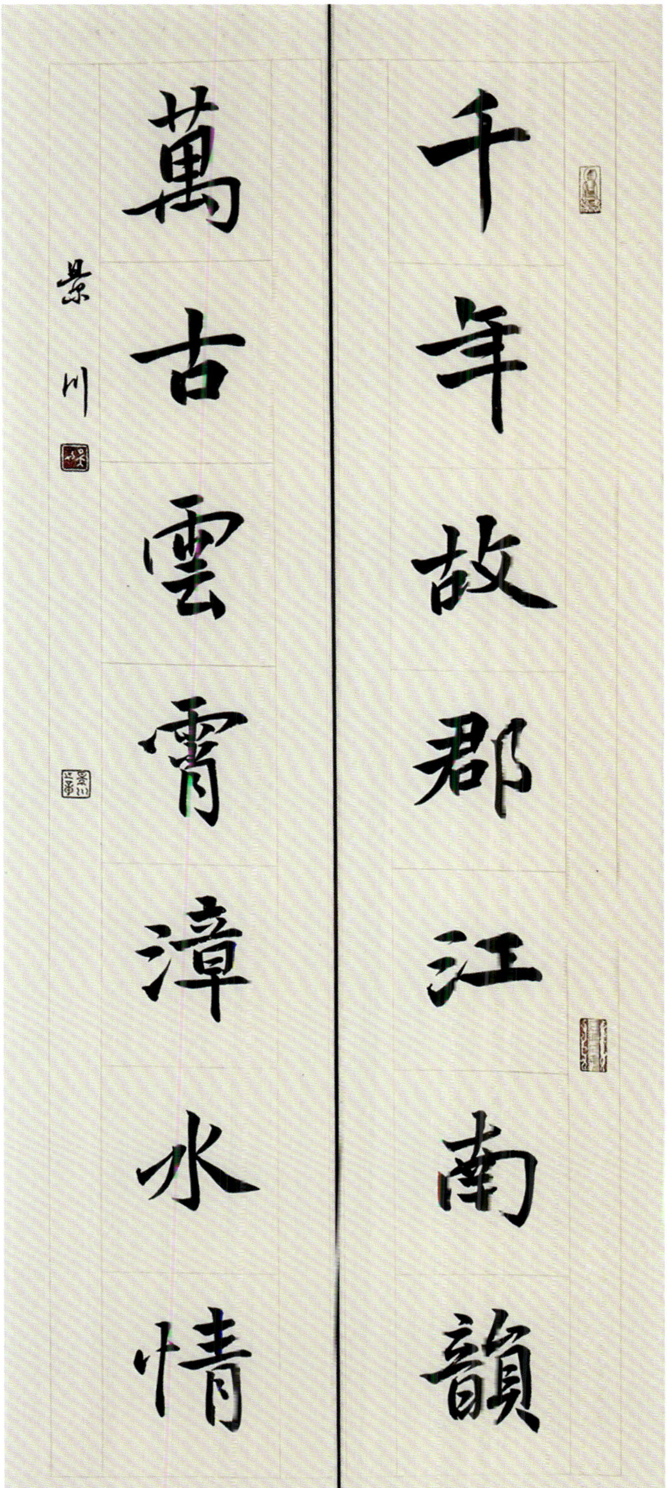

《千年故郡 万古云霄联》 180厘米×38厘米×2 吴景川

《潭影天香联》180厘米×34厘米×2 黄锦瞻

《芙蓉楼送辛渐》二首（其一） 176厘米×42厘米 方大定

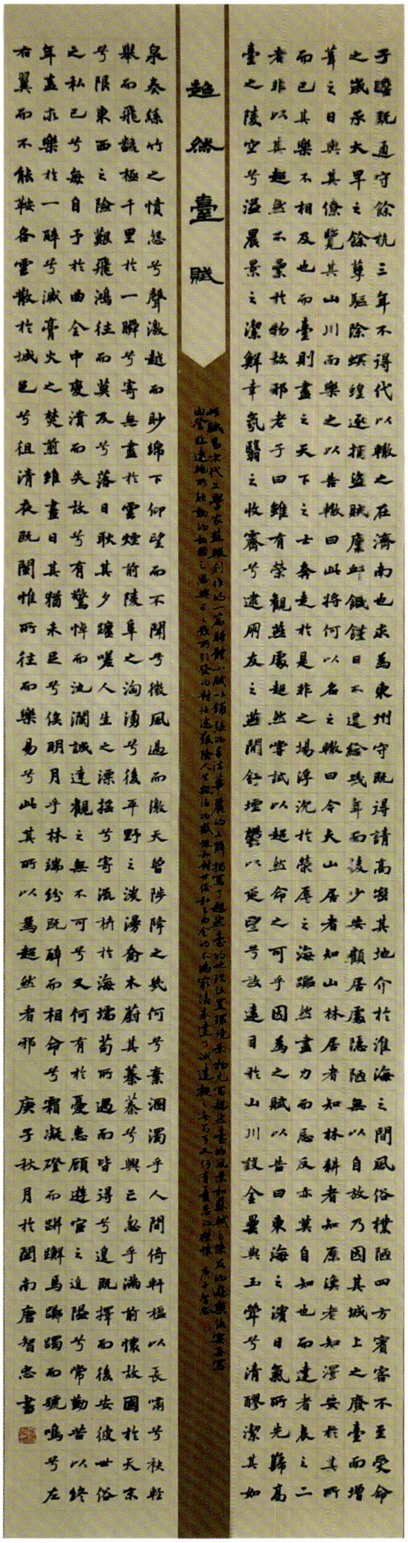

《超然台赋》 180厘米×50厘米 唐智忠

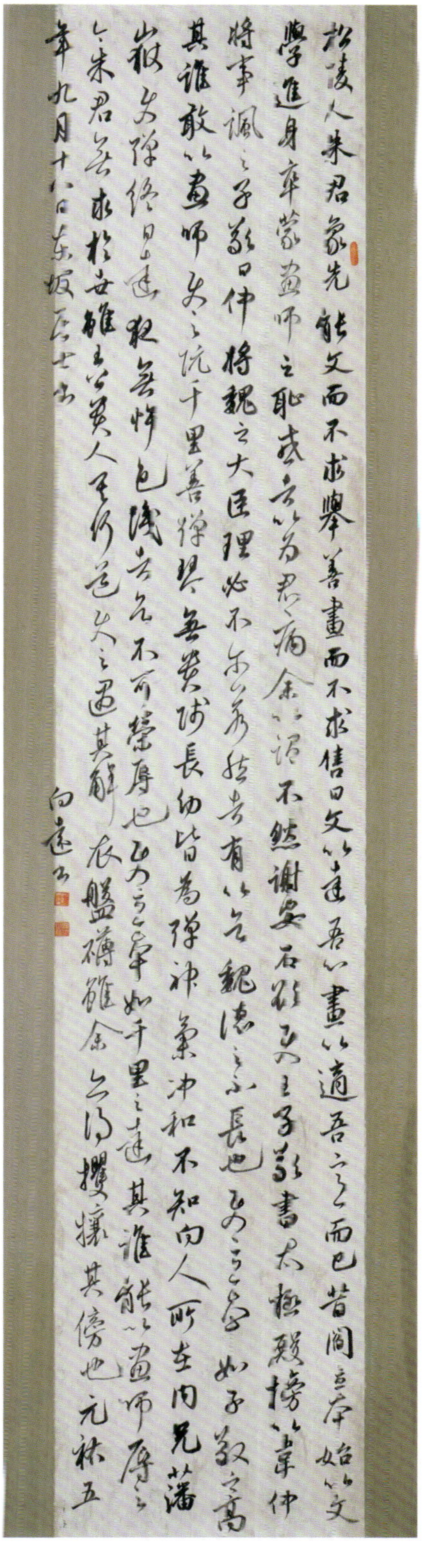

《书朱象先画後》180厘米×97厘米 王向远

《烟雨新城》 138厘米×69厘米 汤奕奕

《极目骋怀》 97厘米×180厘米 王凤苹

《清气满堂》 138厘米×69厘米 何晓莹

《古厝逢春》 138厘米×69厘米 林娟

《云涌家山》 97厘米×180厘米 何辉煌

《闲庭信步》 90厘米×190厘米 吴小丹

《云涌家山》 97厘米×180厘米 吴华林

《客家新貌》 68厘米×160厘米 高志强

《惠女海思情》 90厘米×190厘米 方玉云

《芦荡闲禽》 136厘米×68厘米 方钦桅

《岁月无声》 120厘米×240厘米 朱炜明

《究竟涅槃》 120厘米×240厘米 方 宋

编辑说明

一、《云霄年鉴》是中共云霄县委、云霄县人民政府主办，中共云霄县委党史和地方志研究室承编的年度资料性文献。自2014年起，逐年编辑出版，以出版年号为卷次名称。

二、《云霄年鉴（2022）》以马克思列宁主义、毛泽东思想、邓小平理论、“三个代表”重要思想、科学发展观、习近平新时代中国特色社会主义思想为指导，坚持辩证唯物主义和历史唯物主义的立场、观点和方法，力求全面、客观地记载2021年云霄县政治、经济、社会、文化发展等方面的基本情况，反映各行各业新成就、新经验、新趋势。

三、《云霄年鉴（2022）》按分类法编辑，主体内容分为类目、分目、条目三个层次。全书设专记、大事记、县情概貌、中国共产党云霄县委员会、云霄县人民代表大会、云霄县人民政府、政协云霄县委员会、纪委监委、群众团体、外事侨务·港澳台事务、法治、军事、退役军人事务、经济管理和监督、应急管理、农业·农村、工业与清洁能源、电商与商贸服务、财政·税务、金融业、交通、邮政·通信、开发区、城乡建设与管理、资源与环境、科学技术、教育、文化·旅游、卫生·体育、社会民生、乡镇、人物、附录等，类目以下设分目、条目，条目为主要记事单元。

四、《云霄年鉴（2022）》记述的时限为2021年1月1日至12月31日，部分内容根据记述需要适当上溯或下延。

五、《云霄年鉴（2022）》采用规范化的语体文记述，力求言简意赅、通俗易懂。计量单位以国家法定计量单位为准。采用的统计数据以县统计局公布的为准，不属县统计局统计范围的数据，则出自各供稿单位核定的数据。

六、《云霄年鉴（2022）》资料由全县各级机关、企事业单位、人民团体提供外，还有部分由编辑人员采编。所提供资料均经单位审核。

七、《云霄年鉴（2022）》封面及封底图片由云霄县美术家协会主席吴华林提供。

目录

专　记

大事记

县情概貌

中国共产党云霄县委员会

云霄县人民代表大会

云霄县人民政府

政协云霄县委员会

纪委监委

群众团体

外事侨务·港澳台事务

法 治

军 事

退役军人事务

经济管理和监督

应急管理

农业·农村

工业与清洁能源

电商与商贸服务

财政·税务

金融业

交　通

邮政·通信

开发区

城乡建设与管理

资源与环境

科学技术

教　育

文化·旅游

卫生·体育

社会民生

乡　镇

人　物

附　录

索　引

在云霄县党史学习教育动员大会上的讲话

中共云霄县委书记　王金狮

（2021 年 3 月 10 日）

同志们：

今天，我们召开全县党史学习教育动员大会，主要任务是认真学习贯彻习近平总书记在党史学习教育动员大会上的重要讲话和党中央《通知》精神，以及全省、全市动员大会精神，对全县党史学习教育进行动员部署。这里，我强调三个方面意见：

一、深入学习领会，高站位开展党史学习教育

在全党开展党史学习教育，是党中央立足党的百年历史新起点、为动员全党全国满怀信心投身全面建设社会主义现代化国家而作出的重大决策。2 月 20 日，习近平总书记在动员大会上发表重要讲话，深刻阐述了开展党史学习教育的重大意义，系统回答了“为什么学、学什么、如何学”的重大问题，为开展好党史学习教育指明了方向、提供了遵循。3 月 1 日和 4 日，省委、市委相继召开党史学习教育动员大会，分别就开展学习教育作出系统部署。我们要提高政治站位，深入学习领会，准确把握党史学习教育的重大意义，不断增强开展党史学习教育的思想自觉、政治自觉和行动自觉。要深入领会开展党史学习教育是牢记初心使命、推进中华民族伟大复兴的必然要求，引导广大党员干部锤炼初心、体悟使命，把初心使命变成锐意进取的精气神、埋头苦干的原动力，为实现中华民族伟大复兴中国梦而不懈奋斗。要深入领会开展党史学习教育是坚定信仰信念、在新时代坚持和发展中国特色社会主义的必然要求，引导广大党员干部深刻认识中国共产党为什么“能”、马克思主义为什么“行”、中国特色社会主义为什么“好”，进一步坚定理想信念，奋力推动中国特色社会主义事业行稳致远。要深入领会开展党史学习教育是推进党的自我革命、永葆党的生机活力的必然要求，引导广大党员干部始终保持“赶考”的清醒和坚定、保持自我革命的勇气和决心，不断自我净化、自我完善、自我革新、自我提高。

开展党史学习教育，我县拥有得天独厚的红色资源优势。作为原中央苏区县，云霄大地革命星火始终闪耀，1934 年，在今天的马铺坪水，建立了云霄县境内第一个党支部——中共坪水乡支部，成立了云霄县第一个苏维埃政权——坪水乡苏维埃政府，率先举起反抗国民党反动统治的苏维埃大旗。在三年游击战争期间，我县的乌山革命根据地是闽粤边区最重要的

战略支点，到解放战争时期，乌山革命根据地又成为闽南革命的中心，先后发生了“坪坑伏击战”“秋收保卫战”等战役，是名副其实的“闽南井冈山”，目前全县共有8个老区乡镇、100个老区村。上世纪70年代初，云霄广大干部群众自力更生、攻坚克难，建成总长85.81公里的江南“红旗渠”，凝聚起伟大的“向东渠精神”，鼓舞着一代又一代的云霄人民拼搏进取。我县《向东渠精神》课题入选省委党校编辑的《中国共产党精神福建谱系研究》一书，《向东渠建设者》还入选省委党史方志委征集的新中国成立以来的“英雄群体”名录。可以说，我县拥有丰富而厚重的红色文化资源，我们应当保护好、传承好、发扬好这些宝贵的红色革命精神。当前，云霄正处在全方位推动高质量发展超越的关键阶段，开展党史学习教育时机关键、意义特殊、作用重大。我们要从百年来我们党推进伟大革命的实践中汲取智慧，凝聚起建设宜居宜业宜创宜游新云霄的强大力量，积极投身“十四五”、全力奋进新征程，全方位推动高质量发展超越。

二、突出工作重点，高质量推进党史学习教育

这次学习教育的目标任务是学史明理、学史增信、学史崇德、学史力行。学史明理，就是要树牢唯物史观，强化理论思维、历史思维，深入理解把握马克思主义中国化成果，特别是习近平新时代中国特色社会主义思想的科学性真理性；学史增信，就是要坚定对马克思主义的信仰，对社会主义、共产主义的信念，对实现中华民族伟大复兴中国梦的信心，增强忠诚核心、维护核心、看齐核心的政治自觉和行动自觉；学史崇德，就是要永葆对党的忠诚之心、对人民的赤子之心，永葆党的先进性和纯洁性；学史力行，就是要不断提高把握大局大势、应对风险挑战、推进实际工作的能力水平。全县各级党组织和广大党员干部要聚焦目标任务，把握“六个持续”要求，高质量推进党史学习教育，切实做到学党史、悟思想、办实事、开新局。

*一要持续筑牢信仰根基。*习近平总书记强调，马克思主义深刻改变了中国，中国也极大丰富了马克思主义。习近平新时代中国特色社会主义思想是马克思主义中国化最新成果，是当代中国马克思主义、21世纪马克思主义。习近平总书记在福建工作17年半，进行了一系列开创性探索实践，提出了一系列前瞻性创新理念，与习近平新时代中国特色社会主义思想一脉相承，是我们开展学习教育的独特资源。我们要从党的非凡历程中领会马克思主义是如何深刻改变中国、改变世界的，感悟马克思主义的真理力量和实践力量，特别是要深刻认识在当代中国坚持和发展习近平新时代中国特色社会主义思想就是真正坚持和发展马克思主义，更加自觉地在学懂弄通做实上下功夫，真正用于武装头脑、指导实践、推动工作。

*二要持续激励担当作为。*习近平总书记强调，了解历史才能看得远，理解历史才能走得远。只要把握住历史发展规律和大势，抓住历史变革时机，顺势而为，奋发有为，我们就能够更好前进。云霄有着悠久、光荣的革命历史，1938年1月，200余名云霄子弟兵从陂下村出发，在卢胜的带领下到龙岩白土集中，编入新四军二师四团一营，奔赴苏皖抗日前线，最后仅幸存7人。在新民主主义革命和解放战争期间，云霄人民为革命事业做出重大贡献，也付出巨大牺牲，据不完全统计，有700多人参加地下工作和人民武装队伍，为革命牺牲的共产党员、交通员等417人，被国民党反动派杀害的革命群众1029人。我们要深刻感悟我们党科学把握历史发展规律和世界大势的宝贵经验，深刻感悟习近平总书记对大局大势的深刻洞察和科学把握，深刻感悟习近平总书记教给我们的世界观方法论，更好地认清形势、顺应规律、抓住机遇，坚定不移办好自己的事情。要树立大历史观，围绕立足新发展阶段、贯彻新发展理念、积极服务并深度融入新发展格局，把云霄各项工作放在全市、全省、全国大局来审视分析，抢抓机遇、奋发进取，在统筹“两个大局”中看清大势、认清趋势、辨清走势，主动服务国家和省、市战略，在全方位推动高质量发展超越中体现云霄担当。

*三要持续践行为民初心。*习近平总书记强调，江山就是人民，人民就是江山。为人民而生，因人民而兴，始终同人民在一起，为人民利益而奋斗，是我们党立党兴党强党的根本出发点和落脚点。在云霄，英雄集体——向东渠建设者就是我们践行为民宗旨的楷模，他们不畏严寒酷暑，劈山填壑，夜以继日，深刻

诠释了共产党员和人民群众鱼水情深的血肉联系，展现了大爱无疆的集体形象，在老百姓心中树起了不朽的丰碑。我们要深刻领悟党的百年历史就是一部践行党的初心使命的历史，深刻领悟习近平总书记坚持人民至上、紧紧依靠人民、不断造福人民、牢牢植根人民的要求，把人民对美好生活的向往作为奋斗目标，实现好、维护好、发展好最广大人民的根本利益。要时刻心系人民安危冷暖，把“我为群众办实事”实践活动作为学习教育重要内容，用心用情用力解决一批群众的操心事、烦心事、揪心事，着力建设好老区苏区、照顾好英烈后代，让人民群众切身感受到学习教育的实际成效。

四要持续增强斗争本领。习近平总书记强调，我们党一步步走过来，很重要的一条就是不断总结经验、提高本领，不断提高应对风险、迎接挑战、化险为夷的能力水平。云霄区位特殊，地处沿海改革开放第一线、对敌斗争和对台工作最前沿，矛盾斗争复杂严峻，风险隐患交织叠加，防范化解重大风险责任重大、任务艰巨。我们要从具有许多新的历史特点的伟大斗争出发，总结运用党在不同历史时期成功应对风险挑战的丰富经验，不断增强斗争意识、丰富斗争经验、提升斗争本领，不断提高应对风险挑战的能力和水平。要坚持底线思维，增强忧患意识，提高防控能力，着力防范化解政治、意识形态、经济、科技、社会、外部环境、党的建设等领域重大风险挑战，牢牢掌握斗争主动权。

五要持续传承红色基因。习近平总书记强调，我们党之所以历经百年而风华正茂、饱经磨难而生生不息，就是凭着那么一股革命加拼命的强大精神。云霄这片充满红色记忆、有着光荣革命传统的红土地，孕育了乌山革命精神、向东渠精神等宝贵精神，这些精神跨越时空、历久弥新，丰富了中国共产党人的精神谱系。我们要开展革命传统、革命精神教育，继承革命先辈留下的宝贵精神财富，激励全县党员干部大力发扬红色传统、传承红色基因，赓续共产党人精神血脉，始终保持艰苦奋斗的昂扬精神，从乌山革命、向东渠建设等光辉历史中汲取智慧和力量，加快推进宜居宜业宜创宜游的新云霄建设。

六要持续增进团结统一。习近平总书记强调，旗帜鲜明讲政治、保证党的团结和集中统一是党的生命，也是我们党能成为百年大党、创造世纪伟业的关键所在。党的十八大以来，我县扎实推进党的政治建设，坚决维护党中央权威和集中统一领导，但我们也要清醒看到，有的党员干部政治意识淡薄、政治站位不高、政治素养不强，近年来查处的个别党员干部，不同程度存在违反政治纪律和政治规矩的行为。我们要深刻汲取正反两方面历史经验教训，不断提高政治判断力、政治领悟力、政治执行力，自觉在思想上政治上行动上同以习近平同志为核心的党中央保持高度一致，确保全县上下团结一心、步调一致、令行禁止。要锤炼政治品格，不断增强“四个意识”，坚定“四个自信”，做到“两个维护”，自觉把讲政治贯穿于党性锻炼全过程，落实到想问题、作决策、干工作、谋创新的各方面。

三、强化组织领导，高标准落实党史学习教育

各级各部门要按照党中央部署和省委、市委工作要求，对标对表、精心组织、周密安排，确保党史学习教育落细落实落到位。

一要压实主体责任。各级党委（党组）要扛起政治责任，把开展党史学习教育作为一项重大政治任务，主要负责同志要坚持以上率下，亲自谋划、亲自研究、亲自推动，在学党史、讲党史、用党史方面发挥示范带动作用。要成立党史学习教育领导小组，加强对学习教育的工作指导，发挥好整体谋划、牵头抓总、组织协调作用；各相关职能部门和单位要各司其职、密切配合、一体推进，切实形成工作合力。

二要树牢唯物史观。以我们党关于历史问题“两个决议”和党中央有关精神为依据，牢牢把握党的历史发展的主题主线、主流本质，正确认识党史上的重大事件、重要人物、重要会议。要旗帜鲜明反对历史虚无主义，加强思想引导和理论辨析，坚决抵制歪曲和丑化党的历史的错误倾向，引导干部群众树立正确的历史观、民族观、国家观、文化观，更好正本清源、固本培元。

三要创新措施方法。发扬马克思主义优良学风，在明确学习要求、学习任务的同时，着力推进内容、形式、方法的创新，不断增强针对性和实效性。要坚持集中学习和自主学习、规定动作和自选动作相结

合，充分用好乌山革命精神、向东渠精神等红色教育资源，发挥爱国主义教育基地和“学习强国”等平台作用，开展特色鲜明、形式多样的学习教育，积极做好宣传报道，力戒形式主义、官僚主义，注重为基层减负，推动学习教育走深走实、深入人心。

四要加强统筹兼顾。坚持把开展党史学习教育与学习新中国史、改革开放史、社会主义发展史相贯通，与深入学习贯彻习近平总书记对福建工作的重要讲话重要指示批示精神相结合，与开展“再学习、再调研、再落实”相结合，与落实“五促一保一防一控”工作、推进“一区一片三站五园”建设等重点工作相结合，切实把学习教育成果转化为“十四五”开好局、起好步的强大动力，引导党员干部把工作热情转化为干事创业的实际成果。

同志们，学好党史是为了更好走向未来。我们要深入贯彻落实党中央和省委、市委部署要求，统一思想、统一意志、统一行动，深入推进党史学习教育，奋力建设宜居宜业宜创宜游的新云霄，以优异成绩迎接建党一百周年！

在云霄县党史学习教育总结会议上的讲话

中共云霄县委书记　蓝良木

（2022 年 1 月 17 日）

同志们：

今天，我们召开全县党史学习教育总结会议，主要任务是深入学习贯彻习近平总书记对党史学习教育的重要指示精神，贯彻落实中央和省委、市委党史学习教育总结会议精神，认真总结、巩固拓展我县党史学习教育成果，激励全县上下更好地从党的百年奋斗历史中汲取智慧和力量，奋力谱写富美新云霄现代化建设新篇章。下面，我强调几点意见。

一、深入学习贯彻习近平总书记关于党史和党史学习教育的重要论述，进一步统一思想认识、增强历史自觉

在全党开展党史学习教育，是以习近平同志为核心的党中央立足百年党史新起点、着眼开创事业发展新局面作出的重大战略决策，是我们党勇于推进自我革命、保持生机活力的一次成功实践，是我们党坚定历史自信、更好走向未来的一次广泛动员，为新时代开展党内集中教育、加强党的建设积累了宝贵经验，具有深远的历史意义和重要的现实意义。习近平总书记关于党史学习教育的重要论述深刻阐明了党百年奋斗的历史价值和学习党史的根本目的、学习党史的基本要求、学习党史的着力点、学习党史的科学态度，贯通历史、现实、未来，贯穿信仰、信念、信心，具有很强的政治性、指导性、针对性，把我们对党的历史的认识提升到了新的高度，为我们做好党史学习教育各项工作指明了方向。全县各级党组织和广大党员干部要认真学习领会、全面贯彻落实，持续增强学习运用党的历史的自觉性和坚定性，持续拓展学党史、用党史，持续接受政治教育、思想淬炼、精神洗礼，不断增强党组织的创造力、凝聚力、战斗力，不断提高党员干部的政治判断力、政治领悟力、政治执行力。

二、全面总结我县党史学习教育取得的成效和经验启示，进一步坚定历史自信、汇聚奋进力量

党史学习教育开展以来，在省委、市委巡回指导组的精心指导下，云霄县立足实际，认真对标中央和省委、市委部署要求，聚焦主题、创新形式、高效推进，全面做好“规定动作”、积极创新“自选动

作”，全县党史学习教育开展有力有效，取得了丰硕成果。

一是谋划部署到位，党史学习教育开展“实”。紧扣党史学习教育阶段性任务，紧抓“关键少数”带动“绝大多数”，对标对表，确保规定动作不走样。动员部署有效率，先后组织召开全县党史学习教育动员会、县委常委会、县委理论中心组学习会、县委党史学习教育领导小组会议等30多场次，及时组建8个巡回指导组，下沉基层指导督促，与各级各部门主要同志深入谈话交流162次，提出工作建议237条，有效推动党史学习教育有力有序开展。理论学习有收获，坚持发扬马克思主义优良学风，着力推进内容、形式、方法的创新，召开县委理论中心组党史学习15次24个专题，开展学习“七一”重要讲话等6次专题研讨，举办专题读书班、研讨班，到乌山开展现场教学等，增强了用党的创新理论武装头脑的政治自觉。重点任务有力度，县四套班子领导干部率先垂范，开展重温誓词、讲专题党课等活动，形成领导干部带头学、带头讲，党员干部跟着学、跟着干的良好氛围；扎实开好专题组织生活会，实现了专题组织生活会100%全覆盖，促进了全县党员完成问题整改8.6万多项，不断推动了党史学习教育有声有色、走深走实。

二是宣传宣讲到位，党史学习教育范围“广”。通过搭平台、抓特色、造亮点，着力做到有创意、接地气。注重创新形式，开设党史学习教育专题专栏，组建“党史学习教育县委宣讲团”，创新“流动课堂”“微党课”等形式，拓展基层宣讲，举办“宣讲进基层、文旅兴乡村”线上线下宣讲巡演活动54场，受众12万多人，率先在全市实现党史学习教育校园全覆盖。深化主题宣传，推广“党史+文艺”，推出《快乐山哈》《夺冠》《乌山魂》系列文艺精品，依托新时代文明实践中心、所（站）等文化阵地，举办灯谜竞猜、快闪、音乐会、书画现场创作等文化文艺活动83场，推动群众性教育活动持续升温。打造亮点品牌，立足本地红色资源，投入1.4亿元修缮红色革命旧址、建设实践教育基地、编制学习教材与戏剧，打造有云霄特色的“4书4戏6基地”，“云霄乌山革命旧址”被推荐为福建省第二批党史学习教育参观学习点，“向东渠精神”被福建省委纳入“中国共产党精神福建谱系”14种精神之一；在全省创办首个革命史数字馆——乌山革命史数字馆，得到省市巡回指导组的肯定并推广。

三是结合融合到位，党史学习教育效果“好”。把“我为群众办实事”实践活动贯穿始终，结合“再学习、再调研、再落实”活动，切实把党史学习教育成效转化为聚力谋发展、为民办实事的实际举措。聚力中心工作，深入开展“产业发展项目建设年”，深化“百名干部挂百企”活动，落实“妈妈式”服务，推动漳州核电1号机组完成内穹顶吊装，抽水蓄能电站两洞完成洞挖，华龙科技文化园一期、闽粤联网工程、核电配套产业园等项目顺利开工，龙泽仁兴等65个项目竣工投产；积极克服经济下行的压力和统计执法的影响，全力抓应统尽统、挖潜提升，推动经济运行回归合理区间，全年地区生产总值有望实现转负为正，增幅比年初计划数多完成近四成。提升干部作风，深入开展政法队伍教育整顿，开展从严治党主体责任落实情况检查，深化机关作风整治，建立完善了乡镇“午会制度”、机关“周会制度”，提前3个月超额完成“红树林退养还湿”年度任务，仅用13天时间全部完成人和路东段改造的签约腾房工作，持续营造了“比学赶超”的浓厚氛围。回应群众关切，结合开展“我为群众办实事”和创建全国文明城市活动，实施义务教育学校食堂改革、“移动调解室”“上门法律援助”“远程在线服务”等938个为民项目，第二自来水厂主体工程建设完成，县疾病预防控制中心完成整体搬迁，新县医院主楼主体工程实现封顶，公办幼儿园就读幼儿占比提升到60%，莆下村安置房、旧实小二期、下港棚户区改造等保障性安居工程加快推进，演武亭安置房顺利实现回迁，人民群众获得感更加充实、安全感更有保障、幸福感更可持续。

总的来看，全县党史学习教育取得了显著成效，也使我们收获了新时代加强党内集中教育、推进党的建设的宝贵经验启示。

一是必须毫不动摇加强政治建设，始终坚定正确政治方向。要把讲政治放在首位，坚决贯彻落实习近平总书记重要指示批示精神和党中央决策部署，认真贯彻落实省委、市委、县委各项工作要求，把政治建设的要求融入各项工作的各个方面，落实到每一个工作举措、每一名党员干部，以实际行动增强“四个意识”，坚定“四个自信”，做到“两个维护”。

二是必须不折不扣抓好理论学习，不断提升政治理论水平。必须把学习贯彻落实习近平新时代中国特色社会主义思想作为重大政治任务、长期任务抓实抓好，与时俱进改造自身世界观、人生观、价值观，做到学深悟透、融会贯通，提高运用党的创新理论改造主观世界、指导工作实践、推动事业发展的能力。

三是必须坚定不移保持人民立场，树牢为民服务宗旨意识。要牢固树立为民情怀和公仆意识，坚持以人民为中心不动摇，多了解民情、掌握实情；要注重群众感受，提升政策温度；要以人民是否满意、群众是否认同作为根本标准，在接地气、办实事、解难题的工作实践中体现初心使命、践行群众路线。

四是必须尽心竭力深化自我革命，奋力激发发展动力活力。要将敢于直面问题、勇于修正错误这一党的显著特点和优势不断发扬下去，始终教育党员干部端正思想认识，广泛听取意见，认真检视反思，把问题找实、把根源挖深，明确努力方向和改进措施，以直面问题的精神和勇于革新的气魄应对改革创新发展中的困难和挑战，推动制约高质量发展的突出问题有效解决。

以上显著成效和经验启示的取得，离不开上级巡回指导组的精心指导。省委、市委巡回指导组的同志对我县党史学习教育和各项事业发展高度重视，多次来云指导，倾注了大量心血，做了很多具体工作，为我县党史学习教育提出了很多好思路、好点子，有力推动了我县党史学习教育高质量开展。在此，我代表县委，向省委第二巡回指导组、市委第三巡回指导组的领导和同志们表示衷心的感谢！

三、巩固拓展我县党史学习教育成果，持续走好赶考路，谱写新篇章

今天总结会议的召开，标志着我县党史学习教育进入“收官”阶段。但结尾并不意味着结束，收官也不是收场。我们要深入贯彻落实习近平总书记的重要指示精神，持续巩固拓展党史学习教育成果，继续把党史总结学习教育引向深入，运用党的百年奋斗历史经验推动各项工作取得新的成效。

一要坚定不移拥护“两个确立”。以学习党的十九届六中全会精神为重点，深化拓展党史学习教育，深刻理解“两个确立”的决定性意义，更加坚定不移地在感情上衷心爱戴核心、思想上高度信赖核心、政治上坚决维护核心、行动上紧紧追随核心，始终在政治立场、政治方向、政治原则、政治道路上同以习近平同志为核心的党中央保持高度一致，把“两个确立”真正转化为做到“两个维护”的思想自觉、政治自觉、行动自觉，在深入把握“两个确立”中巩固党史学习教育成效。

二要持之以恒强化理论武装。坚持把学习党史融入日常、抓在经常，建立健全党史学习教育长效机制，持续在学懂弄通做实习近平新时代中国特色社会主义思想上下功夫，完善学党史与学理论相结合的制度机制，从科学理论中找方法、找思路、找对策，切实把学习成果转化为改革发展的生动实践，以思想的提升推动事业发展的进步。坚持用好理论学习中心组、党员干部专题培训、“三会一课”、主题党日等机制，持续用好在党史学习教育中形成的“党史 + 文艺”等宣传宣讲形式，用足用活云霄乌山革命旧址、向东渠精神教育实践基地等本地红色资源，持续引导广大党员干部从百年党史中启迪智慧、汲取力量。

三要真抓实干实现更大突破。坚持以学促干、以知促行，把党史学习教育成果转化为推动事业发展的强大动能，按照省、市党代会部署，聚焦我县第十四次党代会提出的“产业发展、城市文明、乡村振兴”三大重点任务，以等不起、坐不住、慢不得的强烈紧迫感，瞄准最高标准、一流标准，把握大局大势，抢抓发展机遇，勇于攻坚克难，努力在新一轮发展浪潮中实现新跨越新突破。要坚持“稳字当头、稳中求进”的工作基调，深入开展“产业发展项目建设攻坚年”活动，以“七比一看”竞赛为抓手，继续举全县之力发展清洁能源产业，加快培育百亿元清洁能源产业集群，打造漳州能源新高地。结合创建全国文明城市，着力规划好、建设好、管理好、运营好城市，打造“产城融合、职住平衡、生态宜居、交通便利”的美丽县城。按照产业兴旺、生态宜居、乡风文明、治理有效、生活富裕“二十字”方针，全力推动农业全面升级、农村全面进步、农民全面发展，着力提高人民生活品质。

四要矢志不渝增进民生福祉。牢记习近平总书记“民之所忧，我必念之；民之所盼，我必行之”的谆

谆教导，健全完善“我为群众办实事”的长效机制，巩固好经验、好做法、好典型，扩大示范效应。要全力提高人民生活品质，解决好群众“生老病死养，衣食住行学”等实际问题，加快补齐教育、医疗、养老、城乡基础设施等民生短板，巩固提升云霄绿色生态优势，加快文化事业和文化产业繁荣发展，毫不松懈抓好常态化疫情防控，严格落实安全生产责任制，坚决遏制重特大事故发生，全面提升社会治理效能，努力让云霄人民过上更加幸福美好的生活。

五要从严从实推进自我革命。始终把管党治党政治责任扛在肩上、抓在手上，持续深化细化全面从严治党“四责协同”机制，锲而不舍贯彻落实中央八项规定及其实施细则精神，持续深化机关作风整顿，坚决纠治“庸懒散虚假梗”问题，深化拓展“点题整治”，坚决纠正损害群众利益的腐败和不正之风。坚持不敢腐、不能腐、不想腐一体推进，聚焦粮食购销、资源和工程招投标等重点领域，保持反腐高压，做到零容忍、出重拳、长震慑，营造“想干事、会干事、干成事、不出事、好共事”的良好政治生态。

同志们，党史学习教育只有起点，没有终点。我们要更加紧密地团结在以习近平同志为核心的党中央周围，大力弘扬伟大建党精神，以史为鉴、开创未来，埋头苦干、勇毅前行，以强烈的历史主动精神奋进新征程、建功新时代，为奋力谱写富美新云霄现代化建设新篇章贡献新的力量，以优异的成绩迎接党的二十大胜利召开！

聚焦高质量　启航新征程
奋力谱写富美新云霄现代化建设新篇章

——在中国共产党云霄县第十四次代表大会上的报告

中共云霄县委书记　蓝良木

（2021年7月29日）

各位代表，同志们：

中国共产党云霄县第十四次代表大会今天开幕了！

这次大会，是在中国共产党成立100周年的重要时刻，在“两个一百年”奋斗目标历史交汇的关键节点，在云霄开启“十四五”新征程重要阶段召开的一次重要会议。大会的主题是：高举中国特色社会主义伟大旗帜，坚持以习近平新时代中国特色社会主义思想为指导，回顾总结过去五年工作，科学谋划今后五年发展，选举产生中国共产党云霄县第十四届委员会和纪律检查委员会，广泛动员全县广大党员干部群众，坚定扛起全方位推进高质量发展超越的政治使命、历史使命，聚焦高质量，启航新征程，为谱写富美新云霄现代化建设新篇章而努力奋斗！

现在，我代表中国共产党云霄县第十三届委员会向大会作报告。

一、过去五年的工作

过去五年，全县上下认真贯彻落实习近平总书记系列重要讲话重要指示批示精神，认真贯彻落实中央和省委、市委各项决策部署，紧紧围绕建设“光电之都、能源新城、生态名县、文化古郡”奋斗目标，积极应对复杂多变的宏观经济形势，稳扎稳打，狠抓发展，奋力拼搏，较好地完成了既定的各项目标任务，全县政治经济社会保持健康发展良好态势。

过去五年，我们稳中求进，转型发展，经济实力大幅提升。狠抓产业发展，持续壮大实体经济。投资10亿元建成农业大观园十大特色园区，培育形成五大特色农业支柱产业，以39枚地标产品成为全国地标第一县，农业全产业链总产值超270亿元。着力培育清洁能源、电子信息和食品制造等产业，实现千亿级漳州核电、百亿级抽水蓄能电站、闽粤联网工程顺利开工，华龙科技文化园成功落地，总投资30亿的富佳宝食品科技园一期试投产，全县实现规模工业企业73家、亿元企业44家、5亿元企业5家，2020年实现规模工业税收2.88亿元，比“十二五”末增长65.5%，年均增长10.6%。全县地区生产总值比“十二五”末增长53%，连续四次获评“福建省县域经济发展十佳县”，蝉联省级文明县城。

过去五年，我们优化布局，强化功能，城乡面貌日新月异。持续实施“中心开发、南扩北延”战略，不断完善基础建设，优化交通路网，沿海大通道云霄段（二期）及漳江湾特大桥、云平高速、和田路、开漳大道等一批重大交通设施建成投用，国道324、357线改造完成，东西南北四大入城通道改扩建竣工，形成中心城区与辖区乡镇“15分钟辐射圈”、与周边县区“1小时经济圈”；实现威惠庙、渡头、复兴东等片区改造81万平方米、农村危房改造60万平方米，启动下港片区旧城改造10万平方米，建成南湖生态园、向东渠精神教育实践基地，开工建设县委党校（行政学校）新校区，县城建成区扩大33.3%、城镇化水平达到54%，城市框架进一步拉开。

过去五年，我们勇于改革，大胆探索，创新活力竞相迸发。推行先行先试，突出“放管服”改革，在全市创新“工业110”“金融超市”服务机制、实行“不见面”招投标便民措施，在全市各县率先实行“移风易俗，集中治丧”殡葬改革，建成全省首个县级地方党史数字平台，推行公务员职务与职级并行的做法成为全省典型经验，“四检合一”项目成为全国构建开放型经济新体制的典型案例，全县深化商事制度改革、落实事中事后监管工作受到国务院办公厅通报表扬。积极打造“e上云霄”电商公共品牌，电商扶贫做法入选《中国样本》。

过去五年，我们攻坚拔寨，铁拳治污，生态环境持续改善。坚持绿水青山就是金山银山，植树造林7.5万亩，新增公园绿地面积107.36公顷，获评省级森林县城，实施安全生态水系建设63.9公里，建成45个美丽乡村，实现全县域垃圾市场化运营，投用城区污水处理厂（二期）、开发区污水处理厂及农村生活污水处理PPP等项目，全部完成644个污染源头治理，完成两轮中央生态环保督察反馈问题整改15项、两轮中央信访件办结销号50件，完成红树林退养还湿近7000亩，实现全县饮用水源水质达标率100%，漳江流域国控、省控断面均值达标，县城区空气优良天数比例稳定在95%以上。

过去五年，我们为民富民，共建共享，民生福祉显著增强。聚焦脱贫攻坚，实施“五业、五共、五查”扶贫工程，开展脱贫攻坚稳定提质三年行动，提前一年半实现脱贫摘帽，41个贫困村顺利出列、10416名贫困对象全面脱贫。聚焦社会热点，新建城区第二水厂，保障居民饮水安全；新建校舍面积近10万平方米，组建一中分校、实验中学，建成二实幼、莆美幼儿园等10所公办幼儿园，幼儿在公办园就读比例由原来28%提高到60%；新建县妇幼保健院、县疾控中心、云陵社区卫生服务中心，县医院整体迁建项目开工建设，县医院医共体、县中医院医共体改革顺利推进，全县增加病床数436张，实现千人均床位数4.96张、公办卫生所（室）覆盖所有行政村；启动医养结合试点工作，社区居家养老服务照料中心实现全覆盖。

过去五年，我们依法治县，构建良序，社会大局和谐稳定。强化疫情防控，坚持联防联控、群防群治，持续保持零确诊、零疑似“双零”记录。严密防范金融风险，全县不良贷款率从3.35%逐年下降至0.57%。落实安全生产责任制，开展安全生产隐患大排查大整治三年行动，全县生产安全事故起数和死亡人数逐年下降，连续多年取得全市安全生产目标责任考核第一名。深入开展信访积案化解专项行动，成立信访志愿者工作室，被国家信访局授予信访工作“三无”县称号。深入开展扫黑除恶专项斗争，创新实行“2+N”城乡网格治理新模式，集中开展打击制售假烟、电信诈骗等违法犯罪行为，持续保持全县烟机、炒丝场“零查获”，于2017年成功摘掉连续七年省级制假问题重点整治县的帽子，平安建设（综治工作）年度考评取得4次优秀，群众安全感不断提升。

过去五年，我们统揽全局，协调各方，民主政治稳步推进。发挥党总揽全局、协调各方作用，全力支持人大依法履职，加强政治协商民主建设，落实县委常委与党外代表人士交友等机制，持续深化“同心

121”“百企帮百村”行动，成立新的社会阶层联谊会，促进统一战线各领域有序参与政治、服务发展大局。支持工会、共青团、妇联等人民团体依照各自章程开展工作、履行职责。扎实推进党管武装工作，深化“双拥”共建和军民融合发展，凝聚全社会同心同向、共建共享的强大合力，荣获省级“双拥模范县”荣誉称号。

过去五年，我们夯实责任，从严治党，党的建设全面加强。深入开展“两学一做”学习教育、“不忘初心、牢记使命”主题教育和党史学习教育，持续推动学习贯彻习近平新时代中国特色社会主义思想走深走实。实施“村部建设提升工程”“村财增收三年规划”，全县89.87%行政村实现年集体经营性收入10万元以上，软弱涣散村全部消除。切实履行管党治党主体责任，全力支持配合省委巡视和市委机动式巡察工作，基本完成省委巡视反馈问题整改69个，完成市委机动巡察反馈问题整改10个。深化纪检监察体制改革，县纪委派驻监督实现全覆盖，县委巡察实现全覆盖。持之以恒正风肃纪反腐，始终保持惩贪治腐的高压态势，5年来全县共立案657件，结案645件，给予党纪政务处分655人，移送司法机关4人，在全县营造风清气正的政治生态。

奋斗充满艰辛，成绩令人振奋。云霄五年来取得的所有成绩，是在以习近平同志为核心的党中央坚强领导下，以及省委、市委的大力支持下取得的，这离不开历届县委领导班子的接续奋斗，离不开社会各界的团结努力，更离不开广大干部群众的积极参与。在此，我代表中共云霄县委，向全县各级党组织、全体党代表和广大党员干部群众、离退休老同志、驻云部队与武警官兵、各驻云单位、工商联和社会各界人士，向所有关心支持云霄发展的同志们，表示衷心的感谢和崇高的敬意！

在充分肯定成绩的同时，我们也要清醒地看到发展中存在的一些不足和问题，主要表现为：一是经济总量不大，地区生产总值、财政收入等指标在全市占比偏小；二是产业结构不优，三产结构中农业比重偏大，工业经济质效不高，缺少大型工业龙头企业；三是党的建设尚存在薄弱环节，一些基层党组织核心作用不强，少数干部担当意识不够，等等。对此，我们必须坚持问题导向，采取有效措施，切实加以解决。

二、今后五年的总体要求和主要任务

今后五年，是开启全面建设社会主义现代化国家新征程、向着第二个百年奋斗目标进军的五年，也是云霄县承前启后、继往开来、大有可为的五年。我们必须适应新发展阶段，贯彻新发展理念，积极服务并深度融入新发展格局，万众一心，接力奋斗，开创新局。

今后五年全县经济社会发展的总体要求是：高举习近平新时代中国特色社会主义思想伟大旗帜，深入学习贯彻习近平总书记在庆祝中国共产党成立100周年大会上的重要讲话精神，深入学习贯彻习近平总书记来闽考察重要讲话精神，全面贯彻党的基本理论、基本路线、基本方略，紧紧围绕统筹推进“五位一体”总体布局和协调推进“四个全面”战略布局，坚持党的全面领导，坚持以人民为中心，坚持新发展理念，坚持深化改革开放，坚持系统观念，坚持稳中求进工作总基调，以全方位推进高质量发展超越为主题，以改革创新为根本动力，以满足人民日益增长的美好生活需要为根本目的，统筹发展和安全，在加快建设现代化经济体系上取得更大进步，在服务和融入新发展格局上展现更大作为，在探索海峡两岸融合发展新路上迈出更大步伐，在创造高品质生活上实现更大突破，实现经济行稳致远、社会安定和谐，奋力谱写富美新云霄现代化建设新篇章。

今后五年经济社会发展要努力实现以下主要目标：

——经济发展更加繁荣。坚持突出工业、突破工业，高质量发展体系更加完善，增长潜力充分发挥，全县主要经济指标增速力争进入全市中游水平，经济结构更加优化，三次产业比重达到更加合理水平，数字经济、海洋经济快速发展，清洁能源、电子信息、食品制造三大主导产业不断壮大，现代服务业加速发展，现代农业提质提效，产业基础高级化、产业链现代化水平显著提升，初步建立实体经济、科技创新、现代金融、人力资源协调发展的现代产业体系；城镇化质量明显提升，常住人口城镇化率达到60%以上，城乡区域发展协调性明显增强。

——改革开放更加深入。重点领域和关键环节改革取得突破性进展，公平竞争制度更加完善，高标准市场体系基本建成，营商环境大幅改善，开发区发展能级明显提升，对台特色优势进一步发挥，台胞台企登陆第一家园建设迈出新步伐。

——文明建设更加丰富。社会主义核心价值观融入社会发展各方面，“开漳文化”“乌山革命精神”“向东渠精神”影响力进一步提升，人民思想道德素质、科学文化素质和身心健康素质明显提高，公共文化服务体系更加完善，人民精神文化生活日益丰富，文明程度显著提升，全国文明城市创建工作深入开展。

——生态环境更加优美。县域国土空间体系更加健全，绿色发展导向全面树立，绿色生活方式加快形成，能源资源利用效率大幅提高，减污降碳协同增效，生态安全屏障更加牢固，绿色成为云霄最动人的底色。

——民生福祉更加殷实。普惠性、基础性、兜底性民生建设进一步加大，居民收入增长和经济增长基本同步，中等收入群体持续扩大，教育均衡程度不断提升，多层次社会保障体系更加健全，卫生健康体系更加完善，脱贫攻坚成果巩固拓展，乡村振兴战略全面推进，更好实现人民对美好生活的向往。

——社会治理更加高效。社会主义民主法治更加健全，社会公平正义进一步彰显，政府职能加快转变，行政效率和公信力显著提升，以基层治理为重点的社会治理水平明显提高，应对突发公共事件和核应急能力显著增强，自然灾害防御水平明显提升，发展安全保障更加有力，共建共治共享共同富裕的良好局面加快形成。

今后五年经济社会发展的主要任务是：紧紧围绕全方位推进高质量发展超越战略，深入推进“一核两翼三片”区域发展布局，始终把“产业发展、城市文明、乡村振兴”三大重点任务贯穿到每一个领域、每一项工作，坚持精准施策，创新工作举措，努力推动各项事业实现更好更快发展。

（一）聚焦产业发展，全力建设现代化经济体系

树立发展第一要务、工业第一战略、项目第一根本的理念，注重扩量升级，不断厚植经济动能，增创发展新优势，实现产业让城市更兴旺。

1. 强化工业主导。用足用好省级重点开发区政策，坚持突出工业、突破工业，持续推动清洁能源、电子信息、食品制造等三大主导产业做大做强，打造一批具有云霄特色优势的产业集群、领航企业和拳头产品。清洁能源产业要以漳州核电为龙头，全力加快抽水蓄能电站、闽粤联网工程、华龙科技文化园、核电配套产业园和分布式光伏试点县等建设，继续引导电源、电池、电工设备行业发展，加快形成百亿元清洁能源产业链，打造漳州能源新高地。电子信息产业要突出增强自主创新和推进“应用 + 产业”，大力支持奥克兰、华杰彩亮、互惠光电、汉鼎等现有光电企业技改升级，促进广源、云众、云星科技等新上规模，鼓励云技术、大数据项目引进落地，推动产业向智能化、高端化转型升级，培育新型信息产业密集区。食品制造产业要以富佳宝食品科技园为龙头，推动利众诚、乐味、公爵、阳弘、鳌霸等食品项目集聚壮大，鼓励发展地标产品精深加工，打造独具特色的云霄食品产业城。

2. 强化产业协同。在提升优势产业的同时，注重扶持培育新兴产业及特色产业。积极发展数字经济。持续壮大电商产业，实施电商直播“四个一”工程，扩大“e 上云霄”品牌效应，加快发展 5G、人工智能等未来产业，推进生产、流通、销售等环节信息化改造，促进互联网与实体经济融合发展；加强数字政府、智慧城市等建设，提高公共服务、社会治理等数字化、智能化水平，不断提升“数字云霄”建设成效。加快发展海洋经济。积极融入“海上福建”建设，坚持陆海统筹、湾港联动，加快推动山前、长洋、人家、礁美渔港建设，结合实际加快海风资源开发、海洋生物医药、水产种业、深海养殖、滨海旅游等业态发展，推动海洋经济高质量发展。突出发展特色现代农业。实施农业生产“三品一标”提升行动，促进农业与文化、旅游、康养等相融合，建设一批现代农业产业园，促进农业全环节升级、全链条升值。依托绿洲农业等新型经营主体，推进发展物联网农业和信息农业，实现精准化、自动化、智能化和集约化生产，提升农业质量效益和竞争力。大力提升现代服务业。重点发展现代物流、现代金融、科技服务等现代服务业，依托区位优势和便捷交通，加快打造区域性物流节点城市；积极引进有实力的房地产公司来云开发，发展中高端房地产；加快推进亚琦商贸物流园、长照康养中心等项目建设，提升现代商贸服务业和健康养老服务业水平，满足群众多样化、多层次需

求。全域发展旅游业。深入挖掘和融合开漳圣地、天地会发源地、闽南乌山革命根据地、女革命家秋瑾出生地、国际重要湿地、温泉旅游胜地以及地标文旅等资源，着力构建“滨海游、乡村游、红色游、寻根游、康养游”5大旅游产品系，谋划项目促进文旅体和会展夜间经济融合发展，打响“漫步云霄”品牌。

3. 强化创新驱动。坚持创新在现代化建设全局中的核心地位，推进产业、科技、金融、人才协同发展。要持续完善技术创新体系。强化企业创新主体地位，激励企业加大研发投入，加大对“专精特新”企业的支持力度，扶持现有企业技改升级、增资扩产，打造行业单项冠军，培育一批科技小巨人。要积极构建人才聚集机制。实施人才强县战略，健全聚才引才用才机制，完善人才培养、评价激励、流动配置机制和服务保障体系，全方位培养、引进、用好人才。要加快搭建创新创业载体。强化科技创新平台建设，高标准建设企业技术中心、院士专家工作站、产业技术研究院，充分发挥红树林科研教学基地等作用，深化产学研协同创新，共建高水平科技研发及服务平台。要全面深化改革扩大开放。实施优化营商环境行动方案，深化“放管服”改革，打响“马上就办”政务服务品牌，总结推广“四检合一”“商事制度改革”等经验做法，在税务、审批、通关等方面探索形成更多政务服务套餐。

4. 强化项目支撑。牢固树立“抓发展是硬道理、抓项目是真功夫”的理念，以高水平项目建设促进经济高质量发展。要加大项目谋划招引。主动围绕省市发展战略、云霄主导产业、企业投资需求，强化央企、民企、外企对接，深入开展“一把手”招商、产业链招商、以商招商，充分发挥异地商会、乡镇商会桥梁作用，实施“云商回归”工程，承接长三角、珠三角、潮汕地区产业转移，着力引进一批“大好高优”项目。同时加强政策研究，加大对上争取力度，力争更多项目进入中央和省市预算内投资计划。要提升园区承载力。发挥开发区作为经济建设主阵地、主战场作用，加快园区标准化建设，强化园区规划管控，抓好用地报批、土地征用、规划施工等前期工作，深入开展批而未供及闲置土地处置，加大力度推进核电配套产业园区、云霄经济开发区、陈岱工业园区等改造提升和标准化建设，提升产业集聚水平。要加强服务保障力度。落实项目分级管理和领导挂钩责任制，建立健全专班服务、定期协调、问题专报等机制，持续优化审批、资金、用水用电用工等要素服务，力促签约项目早落地、落地项目早开工、开工项目早投产，投产项目早见效，培育更多新增长点。

（二）聚焦城市文明，全力提高人民生活品质

要以人民满意为根本，以创建全国文明城市为抓手，严格对标对表创城测评体系要求，持续在城市运营管理、市容市貌、文明培育、社会保障等方面补短板、强弱项、攻难点，全面提升全县域治理体系和治理能力现代化水平，打造美丽云霄，实现城市让生活更美好。

1. 坚持城市更新，打造高品质宜居家园。城市建设是高质量发展的载体和支撑，要持续抓弱项、补短板，不断做大中心城区，在产业发展的基础上，驱动城市设施更新、功能完善，促进产城融合发展片的核心作用形成。要优化空间布局。以国土空间规划为引领，加快推进演武亭、莆下村、旧实小、下港、中柱村等片区改造和安置建设。加大滨北新区和南湖片区开发力度，以国道为主轴，联结沿海大通道和开漳大道、和田路，拉大城市框架，形成“一核两翼”的发展空间。要完善城市功能。大力实施路网畅通工程，科学规划建设停车设施，改造提升人行道和非机动车道等慢行系统，提升道路通达性；大力实施海绵城市工程，改造提升自来水、雨、污、电、通信等地下管线，提升城市供水安全和排水防涝能力；完善教育、医疗、养老等基础设施建设，精准补齐城乡民生短板。要提升管理水平。在科学化、精细化、智能化管理上下功夫，推进智慧城市建设，探索推行“街长制”“巷长制”，全覆盖、无缝隙管理城市；营造“文明城市人民建、建好城市为人民”浓厚氛围，引导广大群众积极投身创城工作，上下联动、齐心协力解决创城具体问题，切实提高城市管理效能。

2. 坚持绿色发展，打造高颜值生态环境。坚持绿水青山就是金山银山理念，扎实推进绿色转型，规划建设好山区生态涵养发展片和滨海新兴经济发展片，打造生态美丽云霄。要持续打好污染防治攻坚战。突出精准治污、科学治污、依法治污，实施蓝天、碧水、碧海、净土“四大工程”，推行林长制，强化林业行政执法，全面落实河湖长制，强化小流域整治，

加快城区污水治理提质增效项目，加大力气清理海漂垃圾，扎实推进中央环保督察反馈问题及突出环保问题整改清仓见底、全部清零。要持续构建绿色生态屏障。坚持山水林田湖草沙系统治理，加大峰头水库、杜塘水库等饮用水源地保护力度，加快推进红树林生态修复等重要生态系统保护工程，坚决打击非法采砂洗砂、破坏海岸线等行为。立足生态资源优势，把城、水、人文、景点、街区连成一脉，有序推进环城一重山的绿化美化彩化工作，谋划推进渔光互补、屋顶分布式光伏等“生态+”项目，实现生态、生活、生产、生意“四生”融合。要持续推动绿色生产生活方式。畅通产业绿色循环，推进重点行业、重点领域绿色化改造，加快建设绿色低碳的工业体系。倡导绿色低碳生活方式，推进生活垃圾分类，鼓励绿色消费、绿色出行，让绿色低碳成为人民群众的生活习惯。

3. 坚持精神文明建设，打造高品位文化强县。坚持举旗帜、聚民心、育新人、兴文化、展形象，全面提升社会文明程度。要实施优秀文化传承发展工程。着眼铸魂育人，深入开展党史学习教育，拓展“四史”学习，整合乌山革命根据地、坪水乡苏维埃革命遗址、向东渠教育实践基地等资源，赓续红色血脉，传承红色基因。加强公民道德建设，大力推进殡葬改革等移风易俗，加强网络文明建设，引导广大群众自觉遵守行为规范和社会公德，提高自身素质。要实施文化惠民工程，建好用好县级“三馆三园”和基层综合性文化服务中心，加快社区公共体育场馆、综合档案馆建设，推进城乡公共文化服务体系一体发展。要实施文化品牌工程。大力发展文化服务业、文化贸易业，扩大优质文化产品供给，打造文化产业链、产业集群，加强文化遗产保护利用，深入挖掘闽南文化、开漳文化、书画戏曲等特色文化品牌，传承好潮剧等“非遗”项目，讲好云霄故事，唱响云霄好声音。

4. 坚持以人为本，打造高指数幸福之城。落实以人民为中心的发展思想，持续加大民生投入，积极回应民生关切，扎实办好民生实事。要提高人民收入水平，实施城镇居民、农村居民、困难居民等群体增收计划，健全就业需求调查和失业监测预警机制，实施职业技能提升行动，健全劳动关系协调机制，实现更充分、更高质量的就业。要提升教育教学质量，坚持教育优先，继续优化教育教学环境和办学水平，推动学前教育普及普惠发展、义务教育优质均衡发展、普通高中优质多样特色发展，同步优化职业教育发展体系。推进中小学课后服务扩面提质，健全校外培训机构长效监管机制，构建优质均衡基本公共教育服务体系。深入实施名师名校长培养工程，建设有师德、专业化、创新型教师队伍。要完善社会保障体系，深入实施全民参保计划，落实基本医疗保险、失业保险、工伤保险制度，加快实现社会保险全覆盖；完善城乡养老设施，用好乡镇敬老院、社区老年人日间照料中心、农村幸福院，提高养老服务供给能力；强化社会救助兜底作用，推动医疗、住房、教育等专项救助向低收入家庭和支出型贫困家庭延伸。要推进健康云霄建设，健全公共卫生体系，毫不放松抓好疫情常态化防控工作，完善重大疾病预防控制和重大疫情防控体制机制，提高应对突发公共卫生事件能力。加快推进县医院整体迁建、中医院整体提升改造及乡镇卫生院扩建提升项目，鼓励社会资本创办综合医院、专科医院，补齐医疗人才短板，提升医疗服务能力。要保障社会安定稳定。严密防范各种风险挑战，守住不发生区域性金融风险的底线，坚决遏制重特大安全事故发生，推进核安全应急体系建设，筑牢安全屏障。推进法治建设，深化城乡社区网格治理“2+N”建设，健全矛盾纠纷多元化解机制，常态化开展扫黑除恶专项斗争，坚决防范和打击制售假烟、电信网络诈骗等违法犯罪行为，提升群众安全感。

（三）聚焦乡村振兴，全力推动农业农村现代化

乡村振兴事关现代化全局，必须以更有力的举措，汇聚起更强大的力量，促进农业更强、农村更美、农民更富，实现农村让城市更向往。

1. 巩固拓展脱贫攻坚成果。严格落实五年过渡期内“四个不摘”要求，聚焦“三保障”和饮水安全等重点环节，落实易地扶贫搬迁后续扶持、产业扶贫、公益性岗位等政策，拓宽脱贫人口增收渠道，坚决守住防止规模性返贫底线。突出农村低收入人口常态化帮扶，健全农村社会保障和救助制度，分层分类做好帮扶救助，做到应救尽救、应保尽保。

2. 推进农业高质高效。立足富硒和地标产品多的优势，创建国家级地标产品示范保护区，大力发展农产品精深加工，做强水果、蔬菜、茶叶、淮山、食用

菌五大农业支柱产业，做大“一镇一业”“一村一品”，做强“云霄黄观音”等特色品牌；深入实施特色现代农业高质量发展工程，培育壮大一批农业龙头企业，建立健全“农业科技特派员+示范基地+科技示范户+辐射户”的基层农技推广体系，促进农产品“收、加、储、运、销”一体化发展，提升农业全产业链价值。

3. 推进乡村宜居宜业。落实“一镇一计划”“一村一方案”，有序推进“多规合一”实用性村庄规划编制，优化乡村生产、生活、生态空间布局；开展农村人居环境整治提升五年行动，深入实施农村“一革命四行动”，加大对农村公厕、生活垃圾及污水等人居环境整治力度，做到“扫干净、摆整齐、拆到位、保畅通”，鼓励有条件的村庄开展“穿衣、戴帽、扮靓丽”行动，系统进行景观绿化美化，全面提升村庄人居和人文环境；加快完善乡村道路、供水、电网、物流、信息等基础设施，加快发展教育、健康、养老、文化等乡村公共服务事业，推进“绿盈乡村”建设，保护传统村落和历史建筑，让村民望得见山、看得见水、记得住乡愁；高质量抓好乡村振兴特色乡镇、试点村建设，以点带面优化提升泮坑棪树、下河坡兜、龙镜客寮、阳下荷东等乡村振兴线路及佳洲岛乡村振兴示范区，形成“点上有精品、线上有特色、一带一风景”的整体效果。

4. 推动农民富裕富足。坚持“绿色、红色、特色”导向，因地制宜建设生态旅游文化产业园、特色小镇，推动一批生态农业、清洁能源、电子商务、文旅康养等特色产业项目落户，提升“吃住行游购娱”功能；组织开展龙头企业牵引、农民合作社规范、家庭农场提升、农业社会化服务促进等行动，加快构建现代农业经营体系，丰富乡村经济业态，推动一产接二连三，拓宽农民增收渠道。

5. 推动民风向上向善。抓好村级组织换届选举，选优配强两委班子，加强专业技术人才队伍建设，大力培育新型农民，给乡村振兴注入新动能。抓好农村改革，深化农村集体产权、海域使用权、林权等制度改革，创新农村集体经济有效组织形式和运行机制。抓好法制乡村建设，围绕改陋习、扬正气、树新风，加强农村思想建设，深化社会主义核心价值观宣传教育，大力弘扬时代楷模精神，传承优秀家风家训，推进社会公德、职业道德、家庭美德、个人品德建设，培育文明乡风；强化村民建房规范化管理机制，零容忍、零死角、零增长推进农村“两违”整治，有效遏制各类耕地“非农化”“非粮化”行为，坚决守住耕地红线。

三、深化全面从严治党，为全方位推进高质量发展超越提供坚强保证

要全面落实新时代党的建设总要求，把严的主基调长期坚持下去，层层压紧压实管党治党主体责任和监督责任，切实做到真管真严、敢管敢严、长管长严。

（一）突出政治建设，树牢核心意识。以党的政治建设为统领，深入学习贯彻习近平总书记“七一”重要讲话精神，深入开展党史学习教育，巩固深化“不忘初心、牢记使命”主题教育成果，自觉把讲政治贯穿于党性锻炼全过程，不断提高政治判断力、政治领悟力、政治执行力，切实把增强“四个意识”、坚定“四个自信”、做到“两个维护”，落实到想问题、作决策、谋创新、抓工作的各方面。

（二）突出组织建设，夯实基层堡垒。突出抓基层、打基础、固基本，着力增强政治功能和组织功能，全面加强各领域基层党组织建设。坚决落实意识形态责任制，坚决维护意识形态领域的安全稳定。深入开展“机关联动乡村、党建引领振兴”行动，持续整顿软弱涣散基层党组织，不断发展壮大村集体经济，加快构建党组织领导的乡村治理体系。突出抓好非公企业和社会组织党组织“三抓三比创六好”党建工作机制，积极创建“模范机关”，提升党的组织和工作覆盖质量。深入推进“近邻”党建“六项行动”，健全完善党员干部直接联系服务群众制度机制。严格党员队伍教育管理，高标准高质量发展党员，不断激发党员队伍活力。

（三）突出自身建设，打造过硬队伍。要加强干部思想淬炼、政治历练、实践锻炼、专业训练，不断提高把握新发展阶段、贯彻新发展理念、积极服务和深度融入新发展格局的能力水平。要建立健全干部担当作为的激励和保护机制，健全完善一线考核干部的制度办法，树立重实干、重实效、重实绩的用人导向，营造“比学赶超、力争上游”的良好氛围。要加

强党风廉洁教育，教育引导党员干部管好自己、管好家人、管好身边人。要驰而不息纠“四风”树新风，集中整治形式主义、官僚主义，持续为基层松绑减负。要坚定不移推进常规巡察、交叉巡察和对村巡察，坚决查处群众身边腐败问题和不正之风，一体推进不敢腐、不能腐、不想腐的体制机制，不断巩固发展风清气正的良好政治生态。

（四）突出民主法治，凝聚发展合力。要坚定不移推进人民代表大会制度与时俱进，支持人大及其常委会依法履职，加强县、乡人大工作和建设，不断夯实基层基础。要充分发挥人民政协专门协商机构作用，坚持发扬民主和增进团结相互贯通、建言资政和凝聚共识双向发力，提高政治协商、民主监督、参政议政水平。发挥工会、共青团、妇联等群团组织作用，把各自联系的群众紧紧凝聚在党的周围。密切军政军民关系，加强国防后备力量建设，推进军民融合深度发展。积极探索海峡两岸融合发展新路，深化云台各领域合作。不断完善大统战工作格局，广泛团结凝聚港澳台同胞和海外侨胞力量，巩固和发展最广泛的爱国统一战线。

同志们！新的蓝图催人奋进，新的征程任重道远。让我们更加紧密地团结在以习近平同志为核心的党中央周围，以习近平新时代中国特色社会主义思想为指导，全面贯彻落实习近平总书记来闽考察重要讲话精神，以永不懈怠的精神状态，一往无前的奋斗姿态，团结带领全县人民在全方位推进高质量发展超越中奋勇争先，为谱写富美新云霄现代化建设新篇章而努力奋斗。

云霄县 2021 年乡镇换届工作总结

2021 年，云霄县扎实推动乡镇换届工作，统筹谋划乡镇领导班子配备，全县 9 个乡镇于 5 月份顺利召开党代会，选举产生新一届乡镇党委、纪委领导班子，于 12 月份圆满完成人大换届选举工作。具体如下：

一、严组织，确保责任落细落实

县委高度重视乡镇换届工作，严格落实省市关于乡镇换届有关工作要求，做到早谋划、早摸排、早落实，整个乡镇换届平稳有序。一是早谋划。成立以县委书记为组长的换届领导小组，组建 6 个党代会筹备工作小组，迅速召开换届考察动员部署会、3 次常委会会议及 1 次全委会，专题研究、专门部署，全面布局换届工作。二是早摸排。县委书记带队到乡镇开展调研，征求各方意见建议，组织部门摸清掌握干部队伍结构和年轻干部等“五类人员”干部清单等，为代表推选、人事调配夯实了基础。乡镇党委提前摸底掌握本辖区各党支部女性党员数、镇村干部、专业技术人员、先进模范人物等类别的党员群体进行，确定新一届乡镇党代会代表。三是早落实。及时制定县乡换届“作战图”，做细做实换届工作流程安排、组织分工、人员配套等工作，明确了乡镇党委书记为乡镇换届工作的第一责任人，形成方向清晰、分工明确、部门联动、上下结合的良好工作格局。

二、严标准，确保班子选优配强

坚持“重品德、重实绩、重基层”原则和“凭能力用干部、以实绩论英雄”的用人导向，换届全过程人心不散、工作不断，各项重点工作推进有力有序。一是严格干部选任条件和程序。严把选拔任用程序，组建 10 个换届干部考察组，对乡镇领导班子进行换届考察和全额定向推荐。坚持人岗相适、以事择人，严把政治素质品德关，统筹考虑人选履历、专业特长等，经综合分析比选，酝酿产生提名人选。严把政治关廉洁关，落实政治表现必谈必问和正反向测评；对拟提名乡镇换届人选，征求县纪委监委的意见，严格实行廉政“双签”。坚持集体研究，确定差额考察对象、乡镇班子调整配备等，均经县委组织部部务会、县委“五人小组”酝酿后，提交县委常委会研究。二是注重优化班子结构。乡镇党委班子结构进一步优化，班子平均年龄进一步下降，妇女干部、优秀年轻干部和高学历的干部比例进一步提高。全部超额完成年轻干部、女干部、“5+1”方面人员等结构性配备要求，新一届乡镇班子配备35岁以下年轻干部44名，占比41%，大学及以上学历85人，占比78.7%。三是圆满完成乡镇换届工作。全县配备新一届乡镇党政领导班子99人，其中党委班子成员80人，政府班子成员28人，党政交叉9人，人大主席9人。5月，全县9个乡镇顺利召开党代会，选举产生新一届乡镇党委委员80名、党委书记9名、党委副书记18名；完成乡镇纪委换届选举，选举产生出席县党代会代表149名。12月，全县9个乡镇顺利完成人大换届选举工作，选举乡镇长9名，人大主席9名，副乡镇长30名。

三、严要求，确保程序合法合规

坚持把依法依规、从严从实作为整个换届选举工作的根本遵循，抓好时间计划、业务培训、资格审查、指导督查等工作。一是把好“政策关”。围绕乡镇换届目标，印发《2021年县乡党代表大会主要环节的初步时间安排表》，倒排时间制定计划，保证工作按时序进度推进。细化政策把关，制定《党组织选举工作手册》《乡镇换届选举相关材料样式汇编手册》等，为乡镇党委和资格联审部门在实际操作中提供了详细规范的政策指导和材料参考。二是强化“培训关”。召开动员会和专题培训会，从3月起，采取“每周一训”方式，对乡镇组委、组织人事进行代表选举、干部考察、换届风气监督等业务培训，有效提高了换届工作队伍的业务素质能力。各乡镇多次对各基层选举单位党组织书记和党务干部进行了业务培训，切实做到一级抓一级，层层强化培训的工作格局。三是严格“审查关”。将政治标准放在首位，编制《县乡换届党代表资格审查参考手册》，召开县党代表资格审查工作会议，有效抓好党代表资格县乡两级纵向联审和纪委、政法、卫健等多部门横向联审，确保推荐人选的资格审查条件。加强换届督导，制定换届督查指导“两个方案”，成立十个换届工作督导组，对乡镇换届过程中政策法规执行情况进行督查，确保换届工作“程序合法、环节合规、时间合理”。

四、严纪律，确保换届风清气正

坚持换届风气监督工作与换届工作同步考虑、同步安排、同步推进，确保换届风清气正。一是迅速学习部署。在全县党史动员部署会、县委常委会、县委理论中心组（扩大）会议等传达学习中央、省《严肃换届纪律通知》相关文件精神。制定印发加强换届风气监督《若干措施》，细化工作方案，确保程序不乱、监督不断。二是强化宣传教育。在全市率先启动“线上线下”宣传，通过微信公众号、交通主干道、城市LED等宣传换届“十严禁”，每天在云霄电视台重要时间节点滚动播报换届宣传，营造浓厚宣传氛围，主要做法在《八闽快讯》《福建组工》《漳州信息》等刊物刊发。深入开展谈心谈话，编印发放《换届纪律提醒卡》5000余册，组织1723名干部签署严守换届纪律承诺书。三是持续高压督导。注重加强换届风险点排查，组建派出3个换届风气巡回督查组，畅通信访举报渠道，安排专人24小时值守“12380”电话，建立信访举报联合快办机制。乡镇党代会、人大会期间，组建10个换届督导组，全程跟进，现场督导，确保会议期间风气清正。

（中共云霄县委组织部）

云霄县2021年村级换届工作总结

云霄县把抓好抓实村（社区）“两委”换届作为建强基层组织、推动乡村振兴、强化基层治理的“重头戏”，坚持党的领导，充分发扬民主，严格依法办事，聚焦“四个突出”，精心组织实施，扎实有序推进，努力选优配强村（社区）“两委”班子，全县158个行政村、39个社区全部高质量完成换届任务，整体实现了“一降一升一肩挑”目标要求，为全方位推进新云霄高质量发展提供组织保证。新一届村（社区）“两委”1447名，其中村（社区）党组织委员842名，村（居）委会委员929名，交叉任职324名。年龄方面：本届村“两委”平均年龄40.45岁，较上届下降2.8岁；社区“两委”平均年龄38.29岁，较上届下降4.6岁；村主干平均年龄44.82岁，较上届下降0.65岁；社区主干平均年龄40.59岁，较上届下降3.7岁。学历方面：本届村“两委”中专、高中以上学历占比78.17%，较上届上升16.29%；社区“两委”中专、高中以上学历占比96.2%，较上届上升19.75%；村主干大专以上学历占比73.42%，较上届上升43.7%；社区主干大专以上学历占比97.4%，较上届上升49.4%，实现了年龄、学历“一降一升”。性别方面：本届村（社区）两委中女性共351名，占比24.26%，较上届提升5.73%，女性村（社区）主干13名，占比6.6%，较上届提3.8%。其中，村女性主干9名，实现每个村“两委”班子中至少有1名女性成员，平均每个乡镇至少1位女村主干。

一、突出以上率下，强化组织领导。

县委把村（社区）“两委”换届作为一项重大政治任务，全面加强领导，统筹协调推进，带动各级各部门守土负责、守土尽责。

*一是书记带头抓换届。*县委书记蓝良木亲自主持召开村（社区）“两委”换届动员部署会做强调讲话，多次听汇报、作批示、提要求，带头联乡包村、实地调研指导乡镇、农村换届工作；乡镇（开发区）党（工）委书记一线指挥、攻坚克难，抓好具体工作落实，构建起县乡书记带头抓、亲自抓、全力抓的工作格局。

*二是部门联动抓换届。*成立换届领导机构，组织部门牵头抓总、协调指导，会同民政部门具体负责“两委”换届工作；其他成员单位立足职能职责，扎实做好专项审计、信访维稳、换届纪律、政策宣传等工作。各级各部门上下贯通、分工配合、各司其职，凝聚起齐抓共管推动换届工作的强大合力。

*三是建好制度抓换届。*坚持月调度制度，县委组织部每月调度县直有关单位、各乡镇（开发区）召开会议，听取全县换届推进情况，对下一阶段工作进行安排部署，坚持周五例会制度，对近期重点任务、存在问题及时进行强调安排和分析解决，坚持日报告制度，换届选举开展后，每日上报完成情况，在确保平稳有序的基础上，有序推动换届选举整体进度。

二、突出抢前抓早，做足前期准备。

坚持把功夫下在换届选举之前，努力下好“先手棋”、打好“主动仗”，确保心中有数、措施有力、准备充分。一是集中摸排到位。联合纪委、民政和农业农村等部门，深入开展换届“调研周”活动，对全县各村（社区）“两委”班子现状进行调查摸底，建立专门台账，做到班子情况、选民底数、群众意愿、存在问题、应对措施和重难点村“六清楚”。抽调人员28名精干业务组成6个审计组，实行县级抽查集中审、乡镇异地交叉审的方式，对村干部进行责任审计，重点审计农村经济责任目标完成情况、“三资”管理制度、村级财务收支等方面的内容，及时进行清查登记并公示。二是谈心谈话到位。各乡镇（开发区）党（工）委与村（社区）“两委”班子成员开展谈心谈话，主要了解农村基本情况，讲解换届政策要求等，重点与不再提名、转岗人员进行面对面交流，作通思想工作，引导其正确对待进退留转。三是人选安排到位。持续深化农村“带头人”队伍优化提升行动，确定村（社区）“两委”主干意向人选，并在选举前提前安排到位。编发换届指导手册150余本，分级分批实现对县乡村换届工作人员全覆盖培训，参训人员达2000余人次，推动他们真正成为吃透精神、弄懂政策、掌握程序的“行家里手”。

三、突出“双强双好”，坚持高线选人。

把选优配强村“两委”班子特别是带头人作为重中之重，坚持好中选优、优中选强，努力选出群众满意的“当家人”。一是严格人选标准。坚持把政治标准放在首位，大力选拔思想政治素质好、道德品行好、带富能力强、协调能力强，公道正派、担当作为，愿干事、真干事、干成事的干部。农村注重选拔致富带富能力强、能推动乡村振兴、敢闯敢拼、懂农业爱农村爱农民的干部，社区注重选拔治理和服务能力强的干部。二是严格资格审查。建立不能确定为候选人的“十不能”负面清单，落实任职回避制度。坚持凡进必审，全面落实村（社区）“两委”人选资格联审机制，在乡镇（开发区）党（工）委初审的基础上，组织部、民政局会同纪委监委、公安局共19家单位进行联审，各职能部门专人负责、全程审核，及时发现不符合条件人员并取消其资格，坚决把问题干部“挡在门外”。目前，共联合审查17批次2177人，把下20名不符合人选。三是严格党委把关。全面落实村（社区）党组织书记县级党委组织部门备案管理制度，县委组织部在“两委”主干人选研判动议、资格审查、组织考察、讨论决定等关键环节有效发挥主导作用，乡镇（开发区）党（工）委提出人选建议，县委组织部审核，县委常委会研究决定，切实把好人选质量关。

四、突出风清气正，严肃换届纪律。

坚持教育在先、警示在先、预防在先，严肃政治纪律、组织纪律以及换届工作纪律要求，努力营造公开、公正、公平的换届环境。一是着力防范风险。指导各乡镇（开发区）强化底线思维，加强预判、建立预案，着力防范信访矛盾、拉票贿选、舆论炒作、疫情传播等各类风险。在认真分析研判的基层上，全县197个村（社区）分别摸排出重难点村15个，不宜继续提名的村干部73名，建立问题清单和应急机制，提前化解矛盾问题，划分“易、中、难”三类村（社区）分批推进，确保换届选举平稳有序。二是全程严督实导。纪委监委牵头成立换届纪律风气工作组，制定《关于加强村（社区）换届纪律监督工作的实施方案》，对换届纪律风气进行全程跟进督导。县委组织部成立10个督导组和1个党员档案专项组全面覆盖10个乡镇（开发区），对换届工作开展指导督导，紧盯关键环节和重要关口，累计深入村（社区）开展100余次督查指导，切实把各类问题化解在萌芽状态。三是严把程序纪律。印发实操手册150余册，明确程序和选举文书式样，落实全程签字制度，确保法律法规不变通、政策执行不走样、程序环节不出错。大力开展换届纪律宣传和警示教育，县乡村三级广泛宣传换届纪律要求，印发“十严禁”等宣传资料1000份，组织观看警示教育片20多场次，充分发挥典型案例的警示教育作用，快查快处信访举报，时刻保持高压态势，以“零容忍”的态度严厉查处违法违纪问题，形成强大震慑，营造出风清气正的换届氛围。

（中共云霄县委组织部）

大事记

1月

4日，政协第十三届云霄县委员会第五次会议开幕。

5日，云霄县第十七届人民代表大会第五次会议开幕。

6日，县委书记王金狮带队到各代表团讨论点，走访县第十七届人民代表大会第五次会议参会人大代表。

8日，云霄县第十一次归侨侨眷代表大会召开，省侨联党组成员、副主席林俊德，县委书记王金狮等出席大会。

18日，全县新冠肺炎疫情防控工作部署会召开，县委书记、县应对新冠肺炎疫情工作领导小组组长王金狮部署云霄县冬春季疫情防控工作。

同日，县委书记王金狮前往火田镇现场协调灾后生产补救工作，落实全县防霜防冻工作。

19日，县委书记王金狮主持召开县委常委会2020年度民主生活会征求意见座谈会，听取离退休老干部、“两代表一委员”（党代表、人大代表、政协委员）、乡镇机关和企业代表对县委常委班子及班子成员的意见建议。

同日，云霄县第五次台湾同胞代表大会召开，县委书记王金狮等出席大会。

20日，省台港澳办副主任郑一贤带队走访慰问云霄县台资企业，了解企业生产发展及疫情防控等情况，听取台企台商的意见建议。

25日，县委书记王金狮带队赴一线调研城建项目建设，督促施工队加快施工，会商解决难题。

同日，县委书记王金狮带队调研“东大门”国道和莆政路改造提升工程、绥阳路跨线桥、“西大门”金霞路和世坂大桥改造工程、“南大门”御史岭公园建设、“北大门”将军大道北段及漳江大桥改造工程。

同日，市委常委沈志平，副市长、市公安局局长林晓东分别带领市督查组深入云霄县冷链仓储、动车站、医院、社区等重点场所，一线督导检查疫情常态化防控工作。

26日，市扶贫开发协会组织相关部门、爱心企业代表到云霄县火田镇走访慰问建档立卡贫困户、特困家庭。

28日，县委书记王金狮看望慰问云霄县部分正处级退休干部。

2月

1日，“云霄县人民法院地理标志产品保护巡回法庭”在电商文创园县地标产品协会正式揭牌成立，系全省首家挂牌成立的地理标志产品保护巡回法庭。

3日，市委常委、军分区司令员张世永带队到云霄县走访慰问云霄籍现役师职干部家属。

4日，县委书记王金狮带队开展“再学习、再调研、再落实”活动，深入和平乡梾树村和内洞村，实地察看梾树村枇杷生态观光园、红军战斗体验馆、枇杷馆、地标馆及内洞村廊桥等项目。

同日，县委书记王金狮赶赴和平乡东方村、新楼村、梾树村，看望慰问困难群众和计生二女户。

7 日，县委书记王金狮带队开展“再学习、再调研、再落实”活动，深入莆美镇调研由福建省林业科技试验中心与云霄县闽绿大山种植专业合作社合作的科研示范基地。

8 日，市委书记邵玉龙、市长刘远带队深入云霄调研推进重点企业、重大项目加快发展建设，看望慰问留漳过年的企业家和坚守岗位的一线建设者。

同日，县委书记王金狮带队走访慰问县道德模范、孝老爱亲模范、党外知名人士、见义勇为先进个人或亲属、烈士亲属、困难教师、困难党员、低保户等。

9 日，县委书记王金狮带队检查节前安全生产和节日市场供应工作。

10 日，县委书记王金狮发表 2021 年新春贺词，向全县人民拜年。

18 日，县委书记王金狮带队深入漳州核电项目施工一线，扎实开展“再学习、再调研、再落实”活动，全力推进“华龙一号”批量化建设。

19 日，县委书记王金狮带队看望返乡省亲物理学家吴青海。

20 日，副市长兰万安带队到云霄县调研重点工业企业经营发展状况，并就企业增资扩产、提高产能、加快项目建设、加快技术改造、拓宽市场等提出具体指导意见。

22 日，县委书记王金狮带队直奔重点工业企业车间一线，推动新旧动能转换，促进产业转型升级。

23 日，副市长、市公安局局长林晓东深入云霄县走访看望企业家并调研省级乡村振兴重点乡镇。

同日，云霄法院女子巡回法庭在城郊人民法庭揭牌成立，这是漳州市首个女子巡回法庭。

25 日，副市长吴卫红到云霄县检查指导民生保障和疫情防控工作。

同日，县委书记王金狮主持召开 2021 年工作会议暨“再学习、再调研、再落实”活动部署动员会。

同日，县委书记王金狮深入一线调研文化文艺工作。

是月，云霄县御史岭公园竣工投用。

是月，一对“海上国宝”中华白海豚造访福建云霄漳江口，创下了中华白海豚首次寻游云霄县的纪录。

3 月

1 日，县委书记王金狮带队调研县城东部片区规划建设，谋划推进县城东部规划建设及功能提升。

2 日，云霄县举行第一季度项目集中开工、竣工投产活动，新开工、竣工投产项目 37 个，计划总投资 59.97 亿元。

4 日，县委书记王金狮主持召开座谈会，全力推进闽粤联网工程项目建设。

5 日，云霄县人民政府与福建建工集团签订战略合作框架协议，县委书记王金狮和福建建工集团有限责任公司党委书记、董事长林增忠共同出席签约仪式。

8 日，县委书记王金狮到下河乡下河村、坡兜村开展推动乡村振兴专题调研。

同日，县纪委监委、县妇联、县女书画家协会联合举办“巾帼心向党 初心书华章”——庆祝建党 100 周年暨云霄县女书画家协会“三八”妇女节书画展。

10 日，云霄县党史学习教育动员大会召开。

11 日，县委书记王金狮带领县各套班子领导到向东渠精神教育实践基地，开展义务植树活动。

同日，县委书记王金狮带队前往察看向东渠精神教育实践基地、县委党校新校区项目建设情况。

15 日，“茶果飘香·打卡和平”——云霄县第二届线上枇杷节暨和平乡文旅推介会在和平乡梾树村凌云阁举行。

同日，由市委网信办指导，漳州自媒体联盟主办，东南网漳州站承办，云霄县委网信办协办的媒体团一行到云霄县各乡村点“打卡”采风。

17 日，县委书记王金狮带队调研闽粤联网工程换流站项目。

19日，省社科联党组成员、副主席王秀丽带队到云霄县调研社团管理、社科普及、课题规划、理论研究等方面的创新做法、成效及基层社科联发展中存在的困难问题。

22日，云霄县举行“大抓工业、抓大工业”2021年第一季度招商项目集中签约仪式，现场签约项目11个，其中投资项目10个，计划总投资35亿元，银行授信项目1个，授信额度10亿元。

23日，省水利厅副厅长陈水树带队到云霄县调研“十四五”水利规划工作，详细了解云霄县“十三五”水利发展规划实施情况和“十四五”水利项目谋划、投资需求及政策诉求。

24日，云霄县集中举行重点项目奠基、揭牌活动，向东渠精神教育实践基地、县委党校新校区2个党性教育基地项目奠基开工，县社会保障服务中心揭牌投用。

25日，副市长、市公安局局长林晓东带队到云霄县开展“防范重大风险”专题调研，并就推动市级生态环境保护督查问题整改工作进行现场指导。

26日，县委书记、县政法队伍教育整顿领导小组组长王金狮为全县政法干警讲专题党课。

29日，县委书记王金狮带队调研御史岭公园规划建设情况。

30日，市委副书记阮开森带队到云霄县坡兜、下河、泮坑等村，实地调研推进乡村振兴工作，对下阶段云霄县乡村振兴工作提出新思路、新要求。

31日，市委常委、市纪委书记、市监委主任李东河到云霄县调研，宣讲习近平总书记来闽考察重要讲话精神，县委书记王金狮陪同调研。

是月，闽西南介入高峰论坛在云霄县举办。

是月，司法部、民政部公布第八批“全国民主法治示范村（社区）”，云霄县陈岱镇礁美村获此殊荣。

是月，福建省首个革命史数字馆——“乌山革命史数字馆”正式上线。

4月

6日，县委书记王金狮带队调研开漳公园规划建设工作，强调要结合区域发展新格局和火田镇区开发实际，加快打造一批大公园、小游园等城市园林绿化精品工程，全方位提升城市品质，增进群众绿色福祉。

7日，国家能源局核电司副司长秦志军带队到云霄县调研，强调要抓住实现“碳达峰、碳中和”的机遇窗口，推进漳州核电华龙一号批量化建设。

同日，云霄县乡村振兴研究促进会揭牌成立，是全省率先成立的首个县级乡村振兴研究促进会。

9日，由厦门大学与云霄县共同建设的漳江口湿地生态系统野外科研与教学基地项目建成投用。

14日，云霄县乡村振兴现场会在坡兜畲村举办，“幸福下河，快乐山哈”民俗文艺演出在坡兜村凤仪台上演。

同日，漳州市2021年政协台港澳侨委工作座谈会在云霄县召开。

15日，国家烟草专卖局专卖监督管理司司长王志勇、省烟草专卖局局长李民灯等一行到云霄县，以专题座谈形式指导推进卷烟打假工作。

19日，县委书记、县政法队伍教育整顿领导小组组长王金狮与政法各单位主要负责人开展集中谈心谈话，并实地走访政法部门，推动政法系统教育整顿工作持续开展。

20日，云霄县全面推进普惠金融服务乡村振兴工作在漳州各县市区率先启动，县委书记王金狮，漳州农信系统党委书记、办事处主任孙志明，漳州农信系统党委副书记庄江勇等出席启动仪式。

22日，市委常委、常务副市长张慧德到云霄县调研城乡品质提升工作。

同日，县委书记王金狮深入项目现场，调研闽粤联网工程开工筹备工作。

23日，闽粤联网工程在云霄县马铺乡石芹村正式开工建设，该工程总投资32.2亿元，线路全长303公里，输送容量200万千瓦。

29日，副市长兰万安到云霄县走访调研一线工业企业，协调解决实际困难及问题。

同日，“点亮夜经济 乐购云霄味”威惠美食文化周火热启幕。

30日，由县委宣传部、县纪委监委、县总工会、县文体旅局、县文联主办，县文化馆、县书法家协会、县美术家协会联合承办的“百位书家书盛世、百位画家绘中华”云霄县庆祝中国共产党成立100周年现场书画创作活动在将军山公园举办。

是月，农业农村部农产品质量安全中心发布第8号公告，正式公布2021年第一批全国名特优新农产品名录，云霄下河杨桃上榜，正式被列入“全国名特优新农产品”名录。

29日，云霄县各乡镇（开发区）分别召开党员代表大会，圆满完成乡镇党委换届选举工作。

31日，县委书记王金狮带队前往列屿紫阳幼儿园和云霄一中分校，开展“六一”国际儿童节慰问活动。

是月，2020年福建省乡村振兴重点特色乡（镇）、实绩突出村名单公布，云霄县唯一少数民族村坡兜村荣耀上榜。

5月

7日，市公安局禁毒支队到云霄县调研指导禁毒工作，并就如何进一步更好开展禁毒工作提出要求部署。

9日，由县委宣传部牵头主办的“云霄县庆祝建党100周年群众性文艺展演”之歌手比赛总决赛精彩落幕。

11日，云霄县在中核国电漳州能源有限公司举行五一劳动奖颁奖活动。

18日，“漳州110”先进事迹巡回报告会在云霄县将军山会议厅举行，宣传弘扬新时代“漳州110”精神。

19日，由云霄县文化体育和旅游局、下河乡党委、政府主办的中国旅游日主题活动在下河启动。

20日，县委书记王金狮调研督导新冠肺炎疫情防控和疫苗接种工作。

同日，第二个“国际茶日”暨“云霄黄观音”专场品鉴会在漳州市海峡两岸茶文化交流中心举行。

24日，漳州市科技·人才活动周在云霄县威惠庙美食广场启动，云霄县有4个产学研合作项目在漳州市科技·人才活动周签订。

25日，省乡村振兴促进会执行会长、省乡村振兴基金会理事长叶木凯带队到云霄县开展乡村振兴工作专题调研。

同日，云霄县党史学习教育宣讲活动暨庆祝建党100周年群众性文艺展演颁奖晚会在县人民公园激情唱响。

27日，县委书记王金狮带队调研向东渠精神教育实践基地、县委党校新校区建设。

6月

1日，副市长张翼腾带队到峰头水库开展巡河工作并督导检查防汛抗旱工作，推动“河、库长制”工作落实，防范化解风险隐患，确保安全度汛。

3日，县委书记、县总河长王金狮开展巡河及防汛检查。

4日，县委书记王金狮带队到云霄一中、云霄元光中学等考点，察看考务准备、考场监控系统运行、考试工作人员岗前培训以及后勤保障等情况，确保考试环境良好、考场各项工作正常。

6日，云霄县召开领导干部会议，市委常委、组织部部长蔡亚东到会讲话，市委组织部副部长郭丹川主持会议并宣读省委、市委关于云霄县主要领导调整变动的决定。

同日，县委书记蓝良木、县委副书记沈顺来专题调研部分在建重点项目情况。

7日，县委书记蓝良木、县委副书记沈顺来到县人大、县政协、县纪委监委走访调研，看望干部职工，与各机关领导班子成员深入座谈交流，认真听取工作意见建议。

同日，县医院、县中医院医共体医院分别揭牌成立，县疾病预防控制中心整体迁建项目揭牌投用。

同日，云霄县乡村振兴局正式挂牌成立。

9日，县委副书记沈顺来带队到漳江口红树林自然保护区检查督导退养还湿工作。

11日，云霄县举行第三批县级非物质文化遗产代表性传承人颁证仪式。

16日，市委书记张国旺、代市长王进足深入云霄县调研，强调要学深悟透习近平总书记来闽考察重要讲话精神，认真贯彻落实省委十届十二次全会精神。

21日，省委党史学习教育第二巡回指导组第二轮巡回指导座谈会召开。

同日，县委书记蓝良木带队调研红树林退养还湿工作，现场办公解难题、列清单、促进度，要求扎实做好漳江口水域吊养清退整治，确保按时保质保量完成退养还湿任务。

同日，县委书记蓝良木带队前往马铺乡峰头水库，开展巡库和调研饮用水源地保护工作。

22日，县委书记蓝良木带队到云陵镇、火田镇、马铺乡、莆美镇调研，强调要认真学习领会习近平总书记来闽考察重要讲话精神，认真贯彻落实省委十届十二次全会和市委常委（扩大）会精神。

同日，由县委宣传部、县文体旅局、县文联主办的云霄县庆祝中国共产党成立100周年——“习近平用典”主题书法创作巡回展在县文化馆举办。

23日，由中共云霄县委员会、云霄县人民政府主办，县委宣传部、县总工会、县文体旅局、县文联、县委文明办、县融媒体中心联合承办的“百年征程、走向辉煌”云霄县庆祝中国共产党成立100周年群众性文艺晚会在市民公园举行。

24日，县委书记蓝良木带队走访慰问云霄县部分党龄超过50年的老党员和困难党员。

同日，代县长沈顺来带队调研重点项目用地征迁工作，现场办公解难题促进度，强调要加快征迁进度，在既定时间节点内完成征迁工作。

同日，省水利厅副厅长陈水树带队到云霄县开展安全生产特定飞检，检查云霄县在建工程和水利设施安全生产等情况。

27日，县中医院获得国家消化道早癌防治中心联盟、福建省消化道找“早”癌八闽行早癌规范化筛查点授牌。

28日，云霄县党员领导重温入党誓词暨新党员代表入党宣誓活动在县行政办公大楼一楼大厅举行。

同日，云霄县“两优一先”（优秀党务工作者、优秀共产党员和先进基层党组织）表彰大会在将军山会议中心召开，集中表彰一批优秀共产党员、优秀党务工作者和先进基层党组织。

同日，云霄县举行2021年第二季度招商项目集中签约仪式，现场集中签约项目6个，计划总投资12.8亿元。

同日，县委副书记、代县长沈顺来走访慰问老党员、困难党员，颁发“光荣在党50年”纪念章。

同日，由县政协主办、县政协机关党支部、县政协元光书画院、县创境文化传播有限公司承办的“翰墨丹青 礼赞百年”庆祝中国共产党成立100周年书画作品展在元光书画院开展。

29日，县委书记蓝良木、代县长沈顺来带队到政法各单位，调研督导“七一”中国共产党建党节活动期间维稳安保暨政法队伍教育整顿工作落实情况，看望慰问一线干警。

同日，县委书记蓝良木、代县长沈顺来带队到东厦镇、和平乡、下河乡、列屿镇、陈岱镇和云霄经济开发区调研。

30日，由县委、县政府主办，县委宣传部、县文体旅局、县文联承办的“百年征程 百年伟业”云霄县庆祝建党100周年成就图片展开幕式在县文化馆举行。

是月，省级“最美农业专家”和“农业科技示范村”荣誉的人员和行政村名单公布，云霄县东厦镇佳洲村、下河乡下河村获省级“农业科技推广示范村”称号。

是月，中共福建省委党史学习教育领导小组办公室面向社会推荐了第二批党史学习教育参观学习点，云霄乌山革命旧址入列。

是月，“云霄110”党支部被福建省委授予“全省先进基层党组织”光荣称号。

7月

1日，县委书记蓝良木、代县长沈顺来等县各套班子领导集中收听收看“庆祝中国共产党成立100周年大会”直播实况。

3—4日，市长王进足实地踏勘漳江口红树林保护区，指导云霄推进退养还湿工作。

6日，县委书记蓝良木带队到重点企业调研，掌握企业主现实诉求，指导产业发展工作。

同日，县委书记蓝良木带队检查指导防台风工作，对台风防御工作进行再安排、再调度、再部署。

7日，县委书记蓝良木带队到陈岱镇调研，指导推进陈岱镇项目建设、乡村振兴、生态环保整治等重点工作。

同日，代县长沈顺来深入闽粤联网工程建设现场，了解施工进度及下一步的工作思路，协调解决工程配套项目等重难点问题。

9日，县委书记蓝良木带队到列屿镇调研，察看华杰彩亮光电园、顶辉新材料等项目，在山前一级渔港现场办公部署工作。

12日，县委书记蓝良木带队到东厦镇调研，实地走访省级乡村振兴示范点和部分工业企业，一线督查砂石场治理情况，促进重点工作落实。

13日，市委常委、常务副市长张慧德、副市长李勇带队到云霄县开展用水保障、防汛、古村落保护及重点项目现场办公。

同日，代县长沈顺来主持召开2021年县政府第二次全体会议暨落实全面从严治党主体责任集体廉政谈话会议。

16日，中共云霄县委十三届十四次全体会议召开，审议通过《中共云霄县委关于学习贯彻习近平总书记来闽考察重要讲话精神谱写富美新云霄现代化建设新篇章的决定（草案）》和《中国共产党云霄县第十三届委员会第十四次全体会议决议（草案）》。

同日，副市长崔为磊到云霄县调研金融工作，实地走访豪锦化妆品有限公司、云霄县支农融资担保有限公司，并召开座谈会，听取云霄县近年来金融发展情况介绍。

19—25日，福建农林大学新农村发展研究院副院长、云霄杨桃科技小院首席专家朱朝枝教授带领专家团队和大学生暑期“三下乡”社会实践队到下河乡下河村，开展为期七天的科学研究和技术服务活动。

23日，县委书记、县总河长蓝良木带队开展巡河工作，强调要守好发展和生态两条底线，深化源头治理。

27日，副市长张翼腾带队到云霄县开展巡河及调研防汛抗旱工作，并召开专题协调会。

28日，上半年经济会议召开，县委书记蓝良木、代县长沈顺来等县各套班子领导参加。

同日，代县长、县征兵工作领导小组组长沈顺来参加“2021年度秋季征兵工作推进会议”。

29日，县委书记蓝良木、代县长沈顺来分别带队开展“八一”走访慰问活动，看望县人民武装部官兵、部分退役军人以及烈士遗属。

是月，莆田学院新工科产业学院“槐青”实践队到云霄县梾树村开展“网聚青力量、直播促乡村”活动。

8月

2日，县委书记、县应对新冠肺炎疫情工作领导小组组长蓝良木带队检查疫情防控工作。

4日，县委书记蓝良木带队督导全国文明城市创建工作。

同日，代县长沈顺来到县防汛抗旱指挥部召开视频会议，现场连线各乡镇，就防御台风工作进行动员部署。

5日，县委书记蓝良木带队到列屿、陈岱、火田、下河等沿海山区乡镇，检查督导台风各项防御工作落实情况。

同日，县委书记蓝良木主持召开专题工作会，部署推进全县防御台风工作和疫情防控工作。

同日，省民宗厅一级巡视员兰秀珍一行到云霄县调研乡村振兴工作，市民宗局局长蓝碰金陪同调研。

6日，副市长、市公安局局长林晓东到云霄县实地检查指导疫情防控工作。

9日，副市长兰万安带队深入云霄县开展企业帮扶活动，现场协调解决企业生产经营中遇到的困难问题。

10日，县委书记蓝良木带队到云霄经济开发区调研，聚焦产业发展、招商引资、园区平台建设，谋划推进开发区高质量发展。

11日，县委书记蓝良木带队到下河乡调研，为乡村繁荣发展、产业振兴提要求、促落实。

同日，代县长沈顺来带队开展重点项目用地征迁工作调研，解决项目用地过程中存在的困难和问题。

同日，县委书记、县应对新冠肺炎疫情工作领导小组组长蓝良木主持召开云霄县应对新冠肺炎疫情工作领导小组会议。

12日，副市长吴卫红到云霄县开展“再学习、再调研、再落实”活动，检查指导疫情防控和安全生产工作。

17日，县委书记蓝良木带队到马铺乡调研，察看淮山产业化扶贫、百草园等项目，指导推进当地各项重点工作。

18日，县委书记蓝良木带队到和平乡进村入企走访调研，一线促项目推进，助乡村振兴。

同日，代县长沈顺来带队调研规模企业生产经营情况，精准帮扶企业，推动企业实现产值稳步增长。

19日，代县长沈顺来带队到云霄经济开发区调研，进企业开展座谈。

20日，县委书记蓝良木带队到火田镇调研，指导项目建设、乡村振兴、产业发展等工作。

同日，代县长沈顺来带队到列屿镇调研，指导推进列屿镇项目建设、乡村振兴、社会治理等重点工作。

24日，市委常委、宣传部部长、统战部部长吴卫红带领市委第七检查组到云霄县开展2021年全面从严治党主体责任落实情况检查集体约谈。

同日，省生态环境厅党组书记、厅长付朝阳一行到云霄县开展挂钩帮扶工作。

30—31日，省人大常委会副主任檀云坤带队到云霄县开展挂钩帮扶工作调研及慰问活动。

31日，省政协办公厅委员工作室主任林彩英带队到云霄县开展委员履职服务管理工作专题调研，市政协副主席吴芳华参加调研。

是月，省乡村振兴“两会”咨询组组长叶继革带队到云霄县专题调研乡村振兴工作，听取基层意见和建议，为下一步推进乡村振兴提供决策依据。

9月

1日，县政府召开专题会议，传达省市有关会议精神，分析当前工作存在问题，代县长沈顺来出席会议并讲话。

2日，省委台港澳办二级巡视员王志辉一行到云霄县调研对台交流工作，市委台港澳办主任林秀珍一同参加活动。

5日，由中共云霄县委员会、云霄县人民政府主办的云霄县民营企业发展大会召开，漳州市人大常委会副主任余溪、市食品工业协会会长何红孙、云霄县委书记蓝良木、代县长沈顺来、北京大学东莞光电研究院院长张国义、中国食品报总编辑刘彤等参加。

7日，市委常委、漳州军分区党委书记、政委李宣良带队到云霄县开展征求市党代会工作报告意见座谈活动。

同日，代县长沈顺来前往火田镇调研抽水蓄能电站项目。

8日，云霄县融媒体中心与闽南师范大学新闻传播学院举行产学研合作基地揭牌仪式，校地联手推动深度融合发展。

同日，漳州市委书记张国旺、市长王进足、县委书记蓝良木到漳州馆云霄主题展区参观指导，开展项目对接活动。

同日，“云霄黄观音”推介品鉴活动亮相2021中国（厦门）国际茶业投资贸易博览会，市委书记张国旺、县委书记蓝良木带队观展。

9日，县委书记蓝良木带队走访第二实验小学和云霄职业技术学校，开展教师节慰问座谈活动。

14日，县委书记蓝良木出席全国文明单位授牌仪式，并为云霄县人民法院颁授“全国文明单位”牌匾。

15日，县委书记蓝良木带队一线调研督导疫情防控工作。

17日，市委常委、漳州军分区党委书记、政委李宣良带队到云霄县督导疫情防控工作。

19日，县委书记蓝良木、代县长沈顺来带队突击检查镇村疫情防控工作落实情况。

20日，市长王进足深入云霄县督导检查疫情防控工作，县委书记蓝良木，代县长沈顺来参加活动。

22日，代县长沈顺来主持召开全县疫情防控工作第四次会商会议，部署推进当前疫情防控工作。

23日，全县重点工作检查暨“六比一看”竞赛推进会召开，县委书记蓝良木主持会议并讲话，代县长沈顺来点评全县竞赛工作情况，并部署具体工作。

24日，县委书记蓝良木带队到列屿镇、陈岱镇实地督导当地全员核酸检测工作开展情况，并组织召开观摩交流现场会。

同日，县委书记蓝良木深入陈岱镇岱东村，指导推进全县村级换届工作。

27日，代县长沈顺来主持召开全县安委会、消安委成员会暨2021年第四季度安全生产形势工作会。

28日，蓝良木、沈顺来等县各套领导班子成员到乌山，集体瞻仰中共闽南地委机关旧址。

同日，代县长沈顺来带队到东厦镇调研，实地走访部分工业企业，并召开座谈会，强调要统筹抓好疫情防控和安全生产各项工作。

29日，县委书记蓝良木、代县长沈顺来带队深入全县部分重点交通项目、城建在建项目以及大型商超等重点场所，检查督导国庆节前安全生产和市场供应工作。

同日，县委书记、县应对新冠肺炎疫情工作领导小组组长蓝良木主持召开县应对新冠肺炎疫情工作领导小组第四次会议。

30日，蓝良木、沈顺来等县各套班子在家领导等参加献宝山烈士陵园举行的向烈士敬献花篮活动。

10月

9日，副市长兰万安深入云霄县东厦镇（福建省粮食产能区）示范点，调研水稻、毛豆、玉米、甘薯等生产基地。

11日，县委书记蓝良木到县委政法委、县委宣传部、县委统战部走访调研，了解全县政法、司法、统战以及宣教文卫工作情况。

12日，县委书记蓝良木、代县长沈顺来带队开展重阳节走访慰问活动，看望慰问百岁老人。

13日，县委书记蓝良木带队调研县住建局、县城管局、县自然资源局工作。

13—14日，省药监局党组书记、局长俞开海带领省药监局厦门药品稽查办、省药监局注册与审批处、省药监局综合与财务处主要负责同志一行到云霄县调研疫情防控药械监管工作。

15日，县委书记蓝良木带队到县交通运输局调研并主持召开座谈会。

18日，县委书记蓝良木带队调研全县粮食工作。

19日，市委常委、政法委书记张慧德带队到云霄县调研市域社会治理现代化建设工作开展情况。

同日，省公安厅党委委员、副厅长、省打私办主任张斌，带队到云霄县调研指导打私工作。

21日，代县长沈顺来带队前往马铺乡峰头水库开展巡查调研工作，履行河（库）长职责。

22日，“国家地理标志司法保护巡回法庭”揭牌成立，系全国首个由中级人民法院设立的“国家地理标志司法保护巡回法庭”。

25日，县委书记蓝良木带队到县海洋与渔业局、县林业局和县农业农村局调研。

27日，副市长林少金到云霄县调研工业企业，强调要围绕市第十二次党代会确定的目标任务，加快产业发展。

28日，市委副书记黄水木一行到云霄山前一级渔港、漳州核电调研工作。

同日，副市长兰万安带领市直有关部门负责人，到云霄县调研推进河湖流域水质提升和水土保持工作。

29日，厦门市翔安区代区长李毅、副区长郭三温带领党政代表团到云霄县调研，并就云翔两地对口帮扶工作召开座谈会。

29—31日，县委书记蓝良木带领招商小分队奔赴广东珠三角开展招商考察，推介云霄发展优势、营商环境。

11月

2—3日，市卫健委、市红十字会联合举办应急救培训走基层暨义诊活动在云霄县正式启动。

4日，县委书记蓝良木带队到县民政局、人社局、退役军人事务局和县残联开展工作调研，并主持召开座谈会。

同日，县委书记蓝良木带队深入城区重要路口、主干道、集贸市场等创建点位，督导全国文明城市创建工作。

同日，由省政府安办副主任、省应急厅副厅长邓冈带队的省政府安办安全生产重点工作指导服务组到云霄县开展指导服务工作。

5日，省计生协会党组成员、专职副会长陈友茂到云霄县调研计生家庭意外伤害保险工作。

8日，代县长沈顺来在绥阳农贸市场、元光小学、恒晟超市、将军山公园等地督查云霄县创城工作。

9日，县委书记蓝木带队到高地利项目一线调研，指导总部经济发展工作。

同日，县委书记蓝良木走访慰问县消防救援大队。

同日，县委书记蓝良木带队调研坡兜村乡村振兴“点线”项目建设情况。

12日，省委文明办到云霄县督查全国文明城市创建工作。

18日，2021年第四届“行走中国·海外华文媒体漳州行”采访团走进云霄。

19日，2021年全市森林防灭火实训活动在云霄县举行。

22日，县委书记蓝良木、代县长沈顺来以普通选民身份参加所在选区人大代表选举投票。

23日，代县长沈顺来带队调研演武亭村村民安置房项目及旧党校片区征迁改造项目。

同日，县委书记、县委全面依法治县委员会主任蓝良木主持召开中共云霄县委全面依法治县委员会第六次会议。

24日，水利部珠江委员会副主任、一级巡视员胥加仕带队到云霄县开展旱情调研工作。

25日，漳州市长泰区委常委曾进兴、区政府副区长严惠娇带领学习考察团赴云霄县县医院学习考察。

29日，代县长、县总河长沈顺来带队开展巡河工作。

29—30日，代县长沈顺来主持召开2022年项目工作谋划推进会。

30日，省委党校研修班到云霄“向东渠精神教育实践基地”考察学习。

12月

1日，副市长兰万安带队到云霄县调研漳江口红树林国家级自然保护区退养还湿工作，代县长沈顺来陪同调研。

2日，县委书记蓝良木带队调研滨北新区重点项目建设情况。

4日，水利部防御司督察专员顾斌杰带队到马铺乡峰头水库开展旱情调研工作。

7日，县委书记蓝良木、代县长沈顺来等出席政协第十四届云霄县委员会第一次会议。

同日，县委书记蓝良木、代县长沈顺来等出席云霄县第十八届人民代表大会第一次会议。

8日，副市长、市公安局局长林晓东带队到云霄县，征求2022年市《政府工作报告（征求意见稿）》意见建议。

9日，县委书记蓝良木带领代县长沈顺来等新一届“人大政府两院”班子和县纪委监委候选人看望与会人大代表。

11日，县委书记、县总河长蓝良木带队开展巡河和环保治理督导工作。

15日，省级环保督察组副组长叶学振，省生态环境厅副厅长、省级环保督察组副组长黄书林带队到云霄县漳江口红树林国家级自然保护区检查指导生态环境保护工作。

16日，省“诚信经营示范街区”调研组第三组组长陈友钟带队到云霄县调研创建第四批省级“诚信经营示范街区”工作。

同日，县长沈顺来带队到莆美镇开展城市建设、项目谋划、民生发展等重点工作调研。

17日，县长沈顺来带队前往阳下溪调研清淤疏浚工作。

同日，县长沈顺来深入漳江流域，检查排污口整治工作。

同日，县长沈顺来深入云陵镇下坂村督寻调研卷烟打假工作。

20日，县委书记蓝良木开展县“党建领航”行动第一课暨新一届村（社区）主干任职培训班专题授课。

同日，副市长兰万安到云霄县调研林业产业发展及开展巡河工作。

21—22日，省人大常委会副主任檀云坤带队到云霄县宣讲中共十九届六中全会精神和省党代会精神，并开展挂钩帮扶工作调研。

24日，县委书记、县人武部党委第一书记蓝良木主持召开2021年度县委议军会议。

同日，县委书记蓝良木主持召开中共云霄县委退役军人事务工作领导小组第二次会议。

同日，县长沈顺来主持召开县政府与县政协联席会议。

同日，县长沈顺来主持召开县政府与县总工会第九次联席会议。

同日，市卫健委、市乡村振兴促进会组织市医院等医疗专家到云霄县开展“乡村振兴 健康先行”免费义诊活动。

27日，市委常委、政法委书记张慧德带队到云霄县调研督导道路交通安全整治工作。

28日，县委书记蓝良木带队到富佳宝食品科技园，以项目对接推介会的形式，推动近期在谈项目签约落地。

29日，县委书记、县应对新冠肺炎疫情防控领导小组组长蓝良木参加“两节”（元旦、春节）期间疫情防控工作部署会。

同日，云霄县人民政府与中核国电漳州能源有限公司第一次联席会议召开，县委书记蓝良木，县长沈顺来，中核国电漳州能源有限公司党委书记、董事长陈国才等参加会议。

29—30日，县委书记蓝良木主持县委经济工作会议。

31日，县委书记蓝良木、县长沈顺来、市工商联副书记张镇山等参加县工商联（总商会）第十二次代表大会。

同日，县委书记蓝良木带队开展巡河、疫情防控和安全生产检查活动。

同日，县长沈顺来参加漳江流域生态环境问题整改任务交办会。

是月，2021年度省级“一村一品”示范村名单公布，云霄县火田镇高田村上榜。

（汤靓婧、吴浩恬）

县情概貌

自然环境

【位置面积】 云霄县位于福建省南部沿海，地理坐标为北纬23°45′～24°14′，东经117°07′～117°33′。东与漳浦毗邻，西与诏安交界，南隔海与东山相望，北靠平和。南北最大纵距54.75千米，东西最大横距35.27千米。区划面积（含常山经济开发区）1053.08平方千米。下辖6个镇3个乡1个经济开发区（不含常山）。

【地貌】 云霄县属丘陵、台地、低山结合地带，以中生界火山岩和花岗岩所构成的低山、丘陵，屏障于边境。地势自西北向东南呈阶梯状降落，形成了东、北、西三面高，中部及南部平坦，向东南开口的马蹄形地形。境内千米以上山峰7座，其中6座分别与漳浦、诏安、平和共界。中部漳江中下游和东部沿海有冲积平原与台地，为主要农业区。云霄县水系发达，主要河流漳江由北向东贯穿全境，大小支流密布，呈向心状水系入海。海域由漳江湾、东山湾（部分）、诏安湾八尺门水道等组成，形成沙泥滩的回升侵蚀斗型低丘、台地岩岸。海岸线总长78.006千米，其中自然岸线12.364千米，占比15.85%；人工岸线64.291千米，占比82.42%；其他岸线1.351千米，占比1.73%。

（方陈永）

【水资源】 云霄县独流入海流域面积50平方千米以上的河流为漳江，流域面积50平方千米以下独立入海的小河流主要有山前溪、磨石溪、下曾溪等。全县多年平均水资源总量10.98亿立方米，其中境内地表水资源量8.74亿立方米，入境水资源量2.19亿立方米，地下水资源不重复计算量0.054亿立方米。

（洪灿琛）

【气候】 2021年，云霄县平均气温23.3℃，比历年同期（22.2℃）高1.1℃，属异常偏高；年降水量1211.9毫米，比历年同期（1785.5毫米）少32.1%，属异常偏少；全年总日照时数为2530.9小时，比历年同期（1821.2小时）多709.7小时，属异常偏多。全年共有4个台风影响云霄县，台风影响个数正常。全年主要气候状态为气温异常偏高，降水异常偏少，日照异常偏多；全年平均风速为2.3米/秒，比历年同期（2.0米/秒）大0.3米/秒。全年主导风向为西北风，风向频率为14%。全年空气相对湿度为72%，比历年同期（77%）少5个百分点。

【主要气象灾害】 2021年影响云霄县的主要天气气候事件包括：低温霜冻、暴雨、干旱、台风、高温。

低温霜冻　2021年，云霄县共有2次冷空气天气过程。全年本站日极端最低气温2.3℃，出现在1月13日。受强冷空气影响，2020年12月30日至2021年1月2日、1月7—14日出现低温过程，极端最低气温出现在1月13日，城关日极端最低气温2.3℃，全县有12个自动站最低气温低于4℃，全县大部分地区出现霜或霜冻。

暴雨　2021年，云霄县共出现

6个暴雨日，分别是6月2—3日过程雨量58.0毫米、7月30—31日过程雨量101.2毫米、8月5—6日过程雨量125.5毫米、8月10—11日过程雨量87.0毫米、10月8—9日过程雨量85.0毫米、10月14—15日过程雨量60.0毫米。降水集中、强度大，多为热带辐合带和西南暖湿气流影响下的暴雨，强降水主要集中出现于3—9月，累计雨量967.0毫米，占全年总降水量的79.8%。

干旱 2021年以来，云霄县降水持续偏少，1月1日至6月1日持续少雨天气，旱情阶段性发展，其中4月11—28日旱情较严重，达到特旱，6月2—3日出现大雨到暴雨，旱情解除。针对干旱情况，云霄县气象局于2月10日至12月27日期间，在峰头水库火箭弹作业点及新建的马铺枧河、下河仙石、常山坪水3个烟炉作业点择机开展人工增雨作业，共开展人工增雨作业59场次，其中烟炉增雨12场，燃烧增雨烟条12根，火箭弹增雨47场，发射增雨火箭弹106枚。

台风 2021年对云霄县有影响的台风4个，台风影响个数与常年相比正常，分别是2107号台风“查帕卡”（台风级）、2109号台风“卢碧”（热带风暴级、登陆台风）、2117号台风“狮子山”（热带风暴级）、2118号台风“圆规”（热带风暴级）。

高温 夏季平均气温偏高、多炎热天气，5月28日出现年极端最高气温38.4℃。全年35℃以上炎热天数多达49天，高温初日为5月11日，高温终日为9月29日，其间最多连续高温日7天（6月15—21日、7月22—28日）。

（朱纯林）

人文地理

【建置沿革】 云霄县位于闽粤山海要冲，历来为兵家必争之地。秦汉时期先后隶属于揭阳岭屯戍区、南海郡、南海国、南海郡揭阳县。东晋咸和六年（331），南海郡分出其东部地区增置东官郡，析粤地揭阳县置绥安县，治在云霄。隋开皇十二年（592）绥安废，云霄漳江以北隶于泉州（今福州）之龙溪县，漳江以南隶于潮州之万川县。唐总章二年（669），玉钤卫翊府左郎将归德将军陈政奉诏率兵入闽平“蛮獠啸乱”，镇守故绥安县地，与子元光于云霄火田开屯建堡。垂拱二年（686），陈元光以云霄漳江为名奏置漳州，治在今云霄西林村，并置漳浦、怀恩两县。漳江以北隶漳浦，漳江以南隶怀恩，漳浦县治附州治。开元二十九年（741）废怀恩后，全境属漳浦。陈元光为首任漳州刺史，继续率众辟地置屯，传播推广中原先进文化和生产技术，被后世尊为“开漳圣王”。宋为漳浦县安仁乡浦东里（明万历《漳州府志》作“浦东保”）。元初为漳浦县安仁乡修竹里、新安里。明初为漳浦县六都，嘉靖九年（1530）分属于漳浦、平和、诏安县。清顺治六年（1649）十月初十，郑成功率军由漳江下游攻入云霄，进占潮汕。乾隆元年（1736），称云霄镇，驻漳浦县丞。乾隆二十六年（1761），云霄高塘村郑开在境内东厦高溪庙、观音亭创立反清会党“天地会”，其组织衍及闽南各地，并扩展到台湾、两广、长江流域一带和东南亚华侨聚居地。嘉庆三年（1798），以县丞所辖30个保，并割平和县属25个保、诏安县属2个保、13个村置云霄抚民厅（亦称漳州分府）。同治三年（1864）九月，太平军侍王李世贤余部进入闽南，攻占云霄城，驻城长达200多天。同治四年（1865）四月中旬，左宗棠率兵3万余人过云霄剿灭太平军余部和岳坑反清组织“兄弟会”。民国2年（1913）改云霄抚民厅为云霄县，先后隶属于漳州府、福建西路道、汀漳道。民国14年（1925）隶于福建省政府。民国21年（1932）3—4月，中共漳州中心县委派员进驻云霄；翌年3月，云霄、漳浦交界的火田镇徐南坑自然村设立秘密交通站。民国22年（1933）“福建事变”，隶于龙汀省。民国23年（1934）“福建事变”失败后，先后隶于福建省第六行政督察区、第五督察区。民国23年（1934）4月，马铺乡坪水村建立云霄县第一个中共党支部，8月成立坪水乡苏维埃政府；民国24年（1935）底开辟乌山革命根据地，成立中共云和诏县委。云霄老区人民在中国共产党领导下，与红三团、红九团、独立营、闽南支队等工农革命武装，先后粉碎国民党军队的多次“围剿”，奇袭云霄城、坪坑伏击战、车仔圩战斗等威震闽南。民国38年（1949年9月30日止）9月25日，云霄和平解放。

【行政区划】 云霄县辖5个镇（云陵镇、陈岱镇、列屿镇、莆美镇、东厦镇、火田镇）、3个乡（马铺乡、下河乡、和平乡）、1个开发区（云霄经济开发区），197个村（居），其中社区39个，建制村158个。

云霄县行政区划统计表

表 1

乡镇街道名称（驻地）	行政区划代码	面积（平方千米）	人口（万人）	社区和建制村名称	社区建制村合计（个）
云陵镇（王府社区）	350622100	15.23	7.49	社区：下港、大园、溪美、王府、塘坪、宝楼、汀洋、大路、西园、北园、金霞、城元、丽都、渡头、建发、云霞、望安 建制村：下坂、享堂、塘坪、下城	21
陈岱镇（岱东村）	350622101	67.57	3.90	建制村：岱东、白礁、竹港、峰外、岱山、岱北、岱南、石前、礁美、坑内、下曾、董塘、双岭、前江、中江、后江、呈安、大山顶	18
东厦镇（东厦村）	350622102	128.13	5.97	建制村：东厦、浯田、荷东、荷中、荷西、溪塘、船场、洲渡、佳洲、白塔、埭洋、竹塔、东崎、湖坧、长洋	15
莆美镇（莆下村）	350622103	68.62	6.56	社区：绥阳、宝洋、绥东、泰景、君豪、宝龙、宝城、高洋、宝山、怡景、福锦 建制村：演武亭、双溪口、高塘、莆下、莆东、莆南、莆北、前埔、后汤、宝树、佳兜、前涂、山美、阳下、向北、中柱、上坑、大埔、马山、树洞、下径、狮山、三东、益宝山	35
列屿镇（城内村）	350622104	54.65	2.66	建制村：城内、山前、林坪、顶城、城外、宅坂、南山、油车、人家、宅后、青径、半山	12
火田镇（火田村）	350622105	191.11	5.81	社区：政和 建制村：火田、郭浦、下楼、西林、菜埔、瑞堂、溪口、大坑、莆中、乌石、东车、水头、岳坑、后埔、佳园、新园、古楼、瓦坑、高田、圆峰、白石	22
下河乡（华荣社区）	350622200	137.33	4.81	社区：华荣 建制村：上窖、新坡、世坂、孙坑、新湖、下河、上河、凤兴、外龙、内龙、下洞、坡兜、车圩、后山、石屏、梅林、七高礤、龙透、坡下、仙石、金坑、曲溪、三星	24
马铺乡（马铺村）	350622201	165.97	4.43	建制村：马铺、峰头、宝洞、大坪、青美、白凤、洋坑、杉脚、宝石、龙镜、坑口、枋林、上洋、石芹、客寮、杨美、粗溪、湖洋、桥头、坪水、下庵、新楼、石鼓、礤头、枧河、乌螺、大仑、乌石坑	28
和平乡（新楼社区）	350622202	122.57	3.00	社区：新楼、河塘、后坪、泮坑、河溪、甘埔、征山、金牛、宜谷径 建制村：西安、东方、莆顶、坎顶、径仔、安吉、吉坂、上坂、大斜、内洞、桜树、桥头、通贝	22

注：①行政区划代码：360622000；②面积 951.18 平方千米，人口 44.63 万人，有 6 个镇 3 个乡，39 个社区 158 个建制村。

社会经济发展综述

【概况】　2021年，云霄县上下以习近平新时代中国特色社会主义思想为指导，全面贯彻中共十九大和十九届二中、三中、四中、五中、六中全会精神，全面贯彻新发展理念，坚持稳中求进工作总基调，攻坚克难、精准施策，扎实抓好“五促一保一防一控”（促生产、促消费、促项目建设、促外经贸发展、促旅游，保基本、防风险、控疫情）等重点工作，全方位推进高质量发展超越。全年实现地区生产总值199.97亿元，农林牧渔业总产值78.60亿元，规模工业总产值98.85亿元，固定资产投资138.25亿元，公共财政总收入11.16亿元，地方公共财政收入7.87亿元，社会消费品零售总额107.77亿元，城镇和农村居民人均可支配收入分别增长至38272元和21665元。

【农业经济】　2021年，云霄县完成粮食播种面积10.68万亩、粮食产量4.87万吨。发放耕地地力保护补贴资金1058.76万元，补贴面积17.65万亩，惠及农户6.9万户。现代农业提质增效，培育地标商标至39个，新增省级示范社1家、市级示范社3家；省级示范场5家，市级示范场6家；新建农产品产地初加工中心4个、优质农产品标准化示范基地7个、“三品一标”（无公害农产品、绿色食品、有机农产品和农产品地理标志）农产品1个、“一村一品”特色产业示范村3个、对台农业融合发展示范基地2个。

【扶贫开发】　2021年，云霄县严格落实“四个不摘”（不摘责任、不摘政策、不摘帮扶、不摘监管），继续选派18名干部到脱贫村担任第一书记，2500多名干部挂钩帮扶3141户脱贫户，落实脱贫户享受低保2921人、医疗保障兜底补助2458人次64.29万元、脱贫残疾人补助302人次20.8万元，发放产业扶贫发展资金624万元，助力2559户脱贫户发展特色产业。进一步健全防返贫机制，乡村干部共访查贫困户和农户4866户次，核查17户申请贫困户对象。

【乡村振兴】　2021年，云霄县乡村振兴亮点纷呈，棪树村进入第二批全国乡村治理示范村镇名录，坡兜村获评全省乡村振兴实绩突出村、金牌旅游村，云霄县乡村振兴热度指数排名进入全省前十；特色示范建设有力推进，着力打造省级乡村振兴特色乡镇（和平乡）、11个乡村振兴省级试点村和省级实绩突出村（坡兜村），培育优化乡村振兴“串点连线成片”示范线3条（涉及4个镇9个村）。

【工业经济】　2021年，云霄县坚持突出工业、突破工业，出台《加强招商引资和促进工业经济增长八条措施》《加快总部经济发展的若干措施》，召开民营企业发展大会，全年完成工业投资100亿元、技改投资12亿元，新增新上规模工业企业11家，实现规模以上工业总产值98.85亿元，工业税收3亿元。园区标准化建设提质增速，园区工业占规模以上工业产值比重达到73.2%，总投资20亿元的富佳宝食品科技园建成投用，云翔产业园“五路一中心”投建在即，陈岱工业园加速建设。全年完成土地征收1695亩、报批1430亩，完成土地成片开发报批6个批次3017亩，处置批而未供土地651亩、闲置用地71.5亩；营商环境不断优化，大力践行“妈妈式”服务理念，全面推行“一表申请、一口受理、一章审批、超时默认、默认追责”和“审批事项否决逐级快速上报”制度，企业开办时限压缩到1天以内，95.18%的审批事项实现“全流程网办”。

【现代服务业】　2021年，云霄县现代服务业加快发展，以“互联网+”为导向，线上线下融合发展，招引企业入驻电商产业园，创新无担保“电商快递贷”，新增限上批零住餐企业25家、规模以上服务业企业3家，新增限上电商企业6家，实现电商交易额38.13亿元；以全域旅游为引领，催生11条精品旅游路线喜迎八方来客，“威惠美食文化周”成功带动人气、聚集商气，全年接待游客257万人次，旅游总收入25.8亿元。

【招商引资】　2021年，云霄县建立“招商引资项目联审机制”

和“云霄县推进招商引资项目工作联席会议制度”，强化异地商会联系，开展“云商家乡行”活动，利用“数字中国”、“9·8”中国投洽会、中国国际进口博览会等平台开展招商引资，全年共举办4场招商项目集中签约，签约“三维”项目34个，计划总投资99.7亿元，其中生产性项目30个，占比88.2%。

【重点项目建设】 2021年，云霄县坚持项目为王、项目为大、项目为重，挂牌成立项目前期办，强化“五个一批”（谋划一批、签约一批、开工一批、投产一批、增资一批）项目滚动接续，举办4场项目集中开竣工活动。164个县级重点项目加快推进，滨北路、中国农商博览城等66个项目开工建设，龙泽仁兴、利众诚食品（二期）等65个项目竣工投产（投用）。重大项目建设捷报频传，漳州核电1号机组完成内穹顶吊装，正式进入设备安装阶段；抽水蓄能电站通风兼安全洞完成洞挖，主体工程建设进入筹备阶段；闽粤联网工程、华龙科技文化园陆续开工，漳州核电500千伏送出工程、水晶输变电等重点项目征迁加速推进，有力助推国家“双碳”（碳达峰与碳中和）政策实施。

【为民办实事】 2021年，云霄县坚持以统筹保障和改善民生为重，全年民生支出23.62亿元，占财政支出的82%，全面完成21项为民办实事项目。全年新增城镇就业941人、转移农村劳动力9170人。大力发展社会事业，新改建公办幼儿园3所，新增学前学位720个，就读公办园幼儿占比提高至60%；县疾控中心落成投用，县医院迁建项目主体结构封顶，全年新增床位63张，医疗资源供给质量不断提高；文体事业繁荣发展，向东渠精神教育实践基地、党校新校区投用在即。社会治理取得新战果，公共安全视频监控建设实现县域全覆盖，电信网络诈骗、卷烟制假有效遏制，扫黑除恶成效明显，安全生产形势平稳有序，社会大局保持和谐稳定。

（吴若阳）

品牌云霄

【概况】 云霄县人文底蕴深厚，享有“四乡、五县、六地”美誉，是著名的中国枇杷之乡、中国温泉之乡、中国民间戏曲之乡、中国书画之乡；斩获全国绿化模范县、全国平安渔业示范县、全国电商示范百佳县、全国地理标志产品第一县、全国农产品质量安全县等荣誉称号；是闻名遐迩的开漳圣地、天地会发源地、鉴湖女侠秋瑾出生地、闽南革命根据地、温泉旅游度假胜地、红树林国际重要湿地。

【中国枇杷之乡】 云霄是著名的中国枇杷之乡，枇杷栽培历史悠久，2021年枇杷种植总面积达到4059.67公顷，年产量5万吨，鲜果产值达4亿元，全产业链产值8个亿。从福建省农科院引进“三月白”“香妃”等白肉枇杷新品种，改善枇杷品种结构，延长枇杷供应期，其中“三月白”枇杷已在火田镇白石村结果，表现为品质好，售价高。2021年白肉“贵妃”枇杷田头价高达24～28元/千克，高于“早钟6号”枇杷近1倍。云霄枇杷产业已形成完整的产业链，枇杷生产的种苗、农资、包装、运输等配套完备，衍生出枇杷酒、枇杷膏、枇杷果酱、枇杷汁、枇杷蜜饯、枇杷糖果、枇杷花茶、枇杷叶茶等一系列深加工产品，枇杷采摘等农业休闲逐渐发展，电商销售红火。2021年2月全国绿色食品原料（云霄枇杷）标准化生产基地续报通过中国绿色食品发展中心审批。和平乡枇杷生态园建成了枇杷驿站、枇杷交易市场、廊桥、乐岛农庄等休闲设施。

（陈天佑）

【中国温泉之乡】 云霄县位于福建南部沿海，地处欧亚板块东南缘，濒临太平洋板块，出露的岩石类型主要为晚侏罗世火山岩及燕山期花岗岩，区域性北东向长乐—南澳断裂带和北西向上杭—云霄断裂带在本区通过。特殊的地理优势造就了温泉的形成，截至2020年底，全县已发现院前、孙坑、溪口、后埔、官园、后门等6处温泉出露，总体呈北东55°～60°展布，在平面分布上形成了明显的北东向“温泉走廊”。云霄县地热类型属中低温地热田Ⅱ-2型，热储呈带状，成因模式可归结为“北西断裂导水、北东断裂控热阻水”，传热机制以对流传热为主，地下热水多以上升泉群形式出露地表。温泉水温在 44 ～ 64℃之间，属温热水，其中温度最高的为孙坑温泉，水温 64℃；温度最低的为后门温泉，水温 44 ℃。2012 年 11 月 22 日，云霄县成功申报“中国温泉之乡”，获国土资源部命名，并于 2016 年正式授牌。截至 2021 年底，全县 6 处温泉均已开采抽水，主要用于休闲旅游、康乐健身、温泉地产和温泉养殖等。结合地热资源分布特点和开发现状，围绕全县旅游发展规划，建成金汤湾海水温泉旅游度假区和将军山云顶温泉度假区。

【中国民间戏曲之乡】 2021 年，创排《星火之势》《乌山红旗》《会师》《解放》《永举胜利红旗》等 5 个主题剧目，参加“建党 100 周年文艺晚会”；创作本地群众容易接受的《新潮防疫》《生、旦、净、丑说防疫》等文艺作品，通过电视台、抖音、微信等宣传载体线上广泛宣传，助力抗疫。《新潮防疫》还得到学习强国、新华社的转载，点击率达到 102.9 万次；开设戏曲表演专业班（表演、器乐），聘请专业老师，培养潮剧专业人才，解决了潮剧专业人才短缺问题，确保潮剧事业永续发展；根据红色历史题材，创排潮剧现代戏《乌山魂》，通过对“红色阿姆”李梨英的刻画描写，重现了武装革命历史时期艰苦卓绝的奋斗历程，向观众传递积极向上的主题思想。该剧作为中华人民共和国成立 100 周年文艺作品在 12 月 6 日参加福建省第八届艺术节暨第二十八届戏剧会演，并取得剧目二等奖，作曲二等奖，演员一、二、三等奖等多项奖项。2021 年底建设一个融展厅、传习点、录音室为一体的潮剧传习基地，全面推进福建潮剧的传承和保护工作；开展“王府社区”“城元社区”“魏妈文化园传习点”“阳霞学校”“后埔传习点”等潮剧传习点建设，完善传承教习活动。

（方政淀）

【中国书画之乡】 2021 年，县文化馆举办“百位书家书盛世 百位画家绘中华”云霄县庆祝建党 100 周年书画现场创作活动、云霄县庆祝中国共产党成立 100 周年“习近平用典”主题书法创作巡回展、“书香墨韵 文化云霄”书画作品展 2 场，先后组织县书画家到坡兜村、下河杨桃园开展写生创作活动，描绘乡村美景、书写乡村文化，助力乡村振兴；联合新华书店开展“翰墨飘香，新春送福”免费送春联活动。疫情防控期间，依托“云霄文艺”公众号，每周发布翰墨飘香、群英荟萃专栏文章，推介云霄县优秀书画家、文艺家及作品。举办云霄县书画家作品新春微展 8 期、线上书画作品微展 21 期等。

（黄晓兰）

中国共产党云霄县委员会

重要会议

【2021年县委工作会议暨“再学习、再调研、再落实”活动部署会】 2021年2月25日下午，云霄县委召开2021年工作会议暨“再学习、再调研、再落实”活动部署动员会。县委书记王金狮主持会议并讲话，动员全县上下铆足牛劲促发展，实干担当开新局；动员全县上下深入开展“再学习、再调研、再落实”活动，攻坚克难、开拓前行，按下快进键、跑出加速度、干出新成绩；动员全县上下发扬孺子牛、拓荒牛、老黄牛“三牛”精神，全力当好对党忠诚的“良将”，当好攻坚克难的“勇将”，当好革故鼎新的“闯将”，当好狠抓落实的“干将”，确保每一个项目、每一件工作都出新、出彩，确保“十四五”开好局，以优异成绩向党的百年华诞献礼。

【县管干部学习贯彻中共十九届五中全会精神研讨班开班】 2021年3月10日上午，云霄县县管干部学习贯彻中共十九届五中全会精神研讨班开班。县委书记王金狮在开班式上作主题报告，强调要深入学习贯彻习近平总书记重要讲话重要指示批示精神和中共十九届五中全会精神，按照省委、市委部署要求，进一步深入开展“再学习、再调研、再落实”活动，立足新发展阶段、贯彻新发展理念、融入新发展格局，全方位推动高质量发展超越，实现云霄县“十四五”开好局、起好步。

【县委理论学习中心组（扩大）会暨党史学习教育市委宣讲团报告会】 2021年4月16日上午，党史学习教育市委宣讲团宣讲报告会暨云霄县委理论学习中心组（扩大）会举行，市委党史学习教育宣讲团成员、市委党校统战教研室主任刘聪杰副教授开展党史学习教育专题宣讲，深入推进党史学习教育，教育引导广大党员干部“学党史、悟思想、办实事、开新局”。

【全县当前重点工作推进会】 2021年6月1日上午，云霄县委书记王金狮主持召开全县当前重点工作推进会，贯彻落实全市当前重点工作推进会和全市经济工作专题会精神，突出经济指标运行、重点项目建设、生态环境保护、土地高效利用、疫情防控及安保维稳等当前重点工作，全力以赴稳存量、促增量、抓发展，确保经济运行在合理区间，为全市加快实现 “双过半”及全年既定目标任务做出云霄贡献，以优异成绩庆祝中国共产党成立100周年。

【县管领导干部学习贯彻习近平总书记来闽考察重要讲话精神专题研讨班暨县级领导班子党史学习教育专题读书班】 2021年6月16日上午，云霄县县管干部学习贯彻习近平总书记来闽考察重要讲话精神专题研讨班暨县级领导班子党史学习教育专题读书班举行专题辅导报告会，邀请闽南师范大学法学院副院长、乡村振兴战略研究院执行院长黄耀明教授作“民族要复兴乡村必振兴”专题辅导报告。

【县委理论学习中心组（扩大）会】 2021年6月17日下午，2021年全市网络意识形态轮训工作云霄专场暨县委理论学习中心组（扩大）学习会召开，特邀人民网舆情数据中心融媒体总编、人民在线传播中心主任朱明刚作《新媒体时代突发事件的舆情特点及应对研究》专题授课。

【县委常委会（扩大）会议】 2021年7月5日下午，云霄县委书记蓝良木主持召开县委常委会（扩大）会议，传达学习贯彻习近平总书记在庆祝中国共产党成立100周年大会上的重要讲话精神，传达贯彻市长王进足到云霄调研时的讲话要求，研究部署云霄县贯彻落实意见。

2021年10月9日下午，云霄县委书记蓝良木主持召开县委常委会（扩大）会议，专题传达学习贯彻落实市第十二次党代会和市委十二届一次全会、市纪委十二届一次全会精神，把全县的思想和行动统一到市党代会精神上来，坚定信心、下定决心、勠力同心，全力以赴抓好贯彻落实，奋力谱写富美新云霄现代化建设新篇章。

2021年11月16日上午，云霄县委书记蓝良木主持召开县委常委会（扩大）会议，传达学习党的十九届六中全会精神，按照省委、市委常委会（扩大）会议部署要求，研究云霄县学习宣传贯彻落实工作。

【全县上半年经济会议】 2021年7月28日上午，云霄县上半年经济会议召开。会议深入学习贯彻习近平总书记来闽考察和“七一”重要讲话精神，全面落实省、市经济会议精神，总结成绩、分析形势，研究部署下半年经济工作，进一步动员全县上下冲刺三季度、决胜下半年，确保完成全年各项目标任务。

【中国共产党云霄县第十四次代表大会】 2021年7月28—30日，中国共产党云霄县第十四次代表大会在将军山会议中心召开。云霄县委书记蓝良木指出，此次大会是在“十四五”开局之年和全县上下全方位推进云霄高质量发展超越阶段，召开的一次十分重要的会议。这是一次承前启后、继往开来的大会，一次统一思想、凝聚共识的大会，是一次振奋精神、鼓舞斗志的大会，始终充满着民主、团结的气息，洋溢着求实、奋进的氛围。全县各级党组织和广大党员干部要自觉肩负起时代赋予的历史使命，充分发挥领导核心和战斗堡垒作用，最大限度把全县广大干部群众的积极性调动起来，把创造性激发出来，汇聚起更加强大的合力，把党代会绘就的壮丽蓝图变成美好的现实。

【县委全面依法治县工作会议】 2021年8月19日下午，云霄县委全面依法治县工作会议召开。县委书记蓝良木出席会议并讲话，强调要紧密团结在以习近平同志为核心的党中央周围，全面贯彻落实中央全面依法治国工作会议和省委、市委有关会议精神，锚定目标，再接再厉，推动平安云霄、法治云霄建设取得更大成绩，努力为富美新云霄现代化建设提供坚实的法治保障。

【云霄县精神文明建设先进命名暨推进全国文明城市创建工作视频会】 2021年9月3日上午，云霄县精神文明建设先进命名暨推进全国文明城市创建工作视频会召开。县委书记蓝良木出席会议并讲话，强调要贯彻落实市委有关会议精神，部署推进云霄县创建全国文明城市工作，动员全县上下进一步统一思想、坚定信心、凝心聚力推动精神文明建设不断取得新成效。

【全县重点工作检查暨“六比一看”竞赛推进会】 2021年9月23日上午，云霄县召开全县重点工作检查暨“六比一看”竞赛推进会。县委书记蓝良木主持会议并讲话，动员全县上下以时不我待、只争朝夕的精神状态，全力以赴抓好各项工作，确保各项竞赛指标进位争先，为云霄经济社会发展大局多做贡献。代县长沈顺来点评全县竞赛工作情况，并部署具体工作。

【云霄县委、县政府工作务虚会】 2021年10月19—20日，云霄县委、县政府工作务虚会召开，深入贯彻落实市第十二次党代会精神，认真细化深化县第十四次党代会决策部署，深刻分析当前发展面临的形势挑战，将务虚研讨转化为明年乃至“十四五”时期全县发展的务实成果，聚智聚力开启富美新云霄现代化建设新征程。县委书记蓝良木主持会议并作强调讲话；县委副书记、代县长沈顺来作重点发言，县人大常委会主任施仲达，县政协主席、县人大常委会党组书记林达样，县政协党组书记林意纯等参加会议并作交流发言。

【云霄县创建全国文明城市工作督查反馈会】 2021年11月12日上午，云霄县创建全国文明城市工作督查反馈会召开，省委文明办督查组反馈通报近期在云明察暗访督查结果，指导推进云霄下阶段创城工作。受县委书记蓝良木、代县长沈顺来委托，县委副书记方毅强向督查组汇报云霄县全国文明城市创建工作情况。

【全县打击制售假烟、整治涉诈犯罪工作推进会】 2021年11月16日上午，云霄县召开打击制售假烟、整治涉诈犯罪工作推进会，分析研判当前形势，对下阶段全县打击治理工作进行再动员、再部署、再推进，切实维护人民切身利益，巩固平安云霄创建成效。

（周阿家）

重要决策活动

【滨北新区建设】 2021年，云霄县抓紧完成滨北新区征迁扫尾工作，加快推进滨北路、新县医院、向东渠教育实践基地、新党校等项目建设，加大招商引资力度，汇聚人气、聚集商气。

【县城片区建设】 2021年，云霄县加快推进总投资46亿元的演武亭、莆下村、旧实小、下港、中柱村等片区改造和安置建设，打通人和路东段，建设环湖路、红旗路、奋进路，拉动县城东、西部片区发展。

【“三站”建设】 “三站”即核电站、抽水蓄能电站和闽粤联网工程换流站，全力确保核电站1号、2号机组和抽水蓄能电站“两洞”（交通洞、通风兼安全洞）工程顺利施工、闽粤联网工程换流站顺利开工。

【“五园”建设】 “五园”即云翔产业园、陈岱工业园、华龙科技文化园、富佳宝食品科技园和列屿核电配套产业园。云翔产业园要完善功能配套，继续推进奥克兰路、树洞横四路等道路工程，打造高标准示范园区；陈岱工业园要完善基础设施建设，加快推进兴陈路、污水处理厂、市场综合体及广场公园建设；华龙科技文化园要实现一期工程开工；富佳宝食品科技园要加快厂房正式投用、投产，加大产业链招商，提升园区效益；列屿核电配套产业园要加快700亩配套工业用地及300亩“核电广场”的征迁进度，推进核电大道建设。

（林伟超）

组织工作

【县乡换届工作】 稳步推进乡镇换届工作，对乡镇领导班子进行换届考察，配备新一届乡镇党政领导班子99人，其中党委班子成员80人，政府班子成员28人，党政交叉9人，人大主席9人。5月，全县9个乡镇顺利召开党代会，选举产生新一届乡镇党委、纪委领导班子和出席县第十四次党代会代表。12月，9个乡镇顺利完成人大换届选举工作。注重优化班子结构，班子平均年龄进一步下降，妇女干部、优秀年轻干部比例进一步提高，超额完成年轻干部、女干部、“5+1”方面人员等结构性配备要求，新一届乡镇班子配备35岁以下年轻干部44名。完成县级换届工作，7月底召开云霄县第十四次党代会，会议选举产生十四届云霄县委领导班子、县纪委领导班子和云霄县出席漳州市第十二次党代会代表。做好县人大代表、政协委员考察审查工作，审查通过新一届县人大代表候选人236名、县政协委员人选165名。12月完成十八届县人大一次会议、十四届县政协一次会议各项既定议程，选举产生新一届县人大、政府领导班子、县监委会主任、法院院长、检察院检察长和市人大代表；县政协一次会议表决产生新一届县政协领导班子。

【干部队伍统筹谋划配备】 加强干部队伍谋划配备，在统筹考虑乡镇换届人事安排的同时，结合干部的履历、专业特长等，统筹配齐配强全县科级领导班子。全县调整配备科级干部185人，其中提拔58人，进一步使用和转任领导岗位23人，平级交流调整104人。统筹职级晋升激励干部，注重晋升一批疫情防控、“六比一看”、征地拆迁、项目建设等重难点一线工作中表现优秀、实绩突出、群众公认的干部。2021年晋升职级76人，其中一线干部29人，占比38.2%。推动县乡干部交流，结合干部特点，推动科级干部交流轮岗，加大乡镇与乡镇、乡镇与机关之间的干部交流力度。2021年，86名干部在乡镇之间、县乡之间交流任职。

【档案管理水平提升】 2021年建立干部人事档案数字化系统并开展干部人事档案数字化工作，完成软硬件设备的安装并完成验收，完成欠缺材料清单整理1700余人，收集欠缺材料并整理归档140人，完成干部档案扫描、高清处理工作1300余人。严格执行干部任前档案审核制度，对90名提拔人选的干部档案进行干部任前档案审核，对16名“三龄两历一身份”（年龄、工龄、党龄、学历、工作经历、干部身份）有异议的干部进行认定。执行落实干部档案管理八项制度，提供查、借阅档案900余人次，相关干部信息资料1500多份，办理干部人事档案转递及接收68份。

（黄松标、吴荣金）

【干部监督】 围绕县乡换届年，扎实开展严肃换届纪律、加强换届风气监督工作，营造风清气正换届氛围。开展县乡换届集体谈话，与换届对象谈心谈话627人次，发放换届纪律提醒卡6935张，签署遵守换届纪律承诺4854份。做好干部选任工作监督，坚持“凡提四必”（必审、必核、必听、必查），落实“廉政双签”167人次，对81名提拔重用干部予以任前公示，组织任前廉政考试及撰写廉政对照检查材料113人次。积极开展2020年度选人用人“一报告两评议”工作，评议的三项指标评价结果均高于全市平均水平。集中保管科级干部出入境证件，实现数字化管理，进一步规范全县公职人员出入国（境）登记备案管理，对11个单位实施领导干部经济责任审计工作，完成33名领导干部个人有关事项填报指导工作，认定更改干部学历1批次44人；畅通干部信访举报渠道，办理群众来电来信来访55件，推进“12380”系统接入全省组工网，进一步提升“12380”信访举报规范化水平。落实县委组织部与县委巡察机构巡察联络协调工作，选派10名组工干部参与当年度13个单位巡察工作。

（施明）

【干部培训】 制定《云霄县关于新时代基层干部主题培训行动计划的实施方案》，举办全县党史学习教育动员大会和县管干部学习贯彻中共十九届五中全会精神研讨班、县管干部学习贯彻中共十九届六中全会暨省第十一次党代会精神专题研讨班，实行分层次、多形式培训，实现机关党员干部全覆盖；举办云霄县第二十二期科级干部培训班、云霄县第三期青年干部培训班2期主体班，对82名干部开展“线上线下”“双线”培训模式，“线上学习”网络直播课授课老师都是中央、省委党校的知名教授，“线下学习”实施党校老师到东山谷干院讲课制度；开展2021年云霄县公务员培训，参训干部857名，课程在党史党建理论基础上，聚焦发展热点，围绕县委中心工作，增设疫情防控、乡村振兴、统计法规、生态环境保护、干部心理调试等专题讲座。协助市组干教科做好省委、市委党校调训工作，2021年云霄县选派5名处级、15名正科级和1名副科级干部参加省委、市委举办的主体班、专题培训班。50多人次处级干部和正科级干部参加省委组织部举办的有关财税、国土、河湖长、统战、环境保护、疫情防控等网络培训学习。

（郭书婷）

【公务员管理】 拓宽选人渠道，补充后备力量。开展公务员“四级联考”，新录用公务员26名。及时做好公务员转正定级，对20名考核合格的公务员办理按期转正定级并进行公务员登记，有计划地下派到基层锻炼；突出择优调任、转任，从乡镇事业副科中调任公务员8名，从县直参公单位转任乡镇公务员1名。落实政策性安置，接收军转干部，从村主干中录用乡镇公务员1名；开展专项奖励，表彰2020年度中心工作先进单位22个，先进个人58名；强化督查检查，规范津贴补贴。开展公务员津贴补贴、考勤、干部借调及“吃空饷”清理检查工作，检查6个单位，追缴违规发放资金35977元，完成全县2017年以来5个年度公务员津贴补贴自查；注重日常服务管理，办理干部退休26人，遗属补助34人，办理公务员（参公）调动12名，完成700多名副科以上干部和1000多名公务员（参公）干部的工资晋档晋级及津补贴审批。

（甘绿漪）

【发展党员】 2021年，云霄县严格按照发展党员工作“控制总量、优化结构、提高质量、发挥作用”的总要求，加强组织领导，突出政治标准，严格发展程序，严肃工作纪律，全县党员队伍进一步壮大，结构更趋合理。2021年发展党员444名，其中35岁以下党员148名，占33.3%；大专以上文化程度15名，占3.4%；非公有制企业和社会组织党员34名，占7.7%；少数民族4名，占0.9%。

（吴丽芬）

【排查整顿农村发展党员违规违纪问题】 按照省市要求，第一时间开展第一批排查整顿农村发展党员违规违纪问题工作，对象为1458名新一届村（社区）“两委”党员候选人初步人选。综合党（工）委自查、部门筛查、联审、调查核实等情况，经乡镇（开发区）党（工）委初判及县委组织部研判，全县排查发现涉嫌违规违纪问题307人，其中，一般性问题274人，重点问题33人。经县委常委会认定的4类重点问题已在规定时间内完成整改和处理。云霄县及时将农村发展党员违规违纪问题排查整顿融入发展党员日常工作，充分运用好第一批排查整顿成果，指导做好第二批排查整顿工作。

（吴丽芬）

【基层组织建设】 聚焦换届工作，积极统筹换届时间，强化业务培训指导，全面规范换届程序，组织推荐选举产生乡镇党代会代表1091名、县第十四次党代会代表287名、市第十二次党代会代表34名；逐村、逐社区选情摸排分析，组建11个督导组，落实村级“两委”成员资格乡镇初审、县级联审制度，审查17批次2177人，全县197个村（社区）班子整体实现年龄学历“一降一升”及村主干“一肩挑”。提升基层保障，持续巩固提升实施“村财增收三年规划”行动，争取到省委组织部600万元专项资金，在列屿镇开展村财“抱团发展”试点工作，全县100%行政村年集体经营性收入达10万元以上，35个村年集体经营性收入达50万元以上。强化队伍建设，选派37名党员干部驻村担任第一书记，以乡镇为单位成立驻村第一书记工作组，工作组联合乡镇党委建立定期研究会商机制。县级举办新一届村主干任职培训班，培养“四有”村主干，乡镇负责培训其他“两委”成员，实现培训全覆盖。促进组织振兴，继续实施“红色领航竞赛活动”，推进党建引领乡村振兴“串点连线成片”示范建设，重点打造3条线9个村。以城区社区小区为主体，打造5个近邻党建示范点，建立县委常委挂钩联系机制，每个县委常委挂钩一个社区，其他社区和小区党支部由乡镇科级干部参照联系挂钩，实现挂钩联系全覆盖。

（吴荣辉）

【党员教育服务和管理】 开展生活困难党员、老党员、老干部慰问工作。元旦、春节期间，摸排全县困难党员742名，省、市、县委组织部慰问对象560人，其余182名由各基层党（工）委配套相应额度资金进行慰问。为庆祝中国共产党成立100周年，“七一”中国共产党建党节前夕，走访慰问生活困难等党员701名。按照中央部署，首次为党龄达到50周年、一贯表现良好的党员颁发“光荣在党50年”纪念章1776枚。开展“两优一先”表彰工作。6月28日召开庆祝建党100周年暨全县“两优一先”表彰大会，表彰先进基层党组织80个、优秀共产党员80名、优秀党务工作者80名。落实省、市级基层干部关心关爱工作，全县确定20名符合条件申报对象，其中省级关心关爱对象5名，市级关心关爱对象15名，发放专项关爱资金70200元。推进村级组织活动场所建设，2021年村级组织活动场所新建项目3个，改扩建项目2个、修缮项目完成8个，专项资金配套补助120万元。

（龚锦生）

【人才工作】 强化人才工作保障，按照“预算管理、专项申报、逐项核实”原则，按时足额保障人才项目各项资金，持续加大各项奖励、补贴、配套补助等经费投入，2021年兑现各项资金1611.6万元。制定出台《鼓励企业复工复产引进人才的八条措施》和主导产业技术人才、“师带徒”名医工作室、人才公寓、人才驿站等系列配套文件，建立全县人才工作联动体系，发挥人才政策联络员和云霄英才协会成员的作用，促进人才政策落地见效。狠抓人才重点工作，以漳州核电等重特大项目和龙头企业为依托，推进人才平台建设，陈国才获评“省级双创之星”，李天来团队入选省“百人计划”团队，签订2个院士合作项目，打造4家市级众创空间（其中2家市级示范）。柔性引进成立10家“名医工作室”，其中省级以上4家，积极开展“师带徒”人才培养合作。县政府与厦门大学环境与生态学院、嘉庚学院、华侨大学、闽江学院、武夷学院等高校签订校地合作协议，涵盖产业发展、科技成果转化、人才引进培养等多个领域的战略合作，助力云霄县生态环境、旅游开发、乡村振兴等工作。促进人才队伍建设，立足清洁能源、食品制造、电子信息等产业引进人才，新增省级高层次人才5人、市级高层次人才31人、省工科类青年专业人才44人、市主导产业人才29人；坚持引资和引智并重，激发招商引才“1+1＞2”的叠加效应，2021年举办集中签约5场次50多个项目，同步引进各类人才120多人；针对教育、医疗卫生等民生短板问题，出台《关于选拔引进教育、医疗卫生优秀毕业生来云工作实施方案》，最高补助标准每人120万元，多次组织教育、医疗卫生用人单位赴省内外开展专项招聘等活动，引进21名优秀毕业生，考试录用96名教育、医疗卫生人员。优化人才发展环境，投入655.2万元购进12套860平方米的首批人才公寓，12月底举行人才公寓投用揭牌仪式，为符合条件的人才提供便捷舒适的居住环境；建立县领导挂钩联系人才制度，坚持人才服务个性化，为市级以上高层次人才发放“人才服务卡”，在子女入学、家属调动以及医疗保障、教育培训等方面提供服务；发挥云霄英才协会作用，主动联系沟通、服务各类人才；举办各类人才培训、人才政策宣讲、文化沙龙等活动，充分利用各类新闻媒体广泛宣传人才政策和先进典型，被人民网、《人民日报》（海外版）、人才网、《福建日报》、八闽快讯、福建组工等媒体采用人才工作宣传报道17篇。

（郭洪鑫）

宣传工作

【县委理论学习中心组学习活动】 2021年，县委理论学习中心组根据《中共云霄县委宣传部 中共云霄县委组织部关于印发〈2021年全县党委（党组）理论学习中心组专题学习重点内容安排〉的通知》（云委宣联〔2021〕2号）文件安排和上级有关文件要求，聚焦党史学习教育等主题，围绕习近平总书记重要论述、重要讲话、重要回信精神等重点，组织中心组学习活动24次45个专题。

（吴艺华、蔡镇元）

【理论学习中心组巡听旁听工作】 2021年8月，县委宣传部制定《关于开展党委（党组）理论学习中心组学习巡听旁听工作的实施方案（试行）》（云委宣〔2021〕11号），明确巡听旁听工作的责任分工、方式内容和结果运用，将巡听旁听结果作为各乡镇（开发区）党建工作责任制、意识形态工作责任制、领导班子和领导干部考核的重要依据。2021年，县委宣传部对10个乡镇（开发区）党（工）委、33个机关党委（党组）和2个国有企业党委开展巡听旁听。

（吴艺华、蔡镇元）

【先进典型事迹宣传】 2021年，县委宣传部通过举办“漳州110”先进事迹巡回报告会、开展“五比”（比忠诚、比学习、比担当、比落实、比贡献）活动等形式，从不同领域、不同角度宣传“漳州110”不忘初心使命、立足本职岗位、持续接力奋斗、为民纾危解困的生动故事；学习弘扬向东渠精神，开展谷文昌、孙丽美、潘东升等先进典型宣传教育活动，用榜样的力量引领广大干部群众强化新担当、展现新作为。

（林坤斌、蔡镇元）

【对外宣传】 2021年，县委宣传部协调县农业农村局、文体旅局等部门，选送11家企业39个茶样品种参加“海丝国际杯”第二届茶王赛，做好云霄茶文化的对外宣传和推广；制定乌山革命根据地、开漳文化（开漳历史纪念馆、陈政陵园）、威惠庙、向东渠（向东渠临时纪念馆）、秋瑾故居等5个外媒采访参观考察点；配合上级外宣部门，协调中外媒体团队到和平乡棪树村和开漳历史纪念馆开展第四届“行走中国·海外华文媒体漳州行”活动，扩大云霄的对外知名度。

（吴景川、蔡镇元）

【党史学习教育】 2021年，云霄县围绕党史学习教育主题，投入1.4亿元修缮红色革命旧址、建设实践教育基地、编制学习教材与戏剧，开展专题讲座56场，举办主题培训班69班次，组织重温入党誓词活动361场，组织中小学师生参观红色场馆230多次，开展各类党史课1300余场，办结“我为群众办实事”项目938个（含重点民生项目87个，其中县处级领导挂钩项目34个）。县委理论学习中心组开展党史学习15次24个专题，其中专题研讨6次，到乌山开展现场教学、举办读书班和培训班等，丰富学习方式。

（朱思静、蔡镇元）

【“七一”重要讲话精神宣传】 2021年，县委宣传部广泛开展习近平总书记“七一”重要讲话精神宣传宣讲，运用公共领域宣传载体设置主题宣传标语口号1.2万余幅、展板102个。县委讲师团赴全县各党委（党组）开展专题宣讲84场，“新时代宣讲师”、乡村讲师团深入新时代文明实践中心（所、站）、党史学习教育参观学习点及爱国主义教育基地，开展主题“微宣讲”130余场，受众超过5万人次。

（蔡镇元）

【中共十九届六中全会精神宣传】 2021年，县委宣传部组织创作闽南语快板《六中全会开新篇》，结合互动宣讲、灯谜竞猜、书画展览、文艺下乡、社区志愿服务等形式，开展中共十九届六中全会精神宣传活动127场，向广大干部群众宣传阐释《中共中央关于党的百年奋斗重大成就和历史经验的决议》，参与人数达5.4万余人。

（蔡镇元）

【庆祝建党百年系列文化文艺活动】 2021年，县委宣传部围绕“载歌载舞颂党恩”“浓墨重彩展党业”“红色路上学党史”“薪火相传跟党走”四大方面，策划开展20项庆祝中国共产党成立100周年文化文艺活动，展现中国共产党百年奋斗的光辉历程，展示富美新云霄现代化建设的显著成效。

（林坤斌、蔡镇元）

【学习弘扬谷文昌精神主题宣传教育活动】 2021年12月28日，云霄县“开启新征程 担当新使命——掀起新一轮学习弘扬谷文昌精神热潮”群众性主题宣传教育活动在将军山公园举行。活动结合学习贯彻中共十九届六中全会、省第十一次党代会、市第十二次党代会和县第十四次党代会精神，结合弘扬“爱拼才会赢”的闽南文化和漳州“五种精神”，结合学习孙丽美、潘东升先进事迹，采取“宣讲+文艺”的形式，全方位、多层次地宣传谷文昌精神，在广大干部群众中掀起新一轮学习弘扬谷文昌精神热潮。

（林坤斌、蔡镇元）

【文化科技卫生“三下乡”活动】 2021年2月25日，由县委宣传部主办的2021年云霄县文化科技卫生“三下乡”活动启动仪式在火田镇政和广场举行，县纪委监委、县委政法委、县委文明办、县卫健局、县工信局等20多个部门参与，活动筹集的款物全部用于推动云霄县“三农”工作，进一步提升农村公共服务水平，完善农业农村现代化建设。

（蔡镇元）

【网络信息宣传与管理】 2021年，县委网信办全面推进网络生态治理、“2021清朗”等专项行动，实现“零网络安全事故”目标；开展“云霄县2021年国家网络安全宣传周”系列活动8场，发放宣传资料1万余套，转载刊发网络安全宣传报道80多篇，接受问答咨询200余次；开展“奋斗百年路·启航新征程”“党史上的今天”“壮阔百年路·忆峥嵘岁月”“我为群众办实事”等系列主题宣传，全县媒体平台采编刊播新闻宣传报道8769篇，拍摄制作专题49期，推送发布短视频353个，其中被市级媒体采用1966篇，被省级媒体采用1201篇，被央级媒体采用75篇。

（吴深根、蔡镇元）

精神文明建设

【思想道德建设】 2021年，县委文明办深入贯彻落实《新时代公民道德建设实施纲要》《新时代爱国主义教育实施纲要》，推动思想道德教育常态化制度化。在全县广泛开展推荐第七届漳州市道德模范候选人活动，1人被评为市级道德模范；开展春节、元宵、清明、端午、七夕、重阳和中秋系列主题活动；开展第二届云霄县文明家庭评选表彰活动，其中1户家庭获评第二届省级文明家庭，9户家庭获评第二届市级文明家庭，24户家庭获评第二届县级文明家庭。联合县妇联组织开展2021年度最美家庭评选活动，评出29户最美家庭；制定《云霄县省级“诚信经营示范街区”创建活动实施方案》，综合运用、发挥诚信经营示范街区创建活动的示范引领作用，努力打造不敢失信、不能失信、不愿失信的社会环境，经省文明委验收，云陵镇复兴路商业步行街被确定为第四批“福建省诚信经营示范街区”。

【全国文明城市创建】 云霄县蝉联第五届和第六届省级文明县城，于2021年5月被中央文明办确定为2021—2023创建周期全国文明城市县级提名城市。县委文明办通过建立健全组织动员、监督检查、奖惩激励等一系列制度，形成了坚强有力的文明城市创建组织领导体系和较为完备的工作推进机制。一是完善“三方联动”组织动员机制。加强上下联动，成立云霄县创建全国文明城市工作指挥部，组建12个由县领导任组长的工作协调组，105个文明单位挂钩帮扶社区，形成一级带一级、层层抓创建的工作格局。二是完善“三位一体”监督检查机制。由县委文明办、县创城办和督查组不定期开展实地督查督办，对发现存在问题的点位，通报至相关责任单位限期整改。三是完善“三项考核”奖惩激励机制。将创城工作纳入文明单位考核体系，与文明单位创建同布置、同考核、同奖惩。将思想道德建设、文明创建活动等精神文明建设绩效内容纳入领导班子和领导干部年度考核指标。将各单位“创城”任务完成情况与年终绩效考评挂钩，对不作为、不整改、不落实的，取消年终评优资格。

【基层文明创建】 2021年，县委文明办深化文明村镇、文明单位、文明校园创建活动，完成2018—2020年度市、县级文明村镇、文明单位、文明校园总评工作，开展最新一届全国和省、市、县级文明村镇、文明单位（非公组织单位、社区）、文明校园申报工作。县人民法院、陈岱镇礁美村被评为全国文明单位和全国文明村，153个村镇、社区获评省、市、县级文明村镇（社区），125个单位获评省、市、县级文明单位，33所学校获评省、市、县级文明校园。

【乡风文明建设和移风易俗】 2021年，县委文明办着力优化农村社会风气。一是持续开展移风易俗工作。坚持以宣传社会主义核心价值观以及结合疫情常态化防控深入宣传的同时，注重餐饮浪费、天价茶整治等重点工作深入宣传；不断深化“移风易俗，集中治丧”，在陈岱镇、马铺乡等乡镇修建公益性骨灰楼堂，更好地方便和服务群众；扎实开展乡风评议行动，指导各乡镇、开发区围绕“议陋习、树新风”主题，针对互相攀比、铺张浪费、环境脏乱等不良风气开展评议300余场。二是以点带面扎实推进。着力打造莆美镇阳下村为省级乡风文明建设联系点，莆美镇演武亭村、列屿镇人家村为市级乡风文明建设联系点；深抓莆美镇阳下村、陈岱镇礁美村等2个市级移风易俗示范村建设工作；美化农村人居环境，全县9个乡镇149个行政村（社区）与4家专业保洁公司签订市场化服务合同，垃圾日产日清，消除积存积压，达到“四无”“四净”标准，建立完善的“村收集、镇转运、县处理”的城乡生活垃圾一体化处置体系，农村生活垃圾无害化处理率基本达到100%。三是文化引领凝聚合力。组织开展文化进基层活动，在文化活动中融入乡风文明宣传，举办相关文化文艺活动56场，推出非遗小段、快板、灯谜、诗文、歌曲等文艺作品40多件；全面开展社会主义核心价值观及移风易俗宣传，制作宣传栏29块，张贴、刊播宣传海报等3万幅，发放宣传材料2万余份，运用广播车、“村村响”大喇叭等载体分时段滚动播放宣传音频，实现全县196个村（社区）全覆盖。

【新时代文明实践中心建设和志愿服务】 2021年，县委文明办推进新时代文明实践站建设。云霄县新时代文明实践中心设县级中心1个、分中心10个，建成县级中心和科技普及服务站、文化服务站、教育服务站、环境美化服务站、乡村振兴服务站等10个服务站，建成10个镇级新时代文明实践所、183个村级新时代文明实践站；组织开展新时代文明实践活动，开展理论宣讲进基层、乡村振兴、移风易俗、科技普及等文明实践活动600场，受众6万多人次，其中开展近百场“百名千场”新时代文明实践理论宣讲活动、50场“宣讲进基层、文旅兴乡村”云霄县党史学习教育线上线下百场宣讲巡演活动等；常态化抓好志愿服务工作，完善志愿服务记录制度，全县注册志愿者74684人，建成216个志愿服务站；志愿服务先进典型不断涌现，2021年云霄县爱心协会获评福建省“四个最美”最佳志愿服务组织，张彬桂入选全国2021年度“最美生态环保志愿者”名单，12名志愿者被认定为一星级志愿者，22名志愿者被认定为二星级志愿者。

【未成年人思想道德建设】 2021年，县委文明办着力推进开展“扣好人生第一粒扣子”主题教育实践活动和文明校园创建活动，在重要时间节点深入开展理想信念教育；深入开展思想道德教育，举办“日常处处皆有礼”主题实践活动等，着力培育未成年人良好道德品质和行为习惯；深入开展中华优秀传统文化教育，举办读书月等活动增强未成年人的文化底蕴和文化自信；深入开展“新时代好少年”学习宣传活动，1名同学获评市级“新时代好少年”，16名同学获评县级“新时代好少年”，为云霄县广大未成年学生树立新时代青少年先进典型；推进乡村学校少年宫开展常态化活动，2021年12月依托县新时代文明实践中心完成未成年人心理健康辅导站搬迁及提升改造。

（张智荣、李苗）

统一战线工作

【统一战线条例宣传工作】 2021年，县委统战部推动《中国共产党统一战线工作条例》学习进党校，全县受教育党员干部5000余名。在各乡镇开设统战政策宣传栏，在乡村、社区、企业开展《中国共产党统一战线工作条例》宣讲活动，宣传发放《中国共产党统一战线工作条例》手册7500余本。

【统战队伍建设工作】 2021年，结合乡镇党委换届，全县9个乡镇首次全部成立统一战线领导小组，配齐统战委员，明确全县197个村（社区）统战工作联络员，形成县、乡、村上下三级联动的统战工作责任体系。持续深化统战部门机构改革成果，设立云霄县统一战线服务中心，圆满完成县工商联、侨联、台联换届工作。

【党外人士工作】 2021年，县委统战部利用线上培训和到党校、谷文昌干部学院实地培训，组织党外人士、商会成员、民营企业家参加党史学习教育活动、统一战线条例等学习活动。2021年12月，第十四届县政协选举产生委员165名，其中党外政协委员101名，占委员总数的61.2%。县政协常委（不包括主席、副主席）27人，其中党外政协常委19名，占常委总数的70.4%。加强党外干部队伍建设，全县有无党派人士34人，主要分布在县人大、政协、文体局、科协、台联、乡镇等单位。其中人大代表4人，政协委员8人，党外科级以上干部22人。

【非公有制经济人士工作】 2021年，县委统战部发挥工商联、异地商会、侨联和在外乡贤的优势，持续推进“云商回归”和商会招商，聘请6名异地商会会长为县招商大使，深入开展商会招商、以商招商、产业链招商，提供目标客商信息22条，开展专项对接5场次，推动6个项目实现回归，投资目标达8.6亿元。强化服务民营经济，深化省市“四访四通”、“千名干部挂千企”机制，开展县统战系统干部联系台港澳侨等企业活动，帮助企业反馈、协调、解决各类问题30余件。促进非公经济人士健康成长，县委统战部加强非公有制经济人士理想信念教育，通过召开会议、举办座谈会、走访异地商会等多种方式学习宣传习近平总书记在民营企业座谈会上的重要讲话精神，帮助非公经济人士增强对中国特色社会主义道路的信心、对企业发展预期的信心，引导非公经济人士积极回馈社会。2021年，总商会和各商会会员通过各种形式和途径累计捐赠慰问物资超500万元。

【对台工作】 2021年，县委统战部通过电话和发放宣传材料，向台胞宣传防疫知识；核实台胞生活困难情况，为台胞争取生活困难补助、大病慰问资金2.5万元。深入贯彻习近平总书记在闽考察重要讲话精神，立足“开漳祖地”优势，整合威惠庙、将军山、燕翼宫等对台优势资源，打造“对台文化大走廊”。2021年3月，县威惠庙、燕翼宫两家宫庙被授予“漳州市对台交流基地”称号；12月，云霄县博物馆获得“福建省对台交流基地”称号。

【乡村振兴工作】 2021年，县委统战部开展“同心121”工程和

"百企帮百村"活动，打造金秋助学、光彩事业和宗教慈善等统战公益品牌，落实奖学、助学、助困达220多万元。2021年，县委统战部积极向上争取少数民族项目建设资金2030万元，完成坡兜村畲族文化广场、万里生态水系、村中桥等项目建设，推动规划启动13个民族村项目，举办畲族"三月三"风情文化节，深入开展民族团结进步月宣传月及谱一曲畲歌、演一出畲戏、建一支畲舞队、编一部畲族故事集、学一套畲语、办一场摄影展"六个一"活动，助推少数民族村振兴发展。

【民族宗教政策落实】 2021年，统战部首次完成绘制全县宗教活动场所区域分布图，将全县98处纳入管理的宗教场所全部融入一张地理图中；完善宗教场所财务和固定资产监督管理制度，推动宗教活动场所疫情防控、消防安全大检查。

（陈璨）

机构编制

【机构编制工作】 2021年，坚持新设机构"撤一建一"原则，不断优化机构编制资源配置，重点保障民生领域特别是教育、医疗卫生领域和重要岗位引进急需人才用编需求。严格审核2021年度公务员用编计划18个，事业单位人员招录计划用编需求243个（其中县直事业单位用编43个、招聘教师用编100个、卫技人员招聘66个、教育人才引进10个、卫计人才引进24个）。严格规范用编减编程序，超编满编一律不予受理，办理核减编制业务364件、核增编制业务375件。4月开展全县机关事业单位编外人员专项调查。依标足额核定全县公办中小学教职工编制数3129名（其中小学1809名，初中854名，高中466名）。

【重点领域体制机制改革】 2021年，调整乡村振兴工作机构，5月份县农业局加挂"县乡村振兴局"牌子，10个乡镇（开发区）均设立乡村振兴服务中心。开展云霄经济开发区管理机构清理规范工作，重新核定领导职数，更名相关机构，整改规范存在问题。持续推进4个领域综合执法体制改革。稳步推进乡镇一支队伍管执法工作，厘清乡镇与县级行政执法部门的职责权限。规范自然资源综合执法队伍机构编制事项，对县自然资源执法监察大队进行更名并重新明确职责。推动应急管理综合执法队伍改革，整合应急管理行政执法职责，规范机构设置。

【乡镇权责清单和属地管理责任清单梳理】 2021年，经县委常委会会议、县政府常务会议研究通过，出台《云霄县县乡"属地管理"事项责任清单》，依法明确云霄县乡镇权责事项204项，县乡"属地管理"事项责任清单85项，进一步厘清县乡职责边界，构建"边界清晰、权责一致、联动顺畅"的县乡关系。

【机关、群团信用代码赋码和事业单位法人年度报告工作】 2021年，扎实开展机关、群团单位统一社会信用代码初领、变更、补（换）领、撤销、延期业务工作，为全县88家机关、群团单位建档工作并颁发统一社会信用代码（其中县直机关单位51家，机关特殊情形单位22家，机关垂直管理单位4家，县直群团单位11家，已撤销单位4家（含机关垂直管理单位1家，机关特殊情况单位3家））。稳步推进事业单位法人登记管理工作，全面实行年度报告公示、变更登记工作"网上年报"，年报率100%，核准设立登记事业单位6家、核准变更登记事业单位34家、核准注销事业单位3家。

（林添诚）

机关党建

【思想政治建设】 2021年，县直机关工委以习近平新时代中国特色社会主义思想为指导，认真学习贯彻中共十九大和十九届历次全会精神，全面落实新时代党的建设总要求，推动机关党的建设高质量发展。突出机关政治属性，旗帜鲜明讲政治，把"两个维护"体现在贯彻落实习近平总书记重要讲话重要指示精神上，体现在开展机关党的建设工作上。抓实习近平总书记在中央和国家机关党的建设会议上讲话等重要讲话重要指示批示精神的学习，持续推动新思想落深落细落实。按照上级要求对县直机关32个党组（党委）理论学习中心组进行巡听旁听，进一步推动机关"大学习"活动走深走实。运用"学习强国”“云霄融媒”等学习平台，把思想学习融入日常、抓在经常，增强理论学习自觉，补足精神之钙。

【基层组织建设】 树立大抓基层鲜明导向，以提升组织力、执行力为重点，锻造坚强有力的机关基层党组织。指导做好县直机关 14 个党委的换届选举和县党代会代表推荐选举；认真贯彻落实《中国共产党党和国家机关基层组织工作条例》《中国共产党支部工作条例（试行）》，规范支部建设。2021 年，全县机关到期换届机关党委 8 个、党支部 24 个，新成立党支部 7 个，撤销党组织 6 个。对县直机关 86 个四星、五星级支部跟踪考核，提升星级支部示范引领作用；推动 9 个软弱涣散基层党组织整顿提升；抓好党费收缴、党内统计、届中调整充实等常规性工作，2021 年，县直机关党组织收缴党费 187 万余元。举办 2 期入党发展对象培训班，117 名人员参训，提高参训人员的政治思想素质；举办新任党支部书记及党务工作者培训班，参训人员 39 人，提高党务工作者的工作能力和水平。完善落实党委（党组）成员党支部联系点工作制度，组织推动近邻党建工作深入开展，引领机关党员干部在“六比一看”“近邻党建”“疫情防控”等中心工作履职尽责，推动党建工作与业务工作深度融合。牵头组织对县直单位全面从严治党主体责任落实情况检查，强化县直单位党组（党委）及领导班子建设。

【党风廉政建设】 落实县纪委监委、县直机关工委对县直机关纪检监察工委的双重领导体制，加强县直机关纪检监察工委建设，配备纪检监察工委书记，纪检监察工委编制职数收归县纪委监委管理使用。县纪委监委相关业务室、各派驻纪检监察组、县直机关纪检监察工委之间加强协调，发挥室组联动机制优势，提升监督工作质效，推动县直机关政治生态持续向好发展。2021 年全县机关单位受党纪政务处分的干部职工 28 人，受诫勉谈话处理的 19 人。

（周银水）

党校工作

【教学工作】 2021 年，党校培训班课程设置基本实现所有主体班次理论教育和党性教育占比不低于 70%，其中党性教育课不低于总课时的 20%。2021 年组织外出宣讲 106 次，培训党员干部 2500 人次、党员 6000 人次。提前开发新专题，在全校开展新年度新专题试讲活动，把全校教师优化整合成 3 个教学科研小组，由业务骨干教师担任组长，开展小组说课、集体备课、科研攻关、以赛促教等活动，更好地发挥传帮带作用，促进教学经验交流、教学方法创新，打造精品课程。

【现场教学基地】 2021 年，党校紧紧围绕特色办学思路，整合本土特色资源，做好融合文章，以“讲好云霄故事，弘扬时代精神”为主题，精心打造“两点三线”五大现场教学基地，延展教学课堂深度和广度，提升教育培训实效。突出打造“两点”教学基地，打造“乌山革命根据地教学点”“向东渠精神教学点”，开展“讲好乌山故事、继承革命传统”“讲好向东故事，弘扬创业精神”专题教育，让广大党员干部接受党性教育。延展布局“三线”教学路线，通过设立“开漳文化教育之线”，串联开漳历史博物馆、魏妈文化园、开漳旧府衙等，开展“讲好开漳故事，传承古郡文化”特色培训，由此启示广大干部为党为国奋勇拼搏；依托漳江口红树林，串联“十大农业生态园”，建立“生态文化教育之线”，“讲好生态故事，推动绿色发展”，引导广大干部树立绿色发展理念，推动生态文明建设；以古串今建立“廉政文化教育之线”，从古代十廉吏，到阳霞家风家训馆、法院廉政文化走廊和检察院警示教育基地，教育广大干部要树牢廉洁之心、增强公仆意识。依托云霄县良好的区位和交通优势，主动承接谷文昌干部学院的辐射，联合编排“两点三线”1～3 天不等的现场教学路线，积极对接省市级党校和邻县兄弟县校的主体班次。2021 年“两点三线”教学基地承接县内外干部培训 46 班次，培训干部 1153 多人次。

【科研兴校】 2021 年，党校坚持科研兴校的指导思想，努力寻求科研新突破，以教学带科研，以科研促教学，积极推进教学、科研一体化，充分发挥党委、政府科学决策中的参谋咨询作用和思想库作用。2021 年有 4 篇调研文章被省委党校立项，3 篇被市委党校立项，1 篇被市社科联立项。

【微党课“送教下乡”】 2021 年，党校组织 16 名教师成立党史微党课宣讲小分队，分 2 批次分赴全县各乡镇、开发区 118 个农村党支部开展党史微党课宣讲，加强党史学习教育、习近平总书记“七一讲话”精神以及中共十九届六中全会精神学习，更好地推动农村基层党员学党史、悟思想。

【党校新校区建设】 紧紧抓住中央鼓励支持地方各级新建修缮党校的有利契机，按照建设一流县级党校为目标，通过置换 2.2 公顷、地价约 1.8 亿元的党校旧校区，启动党校新校区建设。新校区占地约 64 亩，建筑面积约 27600 平方米，总投资约 1.5 亿元，项目涵盖报告厅、行政综合楼、教学楼、学院宿舍楼、学员食堂、党史馆、家风家训馆、警示教育馆、图书馆等及附属设施，可一次性容纳约 200 名学员。

（陈永宗）

老干部工作

【离退休干部政治建设】 2021 年，县委老干部局结合“再学习、再调研、再落实”和党史学习教育主题活动，引导离退休干部深入学习习近平新时代中国特色社会主义思想和中共十九大精神，助力创建全国文明城市和宜居宜业宜游新云霄建设，以优异成绩庆祝建党 100 周年。宣传推广老干部“四微一端”（“离退休干部工作”“福建离退休干部”“漳州离退休干部”“云霄县离退休干部”微信公众号和“福建老干部”App），组织收看线上学习报告会 10 场，推动老干部工作信息化建设取得实效。结合“寻找红色印记、宣讲红色故事、传承红色基因”活动，召开“我看建党百年新成就”座谈会，开展“重走红军路、喜迎建党 100 周年”暨“老党员带你游红色基地”主题党史学习教育，推出“听老党员讲故事，当好红色传人”视频访谈和“百名老干部建党百年感言”系列活动，筑牢老干部“听党话、跟党走、报党恩”信念。为离退休干部订阅《福建老年报》48 份，为离退休党支部发放《离退休干部党支部学习参考》200 份。

【离退休党组织建设】 2021 年，县委离退休干部工委把离退休干部党建工作纳入全县基层党建考评实施细则，积极探索运作管理模式，增强创建示范引领作用。拨付塘坪社区 1 万元工作经费巩固提升省级“四就近”服务老干部示范点成效。为全县离退休领域 2019—2020 年度 12 个星级党支部组织举行授牌仪式。县自然资源局退休党支部获评“省级离退休干部示范党支部”，该支部书记黄铁汉获评“八闽银发先锋”。11 月 24 日，举办第 3 期离退休党支部书记学习培训班，为 23 名全县离退休党支部领域“优秀党支部书记”“优秀党务工作者”“银发人才”颁发荣誉证书。

【离退休干部管理服务】 2021 年，县委老干部局在春节、重阳节等重要节日期间，走访慰问全县离休干部、“5·12”退休干部、处级退休干部、离休干部遗属等重点服务对象 500 余人次，发放慰问金 42.5 万元、护理费 14.52 万元。为居住县城的离休干部购买家政社会养老服务，开展年度健康体检。为 28 名“特殊人群”人员缴交 2022 年城乡居民医疗保险费 9240 元。为 12 名纳入保障机制的倒闭企业离退休干部落实经济待遇。提请县政府首次拨付文明奖16万元。

【老干部工作队伍建设】 2021 年，县委老干部局围绕创建“让县委放心、让老干部满意模范机关”目标，加强老干部工作者队伍建设。针对巡察整改反馈意见，制定完善规章制度 18 项，推进老干部工作部门制度化规范化建设。调研论文《云霄县推进新时期离退休干部“文化养老”的实践与探索》入选《云霄县 2020 年度社会科学调研成果汇编》，撰写调研文章《“银发”再生辉 夕阳更火红——在党史学习教育中发挥老干部作用的实践与思考》上报省委老干部局和县委办调研科；县委老干部局获评“2021 年度全省老干部信息工作、宣传工作突出单位”，并获得“全市先进基层党组织”“市级文明单位”等荣誉称号。被市委老干部局作为唯一参评对象被推荐为全国老干部先进集体上报省委老干部局。县老年大学获评“福建省达标老年大学”。林建全被省委老干部局评为 2021 年全省老干部信息宣传工作突出个人。

【老年大学】 2021年，县老年大学设有学会15个，学员506人，会员791人，开设时政、音乐、舞蹈、潮曲、书法、摄影、传统文化、保健养生、国画花鸟、腰鼓、柔力球、太极拳、乒乓球等课程。开展党史学习教育活动，安排7场党史专题讲座，组织共产党员到红色教育基地“红旗不倒党支部”下河乡龙透村参观学习。与中国人民银行云霄支行协商，在县老年大学安排师资定期授课4次，解决老年人金融服务中遇到的难点问题。组织参加庆祝中国共产党成立100周年各项文艺活动，副校长唐丽真编导的群舞《好客畲家》参加漳州市“银耀芗江，颂歌献给党”庆祝中国共产党成立100周年文艺演出，获舞蹈类节目金奖；参加云霄县庆祝建党100周年“百支舞队跳喜舞，百位农工唱赞歌”群众性文艺（群舞）展演，其中舞蹈《桃花红杏花白》获得优秀节目奖；组织音乐班132名学员参加县庆祝中国共产党成立100周年群众性文艺晚会；举办“诗歌朗诵音乐会”“颂歌献给党”文艺演出、书画展等活动，表达对党和祖国的热爱之情；校老干部、老党员以及诗词学会的学员们创作庆祝中国共产党成立100周年诗词近60首。

（林建全、吴木火）

党史和地方志工作

【党史学习教育】 2021年，县委史志室以庆祝中国共产党成立一百周年为契机，策划开展党史学习教育。开展地方党史宣讲“五进”（进机关、进农村、进企业、进校园、进军营）活动，宣讲队伍分赴各单位宣讲“乌山革命简史”“卢叨的云霄情缘”等课目，推动党史教育“进机关、进基层、进校园、进企业、进军营”；采访省总工会原主席、卢叨夫人韦立，深入采写卢叨在云霄的生平事迹；与云霄融媒体合作，制作《壮阔百年路·忆峥嵘岁月》党史专题片，开设12期电视节目，5期专题片，将革命遗址、红色基点村、红二代搬上银屏；在县图书馆设置地方党史书籍展览专区，在人民公园开展中共云霄地方党史展览。与灯谜协会合作，以专题谜文的新形式举办“百年辉煌成就 伟大奋斗历程”党史专题灯谜晚会。

【党史研究成果】 2021年，《中国共产党云霄历史第二卷（1949—1978）》通过省室审读；编印《乌山革命简史》《卢叨的云霄情缘》《云霄苏区简史》3本党史学习教育简本；完成《红三军挺进梁山》《红旗越过盘陀岭》《县长连夜出逃》《何酒容参加红军》《张贞兵败如山倒》等五篇红军进漳故事专稿；承接中央党史文献研究院科研课题，挖掘、整理、撰写十个有较强的思想性、艺术性、文学性的红色故事；专题文章《碧血丹青 鞠躬尽瘁——记云霄革命先驱陈元宰》《卢叨的云霄情缘》在《福建党史》《漳州史志》发表。

【乌山革命史数字馆】 2021年，乌山革命史数字馆获新华网、人民网等多家国家级媒体转发报道。收到卢叨夫人韦立的来信肯定，获省委党史学习教育第二巡回指导组肯定，作为党史学习教育典型经验在全省推广。被省委省直机关工委、省委改革办、省发改委和省效能办等四部门联合评为“全省体制案例创新三等奖”。

【革命遗址宣传】 2021年，县委史志室加大对革命遗址的宣传工作，协助乡镇和文体旅局等相关部门保护革命遗址。对乌山闽南地委机关旧址、卢叨墓、老游击队员之家、坪坑伏击战旧址、陈元宰烈士纪念亭、坪水乡苏维埃政府纪念碑、陂下“福成昌碗窑公司”、红军北上抗日出发地、徐南坑交通站、古楼红军墓及荷步村周木故居等革命遗址进行宣传报道。

【党史“流动课堂”】 2021年，县委史志室组织党史专家深入一线，到徐南坑、白石、仙石、云霄乌山老游击队员之家等地，以“群众出题 专家解谜”等方式，讲清楚群众身边的故事，把“讲台”延伸到田间地头、院落村坝、施工场地等，把党史学习教育变得有创意、有新意，让党史学习教育在基层落地生根。

【咨询服务】 2021年，县委史志室发挥党史优势，提供党史咨询服务，并协助有关部门做好党史工作，把好党史关。指导白石村、荷中村、荷西村保护革命遗址，提供当地革命历史陈列馆建设指导建议。

【《云霄年鉴（2021）》正式出版】 2021年2月，县委史志室通过OA政务系统向各乡镇（开发区）和县直有关单位发出《云霄年鉴（2021）》的征稿通知，6月完成稿件收集并进入编纂环节。7月初启动招投标程序，8月完成初稿。2021年12月，《云霄年鉴（2021）》由福建科学技术出版社出版发行，全书设32个类目，总字数56万字，记载了2020年云霄县自然、政治、经济、文化、社会和生态文明建设发展状况。

（张琳、张艺玫）

档案工作

【档案资源体系建设】 2021年1月20—21日，通过全市县级综合档案馆内部业务建设评价。做好县疫情防控和脱贫攻坚“两类档案”收集归档指导、接收进馆工作，全年接收全县相关疫情防控档案1296件，数字图像9466页；接收脱贫攻坚档案26853件（其中，县级文书3384件、镇级文书7594件、村级文书12599件、户档3276件），数字图像404881页，照片档案179张。

【档案服务】 2021年，档案馆接待各类来馆群众300多人次，利用档案近400卷次。如提供56卷100多万字的云霄党建相关档案资料，为《中国共产党云霄历史·第二卷（1949—1978）》编写提供翔实的历史资料。

【档案安全管理】 2021年，档案馆按防火、防虫、防鼠、防潮、防尘、防光、防盗、防高温的要求严格管理库房，把档案馆安全风险排查和化解列入日常工作内容。强化档案工作者保密培训，做到档案信息异地异质备份，涉密电脑禁止接入互联网、涉密信息严禁上传网络等。执行库房管理制度和档案查阅制度，严格划定档案开放范围和档案借阅权限。完善硬件设施配套，2021年添置空调3台、电脑2台、简易铁皮档案柜15只。

【新馆建设】 2019年12月9日，云霄县第十一次常务会议研究同意云霄县综合档案馆建设选址在县道575南侧P地块的请示，规划建设用地面积4940.15平方米（约7.4亩），建筑面积约4315.12平方米，预计投资2800万元。2021年完成招投标，正在进行三通一平作业，降坡5米工程，其他各项前期工作也稳步推进。

【档案文化宣传】 2021年6月9—15日，根据省档案局《2021国际档案日系列宣传活动方案》精神，围绕“档案话百年”主题，开展第14个国际档案日系列宣传周活动。联合县委党史和地方志研究室在县行政办公大楼一楼举办云霄党史档案资料图片展，各单位组织党员干部前来参观。以发送移动短信和书写张贴标语等方式开展档案宣传，在县行政办公大楼LED液晶显示屏及县电视台播放档案宣传标语。收看国家档案局办公室举办的线上专题讲座，进行网上档案知识竞答；参加漳州市档案学会举办的“6·9”国际档案日暨迎接建党百年华诞档案专题培训。配合拍摄漳州档案故事《旌义碑》《清漳重镇》《唐士鐏之母墓志》等。撰写论文《整合开发利用云霄红色档案资源扎实推进党史学习教育活动》《红色文化视域下打造革命文旅品牌探析》。参加2021年福建省档案学会学术年会。7月5—7日，由漳州市委办、市委党史方志室、市档案馆主办，云霄县委办、县档案馆、县委史志室承办的“光辉历程 红色印迹”——庆祝中国共产党成立100周年党史档案图片巡展先后走进宝城社区、云霄一中、县档案馆、县行政办公大楼。

（吴信用）

机要保密

【机要密码通信保障】 2021年，继续做好常态化疫情防控下机要密码通信保障工作，全年零故障、无事故、无压误、无漏情，绩效考核获全市优秀。克服疫情影响，按要求、按时间节点完成yxak项目并通过验收。继续做好电子政务内网服务拓展，深化网络平台应用。

【保密工作】 2021年，针对全国失泄密事件高发态势，县委保密办主动应对，于4月28日、11月23日两次指导全县开展保密自查自评工作，全年抽查县直3家单位保密工作，开展保密专题讲座3场次，受教育人数1000多人次。结合“4·15”全民国家安全教育日和《宪法》日开展保密宣传，力促保密意识、保密常识见行见效。从12月开始在全县迅速开展“手机微信专项整顿行动”，全县自查人员2829人，微信群189个，微信小程序2个。

（朱前锦、石王春杰）

云霄县人民代表大会

重要会议

【云霄县第十八届人民代表大会第一次会议】 2021年12月8—10日，云霄县第十八届人民代表大会第一次会议在县人民会堂召开，出席大会代表235名（全县代表名额236人，实有236人）。大会主要议程：县人民政府代理县长沈顺来作《云霄县人民政府工作报告》；审查和批准云霄县2021年国民经济和社会发展计划执行情况与2022年国民经济和社会发展计划草案的报告，批准云霄县2022年国民经济和社会发展计划；审查和批准云霄县2021年预算执行情况及2022年预算草案的报告，批准云霄县2022年县级预算；县人大常委会主任施仲达作《云霄县人大常委会工作报告》；县人民法院院长柯秀娟作《云霄县人民法院工作报告》；县人民检察院代理检察长林宏杰作《云霄县人民检察院工作报告》；选举县十八届人大常委会主任、副主任，县人民政府县长、副县长，县监察委员会主任，县人民法院院长，县人民检察院检察长，县十八届人大常委会委员；选举漳州市第十七届人大代表；表决通过云霄县第十八届人民代表大会专门委员会组成人员名单。大会审议通过：《云霄县第十八届人民代表大会第一次会议关于云霄县人民政府工作报告的决议》《云霄县第十八届人民代表大会第一次会议关于云霄县2021年国民经济和社会发展计划执行情况与2022年国民经济和社会发展计划的决议》《云霄县第十八届人民代表大会第一次会议关于云霄县2021年预算执行情况及2022年预算的决议》《云霄县第十八届人民代表大会第一次会议关于县人大常委会工作报告的决议》《云霄县第十八届人民代表大会第一次会议关于云霄县人民法院工作报告的决议》《云霄县第十八届人民代表大会第一次会议关于云霄县人民检察院工作报告的决议》。

【人大常委会会议】 2021年，县人大常委会依法履行各项职权，为全方位推动云霄发展超越作出贡献。召开7次常委会会议，检查4部法律法规实施情况，听取审议11项专项工作报告，开展13项专题调研，通过8项决议决定，依法任免国家机关工作人员54人次。

（林添明、施春声、方添城）

人事任免

【县十七届人大常委会第三十次会议决定】 2021年3月25日，县十七届人大常委会第三十次会议批准免去黄少跃云霄县人民检察院检察员职务。

【县十七届人大常委会第三十一次会议决定】 2021年5月26日，县十七届人大常委会第三十一次会议决定任命蔡权城为云霄县人民政府副县长、洪逸峰为云霄县人民政府副县长、张荣发为云霄县林业局局长、王永城为云霄县统计局局长、林添明为云霄县人大常委会华侨台胞民族宗教委员会主任、张明坤为云霄县人大常委会监察和司法工作委员会主任。决定免去方永清云霄县人大常委会华侨台胞民族宗教委员会主任职务、柳建荣云霄县人大常委会财政经济委员会主任职务、江燕红云霄县人大常委会监察和司法工作委员会主任职务、何苗发云霄县财政局局长职务、刘玉辉云霄县水利局局长职务、张泗川云霄县林业局局长职务、吴文禄云霄县统计局局长职务、陈伟其云霄县工业和信息化局局长职务、黄秋龙云霄县人民法院民事审判一庭（涉台案件审判庭）副庭长、审判员职务。

【县十七届人大常委会第三十二次会议决定】 2021年6月10日，县十七届人大常委会第三十二次会议决定任命沈顺来为云霄县人民政府副县长、代理县长；补选蓝良木、沈顺来为漳州市第十六届人民代表大会代表。决定接受张明东辞去云霄县人民政府县长职务的请求，并报云霄县第十七届人民代表大会备案。

【县十七届人大常委会第三十三次会议决定】 2021年7月15日，县十七届人大常委会第三十三次会议决定接受方成江辞去云霄县第十七届人民代表大会常务委员会副主任、云霄县第十七届人民代表大会监察和司法委员会主任委员职务的请求，报云霄县第十八届人民代表大会第一次会议备案；决定接受曹威、蓝振强、蔡艺武、汤进河辞去云霄县人民政府副县长职务的请求。决定任命林进财为云霄县人民政府副县长；方成江为云霄县人民政府副县长。

【县十七届人大常委会第三十四次会议决定】 2021年8月5日，县十七届人大常委会第三十四次会议决定接受方伟仪、周志坚、吴志英、李娟辞去云霄县人民政府副县长职务的请求。决定接受郭荣龙辞去云霄县人民检察院检察长职务的请求，并报漳州市人民检察院检察长提请漳州市第十六届人大常委会批准。决定任命张秀华为云霄县人民政府副县长；林宏杰为云霄县人民检察院检察员、检察委员会委员、副检察长、代理检察长。

【县十七届人大常委会第三十五次会议决定】 2021年10月11日，县十七届人大常委会第三十五次会议决定任命吴印辉为云霄县监察委员会副主任；张镇垚为云霄县监察委员会委员；张宏伟为云霄县监察委员会委员；陈雅敏为云霄县人民法院审判员。决定免去陈文群云霄县监察委员会副主任职务；吴印辉云霄县监察委员会委员职务；高顺义云霄县监察委员会委员职务；何国文云霄县人民法院审判员职务。

【县十七届人大常委会第三十六次会议决定】 2021年11月26日，县十七届人大常委会第三十六次会议决定任命林添明为云霄县人大常委会办公室主任、何加王为云霄县人大常委会监察和司法工作委员会主任、林长镇为云霄县人大常委会财政经济委员会主任、何文革为云霄县人大常委会华侨台胞民族宗教委员会主任、黄淑琼为云霄县人大常委会农村经济委员会主任、张明坤为云霄县人大常委会教育科学文化卫生委员会主任、张丽芬为云霄县人大常委会信访办公室主任。决定免去林长镇云霄县审计局局长职务、何文革云霄县人大常委会办公室主任职务、黄淑琼云霄县人大常委会教育科学文化卫生委员会主任职务、林添明云霄县人大常委会华侨台胞民族宗教委员会主任职务、张明坤云霄县人大常委会监察和司法工作委员会主任职务、施文观云霄县人大常委会农村经济委员会主任职务、陈勇强云霄县人大常委会信访办公室主任职务。

（林添明、施春声、方添城）

代表工作

【密切与人大代表的联系】 2021年，县人大常委会深化"双联"工作，组织对全县各乡镇、开发区人大代表联系群众活动室运行情况开展调研，出台《关于进一步加强县人大常委会组成人员联系县人大代表的若干意见》，形成代表列席常委会会议和参与监督、视察、调研、县乡人大联席会等活动常态化。聚焦全县中心工作和民生热点问题，组织2次代表视察调研，召开2次县乡人大工作联席会，为代表了解政府重大项目建设、提出议案建议意见等提供翔实内容依据。

【重视议案建议的办理】 2021年，县人大常委会坚持推动代表议案建议意见办理从答复型向落实型转变，推动代表建议意见办理工作提质增效。县十七届人大五次会议代表提出65件议案、建议意见，如期办理完毕并答复代表，办复率100%。

【组织好代表视察活动】 2021年10月，县人大常委会围绕事关乡村振兴、食品产业发展、人居环境整治、工业发展等重点工作，组织各级人大代表对云霄县经济、社会、文化等情况开展视察。通过视察调研，了解全县经济社会的发展情况和人民群众普遍关心和迫切需要解决的热点难点问题，掌握更多的具体情况，为代表提炼、整理高质量的议案建议奠定基础，推进云霄县项目建设和经济社会发展。

【疫情防控】 2021年，县人大常委会聚焦全县战疫情、保发展工作，及时转发宣传省人大常委会《致福建省人大代表的一封信》、市人大常委会《关于号召全市各级人大代表积极参与打赢新型冠状病毒疫情防控阻击战的倡议书》；全县各级代表发挥表率作用，积极投身新冠肺炎疫情防控；县人大常委会选派人大机关党员干部冲锋在战“疫”一线，到挂钩乡镇、挂钩村、共建村（社区）参与新冠肺炎疫情防控执勤工作。

（林添明、施春声、方添城）

依法管理

【审议决定重大事项】 2021年，县人大常委会听取审议县政府关于完善县乡村三级防疫员防控体系建设情况、乡村振兴试点示范建设工作情况、2021年全县环境状况和环境保护目标完成情况、国有资产（国有自然资源）管理情况等报告；听取审议2021年上半年国民经济和社会发展计划执行情况、2020年县本级财政决算和2021年上半年预算执行情况、2020年县本级预算执行情况和其他财政收支的审计工作报告；听取审议县检察院关于开展未成年人检察工作情况的报告。作出《云霄县人大常委会关于批准云霄县2020年地方政府债务限额和2021年提前批新增政府债务限额管理及提前批新增政府债券资金安排使用预算调整方案的决议》《云霄县人民代表大会常务委员会关于开展第八个五年法治宣传教育的决议》《云霄县人大常委会关于批准云霄县2021年第二批新增政府债券资金安排使用预算调整方案的决议》《云霄县人大常委会关于批准云霄县2021年收支预算调整的决议》《云霄县人大常委会关于批准云霄县2020年县本级财政决算的决议》等决议。

【专题调研】 2021年，县人大常委会紧扣统筹推进常态化疫情防控和经济社会发展，持续以“大抓工业、抓大工业”为重点，加强经济运行情况调研，促进年度计划有效执行，着力推动“十四五”开好局，有计划、有重点地开展云霄县农村污水处理设施建设管理情况、国有资产（国有自然资源）管理情况、乡村振兴试点示范建设情况、云霄县食品产业发展状况、县乡两级人大代表换届选举工作、残疾人保障工作情况、县乡村三级防疫员防控体系建设情况、全县扫黑除恶专项工作情况、《中华人民共和国台湾同胞投资保护法》及福建省实施办法落实情况、城市房地产不动产权证书发放情况、全县职业教育情况、完善乡镇信访工作联席会议机制，推动治重化积工作开展情况等工作调研，并形成调研报告，为云霄县经济社会发展建言献策。

【执法检查】 2021年，县人大常委会组织检查《中华人民共和国防震减灾法》《福建省物业管理条例》《中华人民共和国消防法》《福建省消防条例》《福建省餐饮服务从业人员佩戴口罩的规定》等法律法规的实施情况，抓住法律法规实施过程中的薄弱环节和突出问题，提出解决问题、完善制度的意见建议。

【司法工作监督】 2021年，县人大常委会组织相关职能部门开展“12·4”国家宪法日暨宪法宣传周系列宣传教育活动，推进全民学法用法，营造良好法治氛围；开展“八五”普法宣传，提升公民法治素养；举办《中华人民共和国民法典》法律知识专题讲座，增强领导干部学习宣传贯彻实施《中华人民共和国民法典》的引导作用，助力推进《中华人民共和国民法典》有效实施和法治云霄建设；加强未成年人检察工作、扫黑除恶、法院执行等工作监督，助推各职能部门依法履职。

【信访工作】 2021年，县人大常委会加强和改进人大信访工作，以人民为中心，不断探索新时期人大信访工作新思路、新方法、新途径，努力化解矛盾，推动群众信访诉求依法合理表达，合法权益依法有效保护。全年受理来信5件，来信办理率100%，办结率95%，做到件件有落实、事事有回音。

【规范性文件备案审查】 2021年，县人大常委会不断完善规范性文件合法性审查机制，组织开展动物防疫法、行政处罚法、人口和计划生育法规等规范性文件专项清理。全年开展规范性文件专项清理6件，审查县政府报送备案的规范性文件31件（其中2020年补报5件），内容涉及农村农业生产、扶贫安置、黑臭水体扬尘噪声污染监督、商务产业发展、招商引资政策、海漂垃圾治理、消防水源管理、义务兵优待政策等方面，促进备案审查工作制度化规范化发展，推进法治政府建设。

（林添明、施春卢、方添城）

云霄县人民政府

重要会议

【县政府全体会议】 2021年1月11日，县政府2021年第一次全体会议暨落实全面从严治党主体责任集体谈话会召开，会议深入贯彻落实中央、省委、市委经济工作会议，县委十三届十二次全体会议和县“两会”精神，站在“十四五”新起点，聚焦2021年新目标，动员各级各部门凝聚思想共识，汇集工作合力，坚定信心、抢抓机遇、砥砺奋进，为全面高质量完成2021年各项工作任务开好局、起好步。会议强调，要始终坚定理想信念，统筹推进新冠肺炎疫情防控和经济社会发展工作，如期打赢脱贫攻坚战，有力保障经济社会平稳运行。要强化担当作为，对标2021年的各项工作任务，潜心谋划大项目、好项目，狠抓154个县级以上重点项目，主动出击招引大企业、好企业，做到踏踏实实办实事、惠民生。要严守纪律规矩，强化监督实效，以制度建设彻底整改群众反映突出、影响工作实效的作风问题，不断把作风建设引向深入。

【第一次县政府常务会议】 2021年1月29日，第一次县政府常务会议研究核电配套产业用地（成片开发）控制性详细规划、旧实验小学片区安置房等议题。

【第二次县政府常务会议】 2021年2月24日，第二次县政府常务会议审议《云霄县规范砂石料加工经营管理整治方案》，研究重点项目挂钩安排、收回漳州华匠电梯有限公司一宗工业用地使用权等工作。

【第三次县政府常务会议】 2021年3月26日，第三次县政府常务会议研究2021年县委县政府为民办实事工作计划、设立云陵镇望安社区居民委员会，申报国家地理标志产品保护示范区等工作。

【第四次县政府常务会议】 2021年4月25日，第四次县政府常务会议审议《云霄县项目建设攻坚行动实施方案》《云霄县推进乡村振兴行动实施方案》，研究了县生鲜冷链批发市场用地、县城区新一轮清扫保洁工作继续采用市场化方式运作等工作。

【第五次县政府常务会议】 2021年5月20日，第五次县政府常务会议研究关于加快推进第二轮中央生态环境保护督察交办信访件销号工作方案、闽粤联网换流站马铺供水工程地块控制性详细规划、协议出让云霄立人学校田径场体育馆艺术馆等项目用地及基础设施配套工程建设用地使用权等工作。

【第六次县政府常务会议】 2021年6月17日，第六次县政府常务会议审议《云霄县扬尘污染综合整治工作方案》《云霄县2021年提前批新增政府债务限额管理及提前批新增政府债券资金安排使用预算调整方案》，研究划拨将军大道（丽都路至云漳北路段）扩宽改造工程项目用地、划拨云霄县漳江核苑周边（东侧、南侧）道路改造工程项目用地等工作。

【第七次县政府常务会议】 2021年7月22日，第七次县政府常务会议审议《云霄县2021年度绩效管理工作方案》《云霄县2021年“产业发展项目建设年”活动实施方案及考评办法》等议题。

【第八次县政府常务会议】 2021年8月17日，第八次县政府常务会议审议《关于促进总部经济发展的实施意见》《云霄县加强招商引资和促进工业经济稳增长八条措施》《云霄县推进商贸流通业和夜间经济发展若干措施》等议题。

【第九次县政府常务会议】 2021年9月3日，第九次县政府常务会议研究2021年第六次国有建设用地使用权公开出让方案、协议出让云霄县下港片区棚户区改造项目（02地块）国有土地使用权、选聘产业发展顾问和招商大使建议名单等工作。

【第十次县政府常务会议】 2021年9月29日，第十次县政府常务会议研究云霄县2021年第七次、第八次国有建设用地使用权公开出让方案，筹建云霄县核电厂核事故应急指挥中心等工作。

【第十一次县政府常务会议】 2021年11月3日，第十一次县政府常务会议研究《云霄县义务教育优质均衡发展督导评估工作规划》、调整云霄将军山学校学费和住宿费收费标准、云霄县山前中心渔港和人家二级渔港（二期）升级改造项目建设等工作。

【第十二次县政府常务会议】 2021年11月15日，第十二次县政府常务会议研究了《云霄县人民政府“三重一大”事项集体决策议事规则（试行）》《云霄县打击制售假冒卷烟工作责任制》《云霄县打击整治涉诈犯罪工作问责办法（试行）》《选拔引进教育、医疗卫生优秀大学毕业生来云工作的实施方案》等议题。

【第十三次县政府常务会议】 2021年11月25日，第十三次县政府常务会议研究《2022年云霄县收支预算草案》《云霄县2021年收支预算调整草案》《云霄县2021年第二批新增政府债券资金使用预算调整方案（草案）》等议题。

【第十四次县政府常务会议】 2021年12月24日，第十四次县政府常务会议研究云霄县海漂垃圾治理、漳江口红树林国家级自然保护区中央环保督察反馈意见问题整改交账销号等工作。

【县政府党组扩大会议】 2021年6月10日，县政府党组（扩大）会议召开，会议传达学习市委书记张国旺在市管领导干部学习贯彻习近平总书记来闽考察重要讲话精神专题研讨班暨市级领导班子党史学习教育专题读书班开班式上的讲话精神、代市长王进足在结业式上的讲话精神和市政府党组（扩大）会议精神，听取云霄县各领域重点工作情况汇报，部署安排下阶段政府系统各项工作。8月17日，县政府党组（扩大）会议召开，会议学习贯彻落实县第十四次党代会精神，分析1—7月全县“六比一看”竞赛活动情况，对下阶段各项工作比拼赶超争晋位进行再部署、再鼓劲、再加压。会议强调，要适应竞争新常态，牢固树立“真抓实干，争当先锋”的意识，强化横纵对比，跳出云霄看云霄，才能在新的战场上夺取新战果；要提振干事精气神，坚定发展信心，找准重点、攻克难点、持续发力，务求突破，以实际工作成效接受组织的考验；要吃透用足政策，对照先进查缺补漏，远谋近施谋划项目，确保各项工作有大的进展；要做到守土有责，全力抓好疫情防控工作，有力查处走私偷渡入境返云违法行为；要重在落实，紧盯征地拆迁、批而未供和闲置土地处置、“两违”治理、生态环境保护、项目建设等各项中心工作，推动争先晋位。

（吴若阳）

【政府专题会议】 2021年共召开政府专题会27场次。会议专门研究了进口冷链监管仓建设、气象观测站迁建、云霄县将军山学校申办高中部、防范重特大生产安全事故工作等内容。

（何银生）

重大活动

【云霄县第二届线上枇杷节开播】 2021年2月15日，由和平乡党委、政府主办，县工信局、电商办、融媒体中心、文体旅局、妇联、共青团联合协办的“茶果飘香·打卡和平”——云霄县第二届线上枇杷节暨和平乡文旅推介会在和平乡楱树村举行。活动中，70余名本土网红主播齐聚和平，在各大平台上向粉丝们现场推介和平乡特色枇杷及其他“一村一品”农特产品，2个小时的直播活动中，网友点击量超过60万人次。

【云霄县乡村振兴现场会】 2021年4月14日，云霄县乡村振兴现场会在全县唯一少数民族村坡兜村开幕。活动由云霄县委、县政府主办，下河乡党委政府、县民宗局承办，会场现场举办“幸福下河、快乐山哈”畲族风情群众性文艺演出，安排有文创作品、摄影长廊、农特产品和畲族风味小吃等特色展区。直播带货、音乐走村、红歌“快闪”、村幸福院揭牌等系列子活动也于同期举行，通过民俗表演、畲歌对唱、线上线下推介等形式，越来越多人走进坡兜村了解畲族文化、领略畲族风情。以此次现场会为平台，云霄授旗成立16支“促进乡村振兴志愿服务队”，全县乡村振兴工作再书新篇章。

【威惠美食文化周】 2021年4月29日，主题为“点亮夜经济 乐购云霄味”威惠美食文化周火热启幕，通过“美食+文化”“美食+创意”“美食+互联网”等形式，形成多元化夜间消费市场，成为五一期间全县旅游新热点。县委书记王金狮、县人大常委会主任施仲达、县政协主席林达祥等县各套班子在家领导参加开幕活动。在为期一周的活动中，共有52家店面和36家临时摊位为市民和游客提供超过上百种美食选择，人流量日均超过2万人次，营业收入突破百万元，推动云霄夜间经济繁荣发展。

【庆祝中国共产党成立100周年群众性文艺晚会】 2021年6月23日晚，由中共云霄县委员会、云霄县人民政府主办，县委宣传部、文明办及县总工会、文体旅局、文联、融媒体中心联合承办的“百年征程 走向辉煌”云霄县庆祝中国共产党成立100周年群众性文艺晚会在市民公园激情唱响。全县各大口、各乡镇（开发区）联合选送14个精品文艺节目，聚集各行各业1600多名演职人员倾情献艺，共唱红色经典，致敬百年华诞。

（吴若阳）

机关事务管理

【机关食堂管理】 云霄县政府机关食堂服务在县政府办公大楼及周边办公的36个单位，800多人。2021年，经公开采购购买服务，县政府机关食堂委托云霄宾馆经营管理，机关事务管理中心与机关食堂管理团队密切配合，做好疫情防控工作。要求全体员工进行核酸检测，实施不断档进行跟踪，做好建档备查工作，严格要求机关食堂管理团队全体员工按规定动作操作，全程佩戴口罩，做好个人卫生防护工作；严格按照隔离硬性要求，做细各项隔离措施，减少就餐人员交叉接触，最大限度避免聚集性就餐；跟卫健部门密切联系，定期对机关食堂进行全方位消杀，严格落实其他防护措施。加强机关食堂运营管理，严把食品安全关，严格审核供货企业相关证件，对每天采购食材进行全面验收，杜绝采购冻品食材，从源头确保所供食材合格且可追溯；定期邀请市场监督管理局业务部门对机关食堂的食材、餐具和饮用水等进行全方位检测；要求机关食堂管理者严格按照食品留样规定进行留样备查，不间断，全覆盖。

（吴锦州）

【公务用车管理】 云霄县机关公务用车服务中心纳入公务用车平台统筹管理的车辆编制数65辆，现有62辆全部安装车载终端系统和喷涂公务车辆标识，纳入“全省一张网”管理平台进行统筹派车，实现公务用车使用信息全程在线记录，实时掌握公务用车轨迹、里程等信息，实现车辆调度、轨迹监控、费用结算和绩效管理全程信息化和自动化，保障县四套班子和县直参改单位的公务出行。2021年，全县机关公务用车通过“全省一张网”公车管理平台派单4665单，向长运集团公司租车850车次，管理平台总体运行情况平稳，用车单位反映良好，实现行车零事故、服务零投诉的目标。县政府办、车改办、财政局等部门持续加强公车运行管理，结合日常业务检查，采取日常监督、随机抽查、明察暗访、集中督查等方式开展督查，通过开通举报监督电话、举报邮箱等渠道及时受理群众信访举报，加强与公安、交警部门联动，充分利用城区监控设施对公务车辆运行进行监督。

（张青山）

行政服务

【概况】 2021年，云霄县行政服务中心政务服务大厅共进驻40个县直单位（包含水、电、广电网络、燃气等便民服务单位），设置58个办事服务窗口，可办理行政审批事项和公共服务事项1802个。全年办理各类行政审批和公共服务事项92989件，其中即办件78070件，即办率83.96%。组织工程招投标项目149宗，投资预算总价9.51亿元，实际中标金额8.71亿元，为财政节约0.81亿元，节约率8.47%。完成政府采购项目21宗，交易额为1934.62万元，节约财政资金277.31万元；完成产权交易项目5宗，起拍总价4.82亿元，实际中标金额7.97亿元，增加财政收入3.15亿元。

【政务服务】 2021年，云霄县行政服务中心积极培育"放管服"改革典型案例，在全市率先推行"远程在线服务"新模式，设立"帮办代办服务窗口"，提升政务服务质效，增强企业和群众获得感；开展24小时自助服务大厅建设，部署5台自助服务终端，推动68项行政审批和公共服务事项实现24小时不打烊服务；建立重点项目联审联办工作机制，组织开展联审联办38次，联合审图10次，联合验收9次；开展区域评估工作，云翔产业园、陈岱工业园区、列屿核电配套产业园等3个工业园区已完成地质灾害危险性评估、水土保持方案审批区域评估；陈岱工业园区完成环境影响评级区域评估，云翔产业园完成洪水影响评价区域评估。

【公共资源交易】 2021年，云霄县公共资源交易中心全面推行"不见面"招投标服务，进一步提升交易服务效率，降低企业投标成本，开标时长缩短75%以上，平均为每家投标企业节约成本约2000元；在全市率先推行"刷脸评标"，简化投标人现场签到、信息核验等环节；在评标区域设置屏蔽系统，加强专家评审期间封闭管理制度，严格评标纪律；强化社会监督，实行"互联网+监督"模式，通过网络直播方式实时推送开标信息，坚决遏制"围标""串标"等违法违规行为，确保公共资源交易规范、公正、透明；拓展采购方式、完善公开招标、竞争性谈判等采购流程，资金节约率达到12%以上，进一步推动云霄县政府采购事业发展。

【监督检查】 2021年，云霄县行政服务中心管委会推进"12345"便民服务平台建设，执行落实政务服务"好差评"制度，办结群众诉求件8073件，收到"好差评"数据186982条，群众满意率均达到100%；开展审批服务卷宗抽查，抽查卷宗141份，纠正审批服务不规范问题35个；开展政务服务体验专项行动，设立"便民协调服务窗口"，聘请4名政务服务体验官，联动解决企业、群众反映的政务服务中"办不成事"问题42个；推动医保、公安、人社、税务等4个分中心事项进驻行政服务中心办理，切实方便企业和群众办事。

（方艺红）

机关效能建设

【效能督查】 2021年，县效能办聚焦项目建设、生态环保、乡村振兴、为民办实事、创建全国文明城市等重点工作，整合督查资源，突破督查人员不足等难题，联合县委督查室、县政府督查室开展督查行动，促进重点领域提效能。聚焦机关单位工作人员作风问题开展督查，整治机关"庸懒散拖"不良工作作风，有效纠正机关单位及其工作人员不作为、慢作为、乱作为等作风问题。全年开展督查49次，发出督查通报20期，效能问责2人，力促问题整改，力推工作落实。

【效能投诉】 2021年，县效能办积极受理群众投诉，对企业和群众反映强烈的效能问题进行直查快办，强化投诉件办理实效和质量把关，全年受理群众投诉2件，办结率100%。不断优化"12345"平台建设，监督平台诉求件办理情况。全年受理"12345"平台群众诉求件8073件，办结8073件，按时办结率100%，逾期查阅、逾期办理均为零，群众满意率、诉求受理率、及时查阅率、反馈回复率均达到100%。

【绩效考评】 2021年，在市对县绩效管理考核指标体系基础上，聚焦云霄县推动高质量发展落实赶超和县委县政府年度工作任务重点，完善县直机关和各乡镇（开发区）绩效考核指标体系，制定出台《云霄县2021年度绩效管理工作方案》。把绩效管理同落实“产业发展、城市文明、乡村振兴”三大重点任务、推进“一核两翼三片”区域发展布局、开展“产业发展项目建设年”活动、实施“六比一看”竞赛等县委县政府中心工作结合起来，找准切合点，明确落脚点，使绩效管理在推进工作过程中得到巩固和提升。落实绩效运行分析，定期分析研判指标运行情况，实时对标找差，切实推动指标向预期目标、先进地区赶超。发挥绩效导向作用，把绩效评估结果作为班子考核、干部任选、评先晋优的重要依据，奖优罚劣，激发干部干事创业精气神。

【作风建设】 2021年，县效能办弘扬“马上就办，真抓实干”的优良作风，全力推动上级决策部署落实，抓好各项任务责任分解，全程跟踪督办。督促审批职能部门简化流程，优化服务，全面实行“一趟不用跑”和“最多跑一趟”，打造一流营商环境。日常运用远程视频监控系统对县行政服务中心，各分中心窗口和乡镇便民服务窗口开视频抽查，对窗口服务情况开展在线监督，全面提高便民服务效能。

（朱育珍）

信访工作

【概况】 2021年1—11月，云霄县信访总量1106件，重复信访占比33.7%，同比下降6.2%；群众对信访部门满意率97.8%，对责任单位满意率96.5%，均比上年有较大提升；信访事项及时受理率、按期答复率均100%。10月，县信访局被省信访工作联席办评为涉疫信访事项办理工作成绩突出集体。

【信访评理机制】 2021年，县信访局健全信访评理制度机制建设，有效发挥信访评理功能。在实现县、乡、村三级评理室全覆盖并全部开展评理工作的基础上，加强队伍力量、培育典型，进一步创新发挥信访评理机制，让信访评理成为推动云霄县信访事项化解的重要举措。1—11月，开展信访评理278件次，及时化解矛盾纠纷和信访积案276件次，化解率达到99.3%，为群众化“心结”解“难题”。

【乡镇（开发区）信访工作联席会议制度】 2021年，县信访局不断完善信访工作各项制度，充分发挥分析研判、协调处理、应急保障、督促检查等职能，推动化解信访突出问题见成效。1—11月，开展会商研判121场，协调122件信访件，督察督办13件，推动化解信访事项84件。

【志愿者参与机制】 2021年，县信访局积极探索“第三方”参与化解信访事项，建立健全志愿者参与化解信访事项工作机制，适时调整充实信访工作志愿者队伍，提升团队战斗力。全年云霄县信访工作志愿者参与信访事项化解16件，其中“治重化积”8件，推进信访事项有效化解，并收到信访群众送来的锦旗5面。

【创新会商机制】 2021年，县信访局通过重点信访事项专题会商等机制，形成战时、平时、实时“三结合”的会商机制，推进会商常态化，聚焦县领导接访日信访事项和重点信访事项的协调化解，实现信访事项抓早化积、控增减存。全年举行56次会商、9次每月会商和11次重点信访事项专题会商，有效化解信访事项18起。

（陈跃猛）

政协云霄县委员会

重要会议

【政协第十四届云霄县委员会第一次会议】 政协第十四届云霄县委员会第一次会议于2021年12月7—9日在云霄县城举行。实有委员165名，出席委员162名，居住在云霄的市政协委员、部分政协离退休老领导、政协机关退休副科级以上干部、县直机关有关单位负责人、各乡镇党委书记和云霄经济开发区党工委书记、部分十三届政协常委列席会议。会议听取并讨论中共云霄县委书记蓝良木的讲话；审议并通过政协主席林达祥代表十三届政协常委会所作的工作报告和副主席汤志远所作的提案工作情况报告；选举产生政协第十四届云霄县委员会主席林意纯，副主席许师逊、吴淑芬、汤志远、郭玲；通过《政协第十四届云霄县委员会第一次会议决议》。会议期间，委员们列席县十八届人大一次会议，听取并赞同县政府工作报告，协商讨论县人民法院工作报告、县人民检察院工作报告及其他工作报告。

【十三届常委会第二十次会议】 2021年1月6日下午在县将军山会议中心召开县政协十三届常委会第二十次会议。此次会议议程：听取政协第十三届云霄县委员会第五次会议分组讨论情况汇报；协商讨论政协第十三届云霄县委员会第五次会议决议（草案）。

【十三届常委会第二十一次会议】 2021年3月19日下午在县行政办公大楼919室召开县政协十三届常委会第二十一次会议。此次会议议程：传达学习贯彻中央和省委、市委、县委党史学习教育动员大会精神；传达学习贯彻全国政协十三届四次会议精神；讨论通过县政协2021年工作要点和主要工作安排、视察调研课题以及重点提案主席督办件。

【十三届常委会第二十二次会议】 2021年5月26日下午在县行政办公大楼919室召开县政协十三届常委会第二十二次会议。此次会议议程：围绕“充分挖掘党史资源推动红色文化旅游产业发展”议政性课题进行协商建言；审议通过《关于发挥侨台资源优势推动两岸融合发展的专题协商报告》；审议通过《关于加大医疗卫生机构专业人才引进培养力度的专题调研报告》；传达学习贯彻习近平总书记来闽考察时的重要讲话精神；有关人事任免。

【十三届常委会第二十三次会议】 2021年10月9日上午在县行政办公大楼919室召开十三届常委会第二十三次会议。此次会议议程：传达学习贯彻习近平总书记“七一”重要讲话精神；围绕《关于擦亮“中国温泉之乡”金字招牌 构建“温泉+文旅+康养”产业融合发展新格局的调研视察报告》议政性课题进行协商建言；审议通过《关于加强县城区污水管网建设管理的专题调研报告》；听取县政府2021年上半年工作情况通报。

【十三届常委会第二十四次会议】 2021年11月29日上午在县行政办公大楼919室召开县政协十三届常委会第二十四次会议。此次会议议程：传达学习贯彻中共十九届六中全会精神；协商确定政协第十四届云霄县委员会委员名单；协商通过有关人事任免；协商通过政协第十四届云霄县委员会第一次会议有关事宜；协商通过《政协第十三届云霄县委员会常务委员会工作报告》和《政协第十三届云霄县委员会常务委员会提案工作情况报告》；听取县政府2021年工作情况通报。

（吴琳洁）

协商议政

【概况】 2021年，县政协围绕充分挖掘党史资源推动红色文化旅游产业发展、关于擦亮“中国温泉之乡”金字招牌·构建“温泉+文旅+康养”产业融合发展新格局2个议题开展协商讨论，向县委、县政府提交2份协商议政报告，得到县委、县政府的充分肯定，转化为推动发展的有效措施。

【视察调研】 2021年，县政协围绕关于加大医疗卫生机构专业人才引进培养力度、加强县城区污水管网建设管理、做大做强地标产业·助力云霄乡村振兴、加快云霄中心城区城市发展等4个议题，组织开展视察调研，向县委、县政府提交视察调研报告4份，得到县委、县政府主要领导的肯定和批示，为推进云霄高质量发展提供有力参考。

（吴琳洁）

履职为民

【助力重点项目建设】 2021年，县政协深入开展产业发展项目建设年、“六比一看”竞赛、百名干部挂百企等活动，县政协领导挂钩重点项目17个，挂钩重点企业5家，助推利众诚食品加工项目（二期）等重点项目提速。

【助力疫情防控】 2021年，县政协及时发出《致全县政协委员的倡议书》，助力统筹推进疫情防控和经济社会发展。政协领导班子成员深入挂钩乡镇（开发区）督导疫情防控和企业复工复产；机关干部勇当疫情防控工作志愿者，下沉挂钩的下河乡外龙村、莆美镇后汤村开展“党群同心战疫情”主题实践活动；广大委员结合岗位职责，立足本职、各尽其能。有的奋战防控一线，有的踊跃捐款捐物，有的积极建言献策，有的参加志愿服务，以实际行动展现了政协委员为国履职、为民尽责的使命担当，据不完全统计，该届县政协委员捐款捐物累计120多万元。

【履职服务渠道拓展】 2021年，县政协组织政协机关干部和委员开展“乌山行”“捐资助学”等志愿活动400余人次，其中，深入文明创建挂钩村后汤村开展创建全国文明县城志愿者活动108人次。通过挂钩帮扶、走访慰问、奖学助学等形式，深入开展“我为群众办实事”实践活动，全年慰问贫困户218户次、牵头举办第三届“魏妈奖学金”颁奖活动进行奖学助学72名，价值合计约19.7万元。

【反映社情民意】 2021年，县政协围绕医疗卫生、教育事业、生态环保等群众关心的实际问题，及时反映社情民意，助推工作落实。“关于挖掘弘扬向东渠精神信息建议”被省政协办公厅采用，得到省市领导肯定，推动“向东渠精神”纳入中国共产党精神福建谱系。2021年县政协反映社情民意信息工作在全市排名第二。

（吴琳洁）

其他工作

【提案办理】 县政协十三届五次会议上共立提案125件，全部办复。年初确定重点提案督办件5件，由分管的副县长牵头协调，分别召开重点提案办理协商会，推动提案的调研视察、协商办理工作，提升提案办理质量。其中，《关于规划建设马铺—下河—和平连接县道建火线公路的建议》重点提案已经县政府常务会议讨论通过。

【注重凝聚共识】 2021年，县政协密切联系政协组织，接待省、市和兄弟县政协来云考察活动15批次，组织赴外学习交流活动7次，在交流和联谊中共享经验、共同提高。密切联系海内外乡亲，接待海外侨胞和港澳同胞3团组、33人次，加强与港澳台同胞、海外侨胞的感情联络，增进民族认同。密切联系委员，落实“走访联系委员月”和党组成员联系党员委员、党员委员联系党外委员制度，开展云霄异地商会和在外的市、县政协委员走访活动，领导班子成员分别带队走访10多家在外委员企业，动员在外委员资本回归、人才回归、项目回归，增进情感，凝聚共识，共谋发展。举办“翰墨丹青 礼赞百年——庆祝中国共产党成立100周年书画作品展”，共展出40件作品，以书言志、以画寄情开展联谊工作。

【文史宣传】 2021年，县政协发挥文史资料“存史、资政、团结、育人”的功能，做好文史资料征集、编辑工作，编辑出版《美丽向东渠》，大力弘扬向东渠精神，助推文化强县建设。

【组织建设】 2021年，县政协圆满完成换届选举工作，协商产生新一届县政协委员165名，常委32名；县政协办下属公益一类股级财政核拨事业单位“云霄县政协委员履职服务中心”于2021年12月28日获得县编委会批准设立，中心主要职责为负责县政协委员履职尽责做好技术性、辅助性、事务性工作；率先在全市完成乡镇政协联络组组建工作，实现对所有乡镇（开发区）全覆盖，打通基层民主协商最后一公里。莆美镇联络组围绕中心、扎实履责，协商解决“妇幼保健院门口道路交通拥堵现象”等问题，得到省政协办公厅领导的高度肯定。

（吴琳洁）

纪委监委

重要会议

【十三届六次全会】 2021年2月7日，中国共产党云霄县第十三届纪律检查委员会第六次全体会议召开。县委书记王金狮出席全会并讲话，他强调，要深刻学习领会，坚定正确政治方向；要坚持问题导向，清醒认识反腐败斗争形势；要全面从严治党，为全方位推动高质量发展超越提供坚强保障。县委常委、县纪委书记、县监委主任郭明星作工作报告，回顾2020年纪检监察工作，部署2021年任务。坚定不移落实“两个维护”；坚定不移深化反腐败斗争；集中整治群众反映强烈的突出问题；推进政治巡察高质量发展；着力提升监督治理效能；从严从实锻造纪检监察铁军。

【十四届一次全会】 2021年7月30日下午，中共云霄县纪委十四届一次全会召开，会议通过选举产生县纪委常委、书记、副书记，郭明星、方旺彬、吴印辉、方培新、黄农政、周珍姬、方志健当选为中国共产党云霄县第十四届纪律检查委员会常务委员会委员，郭明星当选为中国共产党云霄县第十四届纪律检查委员会书记，方旺彬、吴印辉当选为中国共产党云霄县第十四届纪律检查委员会副书记。选举结果由中共云霄县第十四届委员会第一次全体会议通过。

（郭仕鑫）

主要工作

【党风廉政教育】 2021年，深入开展“一镇一孝廉·红色人物”系列宣传活动，大力弘扬乌山革命英雄事迹、向东渠先进事迹、“十廉吏”等云霄特色廉政文化，制作乌山文化VR（虚拟现实）短视频，讲好云霄孝廉故事。全年在地市级以上新闻媒体发稿122篇，其中《中国纪检监察报》3版头条1篇，其他版面2条，中央纪委国家监委网站6篇。加强对换届纪律“十个严禁”及“十个一律”的宣传，发送换届纪律提醒短信26444条，营造风清气正的换届选举环境。持续深化“五个一”警示教育活动，召开全县领导干部警示教育大会，组织67批次1159人次参观警示教育基地，上警示教育课702批次30691人次。

（陈秋坤）

【党风政风监督】 2021年，深化政治监督，围绕习近平总书记重要指示批示精神和党中央重大决策部署贯彻落实情况，聚焦巩固拓展疫情防控和经济社会发展成果、推进生态文明建设、意识形态领域、耕地保护、粮食安全等重点，制定年度政治监督任务清单，建立健全“室组”“室组地”联动监督和“发现问题—整改问题—治理问题”监督闭环管理机制，查纠问题136个。深化作风建设，协助县委深化干部作风整顿，紧扣中心工作强化监督，坚决纠治“庸懒散虚假梗”问题。深化运用“1+X”监督机制，坚决整治“天价茶”、炒作“片仔癀”等背后“四风”和腐败问题。深入推进治“四风”树新风大整治，全县共查处违反中央八项规定精神问题15起21人，查处形式主义、官僚主义问题13起22人。深化点题整治，结合党史学习教育“我为群众办实事”，在省市确定的20个“点题整治”项目基础上，结合云霄实际确定“非法洗砂采矿、村级招投标不规范、学前教育学位不足”等3个县级整治项目，解决群众“急难愁盼”问题315个，查处群众身边腐败和作风问题49起75人，推动建章立制38个。

（郭黎明）

【信访举报】 2021年，深化“四访”活动，深入开展“多年、多层、多头”信访举报专项治理工作，积极回应群众关切、化解社会矛盾。全县纪检监察机关受理检控类初次举报98件，初核86件、谈话函询9件、直接了结3件；已办结87件，经初核拟立案11件、其他处理34件，经谈话函询其他处理2件；查实率56%。开展信访公开会10场；开展失实澄清7次，为8名受到不实反映的党员干部作澄清正名。

（朱志燕）

【审查调查】 2021年，全县纪检监察机关共立案108件119人，审理结案112件，给予党纪政务处分121人，涉嫌犯罪移送司法机关处理1人。全县共处置问题线索324条，精准运用监督执纪“四种形态”批评教育帮助和处理483人次，其中，其中第一、第二种形态占92.5%，实现由惩治极少数向管住大多数拓展。深入推进政法队伍教育整顿监督执纪执法，共办结42件52人次，其中党纪政务立案10件10人，办结率、立案数均位居全市前列。常态开展扫黑除恶“惩腐打伞”，查处“保护伞”1人。坚持“惩、治、防”（惩戒、惩处；治理、预防）相统一，发出纪检监察建议书14份，定期开展整改落实情况“回头看”，强化对权力运行的制约和监督，从源头遏制腐败行为发生。

（朱毅宗）

【机构与队伍建设】 2021年，完成县乡纪委领导班子换届和县管企业纪检监察体制改革。坚持边学习、边调研、边工作、边总结，组织9期925人次开展监察法及其实施条例、监察官法等全员培训。健全纪检监察业务运行制度体系，建立错情问责、信息宣传考评等制度，出台审查调查、全员接访、案件审理工作等规范化要求，规范权力运行。严格落实问题线索集中管理和打听案情、过问案件、说情干预登记备案及责任追究等规定，对违规违纪违法行为“零容忍”，坚决防止“灯下黑”。

（吴国鑫）

【巡察工作】 2021年，高质量完成十三届县委巡察和对村巡察全覆盖，科学制定新一届县委五年巡察工作规划，完成十四届县委第一轮对5个单位常规巡察，同步开展乡村振兴“机动式”巡察。从权力资源集中、巡视巡察整改滞后、干部腐败作风问题多发易发的单位中，抽取10个单位开展巡察“回头看”，发现问题191个，移交问题线索16条。出台《关于进一步加强巡察成果运用的规定》，落细落实整改主体责任、日常监督责任和部门监管责任，建立以纪委监委和组织部门为主、派驻纪检组前置、巡察组协助、巡察办跟踪的“四方联动”机制，全方位推动巡察整改落地见效。

（李辉斌）

云霄县总工会

【劳模工作】 2021年，云霄县总工会联合云霄县融媒体中心、中核国电（漳州）能源有限公司在“五一”国际劳动节前夕录制“云霄县劳模风采录”。通过循环展播，弘扬劳模精神、劳动精神、工匠精神，营造尊重劳模、崇尚劳动、培育工匠的浓厚氛围。重阳节慰问退休劳模60人，发放慰问金5.36万元。

【职工队伍安全维稳】 2021年，云霄县总工会以县职工服务中心为平台，加强与10个乡镇（开发区）工会联合会的联系，形成自上而下、横向贯通的全县职工维权工作体系；推进厂务公开和职代会建设专项行动，引导职工积极参与企业民主管理，提高全县企业职工代表的履职能力和综合素质；举办安全生产进企业宣讲活动，发放安全生产宣传手册3000多份，提高全县广大职工安全生产意识；“工资集体协商集中要约行动月”活动，覆盖全县197家企业、23908名职工，有效维护职工的合法权益，促进劳资双方互利共赢，构建和谐劳动关系。

【职工普惠服务】 2021年，全县119个单位9773人参加大病医疗互助。年内435人得到医疗补助总计83.05万元。其中，普通补助407人73.4万元，大病补助28人9.65万元。疫情专项慰问活动，慰问援莆医护人员22名、县医院和高速卡口等疫情一线站点14个，发放慰问金5.33万元；防暑降温慰问活动，慰问企业60余家，受惠职工7850人；课后延时服务学校及优秀教师慰问活动，发放慰问金及物资4.5万元；全年筹集帮扶资金31.5万元，慰问企业28家，慰问职工162人、困难职工32人。

【技能竞赛】 2021年，云霄县总工会联合县农业农村局、县人力资源和社会保障局举办“中国梦劳动美”云霄县第二届茶叶加工技能竞赛活动，全县12家茶叶企业78名代表参加；联合县应急局、消防救援大队举办云霄县首届“工会杯”多种形式消防队伍技能比武竞赛活动，各乡镇（开发区）专职（志愿）消防队及20支微型消防站代表队参加竞赛，通过竞赛，加强云霄县消防救援大队及各乡镇（开发区）专职（志愿）队之间的联勤联动，提高全县多种形式消防队伍扑救初起火灾的快速反应能力和灭火救援实战能力。

【文艺活动】 2021年，云霄县总工会联合有关部门开展云霄县庆祝中国共产党成立100周年文艺晚会、云霄县庆祝中国共产党成立100周年线上线下百场宣讲巡演活动、云霄县庆祝中国共产党成立100周年乡村文化节、云霄县庆祝中国共产党成立100周年书画展等4场文艺活动。

【阵地建设】 2021年，云霄县总工会投入3000万元，在全省率先建成县级工人文化宫。工人文化宫总建筑面积6517平方米，设置职工电子阅览、图书阅览室、多功能活动室、健身房、室内乒乓球室、羽毛球室、舞蹈室、职工培训室等主要功能。投入使用后，工人文化宫将成为全县职工群众文体活动场所和职工思想政治教育阵地，与周边青少年户外活动中心、妇女儿童活动中心形成较为完整的公共文化服务体系。年内新建下河乡工业集中区电商文创园共享职工之家，使用面积1000平方米，辐射服务马铺乡、和平乡基层工会职工1万余人；新建城区户外劳动者休息站（爱心驿站），配套设备齐全，成为户外劳动者暂避风雨的“工人之家”。

（汤进权、方剑雯）

共青团云霄县委员会

【概况】 2021年，云霄县发展团员1075名，开除团籍团员8名。全县评定五星级团支部248个，四星级团支部49个。团县委、10个乡镇（开发区）团委以及158个村、39个社区团组织完成换届。云霄县教育团工委成立。全年新增“全国五四红旗团支部”1个，“全国优秀共青团员”1名，“全国优秀少先队集体”1个；“2020年度‘福建省五四红旗团支部’”1个，“福建省青年文明号”3家，“2020年福建省第四批五星级志愿者”1名。

【青少年思想道德建设】 2021年“五四”青年节活动期间，开展“星火相传　逐梦前行”党旗传递接力跑活动。组织青年从云霄第一个红色苏维埃政权诞生地——坪水村出发，途经30多处红色教育基地和地标性建筑，以党旗接力的形式致敬峥嵘历史，用奔跑传递信仰和团结的力量，推动党史学习教育走深走实。“青年大学习·一起学党史”网上团课组织15.74万人次团员青年，通过视频学习的形式寻访红色足迹、打卡革命圣地，亲身体验党成立100年来的峥嵘岁月。通过发动青年参与“漳州青联学联学党史直播间”“福建青年讲党史故事大赛”等活动、组织团员青年参观乌山和坪水等红色遗址、组织留守和困境儿童听党史故事等方式，传承红色基因、革命薪火。全年开展组织化学习105场3250人次、宣讲活动28场、实践性活动5场386人次。

【疫情防控共青团行动】 2021年春节期间，团县委开展“青心相守，暖到心头”活动，向留云过年的团员青年发出“留云大礼包”，鼓励在云霄工作外省籍从业青年积极响应“就地过年”号召，降低流动风险。“‘青’手相伴，爱在身边”活动，推出“小班制”公益课堂，让留云过年的外来务工子女温暖过冬，25名青少年报名参加。“青春有你，暖蜂行动”，10个“小蜜蜂驿站”提供“快递小哥”落脚点。团县委结合“我为群众办实事”实践活动，招募青年志愿者160名，组建12支疫情防控青年突击队，协助各单位开展防疫宣传劝导、信息排查登记、核酸检测预登记等工作。

【青年志愿者工作】 2021年，团县委成立青年志愿者协会，组织青年志愿服务队、返乡大学生团委、青年突击队开展“三下乡”“垃圾不落地”、保护母亲河、家园清洁、安全生产、法制宣传等活动，青年志愿服务实现常态化、专业化、阵地化。全年注册网络文明志愿者36684人，荣誉时数6.1万小时，信用时数3.01万小时。春运期间、“五一”国际劳动节、国庆节期间，动车站、汽车站等人流高峰场所设立流动志愿服务岗，组织返乡大学生志愿者开展志愿服务，累计服务人数12万人次。联合县委政法委、县妇联、县交警大队开展“人人知三率，抱团送平安”志愿宣传周启动仪式暨“第十个‘122’全国交通安全日”集中宣传活动，引导各领域志愿者参与到平安创建活动中来，营造“我知晓、我参与、我安全”的平安创建氛围。

【关爱重点青少年群体】 2021年，团县委联合团属启飞社二中心开展“福蕾行动计划”项目，采用“社工+团干+社会组织+志愿者”联动模式，提供留守儿童心理抚慰、学业辅导、亲情陪伴、兴趣拓展等志愿服务。“轻松备考·12355与你同行”，开展团体心理辅导2次，365人次参加，帮助初高中毕业班学生缓解压力和明确目标。暑假期间开展为期1个月的“七彩假期·快乐成长”暑期“公益班”和公益夏令营活动，丰富留守儿童的假期生活，让他们感受到温暖和关爱。全县举办暑期“公益班”13班，386个儿童受益。组织开展2场“相约云端　邂逗浪漫”单身青年线上联谊交友活动，248人次参加。

【“铸魂筑梦”主题活动】 2021年11月底，团县委开展“铸魂筑梦，抱团献爱”——漳州市云霄县2021年“铸魂筑梦”计划公益金募捐活动，筹集资金1.45万元。该项资金用于漳州市云霄县2021年“铸魂筑梦”计划暨红色筑梦之旅拍摄计划项目，激发广大青少年厚植爱党、爱国、爱社会主义的情感。

【青年人才创新创业指导服务】 2021年，云霄县第二届创新创业大赛举办，大赛设置市级导师实地辅导、考察和现场答辩等环节，奖金22万元。33个青年创新创业参赛项目经过层层评选、考察，最终评出14个优秀项目。同时推选8个优秀项目参加漳州市英才项目比赛，其中2个项目获得市英才项目优秀项目称号。云霄县大学生暑期“返家乡”“扬帆计划”社会实践活动征集岗位94个，报名305人。

【少先队工作】 2021年，青少年活动中心少工委成立，夯实少先队实践教育基础。暑期联合津津美术工作室开展云霄县少先队员“弘扬向东渠精神 争做新时代好少年”主题实践活动。“五四”青年节、“六一”国际儿童节、“七一”中国共产党建党节、建队节等重要节点开展“从小学先锋长大做先锋”“童心向党 共沐书香”等系列主题实践教育活动，线上线下互动人数1.47万人次。组织全县各少先队积极开展建队日活动。联合县少工委等相关单位开展“对话建设者”主题宣讲、“青年科学家进校园”和“童心向党齐争章 红色基因永相传”等活动。

（张荣虾、吴金生）

云霄县妇女联合会

【概况】 2021年，云霄县197个村（社区）妇联完成换届，妇联主席均进入村“两委”班子。全县每个村“两委”班子中至少有1名女性成员，村女性“一肩挑”9位。云霄县人民检察院第五检察部和漳州绿州农业发展股份有限公司生产技术部被全国妇联授予全国巾帼文明岗荣誉称号。和平乡坎顶村吴茂华家庭被评为福建省最美家庭。陈岱镇礁美村施永明家庭、莆美镇阳下村方利宾家庭被评为福建省绿色家庭。云霄县妇联“好厝边”获2021年漳州市“好厝边”巾帼志愿服务助力乡村振兴项目三等奖。

【“三八”国际劳动妇女节纪念活动】 2021年“三八”国际劳动妇女节期间，云霄县妇联举行庆祝中国共产党成立100周年暨纪念“三八”国际劳动妇女节111年联欢会、举办“巾帼心向党 初心书华章”庆祝建党百年女性书画展，开展“巾帼暖人心·普法维权在身边”三八维权月宣传等系列活动，营造共庆百年华诞、共创历史伟业的浓厚氛围。

【促进妇女儿童身心健康】 2021年妇女儿童活动中心举办女性创业就业、女性健康知识、声乐素养、舞蹈、书画等促进妇女儿童身心健康的活动，1620人次参加。家长学校和亲子馆等平台举办家庭教育公益讲堂6期、亲子主题活动5场、亲子国学班2期，600多名家长儿童受益。母亲节活动期间开展“母亲健康1+1”公益募捐活动，募捐善款4.49万元。

【维护妇女儿童权益】 2021年云霄县各级妇女组织利用“三八”妇女维权周、“六一”国际儿童节、“12·4”法制宣传月，宣传妇女儿童权益保护法律法规。全年全县妇联系统举办法律知识讲座8期，开展法律义务咨询活动6场次，受益群众2850多人次；接待来访17件38人次，来电13人次，信访处理率100%。

【云霄县最美家庭揭晓】 2021年5月13日上午，云霄县揭晓2021年度云霄县最美家庭，29户家庭被评为2021年度云霄县最美家庭。这29户云霄县最美家庭来自不同地区、不同行业、不同群体，他们在孝老爱亲、科学教子、热心公益、诚实守信，特别是家国情怀、绿色环保、清正廉洁、移风易俗等方面表现突出、事迹感人。至2021年底，云霄县被评选上全国最美家庭3户、省级最美家庭12户、市级最美家庭49户、县级最美家庭145户。

【“美丽庭院”创建】 2021年县妇联开展巾帼文明岗创建活动，推进“美丽庭院”创建，引导广大家庭争做庭院环境整洁的建设者，推动农村人居环境整治提升，全县创建省级美丽庭院60户、市级美丽庭院154户、县级美丽庭院160户。

（吴素霞、蔡敏芳、林丽敏）

云霄县科学技术协会

【概况】 2021年，云霄县科协扎实开展科普宣传工作，组织开展科技工作者日、科技“三下乡”、全国科普日、新时代文明实践中心科普志愿服务活动。漳州市云农农业发展有限公司入选国家级学会创新驱动服务站，福建友福百草园农业开发有限公司、漳州哲勋体育发展有限公司入选福建省级学会创新驱动服务站；福建天地农业有限公司与中科院谢联辉院士团队签订院士项目合作协议。

【科技政策落实】 2021年，云霄杨桃科技小院、千会帮千村、扶贫开发重点县等项目获得2021年省级“基层科普行动计划”专项资金27万元；城乡科普活动、科普助力乡村振兴项目等获得2021年市级科普项目专项资金15万元。

【福建云霄杨桃科技小院成立】 2021年3月30日，福建云霄杨桃科技小院在下河村杨桃公园举行揭牌仪式，福建农林大学国家新农村发展研究院的专家和一批硕士研究生入驻小院开展工作。7月19日，福建农林大学国家新农村发展研究院副院长朱朝枝教授携福建农林大学经济管理学院18名研究生团队，赴下河村开展为期一周的科研活动，并与中国农技协、福建省科协、县农业农村局专家团队共同为当地杨桃种植大户开展公益培训。

【“云霄县新时代文明实践中心科普服务站”设立】 2021年4月20日，“云霄县新时代文明实践中心科普服务站”在云霄县妇女儿童活动中心四楼挂牌设立。该科普服务站建有科技、教育、健康、农林水、防灾减灾等5支科技志愿服务队。年内“云霄县新时代文明实践中心科普服务站”组织五支志愿服务队在全县域内开展科普宣传、防灾减灾、科技教育、健康义诊、农技帮扶等志愿服务活动25次，发放宣传资料1000余份。

【科普宣传】 2021年3月20日，云霄县科协联合省科普作家协会、省科技志愿服务队医疗、农业专家在马铺乡圩场开展义诊、种养技术咨询活动，现场发放科普宣传品、健康书籍500册。5月24日，参加2021年漳州市科技、人才活动周，开展科普志愿服务活动。7月7日，宝楼社区青少年科学工作室开展“科技筑梦　智探未来”科技文化主题公益活动。12月1日，参加由县委宣传部主办的2021年云霄县社会科学普及宣传周活动进城元社区活动。12月16日，云霄县实验小学青少年科学工作室举行授牌仪式，现场开展人工智能机器人科普进校园活动。全年城区科普宣传栏发布食品安全、建党百年、反邪教等宣传专栏3期。

【全国科技工作者日科普志愿服务活动】 2021年6月2日，县科协组织五支科技志愿服务队和10个县直有关部门在火田镇菜埔村开展2021年“众心向党　自立自强”迎接中国共产党成立100周年暨全国科技工作者日科普志愿服务活动，集中开展科普宣传、防灾减灾、科技教育、健康义诊、农技帮扶等科技为民服务活动，发放科普图书、健康卫生、气象、防震防灾、农作物种植等各类宣传书籍1000多本。

（吕淑莲、蔡婷婷）

云霄县归国华侨联合会

【云霄县第十一次归侨侨眷代表大会召开】 2021年1月8日，云霄县第十一次归侨侨眷代表大会在云陵镇二楼会议室召开。云霄县侨联代表57人出席会议。省市侨联领导，县委、县人大、县政协主要领导，人民团体负责人，乡镇统战委员等20多人应邀参加会议。会议审议通过云霄县侨联第十届委员会工作报告。大会选举产生县侨联第十一届委员会委员40人，常委21人；选举产生县侨联第十一届委员会主席1人，副主席3人，秘书长1人。聘请10名侨界热心人士和海外侨领担任县侨联第十一届委员会名誉主席、顾问。

【公益活动】 2021年全县发放中央华侨事务专项经费生活困难归侨侨眷补助和省贫困侨救助金

3.36万元，14户困难归侨侨眷受益。年内，燕翼宫奖励考上本科院校的4名侨眷子女开漳奖学金共4000元。

【侨益维护】 2021年，县侨联在魏妈文化园、威惠庙美食广场等场所开展侨法宣传活动，在云陵镇宣传栏设置“侨台宣传角”，加大侨法宣传。年内解决侨界群众来信来访3件次，推动各项权益保障和改善民生政策落实。

【文化交流】 2021年1月，全年县侨联民乐社下乡、进社区、到公园义务演出22场。

（林颖）

云霄县台湾同胞联谊会

【云霄县第五次台湾同胞代表大会召开】 2021年1月19日上午，云霄县第五次台湾同胞代表大会在云陵镇人民政府会议室召开。33名台籍代表参加会议，漳州市台联领导，云霄县委、县人大、县政协主要领导等出席大会。会议审议通过县台联第四届理事会工作报告，选举产生县台联第五届理事会理事7人，会议选举副会长2人，会长1人。

【惠台政策宣传】 2021年，云霄县台联常务理事深入台胞家中、台商企业进行走访和座谈，了解台胞、台商的思想状况，开展宣传教育引导工作。结合宣传角进社区活动，以及通过电话、微信工作群，宣传习近平总书记对台工作的系列重要讲话精神和“和平统一，一国两制”方针及惠台政策，增强台胞、台商对祖国的认同感和向心力，增强台联组织的凝聚力。

【两岸民间交流】 2021年，云霄县台联组织开展对台交流窗口调研活动，撰写《推进两岸融合发展传递云台心灵契合》调研文章。发挥开漳文化的情感纽带作用，密切两岸民间交流。燕翼宫、威惠庙等开漳庙宇采用电话、微信等方式保持与岛内宗亲、民间团体交流。3月28日，福建云霄燕翼宫和台湾高雄凤邑开漳圣王庙同步举办开漳圣王诞辰1364周年庆典，两岸宗亲代表共祭开漳圣王，共同缅怀开漳将士开闽定粤建漳、启土台湾、传播中原文明的丰功伟绩。

【服务台胞】 2021年，县台联联合县公安局、各有关乡镇开展台情调研，打好“台胞之家”工作基础。全年帮助台胞争取生活困难补助、大病慰问2.5万元。春节等传统节日期间，慰问台胞家庭5户（6人）6200元。年内联合县台商联谊会奖励3名台籍高考学生，鼓励他们珍惜学习机会，努力成才。

（方汉林）

云霄县工商业联合会

【思想政治建设】 2021年，云霄县工商联采取线上线下相结合的方式，宣传党的新理念新思想新战略。通过总商会微信群和所属商会微信群，宣传党的十九届五中、六中全会精神、《关于加强新时代民营经济统战工作的意见》、新修订的《统一战线工作条例》、习近平总书记在福建考察时的重要讲话精神等。年内选送2名优秀青年企业家参加市工商联开展的青年企业家培训班，教育引导年轻一代非公有制经济人士自觉维护党中央权威和集中统一领导，真正做到不忘初心感党恩，听党话，跟党走。举办向东渠先进事迹专题讲座一期，工商联执委以上的企业家24人参加，引导他们发扬向东渠建设者的创业精神，不忘初心，艰苦创业。

【云霄县工商联（总商会）第十二次代表大会召开】 2021年12月31日，云霄县工商联（总商会）第十二次代表大会在将军山会议中心召开。150名工商联（总商会）代表出席会议，县四套班子主要领导、市工商联领导参加会议。会议听取《县工商联（总商会）第十一届执委会工作报告》，审议通过《第十二届会员费收支管理办法》《第十二次代表大会决议》。大会选举产生第十二届执行委员会委员125人；选举产生常务委员会委员43人，其中，常务副主席（副会长）1人、副主席12人、副会长13人、秘书长1人；会议选举林典奇担任主席（会长）。

【组织建设】 2021年3月和平乡商会成立，8月云陵镇、莆美镇、陈岱镇、马铺乡4个总商会分会成立，至此，全县乡镇商会实现全覆盖。年内，泉州市云霄商会、福州市云霄商会完成换届工作。

【参政议政】 2021年，云霄县工商联以市县换届为契机，推荐思想政治素质好、参政议政能力强、社会影响大的工商联届优秀代表人士在各级人大、政协担任职务，11名工商联界代表人士担任市、县人大代表；39名工商联届代表人士担任市、县政协委员。2021年12月，云霄县“两会”期间，工商联界别人大代表和政协委员提交《关于实施“云商回归工程”的建议》《关于鼓励各单位、团体参与招商引资，为云霄经济发展做贡献的建议》等涉及产业发展、乡村振兴热点、难点问题提案、议案40余件。

【助力经济发展】 2021年，县工商联围绕“大抓工业　抓大工业”，发挥联系面广的优势，开展招商引资工作。通过走访泉州市云霄商会、吸引深圳市福建云霄商会乡贤回乡考察投资环境、宣传惠企政策等方式，促进外出创业的云霄乡贤回乡投资。年内，漳州市高地利实业有限公司已投产，漳州市荣耀电子科技有限公司签约落地。

【社会公益】 2021年，全县抗击疫情期间，工商联所属商会及会员企业捐赠物资12.85万元慰问抗疫一线工作者。乡镇商会在春节期间开展节前走访慰问活动，慰问贫困家庭粮油等慰问品195件、现金2.4万元。深圳市福建云霄商会组织乡贤回乡开展“深情暖冬，扶贫助困”活动，发送慰问品390件，现金4200元。泉州云霄商会牵头成立云霄五中奖教奖学助学基金会，企业家和热心人士80多人参与，筹集资金106万多元，年内奖教奖学助学60名学生20万多元。异地商会企业家和社会热心人士代表开展“同心·光彩”助学活动，发放爱心助学金18万元，90名品学兼优、家庭困难的云霄籍大学新生受益。

（方少英）

云霄县文学艺术界联合会

【概况】 2021年，云霄县文联及下属14个协会利用新媒体等平台举办各种书画摄影网络展7场次，线下举办庆祝中国共产党成立100周年系列文艺活动36场次。全县文艺作品获奖或入选国家级、省级、市级文艺展览、赛事240多人次。全年发展国家级、省级协会会员6人。

【文艺活动】 2021年，云霄县文联及下属协会开展庆祝中国共产党成立100周年系列文艺活动：“百位书家书盛世，百位画家绘中华”书画现场创作活动、庆祝中国共产党成立100周年征文创作活动和书法创作巡回展、编排《百年征程》《快乐山哈》《云霄味》《云游古郡》《天耀中华》等声乐节目、“百支舞队跳喜舞，百位农工唱赞歌”群众性文艺展演、“百年征程　百年伟业”——云霄县庆祝中国共产党成立100周年成就图片展、“百年征程·不负丹青”——云霄县庆祝中国共产党成立100周年线上美术作品展、庆祝中国共产党成立100周年旭日东升——中国红瓷器收藏特展、“永远跟党走　奋进新征程”楹联灯谜系列网络展、原创舞蹈《夺冠》代表云霄县参加2021年漳州市庆祝中国共产党成立100周年文艺晚会。“三月三”坡兜畲族风情节期间，县文联和各协会组织千人快闪《唱支山歌给党听》，演出《多彩坡兜》《凤凰栖落》《凤凰传情》《凤凰钟情》等戏剧，编创原创舞蹈《好客畲家》《畲族婚典》，展出“幸福下河　快乐山哈”摄影作品，联合下河乡人民政府、云霄县民间文艺家协会出版《坡兜畲村》故事集，多形式参与“乡村振兴、畲族风情”主题活动。

【采风交流】 2021年，《家山美》采风系列活动分别走进和平乡金山社区佛奕寺和莆顶村莆阳楼、下河乡上河村上河青草苑参观采风，走进乡村振兴村落示范点参观采风；美术家协会赴河南省文联艺术馆参加庆祝中国共产党成立100周年（老家河南）河南—福建两省中国画名家邀请展暨交流、研讨、采风等系列活动；作家协会参加厦门诗人曾弗作品集《镜中人影》分享会以及南靖诗人庄国宜作品交流会；书法家协会赠送新疆等地区近百副春联；舞蹈家协会参加中国舞蹈家协会主办的“‘5·15’一起舞”群众舞蹈网络展演活动；收藏家协会参加湖南长沙全国性古玩交流活动，向厦门市博物馆捐赠反映厦门市抗日战争（红色文化）题材的珍贵书籍一套。

【创作成果】 2021年，作家协会编撰、出版协会会刊《漳江》创刊号，与县老干部局联合出版《我看脱贫攻坚新成就》；汤毓贤论文《发挥开漳圣地优势，推进两岸心灵契合——新形势下云霄拓展对台交流合作研究》获第七届海峡两岸（厦门）陈元光文化论坛优秀论文奖、散文《老家佳酿韵悠长》获首届“老家固始”全国征文优秀奖；唐淑婷诗歌《奶奶，一个慈祥的称谓》获首届“老家固始”全国征文优秀奖；汤丽群诗歌《龙风颂》获2021年“东坡杯”全国诗书画家创作年赛二等奖；摄影家协会谢勤杰、苏海森、戴园筌作品入选人民网“今日福建”，谢勤杰作品《土楼直播》《一起玩的小伙伴》《古塔焕新颜》《漳江两岸展新姿》《绿水青山就是金山银山》《匠人初心》《负重前行的背影》《日出东方照石渠》等作品分别获得福建省第二十四届优秀广告作品金奖、银奖、铜奖和优秀奖；舞蹈家协会方泽斌、林璐、郭荣富原创舞蹈《拼搏》获第六届福建舞蹈“百合花奖”专业舞蹈大赛群舞表演类创作入围奖和表演入围奖；美术家协会出版《云霄美术》第九集，张晓丹《家园》获“意之大者——第八届福建省写意画大展”优秀奖，汤奕奕获福建省美术家协会主办的新人新作展优秀奖。

（何建新）

云霄县残疾人联合会

【概况】 2021年云霄县各类残疾人9429人，约占全县总人口2.29%。其中，农村残疾人8248人，重度残疾人6440人，纳入监测的易返贫致贫户（建档立卡脱贫人口）残疾人对象1173人。8月底，“残疾人证跨省通办”“全国残疾人按比例就业情况联网认证”两个事项入驻福建省网上办事大厅，并完成相关绑定，实现跨区域办理。

【残疾人证办理】 2021年县残联继续推进残疾人证网上办理工作，坚持网上申办、预约评定、全市通办、马上就办的原则，提升残疾人服务工作质量。具有漳州市户籍的残疾人只要通过“漳州通”App和“残疾人在线”子站，即可办理残疾人证新证申请、残疾人证残疾类别等级变更、残疾人证换领、残疾人证挂失补办等业务，实现群众办事“一趟不用跑”。全年申办残疾人证新证470本，类别等级变更86本，到期换证492本，注销271本。

【农村残疾人帮扶】 2021年，县残联以残疾人数据动态更新为契机，入户调查统计残疾人就业培训、创业需求，跟踪回访残疾人创业情况，及时帮助解决残疾人创业中存在的困难和问题。聘请县农艺师开展“食用农产品质量安全保障”培训，帮助残疾人提高农产品质量安全意识和自主就业创业能力，70名残疾人受益。全年扶持79名农村困难残疾人开展种植业、养殖业、加工业和个体服务业等生产经营，每人补助5000元。

【康复服务】 2021年，残疾儿童康复救助年龄由0—14岁扩大到0—17岁，全年救助164名残疾人儿童279.6万元。推行辅助器具补贴制、“互联网+”辅助器具服务工作，全年辅具适配补助70人次13.24万元。

【残疾人就业】 2021年，县残联落实“1+7”促进残疾人就业创业政策，补助残疾人灵活就业社保补贴112人41.6万元；奖励超比例安排残疾人就业企业2.4万元。2021年，残疾人就业新增410人。其中，城镇132人，农村278人。

【残疾人扶助】 2021年，全县购买重度残疾人意外伤害保险6186人次18.6万元；扶助重度残疾人“居家托养”315人63万元；“圆梦行动”资助残疾人子女及残疾人大学生63人37.9万元；发放扶残助学补助281人47.3万元、残疾人死亡抚恤金143人14.3万元；审核并发放残疾人“困难生活补贴”5943人、“护理补贴”5825人，两项合计约1355万元。

【残疾人文体佳绩】 2021年，黄福兴《竹兰图》获得省残联“永远跟党走”庆祝中国共产党成立100周年全省残疾人美术作品比赛三等奖。在全国第十一届残运会暨第八届特奥会田径及游泳项目比赛中，吴智铭取得残运会男子T38级400米、200米、100米3枚铜牌，何玮健取得特奥会男子12—15岁组50米自由泳、蝶泳、仰泳、特奥男子30岁及以上组4×50米混合泳接力、自由泳接力5枚金牌。

（张惜美）

云霄县红十字会

【组织建设】 2021年，云霄县发展红十字新会员3302名。其中，红十字青少年会员3193名，成人会员109名。年内漳州市华威电源科技有限公司红十字会和振牌（福建）海洋生物科技有限公司红十字会成立。

【人道救助】 2021年云霄县红十字会申请并获得中国红十字基金会“中央专项彩票公益金大病儿童救助项目”救助款12万元、福万通少儿大病救助基金救助款5000元。全年大病救助30人次6万元。春节前夕，“博爱送万家”活动发放博爱物资192份，慰问金5.88万元，受益群众279户。“99公益日”网络募捐活动期间，发动基层组织、团体会员以及志愿者组队42个，开展“爱过年”和“救在身边”募捐活动，参与人数2954人次，筹款7.84万元，这笔筹款将用于2022年开展博爱送万家等活动。

【应急救护】 2021年县红十字会开展救护员培训班5期，161名学员获得急救员证；组织CPR+AED培训15期，657名职校学生参加培训；深入中小学、企业开展应急救护知识普及讲座14期，普及1523人，进一步提高全县群众的防灾意识和自救互救能力。

【“三献”工作】 2021年，云霄县红十字“三献”（献血液、献造血干细胞、献人体器官组织）应急志愿服务队成立，16名队员来自医疗、户外运动等领域的志愿者，该志愿服务队配合县红十字会进行“三献”工作宣传、动员和组织工作。全年县红十字会深入学校、社区、企业开展“三献”知识宣传普及10场，引导群众认识无偿献血、造血干细胞捐献以及遗体和人体器官捐献的科普知识。联合县卫健局、文明办、漳州市中心血站云霄分站等部门，发动基层组织和团体会员单位加入无偿献血行列。2021年全县成功献血1826人次，献血总量超62万毫升，造血干细胞志愿者登记34人，实现造血干细胞捐献1例、人体器官捐献1例。

（黄文娟）

云霄县计划生育协会

【组织建设】 2021年云霄县185个村（社区）计生协会完成换届，比次换届调整村级计生协会专职副会长46人，秘书长22人。换届后，村级计生协会女组长由原来的854人精简至459人，人员年龄都在45周岁以下，学历均在初中以上，计生协会女组长队伍实现提质优化。

【宣传教育】 2021年红五月期间，县计生协会线上线下相结合开展“红五月人口文化宣传服务”系列活动，全县开展“庆祝计生协成立41周年，奋斗百年路启航新征程”灯谜晚会、纪念中国计生协成立41周年座谈会、“5·29”会员活动日等宣传服务活动20多场次，宣传教育群众1.5万多人次；全年各级计生协会开展“我为计生群众办实事”等系列活动10余场次，教育干部群众1200多人次。

【生殖健康咨询服务】 2021年，县计生协会开展健康科普进机关、进社区、进企业、进学校、进乡村等“五进”活动11场次，普及健康知识，传播健康理念，惠及2000多人次；“健康知识进万家”工作试点，各级健康指导员指导群众方便、快捷地获取健康科普知识，咨询相关健康问题等，促进群众养成健康生活方式，提高家庭健康素养；全年开展两癌筛查、妇科病普查诊治等生殖健康服务活动50多场次，服务育龄群众2300多人次；全县6个青春健康教育基地开展培训、讲座20场次，惠及6000多人次，提高家长与青春期孩子的沟通能力。

【优生优育指导】 2021年新建艾贝比等4个亲子小屋项目点，至2021年底，全县建成8个亲子小屋项目点。2021年儿童早期发展中心和亲子小屋项目点培训女组长、亲子服务辅导员1000多人次，开展亲子活动10场次。

【计划生育家庭帮扶】 2021年，春节期间慰问活动走访计生困难户586户，发放生育关怀慰问金40.2万元；金秋助学活动资助计生二女户、独女户大学生21名14万元；帮助1户二女低保户翻盖新房6万元；滚动投入幸福工程帮扶资金29万元，助力17户计生母亲发展致富项目。

【“携爱家园”志愿者帮扶活动】 “携爱家园”志愿者帮扶活动，每户计生特殊家庭确定一名以上帮扶联系人，通过精神慰藉、走访慰问、志愿服务、保险保障等方式帮扶计生特殊家庭。2021年，“携爱家园”志愿者帮扶活动开展志愿帮扶活动53场次，参加人员186人次，慰问计生特殊家庭53户次5.3万元；购买计生特殊家庭综合住院护理保险144人4.88万元。

【权益维护】 2021年云霄县计生协会法律援助站举办宣传活动5场次，接受法律咨询280人次，惠及计生群众近2000人。

（吴秀娟）

外事侨务·港澳台事务

外事工作

【防控境外疫情输入】 云霄县设立县应对新型冠状病毒感染肺炎疫情工作领导小组外事组，负责上级关于疫情防控外事工作各项部署的落实，做好境外来华人员健康监测、医疗救治和跟踪管理，负责防控疫情所涉及的外事工作。制定出台《云霄县应对新型冠状病毒感染肺炎疫情工作领导小组外事组工作方案》《云霄县严控境外疫情输入工作方案》，坚决防止境外疫情输入。全面加强宣传引导，结合线上线下等多种宣传载体和方式，做好入境人员接驳工作，与县交接检疫小组加强协调，加强与机场等口岸的衔接，安排专车专人负责接返，落实各项防护措施，确保顺利完成境外入云霄人员接驳任务；做好集中医学观察工作，进一步加强集中医学观察点建设，做好应对大规模人员集中医学观察的准备，加强集中医学观察场所建筑、消防、卫生等日常巡查；按照早发现、早隔离、早诊断、早治疗“四早”原则，做好诊疗救治工作。

【民间外交工作开展】 2021年11月18日，2021第四届“行走中国·海外华文媒体漳州行”参访团走进云霄县，来自10多个国家、20多位海外华文媒体代表开启“漫步云霄”行摄之旅，重温开漳圣地的宏伟历史，探究枇杷之乡的振兴“密码”，并与当地村民、产业带头人、文化研究专家等进行深入交流，用镜头定格云霄的青山秀水，用笔墨描绘云霄的壮美画卷，用影像传递云霄的好声音。

【规范因公出国（境）管理】 2021年，县外事办强化“1+X”专项督察，年初即制定“1+X”专项督查工作方案，成立专项督查领导小组，每季度至少开展一次专项督查并建立常态化督查台账，对出访团组和人员的监督检查工作形成长效工作机制，及时发现、纠正、防范违纪违规问题的发生。全年共组织开展“1+X”专项督查4次，督查单位12个。

【优化APEC商务旅行卡管理与服务工作】 2021年，县外事办优化APEC（亚太经合组织）商务旅行卡管理与服务工作，畅通企业“走出去”“请进来”渠道，积极为企业办理APEC商务旅行卡，为企业“走出去”提供更便利的条件，使企业可以适时抓住商机，加强区域内经济合作，促进经贸往来。全年办理APEC商务旅行卡共1批次2人。

（蓝培兰）

台港澳事务

【涉台疫情防控】 2021年，县委台港澳办发动台港澳同胞积极参与新冠病毒疫情防控工作，为到云霄台胞做好隔离期间的联系、服务、保障工作。台港澳资企业与全县群众同呼吸共命运，抓好复工复产的同时不忘抗疫大事，为社会捐款捐物献爱心：台商联谊会向县中医院捐赠2台AI（人工智能）智能红外线多人测温器，总价值2.1万元；台资企业累计捐资50多万元通过县爱心协会开展金秋助学活动，帮助贫困学生顺利完成学业。积极组织推动新冠疫苗接种工作，截至年底，云霄县31家台资企业中共有台胞36人，其中已接种新冠疫苗33人，未接种疫苗的3名台胞表示要回台湾接种。辖区内港澳胞共6人，已全部接种完成。

【两岸文化交流】 2021年，两岸民间信仰文化交流不断拓展。云霄县充分发挥漳台交流基地作用，进一步整合开漳历史文化资源，凝聚开漳圣王后裔的文化向心力。克服新冠疫情导致两岸文化交流困难的客观因素，不断创新交流模式，云霄县燕翼宫于3月28日成功举办中国开漳圣王（国际）交流节，采用线上线下同步举办的方式，与台湾高雄凤邑开漳圣王庙共同祭祀开漳圣王。同时，云霄县威惠庙和燕翼宫两家宫庙已成功申报并于3月被授予“漳台交流基地”称号。7月，由云霄县博物馆作为牵头单位，整合云霄县威惠庙、燕翼宫、将军庙、陈政陵园、魏妈庙等开漳历史文化资源上报、申请“福建省对台交流基地”称号，并于12月通过省台港澳办审核、发文批复申请成功。

【深化两岸融合发展】 2021年，云霄县通过支持台胞来云霄学习实习就业创业、方便台湾同胞在云霄居住生活、为台胞台企排忧解难等方面的有效措施，推动云台两地各项合作不断向纵深发展，实现云台两地共同发展、共创双赢。全年共引进11名台湾青年来云霄创业就业，并向上争取台湾青年来闽就业创业奖金补助9万元；认真贯彻落实对台相关规定和政策。为台商、台胞办理多次往返签注、居住证，协助申领机动车驾驶证等，至年底共办理港澳台居民居住证356张，其中台湾居民居住证96张，极大地方便台胞在云霄县的生产生活；构建外商投资企业审批登记服务体系，开设专门的对台行政服务窗口，实现一站式服务台商办理业务；县委大力开展“百名干部挂百企”活动，并常年设立招工点帮助台资企业招收各类技术工人，尽力解决台港澳资企业遇事“人难找、门难进、事难办”问题；努力抓好下河乡坡兜村美丽乡村建设，深化云台乡建乡创融合发展，精准对接台湾建筑文创团队，引入乡建乡创的台湾经验，助力乡村振兴。

（陈丽敏）

法 治

政法委及综治

【概况】 2021年，县委政法委落实中央和省委、市委政法工作会议部署要求，认真履行平安建设领导责任，维护政治安全和社会稳定，推进打假攻坚、扫黑除恶斗争常态化和市域社会治理现代化、政法队伍教育整顿各项工作，努力建设更高水平的平安云霄、法治云霄。

（汤文杰）

【平安建设（综治工作）】 2021年，县委政法委以平安建设责任制为牵引，以维护安全稳定为底线，以基层基础建设为支撑，大力弘扬新时代“枫桥经验”，推动全县社会治安环境得到有效改善，党风政风持续好转，社会反响积极向好。组织召开县委政法工作会议，贯彻落实中央、省委、市委政法工作会议精神，研究部署全县政法工作。县委书记、县长亲任云霄县平安建设领导小组组长和第一副组长，健全平安建设协调机制和专项组运行机制，统筹协调与各乡镇（开发区）党政主要领导签订责任书，明确各乡镇（开发区）、平安建设领导小组成员单位平安建设责任。开展社会治安突出问题整治秋冬攻坚行动，制定出台《云霄县打击整治外流涉诈犯罪工作责任追究办法（试行）》《云霄县打击制售假冒卷烟工作责任制》等相关规定，推进本地外流犯罪人员劝投逼返和打假工作。

（汤文杰）

【政法队伍教育整顿】 2021年，县委政法委开展全县政法队伍教育整顿，抓好筑牢政治忠诚、清除害群之马、整顿顽瘴痼疾、弘扬英模精神四项任务，打造一支“对党忠诚、服务人民、执法公正、纪律严明”的政法铁军。是年，全县组织干警参加政治轮训563人次，撰写心得体会1699份，组织观看违法干警忏悔录、警示片1220人次，参观廉政教育基地342人次，组织旁听职务犯罪案件庭审559人次，观看政法英模先进事迹宣传片735人次，选树政法英模和先进典型11人，处理政法干警33人。

（汤文杰）

【依法监督协调】 2021年，县委政法委组织力量开展案件评查活动，坚持客观公正原则，通过阅卷、走访、评议等方式，对执法办案的过程、结果、依据、效果进行评查，从选案到评查坚持高标准严要求，获得上级部门的肯定。建立案件评查人才库，从政法机关法院、检察院、公安三家各推荐3名政治思想觉悟高、业务能力强的政法干警为县委政法委案件评查人才库成员，组织对赴省进京重点案件、群众重复访案件进行集中评查或政法机关交叉评查。是年，评查案件36起；依法登记涉法涉诉信访案件20件，办结20件，办结率100%；办理审批法院、检察院、公安局、司法局提出申请的国家司法救助案件21起26人，发放国家司法救助专项资金46.60万元，缓解受害人燃眉之急、稳定化解平息矛盾纠纷。

（吴海金）

【社会治理现代化】 2021年，县委政法委持续推进巩固深化“党建引领”的云陵镇北园社区兼合式党支部建设，打造司法局“移动调解”升级版，建强公安局合成作战指挥中心、法院“女子巡回法庭”、检察院“未检一体化办案中心”，壮大列屿镇“大调解+123”、莆美镇双溪口“2+N”治理模式，创新推进信访评理室、信访工作联席会议制度和志愿服务信访“三位一体”建设，加速“一县一品”“一部门一特色”工作格局的形成。

（张志坚）

【扫黑除恶专项斗争】 2021年，县委政法委总结运用专项斗争成功经验，纵深推进常态化扫黑除恶斗争，做到依法打击不动摇、深挖彻查不松劲、源头治理不懈怠、宣传发动不停步。是年，全县打掉恶势力犯罪集团1个，查封、扣押、冻结涉案资产78.54万元；一审审结判处涉恶集团犯罪案件1件13人；查处涉黑涉恶腐败及“保护伞”问题1起1人，给予党纪政务处分1人。

（曾芷菡）

法治政府建设

【中共云霄县委全面依法治县委员会】 2021年7月5日、11月23日，县委全面依法治县委员会分别召开中共云霄县委全面依法治县委员会第五次、第六次会议；8月19日，召开县委全面依法治县工作会议，部署全面依法治县工作。制定并通过《中共云霄县委全面依法治县委员会2021年工作要点》《法治云霄建设规划（2021—2025年）》《县委宣传部、县司法局关于在全县开展法治宣传教育的第八个五年规划（2021—2025年）》《云霄县行政复议体制改革实施方案》。做好全县法治宣传教育工作，全面抓好《中华人民共和国民法典》的学习宣传，推动“谁执法谁普法”普法责任制落实，下发《2021年云霄县重点县直机关普法责任清单》，扎实推进法治云霄建设工作。

（陈淑丹）

【法治政府建设】 2021年，县司法局组织实施行政执法证件统一编号换新工作，全县采集换证578人次。5月，组织发动全县各单位156人参加全省行政执法资格综合法律知识考试。12月8—12日，组织开展全县行政执法案卷评查活动，抽查12个行政执法单位，评查行政执法案卷36卷。备案规范性文件37件，清理与新修订的人口与计划生育法相抵触、不一致、不衔接的规范性文件6件。截至2021年12月，办理行政复议案件13件，代表县政府办理行政应诉案件2件。推行证明事项告知承诺制，梳理出40个事项，141个子项。

（陈丽华）

公 安

【概况】 2021年，云霄县公安机关在县委、县政府和上级公安机关领导下，扎实做好保安全、护稳定、防风险、促发展各项工作。是年，全县立刑事案件1342起，同比下降36.4%；破案945起，破案率70.4%，同比上升19%；立侵财案件629起，同比下降42.5%，破案392起，破案率61.3%；立盗窃案件319起，破案221起，破案率69.3%；立八大类案件27起，破案27起，破案率100%，小案快侦率87.12%，全县社会治安大局持续安定稳定。

【户政与出入境管理】 人口管理。截至2021年12月31日，全县户籍总人口数468030人（男247090人、女220940人），总户数116398户；城镇人口数197725人，城镇化率42.25%，同比增长1.95%。是年，全县登记出生人口4505人（男2354人、女2151人），出生率0.96%，同比减少0.34%；登记死亡人口1394人（男824人、女570人），死亡率0.03%，同比减少0.03%；省内迁入人口3115人，省外迁入人口495人，迁往省内5964人，迁往省外512人，多报删除48人。积极推行居住证制度，加强流动人口管理，是年登记暂住人口42299人，受理居住证制证业务280笔，审核通过发证280张。

出入境及往来港澳台管理。2021年，云霄县公安局深化“放管服”改革，围绕审批服务便民化改革要求，进一步提升政务服务水平，助力“一站式”全链条服务，公安出入境窗口业务于11月29日正式入驻云霄县行政服务中心。是年，批准出入境及往来港澳台572

人次，其中，批准公民因私出国普通护照33人次，往来港澳业务492人次，往来台湾业务9人次，台湾居民业务办理26人次，大陆居民前往港澳通行证3笔，港澳居民回乡证业务5人次。积极走访台商台资企业，与台商座谈，推行台胞证社会化便利使用，为台湾居民办理业务21人次。进一步完善“两库”报备工作，提升出入境及往来港澳台查控能力，是年，报列法定不批准出境人员676人，依法宣布作废法定不批准出境人员持有的有效出入境证件316本，其中，普通护照206本，往来港澳通行证89本，往来台湾通行证21本；入库国家工作人员备案信息3302人，其中新增国家工作人员报备3113人，更新62人，撤销127人；配合各单位开展协查有关人员出入境情况2266人次。办理涉外案事件20起，遣送出境45人。

【治安管理】 2021年，云霄县公安机关全力整治社会治安突出问题，立赌博刑事案件55起，破案49起；查处赌博行政案件103起，处罚275人；立涉黄刑事案件3起，破案2起；查处涉黄行政案件12起，处罚15人。加强重点物品管控，检查危爆行业86家次，摸排出生产、经营、储存使用易制爆危险化学品单位1家（因新冠肺炎疫情原因倒闭），查获违规存放烟花8件、爆竹143个，收缴气枪8支、火药枪12支、仿真枪1支、弓弩1把、军用子弹228发、气枪弹900发、信号弹1发、手榴弹3枚、非电导爆管雷管3240枚、火雷管2枚、导爆索2700米、导爆管12500米。破获涉枪爆刑事案件2起，查处涉枪爆行政案件1起，非法燃放烟花爆竹行政案件2起。深化行业场所管理，检查旅馆685家次，娱乐场所302家次。坚持和发展新时代“枫桥经验”，化解各类矛盾纠纷889起次。

【打假工作】 2021年，云霄县公安机关开展涉假刑事案件破案攻坚专项行动和社会治安突出问题整治秋冬攻坚行动，有效打击卷烟制假犯罪，立涉假刑事案件273起，破案115起，抓获犯罪嫌疑人255人，刑事拘留89人，取保候审71人，监视居住17人，逮捕91人，起诉126人，判刑73起93人；查处涉假行政案件51起，抓获违法犯罪嫌疑人51人；抓获网上涉假逃犯155人。实现省公安厅要求“减少存量并年内案件破案率达到42%以上”的工作目标。

【打击刑事犯罪】 2021年，云霄县公安机关持续推进扫黑除恶、侦破命案、打击电信诈骗、破小案保民生，严打侵财犯罪行动、追逃、缉枪治爆、打击文物犯罪、打击拐卖妇女儿童、打击跨境犯罪等专项工作纵深发展，通过“小案快侦”“云剑-2021”“缉枪治爆2021”等专项行动，破案打击取得突破性进展，立各类刑事案件1342起，破获各类刑事案件945起，破案率70.4%；立八大类案件9起，破案9起，破案率100%；立多发性侵财案件629起，破案392起，破案率62.3%；立电信诈骗案件213起，破案99起，同比上升31.5%，破案率46.5%；抓获涉卡嫌疑人员245人，打击率81.1%。抓获各类逃犯384人，其中，本地上网逃犯146名，外省上网逃犯176名，福建省上网逃犯47名，万年逃犯15名。

【扫黑除恶专项斗争】 2021年，云霄县公安机关纵深推进“六清”（线索清仓、逃犯清零、案件清结、黑财清底、全网清除、行业清源）行动，健全长效常治机制，社会治理取得新成果，刑侦、禁毒工作成效明显，全市缉毒执法工作、全市刑侦半年工作现场会在云霄召开。是年，接收线索件21件，打掉恶势力犯罪集团1个，破获九类刑事案件30起，刑拘犯罪嫌疑人50人，查封、扣押、冻结涉案资产78.54万元。

【道路交通管理】 2021年，云霄县公安局加大隐患整治，扎实推进“千灯万带”、“农村公路平交路口”、省市为民办实事隐患整治等重点项目工程，及时完善道路交通安全设施，保障通行安全。全年推动完成3处列入省市为民办实事项目的隐患路段整治项目的整改工作；加强源头管理，定期深入辖区公交、客运、危化运输及大中型货运企业等开展安全检查，检查客、货运企业286家次，排查客货运车辆2000多辆次，发出整改通知书50余份；扩大安全宣传，充分利用多种宣传媒介，营造交通安全宣传氛围。组织开展“安全生产月”、“12·2”交通安全宣传月等活动9场次、开展网络直播2场、举办讲座40多场次，分发宣传材料20多万份，发送手机短信400万条，通过微信、微博公众号推送信息490多条，曝光典型交通违法行为200多起；持续整治交通秩序，严格落实高峰站点、平峰巡查措施，加强交通疏导，联合多部门组织开展文明城市创建、酒醉驾、货运车辆整治等专项行动和“逢五”“夜查”统一行动，消除事故隐患。全年查处各类交通违法行为59891起，其中“五类十项”道路交通严重违法行为17594起。是年，云霄辖区发生一般以上道路交通事故127起，造成23人死亡、183人受伤，直接经济损失25150元，与上年同期相比，事故数上升11.40%，死亡人数下降4.17%，受伤人数上升40.77%，直接经济损失上升26.25%，四项指数“三升一降”，未发生一次死亡3人以上道路交通事故。

【海防保卫】 2021年，云霄县公安局坚持“人物同防”，联合多部门齐抓共管，筑牢沿海防线，全年组织集中清查12次、走私联合巡查4056次，检查车辆800余次、船舶1860次、企业1000余次，查获无合法手续成品油案件2起、假烟走私1起（案值373万元）。破获“2·4”特大组织他人偷越国（边）境案，抓获违法犯罪嫌疑人63名，获省公安厅贺电，工作经验得到省公安厅批示肯定，并要求总结推广。

【禁毒工作】 2021年，云霄县公安局深入开展“飓风肃毒2021”暨“净边2021”会战行动、涉麻制毒排查、堵源截流等专项行动，破获毒品案件14起，抓获毒品犯罪嫌疑人14名，查处吸毒人员57人次，缴获毒品12.5克，是年缉毒执法成效在全市排名第一。加强对青少年学生群体的毒品预防教育，在全县13所中小学校建立“林则徐”禁毒宣教室，联合团县委、妇联、教育局等职能部门开展宣传教育，推动毒品预防教育进学校、进单位、进家庭、进场所、进社区、进农村，实现禁毒宣传全覆盖。

【网络安全管理】 2021年，云霄县公安局强化网络安全保障，拓展网上警务工作，推进科技强警，办理各类涉网案件，全面掌握辖区互联网网络动态，加强互联网有害信息收集力度，确保网络工作安全稳定。全年上报违法信息（网站）1079条，落地查证10人；检查涉网单位48家次，责令限期整改17家次，并督促限期整改到位；办理一案双查案件10起，未履行网络安全保护制度案7起，侦办出售、非法提供公民个人信息案件4起；处罚违规网吧2家次，确保在平时实名登记率达95%以上，重大活动安保实战、决战阶段达100%。

【法治改革】 2021年，云霄县公安局配齐配强相关警力，建设更高水平的运行法制队伍。配备警力46名，其中，民警17名、文职3名、辅警26名。健全和完善行政执法业务队、刑事执法业务队、执法监督管理队、综合室、信访督导室、执法办案管理中心、涉案财物管理中心等“三队两室两中心”运行机制，压实各警种部门执法监督管理主体责任和“谁执法谁普法”责任制。

【“四警四化”】 2021年，云霄县公安机关以学习践行“时代楷模”“漳州110”精神为主线，构建主动预警、精细布警、多维接警、动中处警和智能化指挥、精准化服务、标准化执法、专业化建设的“四警四化”警务机制，落实“1、3、5分钟”快速反应机制，全面提升见警率、管事率、控制力，健全完善各类应急处置预案，完成中国共产党成立100周年、两会等重要节点和节假日安保工作。是年，通过路面巡逻和线上研判抓获刑事犯罪嫌疑人77人，逃犯17人（含历年逃犯2人），救助危难群众19人次，帮群众找到家人41人次，信息报导中央级媒体2篇、省级3篇、市级9篇、县级10篇。同时，以“1+2”为框架，调整提升合成作战中心，抽调7名民警、6名辅警充实队伍，推行多手段融合、多警种合成、中心统一运作的合成作战模式，主要负责打击现行传统“盗抢骗”犯罪、查缉在逃人员，开展刑事犯罪趋势研判，配侦新型电信网络诈骗犯罪、实施电信网络诈骗精准防控，为紧急求助警情、涉稳风险防控提供情报支撑，为信息化建设提供决策依据等五个方面工作。是年，报送采集线索信息6条，全市排名第一；通过公安部协作系统对接外省市协作26条，抓获嫌疑人18名；抓获红色预警对象10名，抓获数全市排名第一；社区警务对接成功转化战果4条；直接破获案件128起，带破75起，抓获违法犯罪人员275人，成功侦破云霄县沉积29年的“5·17”吴某忠等3人被故意伤害致死案，实现2021年度全市命案积案攻坚零的突破，获省公安厅通报表扬并推广经验做法。

【队伍管理】 2021年，云霄县公安机关开展队伍教育整顿，打好打赢铁腕治警、正风肃纪攻坚战，得到中央、省、市各级督导组充分肯定。是年，排查认定违反防止干预司法“三个规定”问题2件，整改民警、配偶、子女及其配偶违规从事经营活动2件，整改有案不立、压案不查、有罪不究问题13件；运用监督执纪“四种形态”问责处理违规违纪民警27人次，其中，第一种形态20人次，第二种形态6人次，第三种形态1人次，全警“知敬畏、存戒惧、守底线”的思想和行动更加自觉，夯实全警纪律根基。坚持典型引领，强化典型培树，是年，云霄县公安局巡特警反恐大队获评全省先进党组织、全国五四红旗团支部、漳州市政法系统“漳州110式警队”，东坑海防派出所被授予省级青年文明号，治安大队户政中队被授予省“三八红旗集体”荣誉称号。坚持把“我为群众办实事”实践活动贯穿始终，立足公安机关主责主业，出台便民利民举措12条，为群众办实事320余件，获赠锦旗10余面。

（陈宝群、蔡雪捷）

检 察

【概况】 2021年，云霄县人民检察院认真履行各项检察职能，全力维护社会和谐稳定和公平正义，着力服务保障经济社会发展。全年获得全国检察机关文明接待室、全国巾帼文明岗等省级以上表彰3项，市级表彰18人次。

【刑事检察】 2021年，云霄县人民检察院批捕各类刑事犯罪案件260件322人，起诉734件1021人，其中“两抢一盗”、诈骗等多发性侵财犯罪批捕57件66人、起诉63件90人，批捕制售假冒香烟犯罪53件68人、起诉77件134人。积极参与“断卡”行动，批捕该类案件68件79人，起诉387件489人。全年办理立案监督案件14件，追捕漏犯17人，追诉漏犯18人、漏罪31件，提出羁押必要性审查44人，提出适用缓刑量刑建议602人，纠正侦查违法7件，书面纠正监外执行不当案件32件，针对在押人员羁押期间表现提出量刑建议20人，联合开展看守所安全检查12次，书面纠正刑事执行违法违规案件11件。

【民事检察】 2021年，云霄县人民检察院受理民事检察案件23件，其中民事生效裁判结果监督2件、民事审判程序违法监督2件、民事执行监督17件、支持起诉2件。致力于维护正常的民事诉讼程序、司法公正和司法公信力，开展对民事案件审判程序中违法行为的监督，办理该类案件2件。加强对民事执行活动的监督，就法院办理中存在的消极执行、违法纳入失信名单、终本裁定不规范等问题的监督力度，向法院发出执行监督检察建议14件。

【行政检察】 2021年，云霄县人民检察院受理行政检察案件12件，发出行政检察建议8件，其中行政执行检察建议2件、督促履职检察建议6件。开展行政非诉执行专项监督，就法院消极执行、执行措施不当等问题，发出检察建议2份。强化行政督促履职，针对云霄水果批发市场垃圾清理不及时、林业执法不到位查处不及时、医保基金管理制度落实不细致等问题，向相关行政主管部门发出检察建议，推动行政主管部门解决影响群众生产生活的问题7个。

【公益诉讼】 2021年，云霄县人民检察院立案公益诉讼案件25件，其中行政公益诉讼案件24件，民事公益诉讼案件1件，发出行政公益诉讼诉前检察建议20件。建立云霄县生态环境保护青少年教育实践基地暨公益诉讼快速检测实验室，聘请公益诉讼检察技术协作员。开展“钉子阵”、问题窨井盖专项监督、文物和文化遗产保护专项监督、网络餐饮服务平台专项监督，推进公共安全“舌尖上的安全”、文物保护等领域治理。针对漳江口红树林国家级自然保护区范围内存在新增非法养殖设施及违规网具，破坏水域和保护区生态环境等问题，建议县林业局、海洋与渔业局联合相关部门加大清理整治力度，加强日常巡查，建立信息互通机制，形成保护红树林合力。

【未成年人检察】 2021年，云霄县人民检察院批捕侵害未成年人犯罪7件7人，起诉7件9人；深化保护性办案，批捕未成年人犯罪案件3件4人，不起诉25件33人，附条件不起诉11件14人。搭建“未检一体化办案中心”，开展相对不起诉、附条件不起诉宣告、罪错未成年人帮教、法治教育20余场次，开展“法治进校园”18次，持续推动解决无户口未成年人落户711人。立足“未成年人检察一公益诉讼”检察职能，联合相关部门对学校食堂、校园周边食品经营等食品安全和校园环境安全问题开展检查3次。

【控告申诉检察】 2021年，云霄县人民检察院对群众的信访件按规定作出程序性答复175次、实体性答复110次，答复率100%。逐案清查43件涉法涉诉信访案件，化解矛盾。开展司法救助助推乡村振兴专项活动，办理司法救助案件5件5人，发放救助金8.3万元。大力推进检察公开听证工作，充分借助民意化解矛盾纠纷，举行公开听证会19场。完善“12309”检察服务中心，建立民营企业法律服务“绿色通道”，打造“一站式”检察服务平台。

【队伍教育整顿】 2021年，云霄县人民检察院扎实开展政法队伍教育整顿，组织开展警示教育4次、政策宣讲8场次；严格落实谈心谈话制度，开展谈心谈话145人次，干警主动剖析存在工作能力不够强、学习主动性不够高、作风不够扎实等方面问题的68人次。开展重点案件交叉评查和检察建议法律文书评查活动，评查2019年法律文书104份，对2018年以来办结的不捕、不诉、改变定性案件进行评查234件，倒逼干警严肃办案纪律。针对县委巡察反馈的3个方面13项42个问题，制定专门整改落实方案，梳理分析细化为48个问题，同步纳入查纠整改环节问题台账。

【检务公开】 2021年，云霄县人民检察院主动公开程序性案件1343件、法律文书629件，接待律师阅卷180人次。充分运用新媒体平台广泛宣传检察工作，发表微信149期，其中原创109期，被“福建检察”微信公众号采用18期；发表微博80期，被“福建检察”官方微博采用14期，在市级以上传统媒体平台发表宣传文章20期，《检察听证：当面沟通解心结，公平正义“看得见”》专题节目在中央电视台播出。拓宽检务公开范围，举办检察开放日活动2次，邀请人大代表、政协委员、人民监督员及社会各界代表参加，全方位展示检察工作成果。

（林位明）

法院

【概况】 2021年，云霄县人民法院受理各类案件6431件，办结6311件，结收比100.16%。

【刑事审判】 2021年，云霄县人民法院审结刑事案件729件，判处罪犯1066人。扎实推进以审判为中心的刑事诉讼制度改革，开展刑事认罪认罚从宽制度，适用认罪认罚从宽制度审结案件650件910人。积极参与社会治理创新，审结“涉假”案件86件、电信诈骗及其联案件370件、危险驾驶案件43件，促进平安云霄建设。坚持寓教于审，判处未成年犯罪4人，做好社区矫正、回访帮教工作。

【民商审判】 2021年，云霄县人民法院审结民商事案件3456件，标的总额85646.33万元。依法妥处涉金融、买卖、担保、股权等各类纠纷案件，审结案件791 件，维护市场主体的合法权益，增强经济发展活力。推进家事审判方式和工作机制改革，设立全市首个女子巡回法庭归口审理婚姻家庭、扶养、赡养、继承等类型案件，全年审结463件。注重保障改善民生，审慎审结涉衣食住行和教育、就业、劳动等领域的案件621件，促进社会和谐。成立全国首个“地标标志产品保护巡回法庭”，助力乡村振兴。

【执行工作】 2021年，云霄县人民法院执结各类案件2054件，执行到位标的9658.75万元。结合“我为群众办实事”活动，开展“涉民生案件”专项执行3次，执结20件，到位标的92.82万元，为8名工人追回欠薪18.78万元。建立健全执行威慑机制，通过微信定期曝光老赖，将832人纳入失信被执行人名单库，移送公安机关追究拒执罪 8 件 9 人。强化执行信息化建设，利用网络司法拍卖平台成交拍品 6 件，成交金额 5110.68 万元。

【司法为民】 2021 年，云霄县人民法院树立为民意识，立足基层实际，结合“再学习、再调研、再落实”活动，设立全省首个“老年人立案绿色窗口”，成立“云霄县金融纠纷多元调解中心”“少年法庭”，启动派出法庭“3+1”审执常态化机制，依托新设立的巡回法庭、调解中心等开展相关活动 32 次，提升为民服务水平。

【队伍建设】 2021 年，云霄县人民法院把握党史学习教育的重点和具体工作要求，制定《关于开展党史学习教育的实施方案》，成立党史学习教育领导小组，多点发力，推进党史学习教育走深走实。对表对标“绝对忠诚、绝对纯洁、绝对可靠”要求，开展政法队伍教育整顿。突出实战、实用、实效导向，按照不同岗位需求，分层分类精准育才原则，采用“线上 + 线下”“走出去 + 请进来”“集中培训 + 自主学习”等方式，有针对性地加强对法官、司法辅助人员、行政综合人员、司法警察的培训力度。

【社会监督】 2021 年，云霄县人民法院向县委作党组履职专题汇报，向党委报告重要工作部署、重要会议活动和大要案件审理情况。主动接受人大及其常委会监督，认真落实法院工作专项报告审议意见。接受政协民主监督、监察监督、检察监督，检察长列席审委会 3 次。

（方志伟）

司法行政

【概况】 2021 年，云霄县司法局履行依法治县、法治政府建设、疫情防控、人民调解、普法宣传、法律服务、社区矫正、法律援助等工作职责，完成各项司法行政工作任务。是年，县司法局被全国人民调解员协会评为“人民调解宣传工作先进集体”；东厦司法所被授予“全国模范司法所”称号；陈岱镇礁美村被评为“全国民主法治示范村”。

【普法与依法治理】 2021 年，云霄县司法局深入基层、深入群众，结合普法工作，制定出台《云霄县“八五”普法规划》《2021 年云霄县重点县直机关普法责任清单》，发挥法治宣传教育职能作用。

落实国家机关“谁执法谁普法”普法责任制，组织开展县直部门（行业）履行国家机关“谁执法谁普法”普法责任制督导检查，构建部门分工负责、各司其职、齐抓共管的普法工作格局；落实“以案释法”制度，利用重大热点案（事）件开展普法，把热点案（事）件依法处理的过程变成生动直观的全民普法公开课，推动法治宣传教育落地见效。

实施“法律明白人”“法治带头人”培养工程，规范“法律明白人”遴选、培训、考核、使用和管理，全县培养“法律明白人”605 人；深化民主法治示范村（社区）创建，着力推进乡村依法治理、有效治理，助力乡村振兴。

【人民参与和促进法治】 2021 年，云霄县司法局突出惠民高效，优化公共法律服务，创新调解方式，构建矛盾纠纷调处平台。实现人民调解、行政调解、司法调解的优势互补和良性互动，有效推动新时代“枫桥经验”在云霄落地生根、开花结果。是年，全县各调解组织受理矛盾纠纷 2580 件，调处 2580 件，调解率 100%，调解成功率 100%。

配齐配强专职人民调解员队伍，大力推进村级专职调解员配备工作，完成每个乡镇 2 名乡镇级专职调解员的配备，在全市率先完成 179 个村级专职调解员的聘任，配备率达 100%。

完善纠纷多元化解工作机制，深化“公调”“诉调”“访调”对接工作及“110”非警务对接分流工作。是年，调处“110”非警务对接纠纷 10 件；公安局调解轻微伤害引起的民间纠纷 112 件。

【社区矫正】 2021 年，云霄县司法局突出安全稳定，加强社区矫正对象监督管理，做好刑事执行工作。是年，全县接收社区矫正对象 598 人，解矫 403 人。其中三类管理 1 人、二类管理 892 人、一类管理 25 人。

组织在册暂予监外执行对象病情复查，将暂予监外执行对象 43

名全部纳入重点人员，及时掌握暂予监外执行罪犯的身体状况和疾病治疗情况，联合县医院开展病情复查审查联席会议。针对病情复查结果，对暂予监外执行社区矫正对象收监1人。

坚持规范执法，深化教育矫正。依法加强社区矫正对象分类管理，制定个别化矫正方案，提高监督管理和教育矫正的针对性、有效性。运用心理矫正措施，及时进行心理干预。截至2021年12月，训诫44人次，调整管理类别36人次，警告16人次，撤销缓刑2人。

【公共法律服务】 2021年，云霄县司法局突出以民为中心，推动公共法律服务体系建设，推行“容缺办理”、推进“通城通办”，逐步让群众“最多跑一趟”。发挥乡镇公共法律服务工作站的前沿阵地作用，让群众得到及时就近的法律援助服务，打通法律援助的“最后一米”。是年，办理法律援助329件，咨询案件723件，发放法律援助案件补贴和值班补贴49万元，为受援人挽回经济损失417万元。

【队伍教育整顿工作】 2021年，云霄县司法局严格落实全面从严治党各项工作，扎实开展党史学习教育，推动党组中心组及时学、支部每周学、全体党员干部每月学等制度落实，建立完善各类规章制度21项。组织开展“再学习、再调研、再落实”活动，局领导先后带队深入各司法所开展课题调研。扎实开展队伍教育整顿，深入开展社区矫正、律师、公证等突出问题专项治理，是年排查出各类顽瘴痼疾24项，队伍教育整顿以来处分3人、谈话提醒2人、通报批评1人。深入开展“为民办实事”活动，推出便民利民措施9条。

【扫黑除恶专项斗争及疫情防控工作】 2021年，云霄县司法局着力扫黑除恶常态化工作，加大社矫对象摸排力度，持续开展律师执业教育活动，加强对律师事务所和律师参与办理涉黑涉恶案件的指导监督，确保每一起案件都经得起历史检验。充分整合利用普法宣传资源，立足正面引导，适时、适度、适量报道扫黑除恶专项斗争进展情况和阶段性成效，积极营造全社会动员、全民参与扫黑除恶专项斗争的浓厚氛围。全面加强新冠肺炎疫情防控工作，落实新冠肺炎疫情防控要求，服务新冠肺炎疫情防控大局，通过健全工作机制、加强人员排查、严格场所管理、强化舆论宣传等方式，切实保障人民群众健康安全和法治需求。组建党员先锋队参与新冠肺炎疫情防控检查点值班值勤，在急、难、险、重工作中培养和锻炼干部。

（吴宇虹）

军事

人民武装

【概况】 2021年，云霄县人武部坚持以习近平新时代中国特色社会主义思想和习近平强军思想为指导，全面贯彻中共十九大和十九届二中、三中、四中、五中、六中全会精神，贯彻落实习近平主席和上级党委决策部署，坚持稳中求进总基调，着力举旗铸魂、聚力练兵备战、强力全面从严、接力厚植底蕴、全力严防严控，国防动员和后备力量建设各项工作圆满完成，发展根基更加牢固。

【思想政治建设】 2021年，云霄县人武部坚持不懈用习近平新时代中国特色社会主义思想和习近平强军思想武装头脑，系统学习《习近平谈治国理政》《习近平强军思想学习纲要》等基础教材，着力夯实理论根基。全国两会、庆祝中国共产党成立100周年大会、中共十九届六中全会等重要会议召开，同步组织收听收看大会直播盛况，学习大会精神，聆听专家解读，开展讨论交流，党委领导带头作党课辅导，带动和促进人武部持续兴起学习热潮；统筹推进党史学习教育和年度主题教育，组织全县专武干部、部分民兵连长和机关全体人员赴乌山革命根据地开展参观见学活动，邀请县委党校教员讲解驻地党史知识，组织550人次观看5场次红色电影；进一步全面肃清郭徐房张流毒影响，深入开展重要岗位人员政治考核和巡视巡查反馈问题整改；广泛运用报刊、广播、电视、网络等传媒平台宣传《中华人民共和国军人地位和权益保障法》《中华人民共和国退役军人保障法》，宣传云霄县军政军民团结奋斗取得的新成就，宣传深化双拥工作促进军地科学发展的新举措；加强爱国主义教育基地、国防教育基地和双拥教育基地建设，推进双拥文化建设，弘扬拥军优属、拥政爱民光荣传统，进一步营造同呼吸、共命运、心连心的良好氛围。

【“双拥”共建】 2021年，县委县政府坚持把双拥共建工作列入“一把手工程”强力推进，军政军民关系更加融洽。利用春节、“八一”中国人民解放军建军节及部队演练等时机，组织对驻云部队进行慰问，送去慰问品及慰问金；组织对现役军人荣立三等功家属送喜报并发放慰问金1.7万元；全县10个乡镇（开发区）已全部按标准设立退役军人服务站；指定云霄县医院为云霄县退役军人优待定点服务机构，投入资金组织重点优抚对象体检，发放重点优抚对象医疗门诊补助10.73万元，重病医疗补助17.23万元；走访慰问烈士遗属并送去慰问金6000元，为退役军人发放“三难补助”（生活困难、医疗困难、住房困难）。人武部主动挂钩帮扶下河乡2个村9户困难群众，定期进行走访慰问、出谋划策，投入3万元用于乡村振兴建设；为下河乡新坡村1名困难大学生申请“八一助学金”5000元。

【征兵工作】 2021年，全国征兵工作首次采取“一年两征”的模式。云霄县人武部围绕高标准完成一年两次征兵改革任务，深入宣传发动，聚焦大学毕业生征集这个重点精准发力，从严把控体检、政考、定兵等各个环节。全年全县网上兵役登记达到100%。

【民兵工作】 2021年，云霄县人武部落实年度民兵整组任务，进一步优化布局结构，健全巩固组织，选准配强骨干，按编落实人员，清点补充装备，完善规章制度；着眼新形势新要求，创新和改进工作方法，推动云霄县民兵建设提质增效。规范日常战备工作，严密组织元旦、春节、“五一”国际劳动节和国庆节等节假日战备，严格日常战备值班，落实经常性战备教育及议训议战，周密筹备训练计划，完善战备方案、训练教案，高标准落实训练登记。严抓民兵分队训练，5月组织一次基干民兵点验，首次对全部民兵分队进行点验，到位率达到80%以上。组织集训5次和任务演练活动1次，提高民兵应急处置能力。

【规范化建设】 2021年，云霄县人武部深入贯彻依法治军、从严治军重要指示，以军队条令条例、战备规定和训练大纲为依据，坚持“任务牵引、职能主导，制度主线、设施支撑，因地制宜、分类建设，依法抓建、实用为本”的原则，按照新的共同条令要求建设和规范战备、训练、工作和生活，展开“四个秩序”（战备、训练、工作、生活秩序）规范化建设。

（陈俩福、高增荣）

武警中队

【勤务工作】 2021年，武警云霄中队在全力做好疫情防控的基础上，完成以执勤处突、抢险救援、武装押解为中心的各类勤务。联合目标单位深入开展执勤隐患治理工作，先后完成巡逻道改造及贯通工作，确保了执勤目标的绝对安全。协调大量防汛物资、检修防汛装备，严格落实24小时战备值班，与县应急管理局、防汛办开展配合活动，教学使用冲锋舟，为防范极端天气做了充足准备。在各类大项比武集训中勇夺名次，两名战士荣立三等功。

【交流协助】 2021年，武警云霄中队加强与驻地党政机关交流，与退役军人事务局开展共建活动，深化“传承红色基因，担当强军重任”主题教育学习成果，弘扬驻地红色文化；与驻地开展夏令营活动，宣讲国防教育，培养爱国情操；协助目标单位民警开展应急棍训练30人次，联合演练4次，效果良好。

人民防空

【人防宣传教育】 2021年，云霄县人民防空办公室（以下简称县人防办）利用有线电视、公共媒体、移动通信客户端及印发宣传材料等形式进行全方位宣传教育。结合“5·12”全国防灾减灾日、“9·18”防空警报试鸣等重要节日开展系列宣传活动。组织在校学生进行人防知识教育，采用多媒体、图片展示、操作演练等形式的教学方法，提高教育实效。全年发放人防宣传材料4000多份、人防知识读本1000多本，展示人防宣传展板40个次，发布宣传短信20万条。

【人防工程建设】 2021年，县人防办坚持就地自建为主的原则，城市规划区和重点设防镇规划区内新建民用建筑，严格按标准就地修建防空地下室。

【防空警报维管】 2021年，县人防办加强防空警报系统维护，委托第三方管理防空警报，完成对全县防空警报器全面排查检修，使其保持良好状态，能够及时准确发放信号。

（汤美宗）

退役军人事务

优抚褒扬

【信息采集】 云霄县退役军人事务局自 2018 年 12 月成立至 2021 年底，采集全县退役军人和其他优抚对象信息报省市审核。省级审核通过的退役军人已全部落实“光荣之家”牌匾悬挂工作。

【抚恤优待】 2021 年，云霄县退役军人事务局严格落实优抚对象抚恤补助、不断提高优抚对象生活水平，发放优抚对象定期抚恤资金；按标准为义务兵发放家庭优待金，做好部分农村籍退役士兵和重点优抚对象生活补助的审核、审批登记工作；做好带病回乡退伍军人、残疾军人、参战退役人员审核上报工作。

【社会保险接续】 截至 2021 年度，云霄县解决部分退役士兵社保问题工作专班成立以来共召开 8 次专班成员会议，办理退役士兵社保补缴，办结率 100%。

【补助资金发放】 2021 年，云霄县退役军人事务局严格把关申请流程，随机抽取申请对象，入户走访了解其困难情况。全年完成重点优抚对象医疗报销、补助资金，完成重点优抚对象临时补助，研究解决申请“补助三难”优抚工作。

就业创业

【移交安置】 2021 年，全县接收转业士官、军转干部，根据“功绩量化评分”标准，实行“阳光安置”。协调组织县委组织部、人武部、公安局、人社局、团县委、医保局等 7 个部门到退役军人事务局集中办公，专门受理 2021 年度士兵退役报到等相关事宜，通过线下专窗一次受理，内部流转材料，按时限办结，让退役军人“少跑路”。

【职业培训】 2021 年，云霄县退役军人事务局组织开展自主就业退役军人职业技能培训工作，由漳州市中山学校承办具体教学工作，采取“线上 + 线下”为期 3 个月的培训模式，主要培训内容涉及电子商务和办公软件应用等。

【适应性培训】 2021 年 12 月，云霄县退役军人事务局举办适应性培训。期间，退役军人事务局主动联系本县优秀企业单位，举行现场招聘活动，让退役军人在培训中了解地方经济形势、本县优质企业的发展方向和岗位的需求情况，从中结合自身条件选择适合的岗位和培训方向。

【高职扩招】 2021 年，云霄县退役军人事务局接收自主就业退役士兵返乡，其中已返校大学生若干人，报名参加 2021 年高职扩招入学考试有若干人，考试合格被录取若干人。

拥军优属

【集中送喜报】 2021 年“八一”中国人民解放军建军节期间，云霄县退役军人事务局在县人武部举行“集中送喜报”活动，为云霄县21名荣立三等功的军人家属送喜报、慰问金和献花。

【走访慰问】 2021年，云霄县退役军人事务局利用元旦、春节等重点节日，积极组织走访慰问驻云部队官兵、离退休军队老干部、1—4级伤残军人和中华人民共和国成立前入伍老兵等。

其他工作

【烈士陵园管理】 截至2021年底，云霄县共安葬烈士128名，其中13名烈士集中安葬在位于县城中心地带的献宝山烈士陵园（建有12座墓位共安葬13名烈士），有74名烈士集中安葬在位于陈岱镇岱东村烈士陵园（建有78座墓位共安葬74名烈士），剩余41名烈士均属散葬烈士，分散在云霄县下河乡、和平乡、马铺乡、莆美镇、列屿镇、东厦镇6个乡镇。2021年共投入20余万元对散葬烈士墓进行提升改造，投入资金5万元对献宝山烈士陵园环境卫生进行专项整改提升。

【帮扶工作】 2021年，云霄县退役军人事务局强化帮扶责任，局领导干部通过“结对子”方式挂钩困难退役军人，坚持常态化联系，定期走访慰问。做好军休所管理服务工作，于每月16日、30日定期组织与军休老干部进行谈心交流，全力做好保障工作。

【宣传报道】 2021年，云霄县退役军人事务局加大退役军人宣传报道力度，积极向市级以上有关媒体投稿报道，共推送报道约26篇，被学习强国、福建双拥、新福建、《闽南日报》、今日头条、《国防时报》等媒体宣传转载约81次，增强退役军人的荣誉感、归属感、获得感。

经济管理和监督

发展计划管理

【2021年国民经济和社会发展年度计划】 地区生产总值完成199.97亿元，增长0.1%，完成年度计划114.4%；全社会固定资产投资（不含农户投资）完成138.25亿元，增长15%，完成年度计划106.5%；规模以上工业总产值完成98.85亿元，增长-25.8%，完成年度计划89.9%；社会消费品零售总额完成107.77亿元，增长-1.8%，完成年度计划105.7%，其中，限额以上社会消费品零售总额完成11.17亿元，增长-48.1%，完成年度计划的149.2%；实际利用外资（验资口径）完成649万元，完成年度计划3.5%；一般公共预算总收入完成11.16亿元，增长7.1%，完成年度计划的103%，其中地方一般公共预算总收入完成7.87亿元，增长14.4%，完成年度计划112.1%；城镇居民人均可支配收入达38272元，增长7.9%，完成年度计划99%；农村居民人均可支配收入达21665元，增长11.6%，完成年度计划的103.3%。

（阮贵彪）

【重点项目建设】 2021年云霄县安排重点项目164个，总投资898.55亿元，年度计划投资170.55亿元。1—12月累计完成192.02亿元，完成年度计划的112.59%。计划新开工项目81个，开工71个。计划竣工、投产项目75个，竣工79个。

市级以上在建重点项目48个，总投资702.05亿元，年度计划投资120.78亿元。1—12月累计完成138.16亿元，完成年度计划的114.39%。计划新开工项目16个，开工16个。计划建成项目18个，建成19个。

省级以上在建重点项目（不含省管项目）10个，总投资169.41亿元，年度计划投资25.92亿元。1—12月累计完成26.5亿元，完成年度计划的102.24%。计划新开工项目3个，已开工2个。计划建成1个，已建成1个。

（方文波）

【项目招投标管理】 2021年，云霄县发改局进一步优化招投标程序，加强和规范工程项目招标投标管理，简化公开招标方式核准程序、规范评标行为、创新中标候选人推荐制度、优化中标公示时间。继续推行“不见面”开标，开标时间从原先的2个多小时，缩减至半个小时以内，提速75%以上，降低企业的投标成本，解决人员的聚集风险。是年，全县建设工程依法必须招标项目23个，全部采用“不见面”开标，总投资预算7.60亿元，中标价6.96亿元，节约资金0.64亿元，节约率8.42%。未达到国家规定依法必须招标规模标准的小规模工程，业主可以自主选择公开招标、邀请招标、简易抽取办法确定承包人的项目126个，总投资预算1.91亿元，中标价1.74亿元，节约资金0.17亿元，节约率8.90%。

（方丽珊）

【项目审批与服务】 2021年，“一趟不用跑”事项75个，“一趟不用跑”占比100%，全流程网办事项75个，全流程占比100%。其中，行政许可事项23个，法定时限445天，承诺时限27天，时限压缩比率93.9%，即办件数35个，即办件占比46.7%，跑动次数为零，平均跑动次数为零，极大方便群众办事。

（方丽珊）

【维护市场价格稳定】 2021年，云霄县发改局加强市场价格监测预测预警，提升价格监测数据信息的及时性、准确性和完整性，发挥好党委政府的参谋助手作用；组织开展对供水供电供气的收费项目收费标准、收费依据检查，创造良好的营商环境；根据省市统一部署，在春节、国庆节期间，启动农副产品平价商品销售工作，进一步平抑物价，惠及民生；规范制定民办学校收费标准，促进云霄县教育事业有序发展；加强对行政事业性收费的监管，完成2021年全县行政事业性收费报告工作，确保减免政策执行不落空、不走样，创造良好的营商环境。

（陈昱）

【价格认证服务】 2021年，完成涉案、涉税的价格认定572件，总案值8784万元。其中，“涉假”案件461起；“毁财”案件96起，案值约7853万元；涉税案件15起，案值约931万元。

（吴英杰）

统　计

【概况】 2021年，云霄县统计局落实国家统计制度，认真履行统计部门法定职责，以提高统计数据质量为中心，以服务高质量发展为目标，不断提升统计预测预判预警能力和服务水平，为“十四五”开好局、起好步提供统计保障。

【统计年报和定期报表工作】 2021年，云霄县统计局按照国家统计制度方法要求，注重加强对各专业数据的审核、验收和检查工作，强化统计法制意识与业务能力双提升，完成投资、工业、贸易、农业、服务业、能源、科技、劳动工资、房地产、建筑业、住户调查、粮食产量面积调查、畜禽调查、“四下”企业调查等各项常规统计专业2020年年报和2021年定报数据报送工作。是年，全县“四上”企业联网直报率达100%。

【第七次全国人口普查】 第七次全国人口普查正式登记工作启动以来，云霄县按照国家、省、市人普办的统一安排部署，始终把数据质量控制这条主线贯穿于人口普查的全过程，采取行之有效方法措施，狠抓入户登记和部门资料比对两个环节，切实抓好人口普查工作，取得阶段性成果。此次普查结果显示，云霄县常住人口为387640人，比2010年第六次全国人口普查减少8074人，下降2.04%，年平均下降率为0.2%；全县有家庭户119304户，集体户3024户，家庭户人口为375533人，集体户人口为12107人，平均每个家庭户的人口为3.15人；全县常住人口性别比为108.66（以女性为100，男性对女性的比例）；全县常住人口中，居住在城镇的人口为202828人，占52.3%，居住在乡村的人口为184812人，占47.7%；全县常住人口中，人户分离人口为87164人。

【统计法治建设】 2021年，云霄县委、县政府多次在全县范围内组织开展统计法律法规业务培训，从而进一步带动全县各级各部门增强学习的主动性和自觉性，在全县形成依法统计、依法治统的良好氛围。以“9•20”中国统计开放日、“12•4”国家宪法日为契机，扎实开展好统计法律法规宣传；进一步规范执法程序，强化执法监督，从统计基础建设、统计数据质量等方面进行重点监督检查，增强统计法的权威性和严肃性。是年，常规检查“四上”企业95家，发现违法行为为1家，并列立案1起，结案1起，计罚款2000元。

【统计分析服务】 2021年，云霄县统计局加强服务型统计建设，强化经济运行的监控与预警，着眼全县经济运行、新冠肺炎疫情影响、复工复产、刺激消费等方面做好统计咨询服务，进一步增强统计分析针对性、可用性和时效性。特别是在重要时间节点，注重围绕经济增长的速度、结构、质量、效益以及经济运行的亮点难点趋势等开展分析研究，为领导决策和社会公众提供参考。全年撰写呈阅件12篇，每篇均得到县委、县政府主要领导的批示。

【城乡住户调查】 2021年，云霄县统计局在全县15个样本点开展城乡住户调查工作。云霄县城调队组织业务人员深入调查户，开展入户回访和记账检查指导工作，并逐月做好数据的录入、审核、上报工作。是年，云霄县居民人均可支配收入28684元，增长9.0%，居民人均生活消费支出19421元，下降13.3%，其中：城镇居民人均可支配收入38272元，增长7.9%，城镇居民人均生活消费支出26367元，下降10.9%；农村居民人均可支配收入21665元，增长11.6%，农村居民人均生活消费支出14453元，下降18.8%。

（方建德、吴镇阳、张帆）

审　计

【概况】　2021年，云霄县审计局完成审计项目16个，其中预算执行审计项目8个、政策落实跟踪审计1个、跨年度审计项目7个。审计发现问题64个（其中非计量问题45个）；审计查出主要问题金额7564.48万元，其中违规金额2434.67万元，管理不规范金额5129.81万元。审计处理处罚3470.57万元，其中审计处理应上缴财政2434.02万元，归还原渠道资金1034.84万元，应调账处理1.71万元，出具审计报告和专项审计调查报告17篇，提出审计建议34条。截至2021年12月31日，11个乡镇（场）、开发区领导干部经济责任审计、1个自然资源资产审计、1个投资审计项目开展中。

【预算执行情况审计】　2021年，云霄县审计局根据省厅工作方案要求，实行省、市、县三级联动方式，开展云霄县2020年度县本级预算执行情况、决算草案和其他财政收支审计。同时，嵌入两个专题审计（财政事权和支出责任划分改革专题审计、防范化解政府债务风险专题审计）。结合开展县住房和城乡建设局、卫生健康局、农业农村局、水利局4个部门预算执行情况审计。在预算执行审计项目嵌入实施大数据分析与核查、信息化建设专项资金审计、“1+X”督查，实现县一级预算单位数据分析审计“全覆盖”。

【政策落实跟踪审计】　2021年，云霄县审计局根据上级审计机关安排，完成政策措施落实情况跟踪审计项目2个。乡村振兴专题审计：聚焦高标准农田建设、农村人居环境整治、乡村产业发展等资金和项目，对涉及的各类重点专项资金分配、管理、使用，以及重点目标任务完成情况进行全流程、全链条审计，进一步推动完善涉农资金全面预算绩效管理，进一步巩固拓展脱贫攻坚成果、全面推进乡村振兴目标任务。优化营商环境专题审计：重点跟踪招标投标、政府采购、政务服务、市场监管等指标，重点关注市场主体平等保护、公平市场竞争环境、政务服务便利高效、依法监管等四个方面。通过审计，切实打通营商政策落实的“最后一公里”，有力促进营商环境软实力不断提升。

【经济责任审计】　2021年，云霄县审计局牵头组织召开2021年经济责任审计工作联席会议暨2021年经济责任审计工作动员会。首次将经济责任审计联席会议与集体动员会相结合，县委审计委员会相关成员单位、县经济责任审计联席会议各成员单位、11个乡镇（场）、开发区主要领导（暨被审计单位）、审计局各审计组参加会议。会议传达学习《中共福建省委审计委员会办公室印发〈关于贯彻落实党政主要领导干部和国有企事业单位主要领导人员经济责任审计规定的若干措施〉的通知》相关规定，重点介绍2021年经济责任审计工作总方案主要内容。要求各联席会议成员单位加强协作配合，在“治已病、防未病”上下功夫，注重发挥经济责任审计作用，既推动责任落实、规范权力运行，又审出干劲、审出积极性。

【自然资源审计】　2021年，云霄县审计局结合1个乡镇党政主要领导干部经济责任审计项目同步实施开展乡镇领导干部自然资源资产审计，以贯彻落实绿色发展理念，促进领导干部认真履行自然资源资产管理和生态环境保护责任为目标，重点关注领导干部贯彻执行中央和省、市生态文明建设方针政策和决策部署、遵守自然资源管理和生态环境保护法律法规、相关目标任务完成、相关资金征管用和项目建设运行等情况，推动富美云霄建设，当好生态环境的“保护者”。

【审计整改】　2021年，云霄县审计局坚持揭示问题与推动解决问题相统一，强调要做深做细审计整改工作，在履行督促检查责任时，做到不越位、不错位、不缺位，推动被审计单位压实整改主体责任。9月起，将近年审计发现的问题整改情况纳入局党组会议题内容，进行重点跟踪检查，对整改落实情况实行对账销号动态管理，推动提升整改成效，做实审计监督后半篇文章。

【审计委员会】 2021年3月23日，召开中共云霄县委审计委员会第三次会议，传达学习省、市委审计委员会会议和全国、全省、全市审计工作会议精神，听取2020年全县审计工作汇报，研究2021年审计项目计划；7月15日，召开中共云霄县委审计委员会第四次会议，传达学习市委审计委员会第四次会议精神，审议通过《2020年度云霄县级预算执行和其他财政收支情况审计报告（讨论稿）》《中共云霄县委审计委员会成员单位工作协调推进机制（讨论稿）》；9月3日，召开中共云霄县委审计委员会第五次会议，传达学习《中央审计委员会第四次会议精神》《侯凯审计长在中央审计委员会第四次会议精神传达学习会上的讲话精神提纲》《省委审计委员会第九次会议精神》。

（张琳、江煌）

整顿市场秩序

【双打工作】 2021年，云霄县市场监管局全覆盖地推进打击侵权假冒违法行为专项行动，开展“铁拳”“昆仑”等一系列专项行动。组织256车次，出动人员780余人次进行卷烟打假巡查，单独或联合烟草部门查获各类卷烟折算成品烟后计199.49件（50条/件），烟丝48.5包（20千克/包），侵权商标纸盒7000张，涉假三轮车2辆，联合乡镇移送公安机关打假线索18条。

【打击走私工作】 2021年，云霄县市场监管局结合新冠肺炎疫情工作进展及自身职责定位，积极排查，坚决查处无合法来源的进口防疫物品，有力保障人民群众生命健康安全。加强日常巡查。加强对经营进口商品商户的日常巡查，特别是口罩、酒精等物品，严格按照《福建省反走私综合治理工作规定》等相关法律法规的要求，坚决查禁无合法来源的进口商品，促进有关商户守法经营。在打击走私贩私工作中，强化事前、事中监管，加强反走私法制宣传工作，增强经营者的法律意识和守法意识。是年，办理无合法来源手续商品案件8起，罚没款计5.38万元。

【成品油质量管控】 2021年，云霄县市场监管局结合云霄县实际，继续巩固成品油质量管控整改工作成果，做到有组织、有保障、有具体措施、有责任分工，确保全县成品油质量管控整改工作顺利开展。对辖区加油站（点）销售的油品进行监督抽检，成品油抽查22批次（柴油18批次、汽油4批次）（其中市局柴油7批次、汽油1批次，本局柴油11批次、汽油3批次）。经检验，被检批次的成品油均符合相关标准。办结各类涉成品油案件7起，案值2.84万元，罚没款计5.02万元。

【野生动物市场监管】 2021年，云霄县市场监管局根据《关于转发国家林业和草原局等八部委开展“清风行动”的通知》部署，在辖区内开展打击野生动物非法贸易“清风行动”。清理整顿非法经营市场和商户，对宾馆饭店、养殖场等相关交易市场进行拉网式排查，及时发现和查处非法收购、出售食用野生动物及其制品的行为，依法严肃查处非法出售禁用猎捕工具以及非法制造、销售违法工具等违法行为，取缔非法制造窝点、作坊等。强化部门协作，形成执法合力。依法加强对网络交易平台的检查和监测全面清除网上非法销售野生动物及其制品的信息，及时发现和查处非法出售和收购野生动物行为，严禁以“长江野生鱼”等为噱头的宣传营销活动。是年，未发现经营户有相关违法行为。

【殡葬行业专项治理】 2021年，云霄县市场监管局加大对殡葬用品市场的监管力度，配合民政部门打击非法制造、销售殡葬用品等行为。依法查处无照经营婚丧喜庆用品行为，打击殡葬行业经营单位滥用市场支配地位搭售商品、经营迷信用品等违法违规行为，查办不依法明码标价、分解收费项目多收费、强制服务并收费等违法违规案件，及时受理和依法处理群众涉及殡葬行业方面的投诉举报，妥善解决殡葬服务纠纷，维护市场经营秩序。在清明节活动期间，出动执法车辆26车次，执法人员82次，检查相关经营户32户次，未发现有相关违法行为。

【“铁拳”行动】 2021年，云霄县市场监管局坚持问题导向、目标导向，聚焦关系群众生命健康安全的重点商品，贴近群众生活的重点服务行业，以及农村与城乡接合部市场、制售侵权假冒伪劣商品多发的重点区域，重拳出击，严厉打击11类违法行为：销售药残超标的畜产品、水产品以及“瘦肉精”的肉类；脏乱差店家入驻外卖平台等问题；食品中超范围超限量使用食品添加剂和添加非食用物质和药品（简称“两超一非”），宣称减肥和降糖降压降脂等功能的食品中添加药品；生产销售“偷工减料”劣质钢筋、线缆；生产销售劣质儿童玩具；中介机构“乱收费”；翻新“黑气瓶”；农村市场“山寨”酒水饮料、节令食品；“神医”“神药”等虚假广告；流通市场成品油违法行为；销售“非法添加”、假冒伪劣儿童化妆品；校外培训机构侵犯消费者权益。

【直销监管】 2021年，云霄县市场监管局对县内直销企业、分支机构、服务网点、经销商对照《直销管理条例》《禁止传销条例》的规定进行不定期检查及明察暗访，针对直销企业经营中存在的不规范现象，特别是直销企业及经销商涉及虚假宣传的行为，采取企业约谈、行政指导等多种方式，指导企业进行整改和规范。运用多种宣传载体特别是互联网新媒体，广泛宣传报道直销监管情况，发挥正面引导和舆论监督作用，共同维护公平竞争的市场秩序。

【网络定向监测工作】 2021年，云霄县市场监管局积极开展2021年“6·18”“11·11”网络商品和服务信息定向监测工作，加强网络市场监管，保障2021年“6·18”“11·11”网络交易市场规范有序。组织辖区市监所执法人员对11家网络经营者进行监测，主要对促销期间网店商品及服务的详情、宣传广告、促销内容规则及售后保障等相关的网页页面信息进行监测，重点打击网店经营主体“未规范公示信息、未按要求公示促销信息、违法违规发布商品和服务广告、侵犯消费者权益”等行为，督促网络经营者规范节日期间促销行为，履行法定责任和义务，自觉守法合规经营。定向监测中，未发现被监测对象有违法违规行为。为了进一步规范网络餐饮服务经营行为，切实保障人民群众“舌尖上的安全”，结合实际情况，加大网络交易监管力度。强化餐饮服务第三方平台重点整治。通过巡查、监督检查、专项整治和约谈方式，强化网络餐饮服务第三方平台、食品配送经营主体的监管。结合新冠肺炎疫情防控工作要求，加强餐饮服务从业人员（食品配送人员等）新冠肺炎疫情防控和个人健康卫生管理，推行无接触配送服务、规范佩戴口罩、加强食品配送工具及设备的卫生消杀等，组织网络餐饮服务从业人员定期进行核酸检测、全员接种疫苗。强化入网餐饮服务提供者重点整治。结合开展学校食品安全治理、落实食品领域源头赋码和进货查验主体责任专项整治行动、实施餐饮质量安全提升行动、“餐饮安全你我同查”活动等，严格餐饮服务提供者入网许可管理和餐饮服务提供者的食品安全监管。提升平台维权点建设。在美团、饿了么营业场所设立“12315”投诉举报维权点，公开投诉举报方式。

【动产抵押登记】 2021年，云霄县市场监管局按照动产抵押登记职责划转要求，做好过渡期内各项工作。妥善做好存量信息的数据清理工作，做好纸质档案整理，积极补录相关历史登记信息，确保在规定的时间按时整理完成。根据上级补录名单，需补录动产抵押历史登记信息35条，经核查，其中1家企业已注销，其余34条历史登记信息已补录。

（汤开振）

质量技术监督

【特种设备安全监察】 2021年，云霄县市场监管局重点开展“快开门式”压力容器专项隐患排查治理“回头看”行动、“压力管道摸底排查整治行动”、“涉氨企业专项治理行动”、“电梯维保质量监督检查”、“城镇燃气安全排查整治”等专项行动。全年出动执法人员943人次，检查特种设备使用单位259家次，发现安全隐患33个，发出安全监察指令书30份；立案5起，罚没款入库9.5万元。全县（含常山华侨经济开发区）有特种设备使用单位419家，在册各类特种设备2939台，其中气瓶充装单位3家，学校、医院、商场等特种设备重点使用单位46家。注册登记各类特种设备613台，注销8台。全年特种设备零事故，全年特种设备安全形势较好。

（杨宏坚）

【质量监管和质量提升】 2021年，云霄县市场监管局指导重点工业产品生产企业落实企业主体责任；进一步加强电动自行车消防安全管理工作；加强巡查，持续严防“地条钢”死灰复燃；深入开展质量提升行动，促进常态化新冠肺炎疫情防控和全面复工复产；持续深入开展质量强县工作；加强对儿童用品及玩具生产企业的监管；加大对辖区成品油质量抽查、整治管控工作力度；积极推荐企业首席质量官参加任职培训；积极开展小微企业质量管理提升试点行动及帮扶指导；联合工信、交警大队开展货车非法改装专项整治；开展塑料污染治理工作；在新冠肺炎疫情防控期间进一步加强产品质量安全监管；紧急开展非医用口罩防护产品质量专项抽查；加强对非医用随弃式口罩生产企业进行检查巡查指导和帮扶工作；在新冠肺炎疫情防控工作中强化产品质量监管；做好非医用口罩生产企业质量安全告知工作；认真开展非医用口罩和熔喷法非织造布质量专项抽查，全年工业产品质量国抽省抽合格率达100%。

【计量工作】 2021年，云霄县市场监管局开展眼镜配置场所计量专项监督检查和“回头看”、定量包装商品净含量计量专项监督检查及能效水效标识监督检查；先后开展“计量服务中小企业行”活动；支持企业复工复产，加强计量技术保障；深入企业开展调研，全面了解企业需求；开展计量精准施“测”，提升差异化的服务；搭建公共服务平台，共享计量资源设施；加快计量宣传力度、增强社会计量意识等各专项工作。5月，组织开展“5•20”世界计量日“计量精准战疫　助力复工复产”系列活动；认真开展集贸市场计量专项检查；加大对眼镜店（焦度计、镜片箱、验光机）、医院医疗器械〔如核磁共振机、CT（电子计算机断层扫描）、心电监护仪、心电图机、B超、彩超、X光机（DR）〕、加油机、药店计量器、温度计等事关民生医疗健康等方面器具的检验检测监管力度。开展重点用能单位计量审查工作；积极推广使用“计量服务中小企业公共平台”和“计量服务中小企业网络大讲坛”；重点领域计量专项监督抽查，抽查范围包括医疗卫生在用工作计量器具，电能表、气体报警器、加油机，集贸市场、眼镜配置场所在用的工作计量器具，第三方校准机构校准业务的计量监督抽查；组织开展2021年度能源资源计量服务示范活动；法定计量检定机构专项监督检查；压力表专项检查。

【标准化工作】 2021年，云霄县市场监管局积极引导企业采用国内外的先进标准，推荐有关企业申报2021年福建省标准贡献奖；积极宣传贯彻落实福建省人民政府关于标准贡献奖实施意见；积极宣传国家标准委员会关于征集2021年国家及服务业标准化试点项目；组织开展对相关企业标准执行情况进行检查，督促企业严格落实企业标准进行自我声明。

【认证认可监管】 2021年，云霄县市场监管局开展口罩防护服等防疫用品领域认证活动专项整治；认真开展对机动车安检机构认证执行情况的监督检查；认真开展小微企业质量管理体系认证提升行动；新冠肺炎疫情防控期间深入口罩防护服生产企业，根据国家、欧盟及美国市场认证信息、指导企业进行认证。

（林华雄）

工商行政管理

【全省机关体制机制创新优秀案例优秀奖】 2021年，云霄县市场监管局深化宣传《优化营商环境条例》，认真履行营商环境“企业开办”牵头单位职责，对照“优化云霄县营商环境改革重点任务清单”，深入补短板、强弱项，深入整改。是年，全县新增各类企业市场主体1418户，与上年同期相比，增长64.22%，在全市新登记企业增长率排名第一。县直机关工委、县市场监督管理局联合报送的“商事改革再创新　便民服务暖人心”获第四届全省机关体制机制创新优秀案例优秀奖。

【企业注册登记】 2021年，云霄县市场监管局全面推行“企业开办一件事一站式”服务，依托企业开办“一网通办”平台，实现相关数据同步采集、业务并联办理、结果实时共享。将企业开办3个环节压减为企业登记、发票申领2个环节。拓展企业开办套餐，将企业用水、用气和公积金开户等一并纳入“一件事”改革范围。实现企业登记、公章刻制、发票领取、银行开户、医保、社保、住房公积金缴存、用电、用水、用气登记全程入驻，依托“闽政通”App数据共享实现免填表和递交纸质材料，实行网上登记全程办理。落实《漳州市市场监督管理局关于开展市场监管领域“证照联办”改革工作的通知》，推行“一窗受理、内部流转、同步审核、统一出件”的集约化服务模式，实现同一市场主体只需到一个窗口申请，提交一套材料，即可一次性办齐营业执照和相关许可证（文书），最大程度减少各环节衔接和等待时间，降低市场主体非经营性成本，提升全流程办事体验。“证照联办”事项中提交材料进行梳理整合，对法定代表人（负责人）身份证明、委托书及委托人身份证明、住所（经营场所）证明等共性材料只需提交一份。实现市场监管领域“证照联办”，进一步简化流程、减少申报材料、压缩办理时间。企业可照章同办，在设立登记一并“立等可取”享受免费提供单位公章、财务章、发票章各一枚。是年，企业登记+公章刻制有874户；企业登记+公章刻制+发票领取有324户；企业登记+公章刻制+用电、用水、用气有359户。持续提高企业全程电子化登记系统信息自动识别和智能筛查精准度，大幅减少人工干预，实现符合条件的企业设立登记“即报即办”。窗口企业开办时间稳定压缩在0.5个工作日以内，在全市市场监督管理局高频事项办件时长评比排名第二位。

【企业服务便利化】 2021年，云霄县市场监管局对所有涉及经营许可事项实行分类改革，其中取消审批，改为备案或实行告知承诺的事项超过100项。7月1日后对“直接取消审批”和“审批改为备案”的事项，符合整合条件的，及时纳入“多证合一”改革范围。其中，“广告发布登记”涉企经营许可事项在全市范围内直接取消审批。“对外贸易经营者备案登记”“保安培训许可证核发”等涉企经营许可事项改为备案，“公共场所卫生许可”等涉企经营许可事项实行告知承诺，实现“照后减证”和“准入”、“准营”同步提速。是年，食品药品实施“审批改为备案”办理275户。

落实《福建省企业简易注销登记办法》及《福建省个体工商户简易注销登记办法》，推行简易注册程序适用范围为市场主体全覆盖。坚持便捷高效、公开透明、控制风险的原则，简化企业注销流程和申请材料；改变公告形式，以国家企业信用信息公示系统公告替代传统报纸公告，缩短公告时间至20天。企业通过国家企业信用信息公示系统《简易注销公告》专栏主动向社会公告拟申请简易注销登记的《全体投资人承诺书》，公告期满后，企业只需要提交规范简易注销登记申请材料，符合简易注销条件的当场作办结。是年，办理企业简易注销申请178户，个体工商户实行简易注销326户。

【组建专业化企业开办帮办代办队伍】 2021年，云霄县市场监管局结合企业开办“一件事一站式”改革，建立开办企业帮办代办工作制度，设置开办企业帮办代办服务窗口。帮办代办服务窗口做到标识醒目、指引清晰，办事指南、业务流程图、申请表格（文书）等材料摆放有序，办理开办企业事项所需的相关软硬件设施配备到位。企业开办帮办代办队伍，主动靠前辅导或提供上门服务，全程协助办理相关业务，打通服务企业和群众“最后一公里”。

（柳文兴）

【无证无照经营查处】 2021年，云霄县市场监管局在“挂图统筹作战”查无模式基础上，深入推进“放管服”改革工作，出台一系列商事登记制度改革措施，在全县建立豁免登记制度，有效落实事中事后监管，发挥典型示范作用。积极构建县市场监管局牵头、各部门齐抓共管、乡镇属地监管、村居具体摸排、清单管理落实、建章立制规范的“挂图统筹作战”查无模式，全面铺开无证无照经营综合治理工作。特别是将无证无照经营治理工作下沉到村一级，实现所有行政村食品安全协管员全覆盖，延伸摸排触角，打通精准摸排的神经末梢。从根本上遏制无证无照经营行为，保障市场主体的总体质量。

（李晓宝）

【商标保护与推广】 2021年，云霄县市场监管局新成功注册一枚地标“陈岱长寿菜”。全县有地理标志证明商标38枚，还有两枚“马铺虎尾轮”“梁山茶”在审理中。积极开展2021地理标志标准建设年活动，第一批选定有一定规模和影响力的11个地标“东厦锯缘青蟹”“列屿巴非蛤”“东厦文蛤”“下河杨桃”“马铺淮山”“火田青枣”“火田菠萝”“西林龙眼”“下坂牛肉丸”“马铺巴戟天”“火田金柑”进行标准制定，已全部发布。委托第三方“农好康（福建）网络科技有限责任公司”拍摄云霄地标示范区宣传视频。以地标为核心，用镜头展示和记录云霄地标示范区是如何一步步建设而成的，通过展示云霄地标驿站的建设，地标产品的产业，宣传云霄地标示范区的成果，扩大地理标志示范区的影响力。利用新媒体多种渠道，展现云霄地域自然文化，推广云霄地标示范区，不断做大做强地理标志产品品牌，融合开漳文化，打造新时代文化地标，助力地标示范区多维度的建设，打造地标云霄区域的创新模式，助力产业兴旺、乡村振兴。编写云霄县商标品牌指导站建设工作筹建方案，积极推进“云霄地标馆商标品牌指导站”建设工作。截至2021年11月29日，县市场监管局立案查处商标案件52起，罚款数10.49万元。是年，县市场监管局组织申报创建国家地理标志产品保护示范区和地理标志运用促进工程重点项目（下河杨桃地理标志运用促进工程），编写《申请创建国家地标食品产业园报告》，积极准备创建国家地标食品产业园相关工作。

【创建云霄地标平台】 2021年，云霄县市场监管局围绕“用活一枚地标、带动一个产业、致富一方百姓”目标，大力实施商标兴业富农战略，鼓励和支持地标商标产品、农产品进行深度开发，加强地标第一产业向第二产业、第三产业延伸发展，产业提升效果日益凸显，加快推动区域品牌的注册和运用。通过推动地标产业规模化、市场化，实现区域品牌经济效益的全面发展，助推农业产业化发展，增加农民收入，助力乡村振兴。至2021年底，建成云霄县地标平台线上PC（个人计算机）端及移动端，提供完整的地标产品、地标企业查询、地标资讯等功能并上线运营。

【专利工作】 2021年，云霄县市场监管局组织开展知识产权宣传周活动，组织企业积极参加“知创福建”知识产权相关业务培训，让企业和公众了解更多专利方面的法律法规和相关知识。做好非正常专利申请核查工作，根据国家知识产权局提供的信息，共核查26件非正常专利申请。加强知识产权质押融资工作，指导四家企业签订专利权质押合同合计8660万元，其中漳州华锐锂能新能源科技有限公司5000万元、福建大晶光电有限公司760万元、福建豪锦化妆品有限公司1500万元、福建利众诚食品有限公司1400万元。是年，云霄县专利授权数250件，其中发明专利授权8件、实用新型176件、外观专利66件。组织相关企业申报2021年度兑现《漳州市加快知识产权强市建设实施方案》奖励政策资金，有10家单位计申请奖励108.39万元。是年，县市场监管局立案假冒专利和专利标注不规范案件129起。

（黄宽林）

【消费维权】 2021年，云霄县市场监管局接“12315”全国平台投诉举报件1217件，其中投诉669件，挽回经济损失29.91万元；举报548件，罚没4.56万元。“12345”平台337起，现场投诉40起，诉转案4起，挽回经济损失22.7万元。每件投诉全部做到及时处理、按时回复。新冠肺炎疫情防控期间对防疫物资口罩、消毒液进行重点防控，防止不合格产品流入市场，防止哄抬物价，重点处理旅馆消费卡、住宿退款问题、KTV消费等服务行业退款或延期问题。处理酒店住宿退款3起，挽回消费者损失5.3万元。县市场监管局主动与相关部门联动，配合漳州市便民服务平台“12345”、县信访局做好调解工作；与法院、公安、司法、农业、城建房管等单位密切配合，推动消费纠纷诉非联动工作机制开展，按照《云霄县人民政府办公室关于印发云霄县多元解纷平台工作方案的通知》的工作部署，认真落实好多元解纷平台成员单位职责，做到守土有责。积极推进ODR（开放式数据库）企业发展工作，已发展恒晟、新华都2家超市作为ODR企业，ODR企业在线消费纠纷办结3起。发展福建金汤湾海水温泉度假酒店有限公司和漳州云顶温泉大酒店有限公司为ODR企业计划正有序开展中。

【“3·15”国际消费者权益日活动】 2021年，云霄县市场监管局针对新冠肺炎疫情防控特点以非现场形式，以网上互动形式开展宣传，并邀请县领导到市场、超市、生产防护服口罩等企业进行现场指导，通过云霄电视台播出，加强“3·15”国际消费者权益日宣传氛围，集中收看“3·15”国际消费者晚会，并做好播出时的值勤备勤工作。

（朱福生）

食品药品监督管理

【药械化市场概况】 2021年，云霄县市场监督管理局坚持“四个最严”总体要求，创新监管方式、提高监管效能、强化法规宣传、落实法律责任，有效规范药械化妆品经营使用行为，净化药械化市场，保障县药品医疗器械化妆品质量安全。截至2021年底，云霄县有药品批发企业1家，医疗器械生产企业4家，药品零售企业94家，医疗器械经营企业121家，县级医疗机构3家，社区卫生服务中心1家，民营医院4家，乡镇卫生院9所，村卫生所（室）208所，个体诊所54家，较大规模化妆品经营企业38家。

【药械化市场监管】 2021年，云霄县市场监管局以“全覆盖、治源头、提实效”为主线，加强药械化市场监管。日常监督检查与“双随机、一公开”检查相结合，完成13家药品零售企业检查工作，并将检查结果录入“福建市场监管一体化平台”；根据上年度信用等级评定结果，采取随机抽查被检查主体146家，随机抽取相对应检查人员开展监督检查，检查结果全部录入“福建省药械综合监管平台”，确保药品市场安全。药械化专项检查整治，按照“排查、整治、规范”的工作思路，针对重点环节、重点品种、重点业态全力以赴抓好安全隐患排查及整治工作。药品方面：组织开展中药饮片专项整治、含兴奋剂药品专项治理、药品流通领域专项检查、国家组织集中带量采购中选药品质量监管专项检查、药品网络销售违法违规行为专项整治等专项治理工作；医疗器械方面：组织开展质量安全风险隐患排查治理、医疗美容用医疗器械专项治理、不合理医疗检查专项治理行动等专项治理工作；化妆品方面：组织开展日化品等产品质量专项行动、化妆品流通环节专项整治、儿童化妆品专项整治等专项治理工作。通过各种专项治理，有力地打击药械化流通领域各种违法违规行为，全力排查安全风险隐患，进一步规范药械化流通秩序，确保群众用药用械用妆安全有效，确保不发生系统性、区域性药械化安全事件。是年，县市场监管局审查新开办药品经营企业10家，备案医疗器械经营企业14家，换发药品零售经营许可15家，换发三类医疗器械经营企业9家，云霄县城乡药械市场布局合理，群众购药方便。收集、审核、评价ADR（药品不良反应）276例，报告数达到657份/百万人（报告数达到600份/百万人），其中新的、严重的报告占比37%；MDR（肿瘤多药耐药性）病例71例，报告数达到169份/百万人（报告数达到150份/百万人）；化妆品不良反应报告37例，报告数达到88份/百万人（报告数达到80份/百万人），药械化安全风险监测评价工作稳步落实。推动医疗器械唯一标识（UDI）系统工作，组织云霄县2家UDI试点医疗机构参加省局组织的UDI视频培训，加强专业知识学习，打牢技术基础，及时了解UDI系统建设过程中遇到的疑难问题，迅速协调解决，推动试点医疗机构加快UDI系统建设工作。

【药品信息化追溯体系建设】 2021年，云霄县市场监管局持续推进药品信息化追溯体系建设。药品零售企业方面：推荐1家药品零售企业为福建省药品信息化追溯体系建设示范企业，督导示范单位对上游企业有扫码出库的药品全部扫码入库，做到“能扫尽扫”，通过示范带动推进药品追溯体系建设。截至2021年11月，全县药品零售企业全部做到重点品种扫码上传，确保药品来源可追溯。疫苗方面：督促指导涉苗单位做好扫码上传工作，县疾控中心、乡镇卫生院预防接种门诊、医疗机构产科门诊等疫苗使用单位全部可以在追溯系统中完成扫码追溯，如期完成二级要求的药品追溯体系建设工作。

【创建医疗机构“规范药房”】 2021年，云霄县市场监管局立足辖区实际，选取具备条件的98家医疗机构作为试点对象开展试点工作。各试点对象严格按照《漳州市医疗机构“规范药房”考核评分标准（试行）》进行自查整改，由县市场监管局验收组对试点单位进行现场核验。创建医疗器械经营使用安全百家示范点。遴选县级医疗器械经营企业和使用单位各1家为示范试点，组织监管人员到示范点，解读法律法规重点条款，对建立质量管控措施、质量体系文件等进行帮促指导，确保创建工作的质量与水平，帮助2个示范点通过省药品监督管理局验收。

【确保麻精药品监管安全】 2021年，云霄县市场监管局强化部门联动，联合县禁毒办、卫健局开展麻精药品专项检查，重点检查14家乡镇以上医疗机构和使用麻精药品的民营医院的麻精药品的购销存等环节，未发现麻精药品流入非法渠道。

【疫情防控】 2021年，云霄县市场监管局立足本职，采取多项有效措施，持续做好新冠肺炎疫情防控常态化工作及药械方面新冠肺炎疫情应急，切实保障群众用药用械安全，助力新冠肺炎疫情监测。持续督促药品零售企业通过闽政通扫码上报退热、止咳、抗菌、抗病毒“四类药品”购买信息，要求企业发现发热及健康码异常购药者，及时报告社区新冠肺炎疫情防控联系人。是年，上报登记信息121870条，报告发热及健康码异常购药者12人次，切实发挥零售药店在新冠肺炎疫情防控中的“前哨”作用。加强药企防疫督导，督促药品零售企业落实防疫工作，严格执行戴口罩、验绿码、一米线、场所定期消毒等防疫措施，对防疫工作落实不到位的企业进行集中约谈。2021年度召开药品零售企业负责人参加的新冠肺炎疫情防控工作部署会2次；出动执法人员1316人次，督查药品零售企业413家次，约谈企业9家次。强化新冠肺炎疫情防控用药械产品监督检查，在专项检查及日常巡查中，重点抽查含对乙酰氨基酚的退热药、磷酸奥司他韦、连花清瘟胶囊、医用口罩、体温计等新冠肺炎疫情防控重点品种的购销存情况，督促药械经营使用单位落实主体责任，严把质量关口。保障疫苗质量安全，组织对县疾控中心、全县（含常山）13个新型冠状病毒肺炎疫苗接种单位和临时接种点开展疫苗质量安全监督检查，重点检查疫苗进货渠道合法性，储存、运输等环节质量管理落实情况，检查结果均录入“福建省药械综合监管平台”；强化新型冠状病毒肺炎疫苗市场监督检查，密切关注市场动态，保持打击违法销售新型冠状病毒肺炎疫苗高压态势。强化新型冠状病毒肺炎核酸检测试剂质量监管，每季度对县疾控中心及2家县直医疗机构等3家有使用新型冠状病毒肺炎检测试剂的单位开展监督检查，保证检测试剂来源、冷链过程全程可追溯，确保检测试剂产品质量安全。

【基本药物制度实施】 2021年，云霄县市场监管局按照国家局《关于加强基本药物质量监督管理的规定》，严格基本药物和药品集中采购配送及市场监管，认真开展国家组织集中带量采购中选药品质量监管。加强对辖区医疗机构中选药品购用情况的监督检查，督促医疗机构对药品进货严格检查验收，按照要求储存养护、使用药品；配合省、市局做好药品监督性抽检工作，是年抽检药品34批次，其中国家集采中标品种药品1批次，保障基本药品质量安全。办理案件28起，其中简易程序案件5起，对5家涉药械企业给予警告行政处罚；一般程序案件23起（其中涉药15起，涉械3起，涉妆5起），罚没款7.78万元。

【法律法规宣传】 2021年，云霄县市场监管局通过多种形式宣传教育，普及药械化法律法规及安全使用知识。在“12315”及“12331”等主题日、“药品科技活动周”“化妆品安全宣传周”“医疗器械安全宣传周”“安全用药月”期间，发放法律法规读本、宣传材料，接受群众咨询，利用云霄电视台、云霄融媒、移动短信平台、药品经营企业店前LED（发光二极管）屏幕等渠道发布法律法规公益宣传片、安全科普宣传视频及信息，大力开展药械化法律法规及用药用械安全知识宣传，提高公众知晓率和自我保护能力。

（张育勤）

【“一品一码”追溯体系建设】 2021年，云霄县市场监管局督促食品生产经营单位建立健全食品安全可追溯体系，加大对新取证食品生产经营单位的培训力度，持续强化“一品一码”追溯体系应用，推进“一品一码”追溯体系建设，推动追溯体系建设提质、扩面、增效，确保产品来源可查、去向可追、风险可控、责任可究。

【食品生产加工小作坊监管】 2021年，云霄县市场监管局推进小作坊食品安全提升行动，做好小作坊普查建档、目录建立、核准准入、监督检查、抽检监测、品牌创建、信用体系建设等工作，实现小作坊普查建档率100%，同时将小作坊纳入“一品一码”追溯体系建设，持续开展食品小作坊专项整治，通过打击整治、规范提升，促进小作坊规范发展。

【流通环节食品安全风险整治】 2021年，云霄县市场监管局坚持问题导向，分级建立风险清单，围绕防范风险、排查风险、治理风险、化解风险，突出重点，深入开展流通环节食品安全风险排查整治。对监督抽检不合格食品销售者开展专项检查，核查问题原因，督促销售者认真整改。

【农村假冒伪劣食品专项整治】 2021年，云霄县市场监管局以农村地区、城乡接合部为主，全面清理食品生产经营主体资格，严厉打击制售“三无”（无生产日期、无生产厂家、无质量合格证）食品、假冒食品、劣质食品、过期食品等违法违规行为，坚决取缔“黑窝点”，实现风险隐患排查整治常态化，提升农村食品安全水平。

【市场销售食用农产品质量安全监管】 2021年，云霄县市场监管局对食用农产品集中交易市场组织开展专项检查，跟踪落实整改情况，严格查处问题市场开办者和经营者。坚持问题导向，严格问题处理，查清产品来源及问题原因，严厉查处非法添加及农兽药残留超标违法行为。加大部门协作力度，及时通报发现问题，提请相关部门加强源头监管，加强与公安部门配合，查处典型违法犯罪行为。

【冷链食品安全监管】 2021年，云霄县市场监管局深入排查，建立涉及冷库的销售者名单，开展专项检查，督促冷藏冷冻食品经营者严格履行主体责任，落实进货查验记录制度。加强冷库猪肉、禽肉、牛肉，羊肉等动物检疫合格证明文件的检查，保障食品安全。将进口冷链食品企业作为重点监管对象，要求企业经营场所相应显著位置公示“进口冷链食品”字样，公示“核酸检测阴性报告、消毒证明”。督促企业在购入进口冷链食品严格落实提前24小时报备制度。进口冷链食品需取得报关单、检验检疫证明、消毒证明、核酸检测证明，方可对外流通、加工、销售。对冷链食品生产、经营企业开展常态化检查，对企业的实际生产、经营产品，原料产地等进行检查，确保不遗漏任何一家进口冷链食品企业。要求冷链食品企业签署《承诺书》，对其购入的食品原料产地、从业人员等信息做到真实完整，严格落实企业主体责任。

（肖顺志）

价格管理

【市场价格监督】 2021年，云霄县市场监管局在元旦、春节等重要节假日期间加大市场价格巡查力度，严厉打击不明码标价、价格欺诈、捏造散布涨价信息、哄抬价格、串通涨价等价格违法行为，及时发现趋势性、苗头性问题，强化风险防范和应急处理，确保重要节假日的重点商品和市场价格基本稳定，为广大人民群众生活营造美好的价格环境。开展整治“天价岩茶”乱象专项行动，成立县市场监管局整治“天价岩茶”乱象专班，明确整治工作的要求、任务、对象、重点、难点。通过市场监管、日常巡查等方式，多渠道，多方位加强宣传，对云霄县知名度较高、规模较大、效益较好的茶业生产经营企业开展上门指导服务，总共发放提醒告诫书60份，指导并签订承诺书20份。同时，以抓重点、攻难点、追难点为目标，在全县范围内开展专项检查，出动执法车辆25车次，检查茶叶相关生产经营单位46家。配合相关部门股室做好“片仔癀”“停车场”市场在价格方面的监管工作。

【涉企收费监管】 2021年，云霄县市场监管局贯彻推进减税降费决策部署，规范涉企收费行为，开展治理涉企收费减轻企业负担专项行动。成立收费整治专项组，负责涉企收费监管检查工作。认真学习有关开展治理涉企收费各种专项行动的文件和相关法律法规，严格执行廉政规章制度，做到公正执法、廉政执法。专项行动前，通过外围调查，实地走访民政局以及发改部门，沟通联系，了解涉企收费清理规范情况，梳理相关政策，找准当前企业反映强烈的优惠减免政策落实方面存在问题，以此为重点，有的放矢开展检查工作。部署各相关部门开展自查自纠工作，确定各部门自查自纠工作的任务、目标、范围和重点。从各部门完成的自查自纠情况看，没有发现有违规收费问题。检查组对专项涉及的3家企业：漳州安然燃气有限公司云霄分公司、福建省水务发展集团云霄水务有限公司、国网福建云霄县供电有限公司进行检查，现场发放涉企收费行为提醒告诫书3份。经检查，该3家企业能规范落实收费政策要求，未发现有违法违规行为。

【行业协会商会收费监管】 2021年，云霄县市场监管局发放通知，要求各行业协会商会开展自查自纠，加强行业协会商会收费监管。云霄县现有协会12家，其中有7家协会不收费，有5家协会（商会）存在收费行为。在自查自纠的基础上，县市场监管局联合县民政局对4家协会（云霄县房地产中介协会、云霄县东厦镇商会、云霄县药协会、云霄县建材装饰协会）进行抽查。经抽查，各协会（商会）的收费情况均按照协会（商会）章程公示的收费标准收取，未发现有违法违规收费行为，县市场监管局也未收到有关协会（商会）乱收费的投诉举报。

【价格监管效能】 2021年，云霄县市场监管局加强校外机构收费情况监管，规范校外培训机构的收费行为。以检查大队为主力，开展校外机构收费专项整治，检查8家校外培训机构，对其中1家校外培训机构不明码标价的行为进行立案查处，纠正当事人违法行为，处罚款1200元。

是年，县市场监管局收集福建省9次降低一般工商业电价的相关文件规定和有关电价政策，组织相关人员学习《福建省转供电环节价格检查执法指导手册》等业务知识，并开展专项行动。做好调查摸清转供电主体工作，准确掌握转供电主体的基本信息。经调查了解，掌握到的转供电主体为12家。

按照《福建省市场监管局关于印发全省粮食市场秩序专项整治工作方案的通知》和《漳州市市场监管局关于印发全市粮食市场秩序专项整治工作方案的通知》要求，结合中央纪委国家监委、省、市、县纪委监委关于“粮食购销领域腐败问题专项整治自查自纠工作”相关精神，县市场监管局履行市场监管职能，开展粮食购销领域腐败专项整治。强化粮食流通执法检查，确保国家粮食价格政策执行到位；把自查自纠作为重中之重工作抓紧抓好抓实，为粮食市场保供稳价、筑牢粮食安全防线履职尽责。截至2021年底，出动执法人员106人次，检查涉粮食企业、个体经营户32家次，检查涉粮食企业贸易结算强检计量器具7台，立案查处4起涉嫌经营未明码标价大米案。

（汤开振）

应急管理

防灾减灾救灾

【森林防灭火】 2021年，县安办下发《关于落实清明期间安全防范工作的通知》，组织执法力量分片包干到各乡镇（开发区）开展巡查检查，提前介入森林火灾案件侦查工作，从严从快打击犯罪行为。11月19日，全市森林火灾应急处置实训活动在云霄县顺利举行，县级专业扑火队成功演示5种扑火战法，得到市森防办高度肯定。

【防汛抗旱】 2021年，县防指组织各成员单位开展汛前安全检查，在汛前检查10个乡镇（开发区）防汛物资储备情况、应急抢险队伍组织情况（全县共计201支3184人）以及防汛应急抢险预案、山洪灾害防御预案的完善修订情况，抽查各村（社区）和水库、大坝、水闸、海堤等水利工程防汛备汛情况，并及时组织各乡镇（开发区）、村开展防汛转移人员避险演练121场，参演人数988人。

【自然灾害预防】 2021年，扎实开展自然灾害避灾点安全隐患大排查大整治行动，对全县198处自然灾害避灾点进行全面检查；下达自然灾害救助资金8.5万元，应急专项经费6万元；协调县发改局（粮储局）采购自然灾害救灾物资一批，调拨五批次救灾物资用于森林防灭火、防汛、疫情防控等工作；通过公开招标购买自然灾害公众责任保险58万元，政府采购农村房屋叠加保险17万元。

（罗元贞）

应急处置

【应急救援队伍】 每个乡镇（开发区）建立1—2支综合应急救援队伍。每支队伍不少于15—20人，专门应对森林火灾、气象灾害、地质灾害等突发事件的抢险救援工作。县森防指下发通知，组织各乡镇（开发区）半专业综合救援队伍开展扑火技能培训，并邀请市有关专家进行现场授课。重点时段，县消防救援大队、县级专业扑火队、乡镇（开发区）半专业综合救援队等救援力量均进入应急备勤状态，做好应急救援准备。成立漳州市首支教育系统应急志愿队伍；把云霄蓝天救援队和云霄县七彩虹志愿服务队纳入应急救援民间补充力量。

【应急指挥中心】 云霄县应急指挥中心设置在县行政办公大楼一楼，占地面积约200平方米，县财政预算500万元建设资金，设置应急指挥大厅、值班室、网络机房等，配备无人机、单兵设备、布控球、天通卫星电话等现场装备。由应急部信息中心专家对云霄县应急指挥中心进行设计，已投入使用并接入省防汛视频会议系统，满足应急值班调度、应急指挥等基本需求。

【应急演练】 2021年，开展消防安全、防汛抗旱、海洋渔业、建筑施工、道路交通、市政燃气泄漏等应急演练55场次，参演人员3568人次，有效地提升民众安全意识和风险防范意识，提高应急救援能力。6月29日下午，云霄县海洋与渔业局联合县应急局、列屿镇人民政府在山前一级渔港组织

2021年渔业安全生产应急演练。11月16日，由漳州市森林防灭火指挥部主办，云霄县森林防灭火指挥部承办，各县（区）森林防灭火指挥部协办的2021年全市森林火灾应急处置实训活动在云霄县举行。

【应急值守】 2021年，云霄县突出元旦、春节、“五一”国际劳动节、国庆节等重要节假日和中共十九届六中全会、全国及地方“两会”等重大活动期间安全防范措施，严格落实24小时值班值守和每天“零报告”制度，值班人员到岗到位，建立健全信息报告工作制度，及时报送生产安全相关信息，安全生产行政执法统计直报率达100%。

（石凯明、罗元贞）

安全生产监督管理

【责任落实】 2021年，县委县政府高度重视安全生产工作，县委常委会和县政府常务会多次研究部署安全生产工作。8月11日，县委书记蓝良木主持召开县委理论学习中心组会议，集中观看学习《生命重于泰山——学习习近平总书记关于安全生产重要论述》专题教育片，指出要强化思想认识，安全生产责任重于泰山，任何时候都不能有丝毫松懈。9月29日县政府常务会、9月30日县委常委会均专题传达学习新修订的《中华人民共和国安全生产法》，县委书记、县长均提出宣传贯彻意见。省市季度会后，云霄县均及时召开季度会议，传达贯彻落实上级会议精神，全力做好当前各项安全生产工作。9月27日上午，县长沈顺来组织召开全县安委会、消安委成员会暨2021年第四季度安全生产形势工作会，部署第四季度安全生产工作重点。在9月28日省政府第四季度防范重特大事故暨安委会成员视频会议和10月27日全省安全生产工作视频会后，云霄县迅速召开会议，贯彻落实会议精神。各乡镇（开发区）、县直各有关部门均迅速召开会议，将会议精神传达至村（社区）、企业等“最后一公里”。以县委、县政府名义下发《2020年度各乡镇（开发区）党政领导、县单列考核单位安全生产和消防工作目标责任书》，将安全生产和消防工作目标责任落实纳入领导干部实绩、绩效、综治、精神建设考核，确保责任落实到人。

【城市安全发展】 根据《云霄县安全风险源头治理体系建设工作方案》，县财政预算100万元，通过公开招标的方式聘请专业第三方机构作为安全风险评估实施单位，截至2021年底，已进入实施阶段。启动自然灾害风险普查，制定《云霄县第一次全省自然灾害综合风险普查总体方案》，开展自然灾害综合风险普查调查工作，应急等5个部门数据调查进度为100%，总进度86.1%，居全市前列。根据普查进度，预算50万元，通过公开招标方式聘请第三方专业机构开展普查工作。全面落实部门职责，县人社局将安全生产法律法规纳入职业技能培训规划；县自然资源局将安全生产纳入国土空间规划内容；县工信局督促电力企业强化安全生产主体责任；县城管局开展物业行业和城镇燃气安全专项整治。

【大排查大整治和三年行动】 2021年，云霄县共成立督导检查组899个，开展督导检查1959次，检查单位4987家，督导问题1668个，排查安全隐患2848项，其中一般隐患2847项，已落实整改2842项，整改率99.8%；重大隐患1项，已整改完毕。累计行政处罚64次，责令停产整顿60家，暂扣吊销证照1家，关闭取缔8家，罚款21.605万元，约谈警示21家。

【重点行业领域整治】 2021年，深入开展道路交通、消防安全、危险化学品、非煤矿山、建筑施工、烟花爆竹、海洋渔业、城镇燃气、特种设备、有限空间等重点行业领域专项整治，堵塞各类安全漏洞。景区和非景区景点方面，重点排查云霄县30个景区和非景区景点，排查出67项安全隐患问题，已整改67项，整改率100%；道路交通方面，排查整改道路安全隐患8处，推动完成2处省市为民办实事隐患项目整改；新建城区停车泊位2600个，调整改建停车泊位350个。组织检查“两客一危一货”（公路客运、旅游客运、危化品运输车、货运车辆）重点运输车辆2238辆次，发放整改通知书33份，查处各类交通违法行为45373起，其中严重交通违法行为15783起（其中酒醉驾595起）、违停

16653起、清理僵尸车137辆、拆除遮阳伞2185起，查扣“炸街车”46辆。消防安全方面，开展监督检查社会单位场所1210次，发现火灾隐患540处，下发责令整改通知书325份，办理行政处罚案件40起，临时查封6家，责令“三停”（停止施工、停止使用、停产停业）3家，罚款81679元。生命通道消防车道整治，累计安放警示牌标识87个，施画标线66处；督促物业企业单位清除消防车通道的障碍物和设置的停车位，共清理地锁9个，清理石墩13处，停车位8处。海洋渔业方面，出动执法人员2065人次，海上巡查行动73次，航时357小时，航程2413.16千米，港口巡查445次，检查各类港口、澳口846个次，检查渔船362艘次，排查整治事故隐患206项，清理拆解“三无”（无船名船号、无船舶证书、无船籍港）船舶58艘，立案查处违法违规行为21起，罚款5.75万元，没收3艘涉渔“三无”船舶。建筑施工方面，出动检查执法人员762人次，对云霄县项目安全生产和疫情防控进行拉网式全覆盖排查，责令41个项目限期整改，3个项目停工，对6个项目的有关责任人员进行警示约谈，对12个在建项目的安全生产进行督查。城镇燃气方面，开展执法检查42次，出动执法人员210余人次，发现一般隐患82处，100%整改到位。特种设备方面，出动执法人员871人次，检查特种设备使用单位246家次，发现安全隐患33个，发出安全监察指令书30份，立案5起，罚款入库8万元，注册特种设备615台套。危险化学品方面，检查危险化学品经营企业52家次，发出责令限期整改指令书21份，出动检查人员150人次，发现安全隐患41条，100%完成整改，暂扣危险化学品经营许可证1次，并持续开展“黑加油点”专项整治行动。烟花爆竹方面，检查烟花爆竹批发、经营店13家次，出动检查人员44人次，发出责令限期整改指令书3份，发出现场处理措施决定书3份，罚款3600元，发现安全隐患11条，100%完成整改，对收缴的143个违法烟花爆竹进行销毁。非煤矿山方面，出动执法检查人员20人次，检查矿山企业4家次，发现一般隐患12条，发出责令限期整改指令书4份，全部督促落实整改到位。工贸企业方面，检查工贸企业79家，责令限期整改56家，发现隐患问题176项，全部整改完毕，行政处罚3家，罚款5.3万元。开展涉氨制冷专项整治，对全县8家涉氨制冷企业检查全覆盖；开展有限空间专项整治，对全县31家涉及有限空间作业企业检查全覆盖；对全县11家粉尘涉爆企业检查全覆盖。

（罗元贞）

农业·农村

综 述

【概况】 2021年云霄县农林牧渔业总产值69.48亿元，比上年同期增长7.5%，增幅位居全市第4；2021年农民人均可支配收入2.17万元，比上年同期增长11.6%，农村居民收入增长速度连续第12年领先城镇居民，农村居民收入与城镇居民收入差距逐渐收窄；“比农村人居环境整治与农村建设品质提升”竞赛取得全市第2的优异成绩。全县水果、茶叶、蔬菜、畜禽、水产、林竹、花卉苗木、食用菌、中药材、乡村旅游、乡村物流等十一个优势特色产业全产业链总产值突破290亿元。下河乡下河村获评全国乡村特色产业亿元村。

（方艺豪）

【种植业发展】 2021年云霄县完成粮食总产量4.87万吨，比2020年增加0.24%；水果总产量28.5万吨，比2020年增长1.18%；蔬菜总产量18.7万吨，比2020年增长2.73%。

（张明理、林炳洪）

【畜牧业】 2021年云霄县生猪出栏28.19万头，比上年同期增加17.40%；牛出栏1663头，比上年同期减少47.07%；家禽出栏386.25万只（羽），比上年同期增加8.7%。

（周汉强）

【渔业】 2021年，云霄县渔业总产值25.67亿元，比上年增长2.3%；水产品总产量26.79万吨，比上年增长2.35%。全县水产养殖面积3154.19公顷。其中，海水养殖面积2947.89公顷，主要养殖泥蚶、缢蛏、青蟹、巴非蛤、海瓜子、石斑鱼、鲈鱼、河豚、黄鳍鲷等高优水产品；淡水养殖面积206.29公顷，主要养殖罗非鱼、黑鱼、鲫鱼等品种。

（黄晓雄）

【林业】 2021年云霄县植树造林1.38万亩，森林抚育4.03万亩，封山育林1.62万亩。全年全县总采伐量14.92万立方米。10月22日，云霄县林长办公室挂牌成立，云霄县林长制工作全面启动。

（汤一帆）

【农村发展】 2021年云霄县完成138个村土地确权档案“一户一档”数字化扫描工作；制定出台《云霄县农村村民住宅建设管理办法》；全年发展各类农民专业合作社316家，成立各类家庭农场2110家；全县国家级“一村一品”特色农业产业示范村2个，省级“一村一品”特色农业产业示范村9个，市级“一村一品”特色农业产业示范村15个。

（方唯义）

巩固拓展脱贫攻坚成果

【责任落实】 2021年云霄县严格落实5年过渡期“四个不摘”（不摘责任、不摘政策、不摘帮扶、不摘监管）要求，坚持五级书记抓帮扶、市县乡抓落实，工作力量、组织保障、规划实施、项目建设、要素保障落实到位，持续巩固拓展脱贫攻坚成果。强化驻村帮扶衔接，强化党建引领机制，选派党员干部到41个脱贫村和11个省级乡村振兴试点村任职。县直各单位根据职责分工，每月组织开展专项筛查，每季度研判分析，及时发现和解决问题，持续保障脱贫户“两免一补”教育帮扶、基本医疗保险、大病保险和医疗救助帮扶、住房安全、家庭饮用水安全等政策落实，有效巩固脱贫人口“两不愁三保障”（不愁吃、不愁穿；义务教育、安全住房、基本医疗有保障）及饮水安全。

【政策落实】 2021年度财政投入力度保持不减，安排县级衔接资金2057.3万元。延续产业帮扶政策，2021年产业帮扶资金594万元（分三次下达），补助脱贫户发展特色优势农业和农产品加工。落实稳岗就业政策，2021年培训脱贫人口298人次，公益性岗位在岗79人（其中原建档立卡贫困人员49人）。延续落实兜底保障政策，做好“两项制度”有效衔接，落实原建档立卡贫困户兜底保障待遇，2021年原建档立卡贫困户纳入低保2930人，纳入特困86人；符合条件的疑似对象15人纳入保障范围（其中，纳入低保13人，纳入特困2人）。延续脱贫户小额信贷及雨露计划政策，2021年新发放脱贫人口小额信贷169户528.3万元，小额信贷覆盖面5.4%，雨露计划补助已脱贫家庭中正在接受全日制中、高等职业教育（含中专和技校）的子女316人。

【工作落实】 2021年健全防止返贫动态监测和帮扶机制，做到早发现、早干预、早帮扶，及时化解致贫返贫风险。“一键报贫”申报核实工作实行“日汇总、周核实”制度，及时受理和审核农户“一键报贫”申请。2021年收到178条“一键报贫”申请，核实后纳入低保5户11人，临时救助5户18人。完善突发严重困难户、脱贫户定期核查和动态调整机制。乡村干部、驻村干部、信息采集员每月开展常态化走访摸排工作，了解掌握脱贫户生产生活情况，及时发现突发严重困难户；县直相关职能部门根据职责分工，每月组织开展一次专项筛查，并及时将预警信息分类分级反馈各乡镇（开发区）核实，及时化解致贫返贫风险，落实突发严重困难户帮扶措施。

【巩固成效】 2021年所有脱贫人口实现稳定“两不愁三保障”和饮水安全，脱贫户家庭人均纯收入1.67万元，比上年同期增加16个百分点。巩固和推进18个出列村集体经济发展，通过盘活山地、林地、旧村部等村集体财产，以及对已承包出去的滩涂地、虾池等集体财产进行清算、重新招标、税收分成及流转土地等方式，促进村级集体增加经营性收入，18个出列村村级集体经营性收入都达10万元以上。

（罗春松）

乡村振兴

【试点示范】 2021年，云霄县推进省级乡村振兴特色乡镇（和平乡）的7个乡村振兴项目建设、和平乡梾树村等11个乡村振兴省级试点村的56个乡村振兴项目建设。建好3条乡村振兴“串点连线成片”线路，打造5个乡村振兴“一村一方案”先行村、9个不同类型特色精品村。特色乡镇（和平乡）累计完成投资1507.55万元，占年度计划投资1289.8万元的116.88%；11个省级试点村累计完成投资4743.8万元，占年度计划投资4033.9万元的117.6%；实绩突出村（下河乡坡兜村）累计完成投资549.2万元，占年度计划投资469万元的117.1%。3条示范线建设完成投资3786.7万元，占计划投资任务2923.6万元的129.52%。

【产业兴旺】 2021年全县水果、茶叶、蔬菜、畜禽、水产、林竹、花卉苗木、食用菌、中药材、乡村旅游、乡村物流等11个优势特色产业全产业链总产值290亿元以上，实现年增长率约7%；持续加强特色现代农业“六十工程”建设，培育省级农业产业化龙头企业12家，新建4个农产品产地初加工中心，新增7个优质农产品标准化示范基地、1个“三品一标”农产品、3个“一村一品”特色产业示范村、2个对台农业融合发展示范基地。下河乡下河村获评2021年全国乡村特色产业亿元村。

【生态宜居】 2021年云霄县推动农村公厕管护市场化运营管理，强化日常卫生保洁。年内全县新建乡镇公厕2座，农村公厕15座。持续健全生活垃圾无害化、城乡一体化处理体系，推动云陵镇全镇域落实垃圾分类。完成乡镇污水配套管网21.07公里、安全生态水系建设7公里、4个村庄的污水处理设施建设、18个村的农村生活污水提升治理验收，治理水土流失7500亩。按照“多规合一”要求，编制完成53个村的村庄规划和全县农房建筑立面图集，建设裸房整治示范村4个，整治裸房1251栋。创建省级卫生乡镇2个、省级森林村庄2个，完成村庄“四旁”绿化20亩，新增绿盈乡村15个，新改建农村公路14.8公里、农村饮用水管网15公里。

【乡风文明】 2021年全县有移风易俗、文明劝导、文化惠民、邻里守望、环境卫生整治、信访调解等6支志愿服务队。陈岱镇礁美村被评为全国文明村，全县153个村镇、社区被评为省、市、县级文明村镇（社区）。年内建设1个县级新时代文明实践中心、10个镇级新时代文明实践所、183个村级新时代文明实践站。全年组织开展文明实践活动600场，受众6万多人次。

【治理有效】 2021年全县197个村（社区）完成“两委”换届工作，共选举产生新一届“两委”成员1447名，全面实现村（社区）党组织书记、村（居）委会主任“一肩挑”。全县各村（社区）设立民主议事厅，制定民主议事协商制度，完善村规民约，推动开展民主协商议事活动。培育“法律明白人”队伍，每个村（社区）培养3名“法律明白人”，推进法治乡村建设。选派189名科技特派员分别挂钩全县158个行政村，全年提供科技服务1024人次。开展电商人才培训181人次。招募“三支一扶”高校毕业生服务基层19人及“服务社区计划”高校毕业生7人。

【生活富裕】 2021年全县投资1200万元硬化农村公路路面6.585千米，综合治理水土流失5.83平方公里。实施农林水利基础设施项目8个，总投资4.75亿元，年度完成投资2.8亿元以上。推广“村邮站+快递超市+电商服务十便民服务”模式，建立自提点68个、邮掌柜74个。制定《关于印发云霄县“养鸡生蛋”工程实施方案》（云扶办〔2021〕3号），下达“养鸡生蛋”工程收益金750万元，推动巩固脱贫攻坚成果和乡村振兴有效衔接。

（李岚）

农 业

【农业产业化基地】 马铺乡客寮村淮山产业化基地生产的淮山品质优良、营养价值高，获得中国地理标志产品和无公害农产品认证。该基地2021年种植淮山1000亩，产量约200万千克，产值800万元。位于客寮村的漳州何氏农业开发有限公司，是淮山产品深加工的省级科技型企业，获SC（食品生产许可证生产）认证，其开发生产的“矾山牌”淮山面、淮山线面、淮山粉等系列产品畅销市场，被评为福建省著名商标和漳州市优秀伴手礼。客寮村淮山产业化基地通过成立淮山种植专业合作社，与福建省农科院的合作，构建淮山产学研协作平台；推广淮山套管定向栽培技术；利用省级财政衔接推进乡村振兴补助资金100万元，建设淮山产品体验馆、电商直播间、培训基地等举措，强化淮山产业化基地建设，推进淮山产业化发展。

（张明理）

【粮食生产】 2021年云霄县实行粮食安全党政同责，全年粮食作物播种面积10.68万亩，总产量4.87万吨，其中稻谷播种面积9.17万亩，产量4.17万吨，粮食作物播种面积和产量比上年度略多。粮食生产重点推广优质稻和绿色高质高效生产，推行设施大棚水稻全程机械化生产技术，扶持农业新型经营主体规模化生产和专业化社会化服务，继续做好耕地地力保护补贴发放和水稻种植保险工作，2021年全县耕地地力保护补贴实际发放1058.8万元，水稻种植保险实现全覆盖，保护农民种粮积极性。

（林炳洪）

【水果生产】 2021年云霄枇杷、下河杨桃继续申报“全国名特优新农产品”称号。全县水果种植1.14万公顷，产量28.48万吨，产值15.73亿元。其中，种植枇杷4059.67公顷，荔枝929公顷，蜜柚2262.8公顷，龙眼1213公顷，青枣882.2公顷，杨桃872公顷，西番莲（百香果）140公顷。引进的红美人（“爱媛28”）、黄美人、沃柑、木瓜蜜丁等柑橘新品种进入投产期。

（陈天佑、张明理）

【茶叶生产】 2021年全县茶园总面积11485亩，总产量1510吨，主要品种有黄观音、铁观音、金观音、黄玫瑰、凤凰单丛、白鸡冠、金牡丹等。加工产品以乌龙茶为主。年内先后举办“云霄县第二届茶叶加工技能竞赛”、“云霄黄观音”专场品鉴会、“云霄县第五届茶叶评选赛”等活动。11月27日召开第一届云霄县黄观音茶叶协会第一次会员大会。

（蔡捷英）

【蔬菜生产】 2021年全县蔬菜种植面积9046.8公顷，产量18.65万吨，产值9.48亿元，其中设施蔬菜种植面积510.26公顷。全县大力推广蕹菜籽繁种，每年繁种面积近200公顷，产量350吨，产值800多万元，主要种植云霄柳叶白梗蕹菜和半青白品种。引进推广蔬菜新品种甜椒（“苏菲二号”“鲁斯卡”）、甜瓜（“阿鲁斯”）、“闽研3号”苦瓜、“福茄5号”长茄、大番茄（“倍盈”“思倍德”）、小番茄（“釜山88”“玲珑”“玉女”“紫流星”）等优良品种；推广基质栽培、测土配方施肥、滴灌喷灌节水灌溉、水肥一体化、嫁接育苗、病虫害绿色防控（黄板、蓝板、性诱剂、诱虫灯、防虫网、生物农药防治等）等先进技术，推广水稻—蔬菜水旱轮作模式，减轻蔬菜病虫危害，改善生态环境，提高综合效益。

（张明理）

【食用菌生产】 2021年全县食用菌总产量1.78万吨，总产值8064.34万元。港荣泰（福建）生物科技有限公司、福建港舜泰生物科技有限公司和福建港恒泰生物科技有限公司等3家企业工厂化栽培金针菇8万平方米，年产量1.59万吨，年产值7750万元；云霄县天金食用菌农民专业合作社工厂化栽培秀珍菇120万袋，年产量180吨，年产值240万元。和平乡、马铺乡零星分散种植蘑菇，全年总产量700吨左右。

（张明理）

【淮山生产】 2021年全县淮山种植350公顷，产量1.2万吨，产值5000万元。淮山套管定向栽培技术逐渐在生产上推广；漳州何氏农业开发有限公司淮山加工新厂房及设备投入使用，产品有淮山片、淮山粉、淮山面线、淮山粿、紫淮山粉、紫淮山片、淮山馒头等加工产品。漳州何氏农业开发有限公司、云霄县矾山果蔬专业合作社二家单位及何银河等4人参与编制的福建省级地方标准《山药浅生槽定向栽培技术规程》（DB35/T 1982—2021）于2021年9月21日实施。

（陈天佑）

【病虫害防治】 2021年主要农作物病虫草鼠害发生面积3.92万公顷次，防治面积3.56万公顷次。其中，水稻病虫害发生面积0.96万公顷次，防治面积0.866万公顷次；果树病虫害发生面积1.11万公顷次，防治面积0.95万公顷次；蔬菜等经济作物病虫害发生面积0.70万公顷次，防治面积0.58万公顷次；农田鼠害全年发生面积1.03万公顷次，防治面积1.02万公顷次。全县推广农作物病虫害绿色防控和统防统治融合技术，减少农药使用量，2021年全县（含常山）农药使用量615.29吨，比2020年减少2.02%。

（张玥真）

【新技术示范推广】 2021年云霄县推广水稻暗化育秧技术、工厂化基质育秧、绿色高质高效增产技术、适度密植、湿润灌溉、配方施肥、病虫害专业化统防统治、水稻耕种收烘综合机械、秸秆还田等新技术。继续推广豆科绿肥种植、农作物有机肥施用技术、稻草粉碎直接还田技术，以及推荐配方施肥技术和水肥一体化技术，促进农作物化肥施用减量化，2021年水稻化肥利用率41.3%。全年全县化肥使用总量（折纯）1.43万吨，比2020年减少2.73%。推广农作物新品种，建立高档优质稻品种核心展示示范百亩示范片，展示示范“荃优822”“荃优212”“荃优967”“晶两优534”“昌两优8号”“甬优2640”“晶两优1377”“晶两优1212”“旱优73”“深两优876”“隆晶优华占”等优质水稻品种，全县农作物良种覆盖率98.6%，水稻优质率保持在83.5%以上，其中米质达到部颁优质二等以上高档优质稻品种推广比例40%以上。

（张民生、林妖洪）

【农业综合执法】 2021年，云霄县农业农村局线上线下相结合加强农资监管和执法检查。农资监管平台定期、不定期巡查进驻平台的104家农资企业，及时督促农资企业上传购销数据；全年出动执法人员376人次，检查农资经营主体94家次；开展执法抽检3批次，抽检农资样品68个（农药50个、肥料14个、兽药4个）。全年办理农药、肥料、农产品等领域的案件7件；调解质量纠纷2起，挽回农民经济损失2万多元。

（林鸿伟）

【农产品质量安全监管】 2021年云霄县农业农村局完成农产品农兽残检测速测单样3719份。其中，农残检测3538份（蔬菜2518份、水果913份、食用菌14份，茶叶93份），农残检测结果均合格；猪肉瘦肉精快检181份，牲畜尿样瘦肉精检测均阴性。实验室定量检测238个单样，县级例行监测抽检385个样品，合格率均达国家标准水平。2021年全县纳入福建省食用农产品合格证与一品一码追溯并行系统的生产主体381家，纳入国家农产品质量安全追溯管理信息平台生产主体7家。网上巡查生产记录信息录入情况3256次，督促各主体做好农产品生产全程信息录入工作，实现源头赋码。持续推进标准化建设，2021年创建6个省级优质农产品标准化示范基地。其中，果树示范基地1个，蔬菜示范基地2个，茶叶示范基地1个，畜禽示范基地2个。全年新增无公害产品认证1个，换证续展12个；续展全国绿色食品（云霄枇杷）原料标准化生产基地，“下河杨桃”被农业农村部列入“全国名特优新农产品”名录。

（张宏）

农村工作

【农村经营管理】 2021年，云霄县农业农村局整理和完善土地确权纸质档案，完成138个村“一户一档”数字化扫描工作，并通过县档案馆验收。158个村完成2021年度村集体资产清查以及全国农村集体产权管理系统的资料录入工作。开展全国家庭农场名录系统录入工作。1919户持续经营的家庭农场和274户规模农业经营户完成基础信息填报。持续开展村集体“三资”（资金、资产、资源）监管专项整治，至2021年底，核查经济合同1508份，核查金额5543.46万元，查摆经济合同89份，收回土地等资源性资产69宗，合计1052.05亩，收回资金87.276万元。制定出台《云霄县农村村民住宅建设管理办法》，全年10个乡镇（开发区）累计审批宅基地106宗10.69亩。2021年推荐全国乡村治理体系建设示范村1个，省级乡村治理体系建设示范村11个、示范镇1个。继续做好“一事一议筹资筹劳财政奖补”工作，审核“一事一议筹资筹劳”方案，促进农村公益事业发展。

【农民专业合作社】 2021年全县发展各类农民专业合作社316家。其中，粮食类16家，水果类113家，蔬菜类61家，畜牧类29家，渔业30家，林业10家，其他57家。入社成员6320人，带动农户4.48万户，占全县农户总数的48.41%。至2021年底，全县县级以上合作社示范社81家。其中，国家级示范社1家，省级示范社17家（其中3家省级规范社），市级示范社5家，县级示范社58家。

【家庭农场】 2021年全县成立各类家庭农场2110家，比上年增加416家。其中，粮食类16家，水果类1402家，蔬菜类150家，畜牧类260家，渔业64家，林业36家，其他182家，带动周边3965名农民就业。至2021年底，全县县级以上家庭农场示范场126家。其中，省级示范场27家，市级示范场19家，县级示范场80家。

【“一村一品”】 2021年全县国家级“一村一品”特色农业产业示范村2个：马铺乡客寮村（淮山）、下河乡下河村（杨桃）；省级“一村一品”特色农业产业示范村9个：下河乡下河村（杨桃）、和平乡棪树村（枇杷）、马铺乡客寮村（淮山）、火田镇瓦坑村（青枣）、云陵镇下城村（枇杷）、马铺乡枧河村（蜜柚）、和平乡内洞村（枇杷）、和平乡泮坑村（茶叶）、火田镇高田村（菠萝）；市级“一村一品”特色农业产业示范村15个。2021年，马铺乡客寮村（淮山）、和平乡泮坑村（茶叶）和火田镇瓦坑村（青枣）获省级衔接推进乡村振兴补助资金各100万元。

【高标准农田建设】 2021年全县投入1600.1万元建设高标准农田666公顷。主要建设区域含火田镇、陈岱镇、马铺乡、和平乡等4个乡镇5个项目区。通过本轮高标准农田建设，新增和改善灌溉达标面积331公顷，新增和改善排水达标面积236公顷，灌溉保障率和道路通达率均超过90%，项目区年直接受益农户4236户，项目区直接受益农民年纯收入增加总额

348 万元。

（方唯义、张明理、方渝）

林 业

【造林育林】 2021 年漳州市下达云霄县植树造林任务 12363 亩（含园岭林场 1743 亩）、森林抚育任务 35000 亩（含园岭林场 6500 亩）、封山育林任务 16130 亩（含园岭林场 9030 亩）。全县实际植树造林 13840 亩，占任务数的 112%，森林抚育 40284 亩，占任务数的 115.1%，封山育林 16174 亩，占任务数的 100.3%。

【沉香种植技术专题讲座】 2021 年 12 月 23 日，云霄县在县经济开发区举办“沉香种植技术推广”专题讲座，特邀中国林业科学研究院热带林业研究所所长、研究员、博导徐大平作专题授课。漳州市林业局相关科室负责人，云霄县政府分管领导、县林业局领导班子及中层以上干部，各乡镇分管领导，县沉香协会和林业种植户代表等 80 余人参加讲座。会上，徐大平所长详细阐述沉香产业发展情况、技术研发现状、结香机理、市场价值、产品开发和战略发展前景等多方面情况，并逐一解答与会人员提出的难点问题。与会人员全面了解沉香从种植培育到管护结香全流程的各项工艺技法，以及造香技术。通过专题讲座，提升从业人员沉香种植技术水平和管理能力，促进全县沉香种植产业及林业产业提质增效。

【森林灾害防控】 2021 年云霄县林业局全面监测松材线虫病疫情，开展春秋两季松材线虫病疫情专项普查，松材线虫病的普查覆盖率 100%。全年改造提升松林 3005 亩，并通过县级自查验收；改造疫情发生小班的林分 356 亩；同时对疫情周边小班采取综合防控措施，喷洒白僵菌 7200 亩、噻虫啉 1064 亩，挂设诱捕器 210 套，诱捕天牛 6495 只，遏制疫情蔓延扩散势头。经林分改造及综合防控，截至 2021 年底全县松材线虫病疫情面积 388 亩。全年全县各行政村、自然村、林区道路主要入口设立森林防火宣传牌 500 多个，悬挂森林防火横幅 68 幅，张贴、发放森林防火倡议书和“禁火令”2000 多份，发放森林防火宣传材料 3 万多份，发送森林防火短信 60 多万条，营造森林防火从我做起、人人有责的浓厚氛围，遏制森林火灾的发生。

【森林资源管护】 2021 年县林业局组织开展 2021 年度森林资源管理“一张图”更新前期工作及松林改造提升任务小班资源现状补充调查工作，森林资源管理“一张图”与三调数据、森林资源监测融合，加强森林资源管控。根据《福建省林业局关于印发省级生态公益林中桉树采伐改造方案的通知》（闽林〔2020〕2 号）文件精神，县林业局优化审批流程、倾斜采伐指标，加快保护等级Ⅲ级以下生态林地种植桉树的改造采伐，全年改造桉树 300 亩，通过采伐逐步改种珍贵树种或乡土阔叶树种。完善林地征占用管理，支持重点、重大项目建设。全年全县采伐许可审批 195 宗，建设项目使用林地 27 宗（含初审），野外生产用火审批 74 宗，植物调运检疫审批 5 件。严格控制采伐限额，加强林木采伐源头管理，2021 年全县采伐限额为主伐 17.06 万立方米，总采伐量 14.92 万立方米，占采伐限额的 87.45%。年内查处涉林行政案件 135 起，行政处罚 135 人次；移交公安刑事立案 13 起，依法保障森林资源安全。

【野生动物保护宣传】 2021 年县林业局利用“第 25 个世界湿地日”“第八个世界野生动植物日”“爱鸟周”等有利时机，联合有关职能部门开展保护野生动植物知识和有关法律法规的宣传教育。宣传活动期间，采用新闻媒体播送、LED 显示屏、悬挂横幅、竖立警示牌、张贴及发放宣传材料等形式进行广泛宣传，全年发放和张贴各类宣传单、海报 8000 余份，悬挂横幅 40 余条，发送宣传短信 20 万余条。

【林下经济】 2021 年县林业局加大新项目培育力度，推进以牛大力、五指毛桃、沉香为主的林下经济项目发展，突出发展以林药、林菌为主的林下种植，引导扶持林下经济产品产地初加工和精深加工，以第二产业带动第一产业。年内新增林下经营面积 2.14 万亩，主要开发牛大力、五指毛桃、黄花倒水莲等中药材，发放林下经济专项补助资金 182.95 万元。

【云霄县林长办公室挂牌成立】 2021 年 10 月 22 日上午，云霄县林长办公室在县林业局挂牌成立，标志着云霄县林长制工作全面启动。林长办公室协助林长，加强督查考核，构建责任体系，强化部门协作，加强宣传引导，抓好培训交流，切实解决林业生态建设中遇到的重点难点问题，提升全县森林资源发展和管护水平，确保山有人巡、林有人护、责有人担，促进绿水青山转化成金山银山，为富美新云霄建设提供良好的生态保障。

【林长制体系建设情况】 2021年8月23日云霄县委办公室、县政府办公室发布《云霄县全面推行林长制实施方案》（简称“方案”），该方案强调实施林长制是贯彻习近平生态文明思想的生动实践，也是守住自然生态安全边界的必然要求，通过建立县、乡、村三级林长体系，并相应设立林长、副林长，明确各级党政领导干部保护发展森林资源目标责任，构建党政同责、属地负责、部门协同、源头治理、全域覆盖的长效机制，持续推进林业改革发展，助力乡村振兴；9月18日建立县、乡、村三级林长，同时发布县级林长制五项配套制度；9月22日林长会议召开，部署、推进林长制的运行、协作工作，保护和发展森林资源；10月22日云霄县林长办公室挂牌成立，标志着云霄县林长制工作全面启动；10月28日云霄县林长办公室印发《2021年云霄县林长制工作考核实施细则》。

【林长制体系运行情况】 2021年云霄县林长办公室成立，其办公经费纳入财政预算。投入15万元专项资金建设林长制信息化平台，以此推进林长制“五个一”（“一林一档”信息管理制度、“一林一策”目标规划制度、“一林一技”科技服务制度、“一林一警”执法保障制度、“一林一员”安全巡护制度）服务平台建设。建立县、乡、村三级林长责任区资源信息档案，组织专业力量编制各级林长责任区发展规划，确保全县林区全面覆盖、不留死角。《2021年云霄县林长制工作考核实施细则》，把林长制改革工作纳入县对乡镇目标管理绩效考核范围，考核结果作为党政领导班子综合考核内容和干部选拔任用的重要依据。

（汤一帆、黄泽辉、陈原驰）

水利

【水资源概况】 云霄县流域面积50平方公里以上独流入海的河流有漳江，流域面积50平方公里以下独流入海的小河流主要有山前溪、磨石溪、下曾溪等。全县多年平均水资源总量10.98亿立方米。其中，境内地表水资源量8.74亿立方米，入境水资源量2.19亿立方米，地下水资源不重复计算量540万立方米。2021年办理取水许可证11本，水资源费应收尽收252万元。

【防旱抗旱】 2021年云霄县整体偏旱少雨，根据县气象局统计数据，较往年同期平均降雨量1667.5毫米少33%。漳江来水量每秒4.46立方米，较往年同期减少约80%，县域其他河流均存在来水量偏少的现象，全县气象旱情重旱到特旱。沿海乡镇（陈岱镇、列屿镇等）、山区乡镇（火田镇、马铺乡、下河乡、和平乡）局部区域均存在不同程度用水紧张。年内县气象局人工增雨59次，发射增雨炮弹106枚，一定程度上缓解用水紧张。通过水库的有效调度，全县冬春季用水基本得到保障。

【防汛减灾】 2021年3月云霄县水利局开展汛前安全大检查，参检人员464人次，检查工程158处。其中，检查水库93座，堤防工程21处46.01公里，水闸36座。年内经历3次（5月4日、5月30日、6月4日）单日降雨超过30毫米的短时强降雨过程，强降雨期间下沉一线巡检干部186人次，全县无灾情报告。

【水生态保护修复】 2021年，云霄县投入1050万元推进车圩溪安全生态水系7公里建设；实施1个重点县水土流失综合治理项目和1个水土保持生态村治理项目，新增水土流失治理面积8750亩，水土流失率降至10.96%；全年植树造林1.38万亩、森林抚育4.03万亩、封山育林1.62万亩；全年依法依规审批22个生产建设项目水土保持方案，依法征收水土保持补偿费63.03万元，补助水土流失重点治理区建档立卡贫困人口非柴燃料5.52万元。

【河湖执法】 2021年，全年县乡级河湖长巡河湖1507人次，整改落实1568个涉河涉水问题；查封散乱污企业2家；检查涉水企业45家次，现场采水样45家次；排查清理牛蛙养殖128场，清理养殖面积149.1亩。全年整改、销号省厅、市局暗访和省河长制平台下发的“四乱”问题53宗；水政监察大队联合各乡镇排查整治“四乱”问题，排查出的5宗“四乱”问题全部完成整改。河道采矿洗砂整治执法行动拆除非法堆砂点2处、制止非法取水14处、拆毁1台小型抽砂机、水事立案处罚2起。

【河湖综合治理】 2021年化肥农药减量增效行动推广绿肥种植面积5.1万亩、有机肥施用面积42.8万亩、实施稻田秸秆还田6.1万亩、测土配方技术推广面积55.1万亩次，全县化肥使用量比去年减少300吨；推广农作物病虫害绿色防控技术面积98.1万亩次，统防统治面积54.2万亩次，农药使用量比去年减少13.5吨。农业清洁生产行动推进秸秆、地膜资源化利用。年内，秸秆综合利用率98%，大棚薄膜回收率91.1%。

【下河乡坡兜村安全生态水系建设项目】 项目建设地址位于云霄县下河乡境内车圩溪流域，项目概算总投资1085.34万元，实施长度7.08公里。项目分为三段实施：车圩溪坡兜段安全生态水系河道全长3.87公里；车圩溪支流小南溪安全生态水系河道全长1.80公里；车圩溪支流仙石段安全生态水系河道全长1.41公里。2021年底完成全部主体工程。

【农村饮水工程维修养护】 2021年维修养护陈岱镇、东厦镇、火田镇、马铺乡、和平乡、下河乡等6个乡镇农村饮水工程20处，资金补助147.7万元，5万人受益。

【城乡供水一体化项目】 漳州市云霄县城乡供水一体化工程（一期），概算总投资3.64亿元，项目设计新建1处水厂（供水规模为4000立方米／天）、扩建1处水厂（新增供水规模为3000立方米／天），新增4座加压泵站（泵站规模9.14万立方米／天），项目分为滨北片区、列屿片区、下河乡车圩片区、和平乡甘竹片区四个片区，受益人口16.9万人，该项目预计2022年初开工建设，计划工期2年；云霄县城乡供水一体化马铺片区项目，概算总投资5050.53万元，工程建设设计供水规模为6000立方米／天，主要解决闽粤联网工程和马铺乡城乡居民3.4万人用水需求，项目拟分两期建设，一期项目2021年12月开工，计划工期6个月。

（洪灿琛、汤继城、陈鹏飞、汤龙波、张胜、郑复炉）

峰头水库

【水资源调度】 2021年全年水库流域平均降雨1198毫米，比多年同期平均降雨量减少66%，累计来水量8714万立方米，仅占多年同期平均来水量的26%，其中，从东川水库紧急调水两次共600万立方米。累计去水量13172万立方米。其中，通过向东渠供水307天，供水量9871万立方米；通过古雷区域引水工程供水365天，供水量2843万立方米。2021年7月起，通过云霄峰头水源工程管道向云霄城关供水84天，供水量458万立方米。

【抗旱保供水】 2021年峰头水库水位曾两度降至死水位运行，并承担着“两县两区”（东山县、云霄县、古雷经济开发区、常山开发区）供水任务。峰头水库根据市政府指示，启动应急预案，非常规利用峰头水库部分死库容，同时开展开源节流工作：协调气象部门进驻峰头水库人工增雨作业39次，增加来水200万立方米，缓解旱情；从平和县东川水库紧急调水600万立方米，及时补充峰头水库水量；按照“先生活、后生产，先节水、后调水”供水原则统一调度，暂停高耗水行业的供水，全力确保城乡居民生活和重点项目用水；协调启动管道向云霄城区供水与漳江西溪抽水相配合，满足云霄用水需求，减轻峰头水库供水压力；加大对供水工程设备的日常维修养护，提高供水效率。通过多措并举、科学调度，有效解决下游两县两区百万军民的生产生活用水问题，取得抗旱保供水的胜利。

【工程建设】 2021年峰头水库完成溢洪道弧形闸门检修和检修闸门启闭设备改造、渠首防渗加固、大坝应急加固等系列工程；完成水库大坝工程管理与保护范围划定（《漳州市人民政府关于漳州市峰头水库工程管理与保护范围划定工作实施方案成果的批复》）。

【水环境生态保护】 2021年，峰头水库运行中心贯彻落实河湖长制，推进水污染防治、水生态保护和水资源管理，提升水库水质。监管库面保洁，保持水库库面洁净，防止二次污染；探索“生态渔业”模式，投放鲢鱼、鳙鱼等滤食性鱼苗155万尾，取得以鱼控藻成效；

联合县生态环境局、水利局、海洋渔业局、交通局等职能部门执法5次，巩固清“四乱”成效；完善水华防控及预警机制，通过投放鱼苗、加密水质检测次数等举措，抑制水华发生，保障饮用水源安全。2021年峰头水库水质保持在Ⅱ—Ⅲ类水（不计总氮），符合地表水环境质量标准（GB 3838—2002），全年水质总体稳定向好。

【安全生产管理】 2021年，峰头水库建立以中心主任为第一责任人的各级安全生产责任制，实行“党政同责”“一岗双责”，编制并落实安全双体系建设方案，做到组织、人员、分工、措施四落实。全年安全生产工作投入440多万元。安全生产月期间，通过组织干部职工参加“安康杯”和全国水利安全生产知识网络竞赛、联合漳州市古雷水务发展有限公司演练防汛抢险应急预案、组织干部职工演练防震减灾应急疏散、举行电站和机修队人员操作技能比赛等一系列活动，提高全员安全意识；年内开展安全生产大排查24次，排查并整治大坝防汛楼供电线路故障（配电箱改造）等事故隐患33项，有效防范和遏制各类生产安全事故，全年安全生产无事故。

（黄维、陈燕玲）

畜牧业

【家畜饲养】 2021年全县适养区生猪规模养殖场273家，生猪存栏15.38万头，年出栏28.19万头；肉牛规模养殖场2家，存栏2252头，年出栏1663头；肉羊规模养殖场2家，存栏2753只，年出栏1780只；肉兔规模养殖场1家，存栏4050只，年出栏1.19万只。云霄县大杨农业养殖专业合作社和漳州市鑫鑫畜牧养殖有限公司参加2021年福建省优质农产品标准化示范基地的示范创建活动并通过县级考核，示范带动全县畜牧业朝着标准化、规模化、生态化养殖模式方向发展。

【家禽饲养】 2021年云霄县家禽饲养以肉鸡、蛋鸡、水禽养殖为主。肉鸡规模化养殖主要在陈岱镇、火田镇。肉鸡年出栏5万羽以上2家，全县肉鸡及兼用型肉鸡存栏17.15万羽，年出栏80.90万羽；蛋鸡规模化养殖主要集中在火田镇，蛋鸡存栏2万羽以上2家，全县存栏11.40万羽；水禽养殖主要分布在东厦、火田、陈岱等乡镇，肉鸭年出栏2万羽以上22家，年出栏231.31万羽；蛋鸭年存栏1000羽以上18家，年存栏5.07万羽。

【动物免疫】 2021年县级财政配套疫苗经费40万元、疫情监测及应急物资储备经费6万元。全县强制免疫疫苗组织供应高致病性禽流感疫苗170.75万毫升、猪口蹄疫疫苗55万毫升、牛羊口蹄疫疫苗3.13万毫升、小反刍兽疫1158头份；规模养殖场自购报备使用鸡新城疫灭活疫苗50万毫升。全县全年免疫高致病性禽流感241.89万羽、免疫猪口蹄疫38.07万头、免疫牛和羊口蹄疫9548头（只）、免疫小反刍兽疫1158头（只）。春、秋两季100%完成应免畜禽强制免疫任务，各强制免疫病种免疫抗体合格率均超过国家规定（70%）以上，全年无发生区域性重大动物疫情，并通过市级组织的动物疫病防控工作绩效延伸考核。

【动物疫病监测与检测】 2021年县动物疫控中心实验室检测畜禽血样5042份。其中，检测高致病性禽流感H5、H7血样各840份，检测鸡新城疫血样120份；检测猪O型、A型口蹄疫、猪瘟、高致病性猪蓝耳病血样各270份，检测牛O型口蹄疫血样181份，检测羊O型口蹄疫39份、A型口蹄疫20份、小反刍兽疫39份；流调采样市场禽类病原学监测H5、H7禽流感各667份，流调检测牛羊布鲁氏菌病110份，检测牛羊血吸虫病200份，检测狂犬病20份，入场入舍采样检测非洲猪瘟219份。超额完成省、市、县下达的年度免疫抗体检测与流行病学调查监测任务，提供全县重大动物疫病防控和动物疫情预警的技术支撑。

【养殖污染治理】 2021年云霄县继续实施2020年云霄县畜禽粪污资源化利用整县推进项目，7个子项目中，云霄县林鸿章家庭农场水禽生态养殖试验推广示范基地项目、云霄县益泰农养殖有限公司生态循环利用改造项目、云霄县绿佳园果蔬农民专业合作社沼液资源化利用种植示范基地及漳州镜花缘生态农业开发有限公司沼液资源化利用种植示范基地等4个子项目完成验收，拨付财政补助资金226.80万元。

【执法监督】 2021年监督检查

养殖场124家次，出动监管人员301人次，检测“瘦肉精”尿样519批次（检测尿样中是否具有残留的盐酸克伦特罗、莱克多巴胺、沙丁胺醇），监测结果全部为阴性。屠宰环节监测“瘦肉精”2430批次，监测结果全部为阴性。全年家畜产地电子出证9.8万头，家禽840羽，出具动物检疫合格证明3227张。无害化处理场处理病死猪1.88万头、病死禽3万羽。全年开展执法行动24次，出动执法人员72人次，办结3起案件（其中1起未取得动物诊疗许可证从事动物诊疗活动案、2起不按照规定做好兽药、饲料添加剂使用记录案），共处罚金4000元，没收违法所得2935元。

（周汉强、林建民、张志刚）

农业机械

【概况】 截至2021年据统计年报数字，云霄县农业机械总动力17.54万千瓦。年内在册大型拖拉机89台4057千瓦、耕整地机械700台1820千瓦，水稻插秧机142台，联合收割机12台，农用水泵7058台，节水灌溉机械761台套，机动植保机械1.13万台套。

【农业机械化】 2021年全县农作物耕种收机械化综合水平超过76.13%。特色小型农作物机械化、设施种植机械化、养殖设施机械化、农产品加工（含茶叶、水果、地瓜）机械化得到普及。新型农机服务组织发展迅速，全县全年耕、种、收、运输、加工、修理、中介、营销等领域农机化服务队、农户超万个（户），外地收割机进入县域作业230多台次。

【新技术应用】 2021年云霄县农机站继续推广应用“农机直通车·全国农机化信息服务平台”及手机App，农机大户、农机合作社及种植大户通过平台发布信息，供需双方开展订单服务，联合收割机有序流动。推进“互联网+农机服务”建设，作业机具配套安装北斗卫星定位导航和作业检测装备，应用“大数据”技术实现“三夏”（夏收、夏种和夏管）机械化生产的现代化管理。2021年全县基本实现工厂化育秧供给，基本实现耕种收三大关键生产环节机械化。通过春耕、夏种、秋收、跨区作业及特色蔬菜五场新机械现场会、演示会的推广和媒体宣传，水稻精量穴播机械、小型水稻收割机械、塑料大棚耕作机械、蔬菜种植机械得到广泛应用。

【农机政策扶持】 依据《2021—2023年云霄县农业机械购置补贴实施意见》，云霄县农机站在全县购机集中地开展受理申请、登记、审核等“一站式”及手机App申请办理补贴等服务，全年发放购机补贴16.344万元、受益农户13户。

【农机安全生产】 2021年云霄县农机站联合交警、交通、乡镇等部门开展执法5次，参加人员15人次，重点查处违规载人、酒后操作、超速超载行驶等违法违规现象。采用展板、横幅、宣传小册等形式开展安全生产宣传，利用机手培训、拖拉机年检、驾驶证换发、农机修理点、农民购机等时机进行安全生产宣传、教育、培训。年内组织农机相关安全生产人员，深入田间、场院、乡村道路、茶果园，开展农机生产检查、隐患大排查、大整治活动22天，参加人员75人次，发现和整改一般隐患8处，整改率100%。组织开展送检下乡3次，14台套各类型拖拉机通过年度检验。落实农机报废补贴，促使达到报废年限的机车及时报废，不带病使用，年内农机具报废补贴6台套。

（何江云）

水稻原种场

【水稻试验示范】 2021年云霄县水稻原种场早季种植水稻“荃优822”品种8亩，对比试验种植“昌两优8号”“悦两优美香新占”“昌两优1212”“徽两优114”“荃优851”“深两优876”等6个品种。“荃优822”经过连续两年试验，其主要性状具有株叶型较好、茎秆较粗壮、株型紧凑、长势好、结实率较高等优良表现，试验表明“荃优822”可作为云霄县水稻种植主推品种。县水稻原种场通过科技明白纸，向周边农户宣传水稻“荃优822”品种特性、种植管理措施，广受周边农户欢迎，试验、示范、展示效果明显。

【水稻病虫害防治试验】 2021年县水稻原种场配合县植保站、江边家庭农场开展水稻病虫害防控及统防统治试验示范，示范面积10亩。试验示范全程实施统一组织、统一测报、统一配方、统一供药、统一防治的“五统一”专业化统防统治；推广应用生物农药（苏云金杆菌、枯草芽孢杆菌、阿维菌素、宁南菌素等）和高效低毒的化学农药（氟虫苯甲酰胺、噻嗪酮、烯吡、噻菌铜、爱苗、稻瘟酰胺等），以及先进的植保器械；根据病虫测报情况，针对性开展防控和统防统治，全生育期开展二次病虫害防治。试验结果表明，专业化统防统治每亩可以节约农药成本 20 至 40 元，节约劳动力成本 50 元，减少病虫害损失 25—30 元。

【早季水稻分期施肥田间试验】 2021 年早稻分期施肥田间试验设常规施肥、无施肥、“减磷施肥”“减氮施肥”“减钾施肥”等 5 个处理，每个试验小区 20 平方米，每个处理重复 3 次，采用随机排列。试验结果显示，“减磷施肥”既能避免和减少在大田作物上过分使用化学肥料，又有利于大田土壤物理性状的改善；既节约生产成本，又增加单位面积的效益，值得在全县大田推广。

【良种试验推广】 针对 2020 年以来云霄县出现的旱情，2021 年水稻原种场试验早季水稻抗旱新品种旱优 73，试验结果显示，旱优 73 亩产 545.5 千克，产量与常规品种持平，全生育期所需水量比常规品种减少 25%—35%，可以作为全县早季大旱气候的水稻品种推广种植。木薯对比试验 6 个品种，其中木薯 F499 株型紧凑，块根水平分布、结薯浅易收获，产量较高，淀粉率较高，适应性广，适合福建山地种植，可以作为主推品种代替当地原有品种推广应用。甘薯品种“大方”通过试验观察，具产量高、适应性广、抗逆性较强、抗病性好、品质优等特点，适合云霄县推广种植。

（陈晓琼）

园岭国有林场

【概况】 云霄园岭国有林场通过桉树生态林三级改造、松林改造，调整生态林分林种结构，充分利用低效生态林木，既增加经济收入，又提高森林生态效益。2021 年收入 9762.11 万元。其中，木材销售 7876 立方米，收入 522.73 万元，抽水蓄能电站建设征用林地补偿收入 8522 万元。全年支出 3156.04 万元。其中，营林投资 612.5 万元，上缴林地补偿费 1630.3 万元。

【营林生产与管理】 2021 年云霄园岭国有林场造林 116.3 公顷，完成造林任务 100.1%；封山育林 602 公顷；实施生态修复 29.5 公顷；中幼林抚育 449.3 公顷，其中施肥 325 公顷；病虫害防治面积 185.2 公顷；森林公园景观林提升改造 13.3 公顷。

【基本建设】 2021 年投入 133.9 万元建设完善基本设施。其中，投入 18 万元建设森林公园主干道错车道 15 个、岔路口 2 个；投入 13.4 万元建设森林公园管理房周边挡土墙；投入 78 万元建设森林公园 1.46 公里森林步道及凉亭、观景台、公厕等；投入 14.5 万元硬化岭脚管护站职工生活区出行道路 0.21 公里；投入 10 万元修复共建村火田镇白石村横山自然村劲头至店仔的水渠。

【科研试验】 2021 年，云霄园岭国有林场联合林业科研单位合作创建科研试验项目，开展引种优良树种和营造珍贵乡土树种等试验。2021 年开展大花序桉 29 个家系研究与对比试验 1.3 公顷；引种漳州沉香适应性造林试验 0.3 公顷；研究与示范尾巨桉生态间伐迹地套种沉香、大花序桉、托里桉 1.6 公顷。

【护林防火】 2021 年云霄园岭国有林场护林防火宣传，出动宣传车 2 次，发放宣传材料 2000 份，立宣传牌 50 个，挂宣传横幅 20 条，发送宣传短信 20 万条。年内防火路维护 128.1 公里。全年投资 11 万元在圆峰、乌营、岭脚管护站建设森林消防水池 5 个，总蓄水量 100 立方米，同时利用炼山开展扑火和逃生演练，提升森林防火以水灭火扑救能力。全县防火物资配齐的储备库 2 个；半专业扑火队伍 2 支，其中一支由林场 25 名在岗人员组成，另一支由林场 10 名在岗人员与火田镇白石村 10 名村民组成；固定巡逻小队 5 个，结合防火、防假、防毒、防“两违”等工作，开展日常巡护。重要节假日及森林防火戒严预警期间，加强防火值班，每日上报防火情况，同时组织志愿者到森林公园加强安保，确保旅游安全。年内没有发生火灾、制假、制毒贩毒、林地被占、林木被盗、“两违”等现象，林区安全稳定。

（方教育）

工业与清洁能源

工业经济

【概况】 2021年，云霄县积极贯彻落实市委、市政府“突出工业、突破工业”的决策部署，以“产业发展项目建设年”活动为抓手，突出做大做强清洁能源、电子信息、食品制造三大主导产业，以漳州核电为龙头，以抽水蓄能电站、闽粤联网工程等重大项目为引领，突出打造“一县一业”，着力培育一批新的百亿产业集群。全年全县规模以上工业企业90家，规下企业（用地5亩以上）51家，在建34家；工业用电4.37亿千瓦时，较2015年用电年均增长8.8%；工业税收3亿元，较2015年年均增长9.5%；用工1.39万人，用电税收匹配增长，工业经济发展质量稳步提升。

【园区建设】 2021年，云霄县工业园区紧紧围绕“一区一湖两园三线”总体布局，大力推进园区建设，以光电、食品加工、新能源为主导产业，积极打造标准化工业示范园区，营造一流营商环境。县里在基础设施建设、技术创新等方面给予政策倾斜，实行工业项目和企业向园区集中。特别是大力推进云翔产业园建设，园区是云霄和厦门翔安山海协作共建产业园区，位于沈海高速公路东西两侧，规划面积2800亩，计划总投资100亿元，分为两期开发建设，东侧一期面积1450亩，西侧二期1350亩。园区以沈海高速、324国道、高铁为支撑，以益树大道和东辅路为依托，形成一纵六横的交通路网，内有益树大道、树洞四路、奥克兰路、瓦窑路、疏港路。同时配套建设排洪渠、高压电力开闭所、污水处理厂泵站、垃圾处理站及给水、污水、燃气管道。

【规模工业发展】 2021年，云霄县规模工业实现总产值98.9亿元。新增规模工业企业18家，粤海饲料、华威电源等21家工业企业被认定为国家级高新技术企业；云星电子、华锐锂能等7家工业企业被认定为福建省“专精特新”中小企业。全县有华威电源、粤海饲料、华锐锂能等3家省级企业技术中心，海峡彩亮、瑞联电路板、云星电子等3家市级企业技术中心。县里兑现各项工业惠企资金644.14万元，惠及企业29家。向上争取福建省第三期纾困资金291.57万元，惠及企业12家。

产业发展

【清洁能源产业】 2021年，云霄县有规模以上清洁能源企业4家，实现产值4.44亿元，占云霄县规模工业比重4.5%，实现税收2047万元，同比增长5.52%。清洁能源产业主要依托漳州核电项目，构筑“核蓄风光”千亿级产业集群，打造漳州能源新高地。总投资400亿元的漳州核电一期工程、总投资100亿元的抽水蓄能项目、总投资23亿元的闽粤联网工程开工建设。青径风电、汇海风电、国电投光伏发电项目均投产。

【电子信息产业】 2021年，云霄县规模以上电子信息企业13家，实现产值18.21亿元，占全县规模工业比重18.4%，实现税收2979万元，同比增长17.59%。云星电子有限公司实现年产值3.55亿元，实现税收626万元；海峡彩亮有限公司实现年产值7.63亿元，实现税收132万元。

【食品制造产业】 2021年，云霄县有规模以上食品制造企业18家，实现产值24.39亿元，占全县规模工业比重24.7%，实现税收1660万元，同比增长21.5%。云霄初步形成以省级龙头企业东州冷冻、乐华食品企业为代表的果蔬农产品加工产业，以鲜品冷冻食品、康海水产品企业为代表的水产品产业，以利众诚、阳弘生物果干企业为代表的休闲食品产业三大食品支柱产业体系。

电力工业

【清洁能源】 2021年，云霄县境内投产的清洁能源主要有光伏、风力和水力。并网分布式光伏发电项目232个，装机容量合计16075.70千瓦，同比增长29.59%。新增并网项目132个、容量3670.92千瓦，均为低压光伏发电项目。全年上网电量1098.97万千瓦时，同比增长16.63%，其中漳州国电投光伏电站（10千伏）上网电量676.15万千瓦时。青径风电场（1.95万千瓦）、曾江风电场（3万千瓦）上网电量分别达3018.33万千瓦时、6992.37万千瓦时，分别同比增长-9.89%、-9.50%。小水电入网电站数量与2020年一致，水电站23座，在运机组47台，装机容量合计29430千瓦，年发电量2276.54万千瓦时，同比增长-20.28%。

【用电结构】 2021年，云霄县全社会用电量13.20亿千瓦时，同比增长15.63%。其中，第一产业用电量0.89亿千瓦时，同比增长15.58%、占比6.72%；第二产业用电量4.72亿千瓦时，同比增长24.10%，占比35.76%；第三产业用电量2.25亿千瓦时，同比增长21.73%，占比17.07%；居民生活用电量5.34亿千瓦时，同比增长6.91%，占比40.45%。第二、第三产业用电比重逐步增加，成为主要用电增长点。云霄县供电公司实现售电量12.59亿千瓦时，同比增长15.69%，再创历史新高。

【供电规模】 截至2021年底，云霄县境内有220千伏变电站1座，容量240兆伏安，110千伏变电站5座，容量396兆伏安，35千伏变电站6座，容量51.5兆伏安。有110千伏及以下线路113条，其中110千伏线路8条124.27公里，35千伏线路14条138.72公里，10千伏线路102条1304.06公里。有公用配变1441台、专用配变976台。

【电网建设】 2021年，云霄县供电公司立足配电网诊断分析的问题，编制“十四五”农村电网巩固提升规划报告，计划投资4.03亿元，实施电网薄弱地区补短板工程和农村分布式可再生能源配套电网建设工程，加快解决农村配电网薄弱问题，完成综合计划投资7652.64万元。实现抽水蓄能配套电源110千伏火田变电站35千伏间隔扩建工程投运。110千伏下坂变二期、云陵变三期开工建设。85个配网改造项目竣工，10千伏新建及改造配变98台总容量3.55万千伏安、线路18条60.36公里、低压线路122.84公里，解决供电半径过长、供电“卡脖子”、农村“低电压”等问题，助力云霄县乡村振兴战略。加快配电网自动化建设，完成标准自动化线路12条。推进HPLC智能电表安装，累计改造170个台区2.83万户。10千伏莆美Ⅱ线高洋公园配变台区新建工程荣获福建省电力公司第三季度配电网优质工程，漳州云霄业主项目部荣获福建省电力公司配网工程优秀项目部。

【供电保障】 2021年，云霄县供电公司深入贯彻云霄县“能源新城”战略，落实属地责任，全力配合开展漳州核电、抽水蓄能电站和闽粤联网等重大能源工程属地协调。4月23日，国家“十四五”重点项目闽粤联网工程开工建设，工程投资32亿元，建设两回500千伏交流线路，全长303公里，输送容量200万千瓦；在云霄县马铺乡新建1座直流背靠背换流站，该站是国家电网、南方电网深化合作的标志性工程。云霄县供电公司组织开展电网大面积停电演练，实现电网安全迎峰度夏，圆满完成县“两会”、威惠庙美食广场文化周、闽粤联网工程开工大会、庆祝建党100周年等重大活动保供电工作。积极应对供电紧张形势，落实有序用电方案，开展四轮有序用电行动，圆满完成县域电力保供任务。有序推进代理购电工作，实现辖区内代理购电告知率和高压代购电合同签订100%。毫不放松抓实疫情防控，成功应对9月省内突发疫情，疫情防控保持“双零”目标。

【供电服务】 2021年，云霄县供电公司深入实施新时代“双满意”（客户满意、党和政府满意）工程，并列为县委、县政府为民办实事首个项目，落实七项行动任务清单，实现全年服务零投诉，开展“百千万”客户大走访，走访184户，处理反映问题121条，指导用户变更基本电费计收及变压器暂停减容业务，节省基本电费100万元。打造“阳光业扩”品牌，10千伏及以上项目送电71项、容量4.55万千伏安，高压送电平均时长26.47个工作日。大力推进故障压降，累计线路绝缘化改造27.36公里，防雷改造15条次，带电作业378场次，实现用户平均停电时间4.11小时，同比压降53.78%。整治重载台区48台、出口低电压配变44台，消除用户点低电压配变255台。积极对接市政工程建设，保障下港片区棚户区改造、向东渠八尺门渡槽异地迁移保护、324国道路灯项目等市政用电需求。主动为向东渠教育基地、县委新党校等重点市政工程“让路”，完成8项电力杆线迁改任务。

二轻联社

【概况】 2021年，云霄县二轻联社紧盯县委、县政府中心工作，深入基层服务，调研了解下属企业的遗留问题和职工困难情况。多措并举解决职工的参保问题，化解下属企业拆迁补偿的难题，有力维护二轻系统稳定安定的局面。

【职工参保与慰问】 2021年，云霄县二轻联社协助职工办理医社保证明，为9名符合退休条件的职工申报无力参保。多次走访慰问行动不便、年纪大的困难职工、困难党员，发放慰问金86050元。

【职工补偿】 2021年，云霄县二轻联社调研下属企业遗留问题和职工生活困难情况，并下发《关于云霄县二轻联社下属企业资产合法处置的通知》。获知下属企业五金制品厂在下港片区改造范围内，主动与国投、征迁办等部门协调，参与化解五金制品厂的债务纠纷，理顺工厂厂房的产权关系，确保征迁工作的顺利进行。五金制品厂的征迁补偿款按职工大会通过的分配方案全部发放到位，91名健在职工及45名职工遗属均表示满意。

电商与商贸服务

电子商务

【概况】 2021年来，云霄县电商办总结扶贫做法入选红旗出版社《中国样本》经验，围绕“党建+电商”“战疫情、助力乡村振兴，销全球、助力工业发展”开展工作。2021年5月云霄县电商办获评省委、省政府福建省脱贫攻坚先进集体，电商工作先后入选福建省商务厅2021年“农村电商助推乡村振兴优秀案例”和入选福建省乡村振兴局2021“巩固拓展脱贫攻坚成果和全面推进乡村振兴典型案例”，被推荐参加全国优秀案例评选。2021年11月中共漳州市人才工作领导小组授予云霄电商产业园“漳州市人才驿站”称号，云霄县电商产业园以及云霄县电商文创园同时获评“漳州市电商直播基地”。

【快递收派】 2021年，全县快递收件量1027.04万件，较上年同比增长60.34%；派件量3750.10万件，较上年同比增长30.21%。

【线上枇杷节】 2021年3月，云霄县电商办在和平乡棪树村开展“茶果飘香·打卡和平”第二届线上枇杷节暨和平乡文旅推介会，推出特色体验直播，线上农特产品销售，推广和平乡特色农业产品。

【农产品上行服务】 2021年4月，云霄县电商办组织企业参加“三月三”坡兜畲族乡村振兴活动和“点亮夜经济、乐购云霄味”威惠美食文化周。在云霄地标产品、农副产品展区，集聚38枚地标产品及系列副产品、云霄特色美食，通过线上线下相结合方式，全方位品味、推介、宣传云霄农特产品和特色美食小吃，提升“云霄味”品牌知名度和美誉度，促进农产品上行。

【电商产业转型升级】 2021年，云霄县电商办实施“四个一”（建设一批乡村田野直播间、打造一个直播人才孵化基地、培养一支专业直播团队、培育一批网销红人）工程，推动云霄县电商产业转型升级。2021年3月，工信局、电商办等相关部门联合举办“新农人之农村电商讲解及直播知识培训班”，邀请电商从业大咖为云霄“新农人”进行培训，通过“理论+实践”“案例+分析”“需求+解答”等方式提升学员电子商务技能、职业素养，掌握圈粉、转粉、引流等知识。6月21日，“陈岱镇电商创业中心”创立，为返乡创业青年提供就业创业的平台与机会，服务电商企业发展，探索电商发展新模式。

【“电商快递贷”创新开展】 2021年，云霄县电商办探讨开展“电商快递贷”工作，协调银行通过互联网数据为企业提供无财产抵据企业资金需求，帮助企业及时解决生产资金问题押贷款。萱宝贸易、支点农业等多家电商企业取得银行授信。

【对接资源服务】 2021年，云霄县电商办配合漳州市信产集团开展跨境电商调研及座谈会，帮助拓奇、豪锦、雁兴、宙士等企业了解电商政策及跨境公共服务平台运行情况，通过“一对一”

精准对接，全方位服务企业，促进云霄县电商企业稳健经营、持续发展。

商贸服务

【菜篮子工程建设】 2021年，县工信局推荐1家规模较大、管理规范、市场保供作用明显、产销数据报送及时的基地——云霄县万来养殖农民专业合作社为省级重点副食品调控基地，为其向上争取2021年度省级促进内贸发展资金15万元和新冠肺炎疫情防控期间增加市级生猪储备补贴资金5.33万元，保障市场副食品供应稳定。

【加油站（点）监管】 2021年，县工信局对云霄县内16家加油站进行年检。开展加油站安全隐患大排查大整治活动，通过检查，确保16家加油站均使用国六标准的油品，均无发现违法违规的情况。

【拉动内需】 2021年12月24—26日，县工信局在威惠美食广场举办“全闽乐购·寻味云霄”美食嘉年华活动，组织全县47家企业参展。以“线下展销+线上直播”相融合的形式开展，线上邀请电商企业及网红主播进行直播带货，同时吸引一批抖音探店达人自发到现场宣传拍摄。直播活动在线观看人数达7万人，线上总销售额达14万元。线下邀请歌手、舞蹈团体进行专场演出，开展趣味活动吸引群众到场，累计发放消费券2.5万元。

【参加展销与订货会】 2021年，县工信局鼓励企业“走出去”，帮助企业拓展销售渠道，提升销售业务。组织33家企业参加大型重点展会8场次，并按规定给予相应的参展费用补助23.3万元。

（方杨烨）

国有商业

【监督管理】 2021年，县商业总公司加强对国有企业的监管力度，强化财务管理制度，开展内部审计。规范国有资产租赁管理，采用公开招投标方式招租，确保国有资产不流失。

【安全生产】 2021年，县商业总公司加强应急值守，抓好防汛防台及各个节日和重要时间节点的安全生产工作，加强督查，细化管理，提高应急处置能力。开展《中华人民共和国安全生产法》（最新版）培训。

【综合治理】 2021年，县商业总公司参与云霄县创建全国文明城市活动，下沉到挂钩社区开展各项创城志愿服务，协助解决创城工作中的难题，促进问题整改落实。

对外经济贸易

【实际利用外资】 2021年，云霄县注册外资项目4个，注册外资为6880万元，实际利用外资649万元。公开发布《云霄县外商投资企业投诉工作办事指南》。

【外贸进出口】 2021年，云霄县外贸出口完成8.35亿元，进口完成1.7亿元。主要出口产品有化妆品、运动器材、户外用品、食品、铅酸电池等。其中，化妆品出口额为1.61亿元，占全县出口额的19.28%；运动器材出口额为1.28亿元，占全县出口额的15.33%；食品出口额高达1.25亿元，占全县出口额的14.97%；户外用品为1.17亿元，占全县出口额的14.01%；铅酸电池出口额为0.99亿元，占全县出口额的11.86%；其他产品出口额为2.05亿元，占全县出口额的24.55%。主要进口产品有食品、木材、塑胶配件、布料等。其中食品进口额为1.27亿元，占全县进口额的74.7%；其他产品进口额为0.43亿元，占25.3%。2021年以来县工信局为符合条件的21家企业新增办理对外贸易经营者备案登记。

（方玲）

粮食储备与供应

【储备粮管理】 2021年，云霄县地方储备粮规模达20650吨，完成4408吨轮换任务。县级地方储备粮经春秋两季省、市普查，库存粮食均达到总体安全，数量准确，品质良好，粮情稳定，符合“一符、三专、四落实”（账实相符；专仓（罐）存储、专人保管、专账记载；数量落实、质量落实、品种落实、地点落实）要求。储备粮库存通过市粮食质量安全抽查检测，检测结果：质量指标达标率100%、储存品质指标宜存率100%、食品安全主要指标达标率100%。实现与福建省粮食信息平台联网，做好储备粮网络信息录入和报送工作，掌握各库点储备粮粮情，确保储备粮安全。

【粮食供应保障】 2021年，县发改局对云霄县1家应急加工企业、1家应急配送企业、27家应急供应网点发放5.2万元应急补助资金。同时对网点进行定期、不定期检查及监管，提高云霄县粮食应急供应能力，应急体系在疫情防控期间保供稳价，确保云霄县粮食市场平稳和社会稳定。

（方文生）

物资供应

【概况】 2021年，云霄县物资总公司推进安全生产诚信体系建设，杜绝发生火灾爆炸事故；杜绝发生民用爆炸物品仓库被盗、被抢事故；杜绝发生人员重伤以上事故；做好疫情防控工作；实现轻伤事故和职业病危害为零。

【安全生产】 2021年，云霄县物资总公司继续提升企业安全生产标准化建设水平，增强安全防范治理能力。重点做好民爆物品储存库出租安全管理工作，实现无火灾和无爆炸事故、无被盗和无丢失事故、无人员伤害事故。

（卞伟毅）

供销合作

【农产品流通】 2021年，云霄县供销联社培育农产品流通主体，新发展云霄县蔡志发果蔬农民专业合作社、云霄县聚农福水果种植专业合作社、云霄县绿舍养殖专业合作社、云霄县北丰种植专业合作社、云霄县裕鑫果蔬农民专业合作社、云霄县丰隆农机专业合作社等6家农民专业合作社。基层社入股云霄县金麦林农民专业合作社、云霄县富达农民专业合作社、云霄县巴菲蛤专业合作社等3家合作社。

【生产、生活资料经营】 2021年，云霄县供销联社确保农村生产、生活资料供应，重点抓好农资化肥供应。根据漳州市发改委下达的化肥冬储任务，分解冬储任务指标。3月底，云霄县供销系统完成优质肥（尿素、复合肥等）存储量12784吨，小化肥（碳铵、磷肥等）15815吨，远超市发改委下达给云霄县供销系统的化肥冬储任务3500吨。春耕期间，云霄县供销系统农资经营网点做到“不涨价、保供应”的承诺，确保疫情防控期间农资供应充足。

【“新网工程”建设】 2021年，云霄县供销联社推进“新网工程”建设，推进基层社升级改造，完善农村流通网络体系。投资35万元的市级“新网工程”——云霄县马铺供销社日用品门市工程项目和投资30万元的市级“新网工程”——陈岱供销社农资配送中心项目均于8月竣工并投入使用，效益明显。

【“三位一体”综合合作试点工作】 2021年9月，云霄县供销社推进生产、供销、信用“三位一体”综合合作试点工作。县政府出台《云霄县建立生产、供销、信用“三位一体”综合合作实施方案》（云政综〔2021〕203号），由县财政安排专项贴息资金，用于解决农民专业合作社和家庭农场等农业生产经济组织成员融资成本问题，加强与农民和新型农业经营主体产权连接、组织联合和业务合作，促进供销合作社与农民合作社融合发展。全市仅诏安、云霄两县率先试点运行。

【农资市场管理】 2021年，云霄县供销联社统筹3个主要农资供应点（云霄县陈岱供销社购销站、云霄县农资公司高塘农资配送中心和云霄县中兴公司农资配送中心）形成系统服务网络，确保满足各个区域的化肥农资需求，做到货源充足，质量保证，价格稳定。严把农资商品质量关，确保各经营网点从正规渠道购进农资商品，严格执行产品质量责任制，杜绝假冒伪劣、过期失效农资商品流入供销系统经营网点。同时配合相关执法部门加强农资商品的监管力度，组织专门人员深入各农资中心、经营网点进行农资质量、价格抽查，确保为广大农民提供质优价廉的农资商品。

（李燕珍）

烟草专卖

【卷烟打假】 2021年，云霄烟草（分公司）巩固“政府领导、部门联合、多方参与、密切协作”的打假体系，参与从严修订打假责任制，落实属地责任，推进破网追刑。打击毗邻边界省市与辖区内中转运假行为，严打省际流窜制假行为；对辖区码头、港口、岙口等水路活动区域进行全面走访“打卡”，加大云霄海岸线的专项管控力度。联合县教育局、检察院开展“小手拉大手”劝导远离制假宣传，联合县海洋与渔业局走进船主、渔民开展海上走私涉烟宣传，拓展举报线索渠道。2021年自查窝点25个，查获成品烟499.16件，半成品473件，烟丝3.62吨，查处涉假运输车辆15部。破获国家局重大案件三级案件1起、四级案件4起。

【市场管理】 2021年，云霄烟草（分公司）加大运输环节管控力度，斩断真烟异动链条，震慑违法经营户。强化电子烟监管，联合市监局全面排查属地电子烟生产企业、经销商、品牌体验店、实体店及电子烟产品。参照《行政许可标准》建设标准化行政服务大厅，进一步提高行政许可办理工作的公开性、透明度和标准化。与邮政EMS合作，采用邮寄送达相关许可文书，提速审批流转，实现办证5个工作日内办结、其余依申请办理的许可类型1个工作日内办结。

【营销网建】 2021年，云霄烟草（分公司）贯彻“总量控制、稍紧平衡，增速合理、贵在持续”方针，推动卷烟非烟经营一体化建设取得突破。结合云霄本地特色，调动工商零各方资源，开启品牌培育新模式。夯实基础，持续推进终端现代化建设。强化指导，提升客户服务满意度。优化结构，实现队伍高质量转型。精耕细作，深挖非烟市场潜力。

（方谊静）

盐业专营

【食盐销售质量安全监管】 2021年，县市场监管局落实《食盐质量安全监督管理办法》要求，督促食盐销售者办理食品经营许可证，加强进货查验、标签标识、信息追溯管理，禁止销售散装食盐、无标签或者标签不符合规定的食盐。

（肖顺志）

餐饮业

【概况】 2021年，云霄县有餐饮服务单位2639家，其中持证2604家（包括小餐饮）。在持证的单位中：大型餐馆2家，中型餐馆42家，小型餐馆2096家（其中快餐店192家，小吃店456家，饮品店212家），学校（单位）食堂176家，其他单位食堂169家，小餐饮登记119家。2021年，县市场监管局出动执法人员4832人次，检查餐饮单位2713户次，其中学校食堂533户次；查处涉餐饮单位违法经营案件22起（执行中1起），入库罚没款金额7.8395万元。创建完成“互联网+明厨亮灶”省级示范单位1家、市级示范单位2家，县级示范单位2家。全县餐饮服务经营单位累计实施（各种形式）“明厨亮灶”1399家（其中公立学校食堂覆盖率98.8%以上）。

【餐饮登记监管】 2021年，县市场监管局持续开展食品（餐饮）经营的行政许可和指导小餐饮登记工作。推进小餐饮登记规范化、制度化工作，指导小餐饮登记制度的完善和落实。2021年，云霄县核发（包括延续、变更）餐饮服务经营主体的食品经营许可证756份，新增餐持证饮服务经营户251户。新增小餐饮登记18户（登记总户数119户）。

【食品安全整治行动】 2021年，县市场监管局积极开展食品安全各项专项整治行动，包括学校及周边食品安全、餐饮环节“两超一非”食品添加、制止餐饮环节食品浪费、贯彻执行佩戴口罩规定专项整治和春节、国庆、中秋等重大节日期间食品安全专项整治、餐饮行业（环节）的餐饮质量安全提升行动、“餐饮安全你我同查”工作、网络餐饮服务食品安全专项整治和“点题整治”专项整治工作。开展春秋季开学初学校及周边食品安全专项整治、疫情高风险期阶段性及常态化防控工作，排查消除校园及周边食品安全风险隐患，积极组织实施和推进“校园食品安全守护行动（2020—2022 年）”工作，推行校园食品安全智慧监管，推进学校“明厨亮灶”提档升级。

【网络餐饮监管】 以“点题整治”专项整治为契机，加强网络服务第三方平台备案管理，落实网络服务第三方平台食品安全主体责任，完善及落实网络餐饮服务各项食品安全制度。强化入驻平台商家的资格审核，将入网餐饮服务提供者线上线下检查有机结合，消除线上无证经营、不合格店家入驻平台，整治线下店家存在脏、乱、差现象。源头加强网络订餐及食品配送的食品安全监管，推行无接触配送服务，提升网络餐饮服务食品安全风险控制能力和安全水平。

【重大活动食品安全保障】 2021 年，县市场监管局完满完成县人大、政协会议（“两会”）、中高考、各项民族风情节日等多项重大活动的食品安全保障，以及在云霄县举办的各项重大活动的（餐饮）食品安全保障工作任务，确保重大活动餐饮服务食品安全无事故。

【食品安全相关人员培训考核】 推进食品安全执法监管人员和食品安全管理员、从业人员培训考核。开展餐饮服务食品监管人员培训和食品安全管理员培训，组织举办“餐饮服务食品安全管理员”培训班、“学校食堂食品安全管理员”培训班，对食品安全管理员及相关人员进行集中培训，参训人数 452 人次，实现餐饮服务提供者（食品安全管理员）培训考核全覆盖。

（林建雄）

广告业

【公益广告】 2021 年，县市场监管局抓好公益广告工作落实和统计工作。加大广告发布公益广告的监测和检查力度，根据县文明办的总体部署，指导、督促广告媒介单位发布公益广告。做好文明县城的 LED 公益广告的发布和督促工作。积极组织相关广告企业创作“厉行节约、反对浪费”主题公益广告发布活动，其中福建鹭光广告传媒有限公司原创的两幅作品申报参加全省评选活动。

【市场广告监管】 2021 年，县市场监管局开展市场监管系统广告业经营场所房屋结构安全隐患大排查大整治专项行动工作。排查广告经营场所 69 家（其中企业 54 家、个体 15 家），开展专项行动相关工作，出动 460 人次。开展摸底排查工作，对辖区内动车站、码头、路牌、公示栏、户外广告牌等公共场所，商场、酒楼、展览馆、茶叶企业、工艺品企业等经营场所重点摸底排查，排查 88 个场所。开展清理整治含有“软色情”等低俗庸俗媚俗广告专项行动；打击整治非法制售口罩等防护产品专项行动；开展铁路、高速公路沿线违法广告整治专项行动等各类虚假违法广告专项整治工作，及时处理广告投诉举报案件。

（汤开振）

财政·税务

财　政

【涵养财源】 2021年，县财政局在落实减税降费和疫情防控优惠政策基础上，协调相关部门，完善纳税信息共享平台，创新税收征管方式，强化税收征缴力度，确保依法征收、应收尽收，有效增加财政收入。在确保债务风险可控前提下，统筹各类财政性资金30亿元，其中地方政府债券资金21.92亿元，重点支持向东渠精神教育实践基地、新党校、滨北新区、将军大道拓宽改造、红旗路、陈岱镇工业园区、列屿核电配套产业园区建设，旧城关北部片区污水工程、黑臭水体治理、农村人居环境整治，以及演武亭、莆下、下港片区棚户区改造等项目支出；全力推动漳州核电、抽水蓄能电站、闽粤联网工程等相关项目建设进程，促进云霄经济发展。

【助力乡村振兴】 2021年，县财政局统筹整合支农资金3.46亿元，支持推进现代农业及特色农产品标准化、规模化生产，做大做强农业产业化龙头企业；继续兑现农机具补贴政策、农业保险政策、农业“三项补贴”政策；支持云霄县中小河流治理、小型水库除险加固、城乡供水一体化项目及冬春修水利工程。巩固脱贫衔接乡村振兴，确保“摘帽不摘责，不摘政策，不摘帮扶，不摘监管”政策落实。支持推动11个省级试点示范村项目建设，促进全面突破、特色发展；初步探索“产业发展”“休闲旅游”“党建引领”等乡村振兴“云霄实践”。

【社会保障水平提升】 2021年，县财政局坚持以统筹保障和改善民生为重，在财政收支矛盾突出的情况下，继续向民生保障领域倾斜，全年民生支出23.62亿元，增长3.43%，占一般公共预算支出的82%。通过向省市争取资金及县级预算安排等方式筹集2400万元用于职业技能提升补助和再就业创业补助，拓展居民收入增长的渠道，提高低收入群体收入，扩大中等收入群体。完善兜底保障制度，全面筹集7900万元用于农村低保、特困人员供养、临时救助等社会救助，完善多层次社会保障体系建设，发挥财政在促进“三保障”方面的积极作用。强化应急保障水平，在财政资金相对困难的情况下，多渠道筹措资金，安排拨付疫情防控资金4300万元，专项用于疫情防控支出。

【支持中小微企业融资】 2021年，县财政局引导银行金融机构积极落实中小微企业纾困专项资金贷款政策、省级财政贴息叠加再贷款再贴现政策，为中小微困难企业提供精准的金融服务。确保中小微企业贷款利率不超过3.35%，缓解中小微企业暂时性资金流动困难、融资贵的问题。扩大降费奖补范围，对创业担保贷款工作突出的银行、创业担保基金运营管理机构，按当年新发放创业担保贷款总额的1%给予奖励。鼓励金融机构推行无还本续贷政策，缓解企业按期还本付息资金压力。2021年县域内8家金融机构累计发放无还本续贷277笔，合计金额6.04亿元。

【财政管理】 2021年，县财政局从财政体制、预算管理、盘活存量、公开监督等关键环节入手，积极推进各项财政改革任务的落实。实施预算管理一体化建设，合理编制预算，科学理财，实现对预算管理全流程的动态反映和有效控制，以信息化手段推进财政治理体系和治理能力现代化。按规定在政府网站公开2020年度部门决算和“三公”经费的预算单位147个，公开2021年部门预算的单位144个。以财政管理绩效为抓手，推进绩效管理和预算管理的一体化运行，提高财政资源配置效率和使用效益。2020年度县级财政管理绩效综合评价全国排名274名，获省财政厅奖励资金400万元。

（张欣欣）

税务

【税费收入】 2021年，县税务局按财政口径计算，组织各项收入173538万元，同比增长32985万元，增长23.47%。其中，税收收入96123万元，同比增长13358万元，增长16.14%，社保费和非税收入77415万元，同比增长19627万元，增长33.96%。

【税费改革】 2021年，县税务局加强各项社会保险费管理，夯实征缴责任，与县财政、水利等部门加强对接，重点摸清费源情况，建立沟通联络机制，顺利完成水土保持补偿费、土地闲置费等六项非税收入征收职能划转，有序推进国有土地使用权出让金等四项非税收入划转准备，提前防范划转后的各类风险。税务部门负责征收的非税项目涵盖社会事业、能源资源、生态环境、市政管理、国防安全等多个领域，税务部门工作格局将从“税主费辅”转变为“税费皆重”。

【税收宣传】 2021年，县税务局认真做好全国第30个税收宣传月活动，将税收宣传与建党百年宣传紧密结合，丰富活动形式，深化活动主题，提升宣传效果，共举办宣讲会3次，发放宣传材料3000余份，全年共刊用市级及以上媒体稿件59条，创作微视频《传承》，播出后在社会上引起热烈的反响。

【纳税服务】 2021年，县税务局进一步深化税收征管改革，为各类市场主体精准“滴灌”宣政策、问需问计办实事、定向服务促发展，同时进一步扩大“非接触式”办税缴费覆盖面，完善网上办理和掌上缴费功能，全年准期网上申报率、涉税事项网办率、发票线上领用率均达到99%以上，其中涉税事项网办率、准期网上申报率两项单项指标位列全市第一。

【减税降费】 2021年，县税务局认真贯彻落实各项减税降费政策，深入落实月销售额15万元以下的小规模纳税人免征增值税、小型微利企业减征所得税、研发费用加计扣除、固定资产加速折旧等税收优惠政策，制造业中小微企业按规定延缓缴纳2021年第四季度部分税费，确保政策红利落地。

（林奇恩）

金融业

概　况

【金融运行】 截至2021年末，云霄县金融机构本外币各项存款余额189.21亿元，同比增加17.27亿元，增长10.05%；本外币各项贷款余额202.24亿元，同比增加47.32亿元，增长30.54%。

【货币发行】 2021年，人民银行云霄县支行做好常态化疫情防控下现金供应，保证社会公众用上“放心钱”“安全钱”。加大金融便民服务点建设力度，建立残损人民币回笼机制，以“农村电商物流配送中心+农村电商服务点”实现小面额人民币双向流通，相关做法得到福州中支肯定并作为“为民办实事解难题”项目推介。加强人民币图样管理，组织开展打击非法使用人民币图样专项行动，联合县市场监督管理局对商户、文具店开展检查、宣传，对违规的仿人民币图样按规定进行收缴、销毁。开展反假货币宣传，严厉打击制贩假币行为。2021年各银行业金融机构共收缴假人民币857张，金额78835元；公安机关收缴586张，金额51915元。

【信贷工作】 2021年，人民银行云霄县支行贯彻执行稳健货币政策，管好用好各类央行资金，推动金融服务实体经济。组织辖内2家地方法人金融机构运用再贷款再贴现专用额度，提供优惠利率信贷支持，减轻企业负担。推动两个创新工具政策直达实体，截至2021年末，累计发放符合延期报销口径的普惠小微企业贷款324笔4.05亿元，累计发放符合报销口径的普惠小微企业信用贷款480笔1.23亿元。推动普惠金融发展，开展民营和小微企业“首贷培植”行动，拓面增量提质，提升首贷培植行动实效，缓解小微企业融资难担保难问题。截至2021年末，普惠小微企业贷款余额66.71亿元，同比增长24.53%。突出支持绿色金融，引导辖内金融机构以“绿色信贷”为导向，加快绿色金融发展，绿色信贷业务量稳步增加。截至2021年末，辖内绿色信贷余额63.06亿元，同比增长85.8%。发挥乡村振兴示范点“以点带面”作用，创建和平乡和陈岱镇礁美村再贷款支持乡村振兴示范乡和示范村。截至2021年末，共为示范村、乡发放贷款1184笔，金额1.2亿元。强化房地产贷款管理，落实好银行业金融机构房地产贷款集中度管理制度，合理规划房地产贷款投放，做好房地产企业信贷风险防控。

【反洗钱】 2021年，人民银行云霄县支行加强反洗钱监管工作，约谈2020年反洗钱分类评级中排名靠后的金融机构，督促辖内两家法人金融机构落实洗钱和恐怖融资风险自评估。持续开展大额及可疑交易监测，督促辖内金融机构做好可疑资金的监测分析工作，2021年共收到金融机构上报可疑交易报告4份，涉及交易金额8.66亿元，向公安机关移送线索5条，涉及毒品、赌博等，公安机关立案3起，破案（其他案件）1起。加强反洗钱宣传，开展线上线下宣传活动。

【支付结算】 2021年，人民银行云霄县支行贯彻落实“断卡”专项行动，加强政策传导，强化工作督导，联合县公安局召开云霄县打击治理电信网络新型违法犯罪暨“断卡”行动工作推进会，对云霄县银行系统在防范电信网络新型违法犯罪面临的形势进行通报，统一辖内银行业金融机构思想认识和工作措施，强化风险账户风险排查管控。优化农村地区支付结算环境，推广农村普惠金融“助老适老”示范服务点建设，指导县农联社在各乡镇（开发区）建立10个普惠金融“助老适老”示范服务点，实现城乡地区全覆盖。推动移动支付便民示范工程建设，做好辖区移动支付业务推广工作。

【外汇业务】 2021年，人民银行云霄县支行及时为企业办理名录登记，解决外商投资企业资金汇入问题。加强外汇管理政策宣传，通过窗口指导、深入重点涉外企业、进省内最大侨乡举办培训宣传会、微信宣传等形式，向涉外企业传导政策改革红利，做好业务指导。加强事中事后监管，防范和化解跨境资金流动风险。开展打击外汇违法违规行为，维护辖区外汇金融安全。

【国库】 截至2021年末，云霄县支库累计拨付新增财政直达资金125笔38435.70万元。做好个税退税工作，简化退税手续，截至2021年末，云霄县支库通过电子化办理个税汇算清缴退税11734笔498.24万元。深化“国库普惠金融示范乡镇”建设，联合县财政局、县农业农村局印发《云霄县国库普惠金融服务示范乡镇建设工作实施方案》，将火田镇作为“国库普惠金融服务示范乡镇”示范先行，统筹推进国库服务乡村振兴工作。

【征信管理】 2021年，人民银行云霄县支行做好疫情防控常态化下的征信保障服务，截至2021年末，累计办理个人信用报告查询18952份、企业信用报告查询190份。加强征信业务非现场监管，引导辖内接入机构强化征信合规和信息安全管理工作，守住信息安全风险底线。深化对台征信服务工作，引导辖内金融机构发挥好“福建金服云”平台“对台金融服务区”功能，做好《漳州市台商台胞金融信用证书》线上预约申报工作，提高办证效率。2021年共发放台商台胞证书6本。

（方泽城）

银行业监管

【概况】 2021年末，辖区共有银行业机构8家，银行业网点40个，分布于城关网点16个、城郊网点7点、农村网点17个；辖区另有离行式自助银行17家，实现了辖区10个乡镇场标准银行网点全覆盖和122个行政村便民服务点全覆盖。截至2021年12月末，辖区各项存款185.23亿元，比年初增加13.71亿元，增长7.99%；各项贷款203.54亿元，比年初增加47.24亿元，增长30.22%。其中，涉农贷款101.05亿元，增长21.57%；小微企业贷款66.71亿元，增长24.53%；存贷比91.01%，比年初下降0.12个百分点；不良贷款1.49亿元，比年初增加5620万元，不良率0.73%，比年初上升0.14个百分点。

【金融服务实体经济】 2021年，云霄银保监管组引导辖内各银行业金融机构科学优化信贷结构，持续加大支农支小信贷投放，完成经营定位与金融服务能力15项考核指标和普惠型小微企业贷款“两增两控”目标。落实减费让利，2021年，全辖小微企业贷款平均利率较年初下降32BP，为企业减费136.17万元。落实无还本续贷，续贷金额占比比年初上升2.45个百分点，笔数占比比年初上升18.46个百分点。加大信用支持，全辖小微企业信用贷款占比比年初提高39个百分点。推动绿色金融发展，督导辖内各银行机构出台“十四五”绿色金融工作方案，累计发放绿色信贷65.95亿元，比年初增加32.78亿元，增幅98.8%。加大对台金融服务，推动1家机构对台授信“破零”，为4家台企提供延期还本和续贷服务。鼓励产品创新，推动机构拓展应收账款融资业务，创新e信通、e票通多款应收账款信贷产品，发放4000万元供应链融资贷款。贯彻落实市委、市政府关于优化营商环境行动的工作部署，引导云霄联社办理首笔知识产权质押融资贷款 1400 万元。

【金融服务乡村振兴战略】 2021 年，云霄银保监管组推动县政府与农信漳办在全市各县中率先启动《服务乡村振兴战略合作框架协议》签约仪式，与全县 7 个部门和 10 个乡镇签订战略合作协议，计划“十四五”期间在云霄累计投放信贷资金 200 亿元。联合多部门召开脱贫小额信贷工作推进会，研究制定脱贫人口小额信贷政策方案，引导合作银行机构推出专项信贷产品“脱贫宝”“产业扶贫宝”。累计发放扶贫小额贷款 1051 户、3566.22 万元；发放“脱贫宝”29 户、95 万元；产业扶贫贷款 3935 万元，间接帮扶 36 户贫困户。鼓励创新差异化乡村振兴金融产品，重点支持云霄 39 项特色地理商标产业化发展，发放支持乡村农房改造的“美丽兴乡贷”2056 户、1.45 亿元；发放支持新型农业经营主体的乡村振兴能人贷 65 笔、2802 万元；特色地标类贷款余额 12.77 亿元。持续推进“普惠金融百千万工程”建设，依托普惠金融工作站打造“八点一平台”便民点，推广“金融助力 + 乡村振兴信息员 + 科技特派员”模式，引导云霄联社在全县设立惠农服务小额便民点 162 个，打造融合“党建、商品销售、金融便民、社会服务、生活文化、电商体验、物流服务、科特派”8 个中心为一体的村级综合服务便民工作站，实现全县 207 个行政村全覆盖，打通“村村通”工程最后一公里。强化政银保企多方合作，引导云霄县支农融资担保公司与银行、云霄县支农信贷协会合作，发挥政策性担保增信作用，为云霄县优势特色产业提供担保服务 71 笔，金额 7335 万元；推动云霄农信社与县供销社、县茶协会率先启动“三位一体”综合合作，向云霄县茶产业白名单授信 2220 万元；推动保险与农信合作探索开展地标侵权损失险和保证保险服务。

【金融风险防控】 2021 年，云霄银保监管组通过日常巡查揭示问题、完善制度、提升管理，排查整改经营性贷款流入房市 18 笔、涉及金额 458.3 万元。联合县检察院、县人行在云霄联社召开员工警示教育大会，引导联社全体员工以身边案件为鉴，扎实合规文化思想根。举办“董（理）事监事履职能力研学会”，通过窗口指导机构完善董监高履职回避制度和任职资格管理制度，提升法人机构董监事合规履职能力；引导机构开展“送合规知识下基层”培训、网点合规文化专栏评比、合规文化征文比赛、“我为内控合规管理献一计”金点子征集比赛、“职业道德与制度建设谁优先”合规文化主题辩论赛等活动，坚实合规文化宣传阵地。加强案件风险防控，开展银行机构“两节”安全抽查、邮储代理网点飞行检查、网络安全排查、两家法人机构从业人员清查督查等，共抽查 11 个网点、发现问题 21 个、发出监管提示 4 份、完善制度 2 份。印发《云霄银保监组关于云霄县银行业保险业常态化开展扫黑除恶有关工作的通知》，组织全辖金融机构开展涉黑涉恶线索摸排工作，全年未收到线索情况。推进辖区清廉金融文化建设，通过“清廉金融文化进校园、进社区”、辩论赛、灯谜、党课学习班等多种形式，利用公众号、微信、LED 显示屏、大部刊物等平台持续宣传，营造辖区良好金融生态。开展清廉金融文化宣传周活动督导，实地查看 13 家银保机构宣传周活动开展情况，扩大宣传覆盖面和影响力。

【消费者权益保护】 自云霄县金融纠纷多元调解中心成立以来受理消费纠纷 365 件、调解成功 39 件、金额 383.12 万元。组织辖内银行保险机构开展非法集资宣传月、金融知识宣传月活动，联合金融办、县人行、县公安局等多部门开展集中宣传 2 次，联合县融媒体创新开展“增强村民防范非法集资意识”直播宣传，强化金融知识宣传普及，提升辖区金融消费者满意度。

（黄玮）

银行业

【中国银行云霄支行】 截至 2021 年末，云霄中行人民币一般性存款余额 23.34 亿元，较年初新增 2.78 亿元，其中个人储蓄存款人民币合计 16.93 亿元，公司存款 6.06 亿元。贷款余额 21.21 亿元，比年初新增 4.39 亿元，贷款不良率 0.63%，其中公司不良为零，资产质量总体良好。疫情防控期间，云霄中行采取靠前了解需求、开通绿色渠道、配合相关优惠政策等多项措施开展“金融暖企”，助力云霄小微企业发展。2021年3月新增投放3533万元，为3家企业发放纾困贷款，补充企业疫情防控期间的资金流动性，节省融资成本。全年累计为小微企业客户进行无还本转贷13笔累计5330万元，缓解企业临时资金周转困难。承担云霄县46万名群众（含常山）的社会保障卡业务，担负起“服务民生、普惠金融”的社会责任。

（吴艳蓉）

【中国工商银行云霄支行】 2021年，中国工商银行云霄支行各项人民币存款16亿元，比上年减少1.4亿元。其中，居民存款余额12.09亿元，比上年初减少0.93亿元；对公存款3.9亿元，比年初减少0.5亿元。创新金融服务，2021年支行本外币贷款总额28.2亿元，比年初增9.3亿元，增量同业第二，其中对公贷款取得进展性突破，截至12月底存量余额17.73亿元，比年初新增9.1亿元，增量同业第一。

开展普惠金融服务，2021年成功营销小微企业普惠金融贷款30户、税务贷20户。2021年个人贷款总额达10.47亿元，新增个人贷款0.23亿元。支持地方小微客户及民营企业的发展，近两年新增一般法人客户和小微客户超过60家，其中仅项目贷款就新增投放5家，新增民营企业贷款10亿元，民营企业贷款新增投放占比超全县金融系统的40%，民营企业贷款余额增加近15倍，有效支持地方小微客户及民营企业的发展。

（沈跃溪）

【农业银行云霄县支行】 2021年，云霄农行全辖设立支行5个网点［县城区支行营业厅1个、城关支行、莆美支行、将军山支行3个二级支行、常山经济开发区（省级开发区）二级支行1个］。至2021年末，全行本外币各项存款余额30.25亿元，比年初增加2.98亿元；各项贷款余额52.83亿元，比年初增加12.65亿元，增长31.48%；不良贷款余额518万元，比年初下降31.64万元；不良率0.09%，比年初下降0.04个百分点。投放普惠小微企业贷款1.22亿元，增长42%；“惠农e贷”5.11亿元，比年初增加1.42亿元，增长38.5%；农村个人经营性贷款2.66亿元，比年初增加1.26亿元，增长90%；投放生猪养殖贷款3268万元，助业贷款1.3亿元。完成对全辖5个物理网点进行微改造或整体改造，推出“创服务品牌”和争做“云霄市民最认可的银行”发展战略，全面提升网点的服务水平和服务能力。

（高一明）

【建设银行云霄支行】 截至2021年底，建行云霄支行一般性存款余额276144万元，其中企业存款87916万元，储蓄存款188228万元，当年新增1938万元；本外币各项贷款余额311796万元，其中公司类贷款160140万元，个人类贷款151656万元，当年新增92949万元；五级分类不良贷款余额1049万元，比年初增加365万元，不良率0.37%。当年实现账面经营利润7447万元，上缴税收583万。疫情防控期间，建行云霄支行大力营销“抵押快贷”“云税贷”“结算云贷”“账户云贷”等多种小微企业信用类信贷品种，支持小微企业和地方经济发展。推出“善担贷”“闽叶云贷”等创新型产品，加强全面乡村振兴和农业农村现代化金融服务，促进脱贫攻坚同乡村振兴有效衔接，截至12月底，支行普惠金融“8+1”各项贷款时点余额48153万元，比年初新增11385万元，授信客户数和授信总额度均创历史新高。支持地方重点项目建设，主动对接地方政府民生基础设施项目，坚持提高制造业贷款比重，积极营销绿色融资，以金融支持经济持续恢复和高质量发展，截至12月底，支行累计提供3亿元左右个人住房信贷支持，新投放漳州核电固定资产贷款8.90亿元，余额11.71亿元。

（方毅勇）

【云霄县农村信用合作联社】 云霄县农村信用合作联社现有网点17个，离行式自助银行7间，ATM（自动取款机）及CRS（共同申报准则）自助设备53台，遍布全县所有乡镇；布设小额支付便民点150个，实现全县行政村全覆盖。截至2021年末，云霄县农村信用合作联社各项存款余额54.6

亿元，较年初增长4.45亿元，增幅8.87%，市场份额位居全县各金融机构首位。其中，储蓄存款余额42.29亿元，较年初增长4.44亿元，增幅11.73%；大额存单余额3.56亿元，较年初增长0.08亿元，增幅2.34%。全辖各项贷款余额40.88亿元，较年初增幅15.54%。其中，涉农贷款37.27亿元，较年初增幅9.6%；小微企业贷款余额15.11亿元，比年初增加3.77亿元。加强现金管理，拓宽交易渠道，调节同业资产结构，截至2021年末，存放同业余额8.71亿元，投资各类债券、国债、同业存单等共16.1亿元，金融市场业务的综合收益率为3.44%，比全省平均收益率3.35%高9个BP（基点），全市排名第3名，类别五行社中排名第1名。

（张翠燕）

【邮储银行云霄县支行】 截至2021年末，邮储银行云霄县支行城乡居民存款20.4361亿元，较上年新增1.94亿元，公司存款3.72亿元，较上年新增1.08亿元。各项贷款余额17.40亿元，较上年新增3.72亿元。全行不良贷款率在管控目标内，整体资产质量保持良好。2021年新创建信用村22个，评定信用户312户，截至2021年12月底，累计创建信用村73个，累计评定信用户1867户，助力乡村振兴建设。

（吴艺燕）

【福建海峡银行云霄支行】 2021年，福建海峡银行云霄支行资产总额72279.21万元，比年初增加18358.66万元；各项存款余额57990.10万元，比年初增加12089.28万元；各项贷款余额75315.19万元，比年初增加21832.77万元。全年实现利润-291.24万元，2021年缴纳税款188.12万元（含个人所得税、增值税、城市维护建设税、印花税、教育费附加、地方教育附加等）。

（张秀蓉）

【云霄润发村镇银行】 截至2021年末，云霄润发村镇银行资产总额38370.38万元，比年初增加1558.98万元，各项存款余额为31604.66万元，比年初增加2649.70万元，各项贷款余额为29963.1万元，比年初增加2144.87万元。全年实现利润717.49万元，2021年缴纳税款263.35万元（含企业所得税、营业税及附加、个人所得税、增值税等）。

（张戎、郭易琳）

保险业监管

【概况】 2021年，云霄县保险主体共有15家，其中财险机构8家，人身险机构7家。全县全年实现保费收入27865.03万元，同比增长5.47%。其中，财险机构实现保费收入12361.9万元，同比增长4.71%；人身险机构实现收入15503.14万元，同比增长6.09%。

【服务实体经济】 2021年，云霄银保监管组引导辖内保险公司为承保水稻政策性种植险保障6.3万户、保险金额4813.16万元，保额由400元／亩提高到500元／亩，实现全县水稻保险全覆盖；承保森林保险150户、保险金额14.14亿元；承保养殖保险207户、保险金额8385.43万元；承保农房保险18.1万户，保险金额22.68亿元。引导人保财险云霄县支公司办理全省首单“地理标志产业振兴保”，打造“地理标志－金融服务”新模式，为地标产业发展提供全链条、系统性保障，为云霄县杨桃、枇杷地理标志产品提供2200万元地理标志被侵权损失及产品质量安全责任风险保障。

（黄玮）

保险业

【中国人寿保险云霄支公司】 2021年，中国人寿保险股份有限公司云霄县支公司实现股份公司总保费8610.52万元，其中续期保费6034.59万元，长险首年保费1721.13万元，核心指标10年期及以上期交保费828.08万元，短期险保费954.79万元；全年赔款支出553.56万元。

（陈亚细）

【中国人民财产保险股份有限公司云霄支公司】 2021年，中国人民财产保险股份有限公司云霄支公司实现保费收入5880.75万元，缴纳各项地方税收691.04万元。组建警保联动服务队伍，设立车架管社会服务站、机动车登记服务站、警保联动交通安全劝导站，助推全县电动车、摩托车上牌工作，持续深化“放管服”，提高交通效率，服务群众。结合县域实际情况，推陈出新多项服务民生类保险保障方案，充分发挥保险的补偿功能，维护社会和谐稳定，提升人民群众幸福指数，助推乡村振兴。

（吴雯）

【平安财产保险云霄支公司】 2021年，中国平安财产保险股份有限公司云霄支公司实现保费收入2588.3万元，比上年增长-0.1%，全年承保财产险、团体意外险等非车产品328.2万元，同比增长57.1%。2021年理赔金额1766.1万元，比上年增长4.9%。

（方艺辉）

【中华联合财险保险云霄营销服务部】 中华联合财险保险股份有限公司漳州中心支公司云霄营销服务部涉及财产保险、人身保险、涉外保险等多项业务。2021年，实现原保费收入324.70万元，计划完成率达到81.25%，全年赔款支出194.84万元。

（林若莹）

【平安人寿云霄第一营销服务部】 2021年，云霄营销服务部（云霄）保费6178.89万元（新单+续期），办理理赔案件524件，理赔金额663.2万元，标准案件5日结案率91.84%；

云霄第一营销服务部（云霄区拓）保费3760.6万元（新单+续期），办理理赔案件228件，理赔金额197.3万元，标准案件2日结案率达到92.98%。

（林元钦）

【兴业证券云霄营业部】 2021年，兴业证券云霄营业部实现营业收入1393.89万元，利润总额729.19万元。截至2021年末，客户的托管A股总市值为80.25亿元，累计销售各类产品18547.20万元。2021年期间新增普通客户账户数共3261户，全年各类证券交易金额累计数达391.77亿元。

（朱若凡）

交 通

运输与管理

【客运服务】 2021年，云霄县有客运企业6家，车辆99辆（客运班车53辆、旅游包车46辆），核定座位数3381个；客运班线24条（省际2条、县际11条、县内11条），其中农客班线17条。6家道路客运企业全部纳入年度质量信誉考核，评为AAA级客运企业2家，AA级客运企业4家。春运期间，服务返乡和返岗农民工“点对点”省际包车运输16趟次、运送617人次，主要赴河南省、云南省和四川省等地，用省际旅游客车作为运力。开通漳州核电站（列屿）至云霄核苑员工绿色通勤线路，配备5辆（计250座）专车每天多趟往返企业工地和办公生活区，解决企业员工新冠肺炎疫情防控期间上下班难题，保障企业正常运转和员工身体健康。继续规范客运管理，客运站场落实“三不进站”（无关人员不进站、无关车辆不进站、易燃易爆易腐蚀等危险物品不进站），“六不出站”（客车超载不出站、安全例检不合格车辆不出站、驾驶员资格不符不出站、客车证件不齐全不出站、出站登记表未经审核签字不出站、乘客驾驶员未系安全带和驾驶员不作安全承诺不出站）安全管理责任；监督客运驾驶员在驾驶过程中做到“五不一确保”（不超速、不超员、不疲劳驾驶、不接打手机、不关闭动态监控系统，确保乘客生命安全）。落实农客油补车补政策，按规定进行公示并发放补助资金。加强车辆动态监控平台日常管理工作，客运车辆全部安装北斗终端，覆盖率100%。

【公交车、出租车服务】 2021年，全县公交车运营企业有长顺公共交通有限公司1家，车辆数22辆，开通16条线路；出租车运营企业有云霄县顺冲出租车有限公司、云霄县中联汽车出租有限公司2家，车辆数41辆，其中云霄县顺冲出租有限公司参与“村村通客车”项目运营；网约车有云霄县甘丰行新能源有限公司、漳州宝顺网络科技有限公司、漳州顺路汽车服务有限公司、云霄县长达运输有限公司（帮邦行）4家，车辆52辆。全县辖区（包括个别无农客通行的偏远乡村）都可以采用网约车方式出行，实现158个建制村村村通客车。规范出租车运营管理，运营车辆设施齐全，计价器和北斗终端正常运转，随时掌握车辆动态。全县范围内重新拟定、规划、优化公交站牌和线路，扩大城区群众公交出行范围；公交车内设置驾驶安全防护栏，确保司机驾驶和乘客乘车安全。

【货运服务】 2021年，云霄县有普通货运企业27家，车辆数525辆，吨位数6510.4吨；危险品货运企业3家，车辆数18辆，吨位数123.66吨。是年，纳入云霄县符合2020年度质量信誉考核条件的有3家危险品货运企业、24家普通货运企业，拟定为AA级的有危险品货运企业3家、普通货运企业24家。新冠肺炎疫情防控期间，做好货物运输正常通行保障，发挥流通企业、电商平台作用，推进批发市场、物流配送和销售终端互联互通。把粮油、蔬菜、肉蛋奶、水产品等农产品纳入生活必需品保障范围，确保口罩、大米等亟需物资运载，抓好“六稳”“六保”工作。加强货物运输管理工作，建立安全生产管理体系，在册12吨以上货车全部落实安装北斗终端监控系统。加强农村物流网络建设，持续建设、健全、完善县乡村三级物流配送机制，畅通农产品进城和工业品下乡双向流通渠道。

【水路运输】 2021年，云霄县交通运输局落实“封港清查”工作部署，全面清查全县内河乡镇船舶，出动执法人员34人次、执法车辆12车次，对全县内河乡镇船舶进行常态化监督检查。所有内河乡镇船舶台账齐全、船况基本正常，均配备生活垃圾及废油回收桶，保障内河水域无污染现象。每个乡镇船舶临时停靠点也设置垃圾及废油回收桶，防止二次污染。配合相关部门开展船舶用油抽检制度，规范船舶使用合格油品。

【驾驶员培训】 2021年，云霄县交通运输局依据《机动车驾驶员培训管理规定》《福建省道路运输质量信誉考核办法（试行）》等规定，对全县7所驾校机动车驾驶员培训机构进行质量信誉考核，5所驾校质量信誉考核结果为AA级、2所驾校质量信誉考核结果为A级。督促各驾训机构根据规定建立健全相关档案，对辖区驾校的经营资格、经营行为进行监督检查。是年，全县各驾校审核签发培训记录7507人次（小车7244人次、大车263人次），摩托车培训记录672人次。

【车辆维修】 截至2021年底，云霄县有各类维修企业91家。各类车辆维修企业坚持分类管理、预防为主、安全高效、节能环保的原则，对道路运输车辆在保证符合规定的技术条件下，按要求对车辆进行维护、修理、检测。贯彻落实“三检合一”和推进“跨省通办”制度，加大便民服务举措。保持车辆技术状况良好，保障运输安全，促进节能减排。

【行业管理】 2021年，云霄县交通运输局部署、组织、实施道路旅客运输企业、道路货物运输企业、公交与出租公司、机动车驾驶培训机构、维修企业质量信誉考核工作，加强行业管理；持续推进城乡客运一体化，农村客货运输创优提质；积极推广使用新能源和清洁能源汽车；引导县、乡、村三级物流网络体系建设；落实辖区内运输营运车辆全部安装北斗监控系统，加强运输车辆的动态监管。加强与县市场监督管理局等部门的联系，加强机动车维修市场监管力度，规范机动车维修市场秩序。贯彻落实行业新冠肺炎疫情防控各项措施，加强日常交通运输保障。各客运、出租、公交企业设置集中检查留观点，全面落实乘客测体温、查验“健康码”、全程佩戴口罩、乘客信息登记、客座率控制等防控措施。做好人员密集区域、交通运输工具的清洁、通风、消杀等工作。监督驾驶员和服务人员上岗时戴口罩、常通风、勤消毒，准时准点发车、按计划线路运行。严格落实按规定要求驾驶员和服务人员的新型冠状病毒肺炎核酸检测，做到应检尽检。严格落实外出市区报备制度，压实企业主体责任，落实各项防控措施。强化客运站、驾校、维修厂等公共场所防控管理，确保防控思想不松、防控力度不减。

（柳斌）

交通执法

【超限运输执法】 2021年，云霄县交通运输综合执法大队联合公安局交警大队开展治超执法21次，查处超限车辆98辆，卸载货物1745.23吨，货运车辆超限率严控在2%以内。检查企业73家，公布重点货运源头企业3家，加强源头管理。深化超限“一超四罚”（对路面查获的超限超载车辆，在交通运输综合行政执法机构责令消除违法状态、公安交通管理部门处罚记分后，依法对货运车辆、驾驶人、道路运输企业和货运源头单位实施追踪查处），不断完善和落实超限超载运输车辆“一车一档”登记制度，及时将查处违法超限货运车辆案件信息，录入在“福建省交通综合行政执法管理信息系统”中进行公示，加大治超工作力度。

【路政管理执法】 2021年，云霄县交通运输综合执法大队出动执法人员4503人次、执法车辆1720辆次，坚持国省干线和农村公路并重，营造“畅、安、洁、优”公路通行环境，4个中队按照各自分片乡镇的责任区域开展道路巡查，交通执法巡查公路里程13688公里，公路执法监督检查1152次。查处路政违法案件22件，纠正制止违章行为611起，确保公路完好、安全、畅通。是年，利用市政府两违办组织开展“百路千村”“两违”综合治理行动这一契机，县交通运输综合执法大队扩大执法覆盖面和涉路违法行为打击面，在当地政府的牵头下，全力攻坚“两违”综合治理难题，加强路域环境整治力度，着力拆除公路两侧违法建筑物和构筑物，拆除非公路标志49面，清除堆积物229处、1279.5平方米，查处滴、洒、漏车辆污染公路34起。

【道路客运执法】 2021年，云霄县交通运输综合执法大队持续开展整治“黑车”非法营运和出租汽车客运秩序专项执法行动。以打击各类非法客运和出租汽车违法经营行为的专项执法行动为重点，查获非法从事客运“黑车”43部，出租车不打表3部，不按核定站点停靠并上下旅客1部。加强道路旅客运输企业、客运站场和客运车辆及驾培、租赁行业等的监管、整治力度。是年，出动执法人员2003人次，检查客运服务企业及驾培、租赁行业126家，督促现场整改52起，发出整改通知书8份。

【货运监管执法】 2021年，云霄县交通运输综合执法大队加大道路危险货物运输监管力度，查获危险品运输车辆25辆，罚款37万元。加强货运物流行业安全监管力度，检查物流企业13家，积极联合相关部门加强对货物受理环节不按要求开箱验视、不留存托运人真实信息等违法违规行为的监督与查处。

（黄大良）

【安全生产和行业维稳】 2021年，云霄县交通运输系统持续开展安全生产专项整治三年行动和“控事故、保安全、迎建党百年”安全生产集中攻坚专项行动。从源头入手，提高企业安全管理意识；强化监管，打牢企业安全管理基础；突出重点，压实企业管理主体责任；常抓不懈，提高行业安全管理水平。加强安全文化宣传活动，开展“安全生产月”、“12·2”全国交通安全日、“119”消防宣传月等安全宣教活动。加强检查监督，派出1000余人次，检查督导交通运输企业256家次，发现一般隐患71项，下发整改通知书30份，限期整改45项，现场整改26项。针对清理整治中发现的问题督促企业立即整改或按要求限期整改，强化问题隐患整改，整改率达到100%，突出重点，强化攻坚，严防死守，坚决遏制各类生产安全事故的发生。是年，在市“12345”信访平台上处理信访事项107起、在“12328”信访平台上处理信访事项28起、在省网内网国信网诉平台上处理信访事项5起、群众来访来信处理信访事项9起，做到深入调查、依规处置、及时反馈，件件回复，群众信访满意度为100%，有力地维护交通运输行业稳定。

（陈进标）

【交通检疫与行业疫情防控】 2021年9月18日至29日24时应急新冠肺炎疫情防控响应期间，云霄县交通运输局牵头组织设立常山高速公路出口、火田高速公路出口、东厦高速公路出口、下河高速公路出口交通检疫检查点，制定工作方案，严格落实各项交通检疫检查措施。检查高速路口入云车辆数11921辆、入云霄人员数29810人，排查异常人员数138人，劝返车辆数181辆、人员数271人。在常设的云霄动车站交通检疫点，派出1000余人次带队在出入口开展检疫检查工作。每天将新冠肺炎疫情重点地区入云人员和其他异常入云人员信息报送至县疫情防控指挥部，再由指挥部推送各乡镇落实相关防疫措施。严格按工作程序做好“点对点接送工作”，及时做好转接隔离工作，使用专用隔离车或120车辆，由乡镇派人接送，做好隔离14天境外入云人员“点对点”接送工作。是年接送集中隔离和居家隔离人员379人。贯彻落实《客运站场和交通运输工具新冠肺炎疫情分区分级防控指南》和《新冠肺炎疫情防控督导手册》等工作要求，严格落实执行客运场站等重点场所和交通运输工具等新冠肺炎疫情常态化防控措施，按照要求推进交通服务行业“重点人群”的疫苗接种和核酸检测“适时抽检”工作，全县交通运输系统工作人员总人数976人，其中禁忌16人，接种疫苗960人，基本完成加强针接种工作。

（陈进林）

【防御灾害和值班值守】 2021年，云霄县交通运输局完善修订《云霄县交通运输局关于印发防台风暴雨洪涝预案的通知》，更加科学有效地开展防御台风、暴雨、洪涝、冰冻、地质灾害等自然灾害，逐步形成科学、规范、有序的应急机制，不断提高应急能力，保障运输车辆、船舶和旅客的出行安全和交通建设工程安全，最大限度地避免或减少人民生命财产损失，为云霄县社会稳定和经济正常运行提供交通运输保障。做好全县农村公路灾毁保险工作，把县域内乡村公路纳入保险范围，加强农村公路的管理养护，减少自然灾害对农村公路造成的经济损失。在汛期、重要节假日和重点时段，严格执行24小时值班和领导带班制度，局属各单位主要负责人坚持在岗带班，值班人员和带班领导24小时在岗在位值班，保持通信畅通，做好上情下达、信息报送等工作，在发生突发事件时能够按照规定及时准确上报、妥善处置。

（陈进林）

基础设施建设

【国道324线云霄城关段改建工程】 国道324线云霄城关段改建工程起点位于国道324线漳江大桥桥头，沿G324线布线，与绥阳路分离式交叉，与云漳路、人和路、高洋路、将军大道平面交叉，与七星山路、彩龙大道分离式交叉，终点位于厦深铁路桥处。该项目于2019年5月22日正式开工，2020年12月项目主体建成。2021年1月至6月，实施绿化和交通安全设施工程项目。绿化工程造价622万元，主要为公路范围内的中分带绿化，全部绿化面积约29400平方米，其中绿化种植草皮约29007平方米，人工种植乔木、灌木20223棵；交通安全设施工程造价892万元，其中混凝土防撞护栏1705米，波形梁钢护栏21025米，单柱式交通标志35个，单悬臂式交通标志30个，双悬臂式交通标志8个，路面标线8509平方米。

（陈进林）

【农村公路危桥改造】 2021年，云霄县交通运输局积极推动解决农村群众生产生活出行存在的问题，进一步提升云霄县农村公路安全水平。完成云霄县下河乡车圩（坡兜）中桥改造工程（新改建一座3×20米预应力空心板梁桥），投资325万元；完成云霄县曲溪桥改造工程（新改建一座1×20米预应力空心板梁桥），投资124万元。

【农村公路建管养】 2021年，云霄县交通运输局以“四好农村路”创建为主要抓手，不断提高农村公路标准，完善道路设施，健全完善养机制，加强公路管理和养护，确保公路畅通路况完好。实施行政村通达公路提级及路网改造，全年建设14.762农村公里，完成总投资4380万元；完成云霄县马铺乡农村公路村道安保建设工程，建设里程5公里，完成投资55万元；完成云霄县县道乌列线养护提升工程，建设里程11.329公里，完成投资409万元，有效促进交通扶贫攻坚与乡村振兴有效衔接。积极推进农村公路“建管养运”全面发展，营造畅、安、舒、美的农村公路通行环境，切实落实路长制工作，建立健全路长统一管理、分级负责的农村公路管理工作机制，完善公路管理和养护机构，推进农村公路养护常态化。是年，县交通运输局制作选送的“爱心协会献爱心，公益修路四十年”专题片，被福建省交通运输厅和福建省广播影视集团联合主办的“家乡情·幸福路”福建省建设“四好农村路”宣传活动评为典型先进事迹。

（陈进林）

公路养护

【小修养护】 2021年，云霄公路分中心坚持“改革攻坚、养护转型、管理升级、服务提质”管养方针，加大对路面早期病害的预防性养护，保持公路路况稳定，路面完好率达标。注重公路排水系统的维护，推进国省干线涵洞进出水口、边沟整治工程，确保排水通畅；对桥涵砌体裂缝进行修补，及时清理桥头伸缩缝等病害，有力确保公路桥涵的安全；全面推进道路清灌缝封闭工作，及时修补路面坑槽，是年，完成修补路面坑槽400平方米，维修水沟3公里，完成校园周边安保工程1项，完成S508线列屿段、G357线下河段路容路貌提升，修补G357线水沟15公里，实施路面清灌缝及裂缝封闭里程约39.6公里，裂缝修补约1700延米。

（方进树）

【养护工程】 2021年，云霄公路分中心以项目建设为推动，保质保量完成公路养护工程项目：完成G357线云霄段安防提升工程，投入资金237万元；完成盘陀岭停车区“司机之家”建设，投入资金50万元；协助做好国道357线东山八尺门至常山路段改造工程；配合做好国道324线城关段的路面改造工程。是年计完成公路养护工程16个，投入资金2417.4万元。

（方进树）

【路产保护】 2021年，云霄公路分中心以依法治路为依托、保护公路路产路权为中心，积极推进路面动态管控，提高巡查质量工作；加强路政宣传力度，营造良好的护路氛围；加强横向联动，发挥协作功效，落实公路机构与交通综合执法协作机制，开展路政巡查及路域环境整治行动，及时处理破坏和侵犯路产路权的案件，履行好安全保畅、防汛抗台、构建和谐公路等职责。是年，累计上路巡查221天次、259车次、1112人次，纠正、制止违章453起，开展联合整治行动24次，清理堆积物98处1407平方米，清理“滴、洒、漏”47处/1117平方米，取缔摆摊设点8处，拆除非法搭盖2处，检查货车46辆次。

（方进树）

【安全生产】 2021年，云霄公路分中心落实安全生产目标管理责任制，完善工作机制，开展“春运”“疫情防控”“大排查大整治”“安全生产月”“三年行动”“大桥长隧道安全隐患排查整治”等专项行动，强化安全生产宣传教育，提高干部职工安全意识；落实隐患排查及整改措施，实施安全生产检查、整改、复查纵向一条线，对施工现场、桥涵隧、机关、公路站、生活区等重点部位，进行分组交叉全面排查，形成横向一张网；落实安全生产和新冠肺炎疫情防控“两个责任”，“一手抓疫情防控、一手抓安全生产”，做到安全生产与新冠肺炎疫情防控同部署、同落实、同指导、同服务；抓好职工自身的新冠肺炎疫情防控工作，100%完成疫苗接种。

（方进树）

【安防工程提升】 2021年，云霄公路分中心根据前期安防工程调研情况和年初工作安排，提升国道357线云霄路段安防工程。对临水临崖、弯急坡陡等全部路段增设护栏及各类标志。建成A级波形梁护栏5076米、A级F型钢筋混凝土护栏435米；增设钢筋混凝土护栏诱导标4095米、路侧示警柱74根、单柱式警告标志3座、指示标志16座，提高群众出行安全系数。

（张雪琴）

【“司机之家”改造升级】 2021年，云霄公路分中心坚持党建引领，开展盘陀岭停车区“司机之家”双创工作和党建精神文明示范点创建工作，立足公路工作实际，在完善休息、洗衣等硬件设施的基础上，对停车区场所的功能区域重新布局，增设淋浴室，扩建公共卫生间，增设第三态卫生间，合理设置饮水区、自动售贩机，完善无障碍通道，增设场内外监控设备，设置文化宣传栏、文化墙，配备充电桩、普通公路咨询查询机、应急药品、针线包、修车工具等便民服务设施，打造功能实用、经济实惠、布局合理、方便快捷的一站式服务平台。

（张雪琴）

铁　路

【运行班次与客运量】 2021年，停靠云霄动车站的旅客列车简明时刻表共98车次，较上一年64车次增加34车次。其中，上行40车次，分别为诏安—厦门3车次、诏安—福州1车次、梅州西—厦门1车次、深圳北—厦门北2车次、深圳北—厦门8车次、深圳北—漳州1车次、深圳北—泉州2车次、深圳北—龙岩2车次、深圳北—福州2车次、深圳北—福州南3车次、深圳北—平潭1车次、东莞南—泰宁1车次、东莞南—杭州东1车次、深圳北—杭州东1车次、深圳北—南昌西2车次、深圳北—上饶1车次、广州东—温州南1车次、东莞南—上海虹桥2车次、深圳北—上海虹桥1车次、深圳北—南京南2车次、梅州西—武汉1车次、深圳北—淮安东1车次；下行58车次，分别为厦门北—深圳北1车次、厦门—诏安3车次、厦门—广州东2车次、厦门—香港西九龙2车次、厦门—深圳北11车次、厦门—东莞南1车次、泉州—深圳北2车次、龙岩—深圳北1车次、莆田—深圳北1车次、平潭—深圳北1车次、福州—诏安1车次、福州—深圳北2车次、福州南—南宁东1车次、福州南—深圳北7车次、福州南—东莞南1车次、福州南—广州东2车次、泰宁—深圳北1车次、福鼎—深圳北1车次、南平市—深圳北1车次、赣州—深圳北1车次、上饶—深圳北1车次、南昌西—深圳北1车次、杭州东—深圳北2车次、上海虹桥—深圳北2车次、南京南—深圳北3车次、南通—深圳北2车次、武汉—梅州西1车次、淮安东—深圳北1车次、合肥南—深圳北1车次、阜阳西—深圳北1车次。是年，发送旅客1158755人，虽受新冠肺炎疫情影响，但较2020年发送旅客1025054人有所恢复，日均发送3174人，最高峰为清明节，当天约发送2万人；到达旅客数基本与发送旅客数持平，营业总收入9660万元。

【购乘服务与硬件设施建设】 2021年，云霄动车站停靠车次98车次，较最初2013年13车次增加85车次，云霄动车站旅客购票难、乘车难的情况大大缓解，能够宽松满足旅客平时出行需求。节假日购乘难为突出点，主要为旅客网上跨站抢票、集中出行所致。是年，云霄动车站不断完善服务，完善硬件设施建设。服务方面：对车站进出站客运的揭示揭挂进行灯光照明改造，方便旅客夜间出行；对候车室格挡玻璃揭示文明创城标语，渲染文明出行，增设灯箱式展示栏，优化候车环境；改造出行隔离栏杆，既解决出站拥堵，又利于防疫有效测温；对候客大厅进行全面改造升级，增加两台人脸识别系统，启动节假日备用系统，总投入186万元，大大缓解旅客进出站难，节假日拥堵问题。硬件设施方面：经云霄县港口和铁路建设服务中心联合云霄动车站向南昌局多次协调争取，云霄动车站3部自动扶手电梯项目于2021年4月开工，总投资828万元。

（方智敏）

邮政·通信

中国邮政

【概况】 中国邮政集团有限公司福建省云霄县分公司属公用企业，主要负责县内邮政通信网的建设、运行、经营与管理，受政府委托承担普遍服务和特殊服务义务。2021年，有从业人员218人，邮政支局所13个，邮储网点6个。全县行政村100%直接通邮，邮路里程1285公里，通邮投递频次、邮政网点营业时间均已达到国家普服标准。2021年出口邮件109.7万件，进口邮件258.2万件，县城区域实现“县到乡T+0”，农村支局实现“县到乡T+1”配送时效。县分公司全年总收入完成3626万元，同比增长4.3%；收支差完成805.3万元，完成年计划的109.4%，县域排名全区第一。

【邮政基础性业务】 2021年，中国邮政集团有限公司福建省云霄县分公司累计完成报刊订阅流转额1141万元，其中教育杂志社《学生周报》46125份，党报党刊14381份。函件业务主营线下媒体联网业务、车优保、腾邮项目、数字明信片等新型媒介，针对各级党组织的不同需求，提供个性化、定制化“党建有声图书墙”，以“互联网＋党建”模式将学习教育与新媒体有机融合。全年发行邮票40603枚，集邮品册数41613册，以个性化邮票项目、定向开发项目、线上业务等为重点，与邮协合作，抓好新邮预订、生肖邮品和年册销售，对接广大集邮爱好者需求，结合本地特色开发产品，线上线下齐发展。

【现代金融业务】 截至2021年12月31日，代理金融余额规模达14.65亿元，年净增1.56亿元，新增市占率14.1%；2021年全年累计保费销售2219.84万元；净值型理财产品净增550万元，非货币基金全年净增2250万元，中邮证券有效户数完成率100%。

【现代快递物流业务】 2021年，云霄县内全网邮路优化，全县13个支局，73个快件代投自提点，35个村邮站，42个便民站等新型末端投递点，开通3条县内转趟邮路，确保做好“最后一公里”普服工作。自2021年6月28日起，中国邮政全面提速，提升用邮体验，快为根本，全国主要城市邮件次日达，甚至次晨达。

【农村电商】 2021年，中国邮政集团有限公司福建省云霄县分公司推进“电商＋惠农”活动，积极拓展批销大客户，依托“邮乐网”电商平台优势，打造线上线下融合、农产品进城与工业品下乡双向流通格局，与福建支点农业发展有限公司达成合作，共同建立下河杨桃基地、云霄枇杷农品、禾田青百香果农品、火田菠萝农品，线上开展直播活动，线下夯实渠道基础，邮银协同助力农业高质量发展，为乡村振兴注入新功能。

（吴丹）

中国电信

【运营业务】 2021年，中国电信云霄分公司移动天翼用户达11.7

万户，宽带用户6.6万户，高清ITV用户达4.6万户，主营收入及基础业务预算完成创新高。全年助力地方政府完成党校新校区智能化系统采购项目、公安局光纤租用服务采购项目、人民法院执行集控指挥中心项目、莆美中心小学智能化系统采购项目、云霄第一中学双备份IP听力系统等信息化项目建设。

【基础设施建设】 2021年，中国电信云霄分公司立项建设5G配套光缆应急、国道324线城关段光缆迁改等8个工程，全部完成设计、施工及投资建设，并勘察设计上报网络健壮性方面双路由建设方案，进一步满足用户网络需求。

【网络安全维护保障】 2021年，中国电信云霄分公司开展网络安全隐患大排查，对存在的安全隐患建立台账，闭环管理，及时安排解决，提升网络健壮性。安排对全县所有机房蓄电池进行容量放电测试、更换2组蓄电池，杜绝电源安全隐患；安排对3个老旧变压器进行退网改造，并入公网，进一步提升通信电源可靠性，节约用电成本。

【网络建设】 2021年，中国电信云霄分公司完成5G室外基站41个站点的建设任务并开通工作，完成7个省两单的建设开通任务，以及2个增补项目任务、6个室外基站扩容工程建设开通工作，配合铁塔公司对4个室外基站的拆除及搬迁整改开通，建成中梁首府及帝景湾小区的地下停车场及电梯室分覆盖，对全县的各个C网和L网基站进行全网网络优化工作。

（张晓丹）

中国移动

【运营业务】 2021年，云霄移动分公司持续推进网格运营改革，围绕“宽带、规模、收入”开展各项生产经营工作，促进公司健康、可持续发展。全年运营收入达2.1亿元，移动客户规模达26.8万户，宽带客户达7.9万户，宽带份额51.8%。

【“数字云霄”建设】 2021年，云霄移动分公司推进“数字云霄”建设，承建的云霄县委、县政府建设政务OA（办公自动化）在政务部门内全面推行公文电子化网络化流转，推进电子公文应用。承建县防汛视频会议系统传输线路，为省、市、县、乡镇搭建联网视频会议系统公共平台。持续推进国库支付传输线路建设，配合推进政府、医疗、教育、旅游、住建等整体行业的数字化应用。配合防疫工作开展需求，推出防疫热成像、防疫扫码枪等产品，为医院、学校、动车站等重要单位场所精准防控提供技术支撑，配合县政府发布防控知识公益信息。签约云MAS短信、办公助理短信、大数据城市名片等产品，为27家集团提供疫情防控、企业复工延期提醒、单位窗口延期办理业务提醒等信息化服务合计约412万条。对接客户侧需求，承建云霄县公安局“智慧小区”小区监控和“雪亮人脸”卡点的建设需求，提升地方政府综治数字化水平。承建云霄县社保局便民信息化服务网点网络服务项目，为第二期38个行政村提供100M宽带接入服务。承建农业生猪养殖场视频监控点位的养殖监控。承建民政局电安设备11套，助力地方政府提升火灾防控科技化、信息化水平。承建云霄水务公司信息安全二级等保护，保障客户信息安全。承建5G智慧核电工地项目，为云霄民生工程提供服务。承建县教育系统云桌面集成项目，涉及全县所有公办学校，保障教育机构利用云计算、大数据等新技术，创新基础教育信息化建设和管理模式，建立健全面向基础教育的网络安全防护技术和管理体系，提高基础教育管理信息化水平。承建县初中生升学体育考试电子化技术覆盖，确保考试更加客观和公平。承建县旅游短信平台、漳江口红树林国家级自然保护区城市名片项目，让游客快速便捷了解当地各景点资源信息，2021年累计发送旅游欢迎短信800万条。

（陈灿辉）

【网络建设】 2021年，云霄移动分公司完成35个4G基站建设开通，4G基站数达到993个。加强云霄城区深度覆盖，重点对云霄大型住宅小区、大型企业、商业楼等区域进行网络信号补强，为广大4G用户提供了高速、稳定、即时、便利的基础通信平台。加快推进5G网络建设，共建设开通5G基站91个，5G基站数达到118个。宽带建设方面，全年完成265个宽带项目建设，新增宽带端口数1.28万个，实现所有行政村光宽带接入，累计宽带端口超过14万个，增强云霄县光纤宽带网络的覆盖水平。

（王伟聪）

中国联通

【概况】 中国联合网络通信有限公司云霄县分公司是中国联合网络通信有限公司漳州市分公司在云霄的分支机构，主要经营WCDMA（第三代移动通信）和FDD-LTE（长期演进技术）制式移动网络业务、固定通信业务、数据通信业务、网络接入业务，与通信信息业务相关的系统集成业务等。云霄联通以县为单位设置综合网格，内设政企组、公众组和综合组，自有营业厅1家，各类综合用户超过7万户，是云霄县重点骨干通信运营企业之一。

【网络建设】 2021年，中国联合网络通信有限公司云霄县分公司克服疫情影响等不利因素，实现主营收入3580万元，实现创新收入826万元，多项重要指标实现稳步提升。加快移动宽带互联网建设步伐，加大技术、业务、应用和产品创新力度，截至2021年底，公司3G基站总数量累计337个，4G基站总数量累计339个，5G基站总数量累计87个，全县行政村信号覆盖率达99%。继续与中国电信共建5G基站，加快网络建设，节约基站建设投资成本。

（赵颖）

广电网络

【网络建设】 2021年，福建广电网络集团云霄分公司投入412.29万元进行工程建设，项目建设立项26个，共铺设光缆62.826公里。其中，火田镇莆中村、东车村等4个村ODN（光分配网络）网工程11.359公里；东厦镇船场村、荷西村等6个村ODN网工程13.747公里；岗屿镇广电机房至云霄中心机房第二路由（岗屿镇段）县干工程8.172公里；324国道云陵下坂段、火田古楼段管线迁改工程3.491公里，26.057公里；共计完成15个村和社区的双向网改及9个新建小区的新区入网，双向覆盖用户数13193户。双向覆盖率达到82%。

【服务体系建设】 2021年，福建广电网络集团云霄分公司加强客服服务体系建设，提供线上、线下服务体系建设；在春节、元旦、国庆等重要节假日期间，以及全国两会等重要会议期间，加强网络安全管理，开展应急演练、加强值班值守、启动应急预案，实行重大事件事故“零报告”制度等，多措并举确保重要节假日、重要保障期播出安全和网络安全。配合政府单位完成视频会商联调工作，确保会议正常进行。完成云陵开发区、陈岱镇、列屿镇等3个集中医学观察隔离点网络建设，保障和平乡、火田镇隔离点信号畅通，助力疫情防控。

【转型升级】 2021年，福建广电网络集团云霄分公司推进马铺乡、云陵工业开发区、陈岱镇等34个天联网行政村有线数字广播电视光纤联网工作，实现全县有线数字广播电视全覆盖；推进“视频监控-IP广播+大屏”三位一体的智慧村居项目建设；推进县级融媒体中心平台建设。加强项目设备和系统维护工作，助力县级融媒体中心发挥平台优势，提升主流舆论阵地传播力、引导力、影响力和公信力。

（方欣）

开发区

云霄经济开发区

【工业经济】 截至2021年底，云霄经济开发区入驻企业138家，其中规模以上工业企业41家，2021年实现规模工业产值42.72亿元，工业税收6268.33万元；限额以上社会消费品零售企业5家，零售总额5495.4万元；出口53426.86万元；进口1951.35万元。

【区管村居】 2021年，云霄经济开发区进一步健全完善“三个中心”建设，稳步推进农村集体产权制度改革，全面开展农村集体资产清产核资工作。坚持统筹农村各项事业发展，实施农村人居环境整治三年行动，以深入推进“厕所革命”为抓手，聚焦农村生活垃圾处理、生活污水治理、村容村貌整治等重点任务，解决农村脏乱差的问题；切实提高村庄规划建设管理水平，把农村人居环境整治与村庄规划建设管理结合起来，坚持城乡融合、一体设计、多规合一的理念，分类指导、精准施策，统筹产业发展、人口布局、公共服务、土地利用、生态保护。

【招商引资】 2021年，云霄经济开发区围绕“2+2”产业新体系，开展“一把手”招商、产业链招商，创新“云”招商方式，加大产业链条招商力度，补齐补全产业链，优化本地产业集群，逐步形成园区产业集聚优势，加快建设富佳宝食品工业园和奥克兰电工设备产业园，推动产业集群化发展。年内区主要负责人带队，分别前往深圳、东莞、佛山、福州、厦门、泉州等经济发达地区进行招商推介。全年开发区外出招商12场次，参加集中签约活动4次，签约项目4个，完成签约项目投资额12.5亿元。

【重点项目】 2021年，云霄经济开发区扎实做好“六稳”工作、全面落实“六保”任务、推进“大抓工业、抓大工业”，做好项目服务攻坚活动，建立健全项目服务攻坚机制，分类施策，有效推动。围绕重点工作，加大重点项目建设力度，全年开发区被列入县级以上的重点项目13个，其中市级重点4个。

【基础设施建设】 2021年，云霄经济开发区以一厂两网三园为抓手，加快园区基础设施配套建设，打造标准化工业园区。抓好云霄经济开发区污水厂的运营管理，确保全区工业污水规范化处理。做好农村生活污水管网建设和地块控制性详细规划编制入库。推进云翔产业园建设，云霄县回乡创业园3号、4号开闭所、移民创业园边坡防护工程竣工验收，云翔产业园（奥克兰电工设备）产业园基础设施配套工程东辅路、云达路、翔宇路、奥克兰路、树洞横四路等五条道路陆续开工建设；推进食品工业园建设，云霄经济开发区七星大道及两侧地块控制性详细规划已经政府批复、云霄经济开发区山美溪（富佳宝及兴业达段）护岸工程、乐味土方工程等两个项目完成90%工程量；推进临港工业园建设，云霄经济开发区下径—高山楼片区控制性详细规划已经政府批复。

【基层党建】 2021年，云霄经济开发区开展党史专题读书班暨学习研讨专题会6次，开展集中学习10次，开展研讨交流会2次，并在挂钩村、挂钩企业及分管科室讲专题党课23场。前往谷文昌纪念馆、乌山革命根据地和向东渠纪念馆等红色教育基地开展现场教学，共有400人次参与。组织园区全体党员观看《长津湖》影片；以推进换届选举为契机，开展警示教育12场次，组织学习换届警示教育片、分发“换届选举十严禁”小卡片1300张，各支部累计组织学习“换届选举十严禁”条例70次，累计培训党员1100人次，营造风清气正的良好生态。培育非公党建示范，振牌公司党支部被评为市级“先进基层党组织”，海峡彩亮公司党支部被评为第二批市级党建示范点，胡福生被评为第二批市级党建标兵，陈顺利、李以华等四人分别被评为第一、二批“党建之友”。累计推荐32名优秀非公企业党组织书记和支持党建工作的优秀非公企业出资人作为各级“两代表一委员”（党代表、人大代表和政协委员）人选，强化党建引领。利众诚、振牌等多家非公企业党组织通过捐赠钱款、医疗物资、防护用品等支援疫情防控，发挥战斗堡垒作用。深入推进摸排行动，建立班子成员党支部联系点制度，完善各村村情档案、培养储备后备干部。按照政策要求和程序步骤组织选举，严格标准，稳妥推进，全区8个村共选举产生“两委”成员55名，全面实现“一肩挑”，平均年龄42岁，大专以上学历8人，占比100%；村“两委”成员平均年龄39.45岁，中专高中以上学历40名，占比72.7%。各村“两委”中均有1名以上女性成员、均有1名以上35岁以下成员，实现年龄、学历“一降一升”，队伍总体素质得到优化，结构更加合理，为开发区高质量发展夯实人才基础。

【科技创新】 2021年，云霄经济开发区利用相关扶持政策，支持企业创业创新。海峡彩亮（漳州）光电有限公司申报省级新型研发机构、“双创之星”，华锐申报“首席科技官”。全区有云星、华锐等8家高新技术企业。大力支持鑫创鑫、利众诚食品、中福新材料、振牌海洋生物科技等现有企业技改升级，促进公爵食品、宝宝乐食品、门捷新材料、富兴通、格菱电器制造等企业新上规模，推动产业向智能化、高端化转型升级。

【产城融合】 2021年，云霄经济开发区贯彻落实“大抓工业、抓大工业”决策部署，全力攻坚“一厂四园”（污水处理厂，云翔产业园、富佳宝食品科技园、亚琦物流商贸园、奥克兰电工设备产业园），积极构建实力、活力、魅力兼具的产城融合新业态。继续推进亚琦物流商贸园、宏冠高铁中心城等项目建设，促进文旅体和会展夜间经济融合发展，打响“漫步云霄”品牌，培育形成新的经济增长点，进一步推动以云霄动车站为中心的高铁商业圈发展繁荣，打造辐射和服务云霄周边城市及闽粤地区百万人口的商贸大市场。

【生态环保】 2021年，园区未发生重大环境污染事件。云霄经济开发区污水处理厂已正常运行，污水主管网18.78公里及污水管网干管13.7公里，企业污水排放口至污水处理厂的管网全线贯通。污水处理规模为10000立方米/天，接纳全区89家企业污水进水量。截至2021年底，污水处理厂日平均污水处理量达到7000吨，基本按一级A标准排放。截至2021年12月，村庄生活污水治理民生基础设施补短板项目已完成75%工程量，该项目建成可有效解决开发区7个行政村10370人日常生活中产生的污水。

【土地集约利用】 截至2021年底，云霄经济开发区已供应建设用地面积约18230亩，已达到供地条件土地面积约19440亩，土地供应率约为93.78%，土地建成率约为89.4%，综合容积率为2.06%。

城乡建设与管理

城市建设

【城区建设】 2021年云霄县计划实施城市建设品质提升项目（五个提升一个样板）63个，项目总投资108.94亿元，年度计划完成投资27.6亿元，全县共实施1个老旧小区改造项目，计划总投资830万元，计划完成投资830万元，累计完成投资830万元，占比100%；实施12个交通品质提升项目，总投资40.31亿元，计划完成投资5.08亿元，累计完成投资3.04亿元；实施16个水环境品质提升项目，总投资10.42亿元，计划完成投资2.75亿元，累计完成投资2.67亿元；实施20个风貌品质提升项目，总投资1.43亿元，计划完成投资1.43亿元，累计完成投资1.46亿元；实施4个项目，总投资0.56亿元，计划完成投资0.35亿元，累计完成投资0.38亿元；实施6个项目，总投资24.37亿元，计划完成投资10.44亿元，累计完成投资14.24亿元；实施5个项目，总投资31.5亿元，计划完成投资7.5亿元，累计完成投资9.6亿元。

【主要建设项目】 2021年计划改造城关中学宿舍和交通运管宿舍2个小区，完善绿化亮化设施等配套设施，完善垃圾收集系统，完善雨污系统，修缮老化或损毁路面、墙面，增设机动车和非机动车停车位，增设休闲场所等。

云霄县陈岱镇工业园区配套设施建设工程（新建）主要建设产业园区道路12.826公里，以及土方工程、给排水工程、电力工程及交通安全等配套设施。建设园区污水处理厂，日处理规模近期1万吨，远期1.5万吨，休闲旅游设施建设，配套场区道路、给排水、供配电、绿化、安防监控等设施，投资规模288779.4万元，2021年累计完成投资2500万元，2021年9月开工。

向东渠精神教育实践基地（新建）位于云霄县云陵镇，建设公共停车位253个（其中小车停车位239个、大巴停车位14个），由云霄县兴云建设发展有限公司建设，投资规模500万元，2021年累计完成投资500万元，2021年6月开工，12月完工。

实验小学东侧慢道景观提升改造工程（新建）位于云霄县云陵镇，涉及乔灌木修剪、绿化补种、完善增设石椅、路灯等，投资规模20万元，2021年累计完成投资20万元，2021年5月开工，8月完工。

将军大道往莆美岩路口道路交通设施改造工程（新建）位于莆美镇，县住建局提升改造，投资规模160万元，累计完成投资160万元，2021年4月开工，8月完工。

【棚户区改造】 2021年，云霄县城市棚户区改造与旧城改造工作相结合并取得突破。旧党校片区建设地点位于云霄县云陵镇，项目征迁总用地面积约4.3万平方米，拆除建筑物面积约5.01万平方米，涉及商品房5幢138户，自建房40户，宅基地1户，征迁户数179户及公建单位云霄县党校。项目于2021年12月6日启动。

云霄县演武亭村民安置房建设项目、云霄县莆下村民安置房建设项目有序建设中。云霄县莆美镇演武亭村民安置房建设项目总用地面积约 4.11 万平方米，建筑面积约 14.69 万平方米，总投资约 7.1 亿元，主要建设 767 套安置房及商业、农超市场、地下停车场、物业管理、社区管理用房等配套设施，至 2021 年底基本完成工程建设进入配套装修。云霄县莆下村民安置房建设项目总用地面积约 6.9 万平方米，建筑面积约 21.53 万平方米，总投资约 9 亿元，主要建设安置房 1098 套及物业管理房、地下停车场、道路、绿化等配套设施，至 2021 年底完成主体封顶。

【水环境治理工程】 2021 年，云霄县完成县城区内河、排水沟及污水管网清理淤泥量约 10401 立方米，加强临泰水闸内垃圾漂浮物清理工作。完成佳兜污水提升泵站提升改造项目，确保阳下港沿岸污水得到有效提升至污水处理厂进行处理，项目总投资 147.05 万元。完成上坑村污水提升泵站提升改造项目，实现泵站自动化管理，提高污水提升量至 6 万吨 / 天，确保南湖周边及莆美四莆污水得到有效提升至污水处理厂进行处理，项目总投资 263 万元。完成云霄县旧城关北部片区污水工程项目，新增敷设污水管道 12.5 公里，主要收集金霞社区、宝楼社区、王府社区、享堂社区、绥阳东路沿线中柱村东面及阳下村东北面片区、高塘村等沿途污水，项目总投资 3554.96 万元。

【防洪防涝工程】 2021 年，云霄县实施大人公港水系改造及大人公港排洪排涝工程，该工程依托下港尾片区拆迁改造进行实施，计划改造明渠 400 米，采用 2 台潜水泵及引水泵分别进行排洪和抽水，总投资 5406 万元，项目已完成前期工作。

（蔡祥伟、张文龙、张俊欣）

村镇建设

【农村厕所革命】 2021 年，云霄县继续以补建、提档、升级为重点，新建一批、改建一批、提升一批农村公厕。全年建设农村公厕 18 座，其中：乡镇公厕 2 座（陈岱镇 2 座）、村庄公厕 16 座（东厦镇 1 座、火田镇 4 座、陈岱镇 4 座、列屿镇 2 座、下河乡 2 座、和平乡 2 座、开发区 1 座），均于 2021 年底前竣工验收并投入使用；云霄县现有的 340 座农村公厕均已纳入农村生活垃圾治理市场化管护内容，落实“一长两员”制度，公厕的日常管理做到规范化、标准化。

【农村垃圾治理行动】 2021 年，云霄县以“美丽云霄”农村生活垃圾治理专项行动治理为抓手，7 个乡镇 1 个开发区、138 个行政村 10 个涉农社区 33.69 万农村人口产生的生活垃圾治理全面施行“保洁公司清扫收集、直运漳州南部生活垃圾焚烧发电厂”的处理模式，各乡镇以镇域为单位通过购买服务的形式确定专业化的保洁公司，每年市场化管护合同费用约 3150 万元，保洁公司按村人口基数每 500 人配备 1 名保洁员，全县已配备农村保洁员 760 名，保洁员定时上门收集垃圾，并对所有村庄区域进行清扫保洁和转运，实现日扫日清。

【农村污水治理行动】 云霄县将人口集聚、生态敏感位置的所有村庄生活污水治理全部纳入县污水处理设施及配套管网 PPP（政府和社会资本合作）项目，进一步提升污水治理水平。云霄县农村生活污水处理设施及配套管网 PPP 项目建设涉及云陵镇、东厦镇、火田镇、陈岱镇、列屿镇、下河乡、马铺乡、和平乡等 8 个乡镇。建设污水处理站 173 座，覆盖收集 117 个行政村 225 个自然村、约 17.2 万常住人口的生活污水，设计污水处理量 16570 立方米 / 天。采用多级接触生物氧化工艺收集处理，以实现尾水达到一级 B 以上的排放标准。铺设污水收集管网总长度约 779.14 公里（主管 444.44 公里，入户管 334.7 公里）。该项目的合作期为 30 年，其中建设期 2 年，运营期 28 年。2021 年新建 78 个污水处理站、污水收集管网 159 公里。

【裸房整治】 2021 年，云霄县新建陈岱镇竹港村、和平乡莆顶村、列屿镇青径村、马铺乡宝石村等 4 个裸房专项整治示范村，完成裸房整治 99 栋；2021 年上级下达裸房整治任务数为 1050 栋，云霄县实际完成裸房整治 1261 栋，整治完成率 120.1%。

【农村危房改造】 2021年，云霄县住建局持续组织各乡镇（开发区）按照县乡村振兴局和民政局推送的农村低收入群体等重点对象名单，开展住房安全筛查和危房鉴定；各乡镇（开发区）共排查出17户农村低收入群体等重点对象存在住房安全保障问题，均纳入农村危房改造，其中：修缮加固8户、拆除重建9户，2021年底前全部竣工并录入全国农村危房改造信息管理系统；上级下达的24万元补助资金通过扶贫资金在线监管系统拨付至农村危房改造对象的“一卡通”账户。

（汤金泉）

市政公用事业

【概况】 2021年，云霄县加大城市道路、园林绿化、城市燃气、污水处理、城市供水、停车场等基础设施建设，推动云霄县公共基础设施配套日臻完善，提高城市承载能力，优化城乡环境。

【城市道路】 2021年，云霄县实施12个交通畅通工程项目，计划总投资40.31亿元，计划完成投资5.08亿元，累计完成投资3.04亿元。城市道路新建改造方面，市下达任务为10公里，累计完成3.66公里；城市公共停车场建设方面，市下达任务新增200个城市公共停车泊位，向东渠精神教育实践基地公共停车场已完工，新增公共停车泊位253个，其中小车停车位239个，大巴停车位14个。国省干线和农村公路建设方面，云霄县陈岱镇工业园区配套设施建设工程，主要建设产业园区道路12.826公里，以及土方工程、给排水工程、电力工程及交通安全等配套设施。建设园区污水处理厂，日处理规模近期1万吨，远期1.5万吨，休闲旅游设施建设，配套场区道路、给排水、供配电、绿化、安防监控等设施，项目已开工。2021年县城区道路总长191.55公里，道路总面积405.68万平方米，人均城市道路面积23.00平方米。

【道路改造主要项目】 滨北路道路工程（新建）位于火田镇，新建道路长5.796公里，宽24米，投资规模51031万元，累计完成投资14500万元，2021年4月开工。

红旗路道路工程（新建）新建道路全长0.616公里，红线宽26米，以及综合管线等。2021年累计完成投资2192万元，2021年3月开工，12月完工。

云霄县莆政路提升改造工程（续建）位于莆美镇国道两侧，建设道路长6.4公里，宽27米，以及绿化提升、路灯改造，综合管线等。2021年累计完成投资850万元，2021年12月完工。

奋进路道路工程（新建）新建道路长248米，宽24米，配套雨水、污水管道。2021年累计完成投资620万元，2021年6月开工，12月完工。

云霄县陈岱镇工业园区配套设施建设工程（新建）主要建设产业园区道路12.826公里，以及土方工程、给排水工程、电力工程及交通安全等配套设施。建设园区污水处理厂，日处理规模近期1万吨，远期1.5万吨，休闲旅游设施建设，配套场区道路、给排水、供配电、绿化、安防监控等设施，投资规模288779.4万元，2021年累计完成投资2500万元，9月开工。

【风貌品质提升】 全县共实施15个城市园林绿化项目，总投资1.18亿元。计划完成投资1.18亿元，截至12月底，累计完成投资1.18亿元，占比100%；城市园林绿化建设方面，市下达任务公园绿地120亩，累计完成120亩；绿道建设方面，市下达任务10公里，已完成10公里；城乡建筑风貌、城市夜景照明和历史文化保护利用方面，累计完成投资2890万元；城市照明方面，夜景市下达任全县LED节能改造路灯300盏，累计完成300盏，共实施1个项目，已完工；城乡建筑风貌方面，市下达任务裸房整治990栋，完成1230栋。

【污水处理】 2021年，县城区污水处理厂污水处理总量达1553.58万吨，出水稳定达到一级A排放标准。剩余污泥量8800吨，安全处置量8800吨。实现稳定运行，达标排放，无污染事故发生。推进云霄县滨北区第二污水处理厂建设，设计处理规模4万吨/天，一期建设2万吨/天，用地选址位于开漳大道，用地规模约5万平方米，水质达到一级A排放标准，预估总投资2.5亿元。

【中心城区污水治理提质增效工程】 云霄县中心城区污水治理提质增效工程涉及云陵镇、莆美镇、下河乡、火田镇（滨北新区）等乡镇约30平方公里，主要新建及改造雨污水管网273公里，对现状177公里的雨污水管网进行清淤、检测及修复。进行九大污染源的排查及整治，彻底解决县城区黑臭水体治理问题。新增9座一体化污水提升泵站、1座补水泵站及1套智慧水务系统，建设云霄县第二污水处理厂一期工程，设计规模为2.0万立方米/天，部分构筑物按远期设计规模为4.0万立方米/天建设。项目总投资16.3亿元（含第二污水处理厂）。

【城市供水】 2021年，云霄县积极应对持续干旱气候不利因素，合理利用水资源，抢建七星水厂应急救灾抽水泵站、向东渠补水管道等水源工程，保障群众生产生活用水需求。推进重点供水工程项目建设，完成县城乡供水一体化工程（一期）可研、初设审批及施工监理（二次）、设计采购施工总承包招标等工作，进入用地农转、征地拆迁阶段；完成县第二自来水厂建设工程主体阶段结构施工，进入构筑物内部装修及工艺管道设备安装阶段；完成新建将军大道、红旗路等供水管道3.7公里；完成改造金霞路、公园路、云糖路、云陵工业开发区等供水管道3.9公里。截至2021年底，全县城市供水总量2577.96万吨，供水总户数68165户，水质综合合格率99.96%，服务水压合格率97%。

（蔡祥伟、张俊欣、蔡晓林）

建筑业

【建筑工程招投标】 2021年，云霄公共资源交易中心监管工程项目公开招标93项，公开邀请招标28项，共计121项（其中施工招标115项，监理招标3项，勘察设计招标3项）。公开招标项目（工程量清单计价）全部进入福建省公共资源交易系统房建和市政工程子系统进行电子交易，实施网上招标，投标人通过网络申请投标，取消现场报名，并网上下载资格审查文件及招标文件。对省内施工企业工程项目的中标信息，合同信息、人员变更信息进行备案、全面反映真实的招投标项目合同管理相关主要基本信息，提高招投标市场的诚信度，防止弄虚作假，净化招投标市场，使招投标工作更加透明。全年没有接到投诉事件。

【建筑工程监督管理】 2021年，县住建局受理建设工程许工许可42件，房建项目共计建筑面积1573559.66平方米，市政工程总长度9320.57米；建设工程质量安全站全年组织开展119次“双随机”评价，发出整改通知书119份，查出隐患、问题539条。给予施工单位共记1264.81分、项目经理记1264.81分，给予监理单位共记625.1分、总监记625.1分；开展施工安全隐患大排查大整治专项行动，累计派出检查人员547人次，发出责令改正通知书135份、局部停工通知书9份、全面停工通知书4份，发现安全隐患913条，已全部整改反馈。加强混凝土质量监管，对有混凝土实体回弹条件的72个项目的261个构件进行实体质理抽测，254个构件回弹检测结果为合格，7个回弹检测不合格的构件经委托有资质的检测单位进行取芯验证，结果满足设计强度要求；监督过程中抽测钢筋原材、接头30组，其中钢筋原材11组，电渣压力焊19组，检测结果均符合标准要求。

【施工扬尘整治及现场观摩会】 2021年，云霄县建设工程质量安全站分成三个行动小组对云霄县49个在建施工项目施工扬尘进行整治，检查在建项目49个，其中因扬尘问题被全面停工整改4个，局部停工1个。6月18日，在云霄南湖印项目组织开展建设工地质量安全文明施工暨“铝膜、爬架工艺”现场观摩会活动，落实安全生产月主题宣传。6月28日，在云霄县莆美镇莆下村村民安置房建设项目组织开展消防应急演练活动。

（方澄清、杨顺利）

房地产业

【房地产建设】 2021年，云霄县房地产企业新增3家，在册企业共计45家。在建房地产开发项目

3个（华天福满家园、圣城一号、亚琦·云霄万贸中心、列屿镇新农贸市场、建发“南湖印”、漳州渠诺百世商城、“东方明珠2号”、弘桥·云锦里），年度新开工项目1个（云锦里），新开工面积约18万平方米，年度完成竣工新交付使用房地产项目3个（宏茂城市花园、福锦中心广场、泰基公馆）。全年批准商品房预售面积43.37万平方米。

【房地产市场】 2021年，云霄县新建商品房销售（备案）3535套，面积32.85万平方米，同比增长135.65%。二手房交易1926套，面积24.23万平方米，同比增长-2.85%。

（张文龙）

住房公积金管理

【概况】 2021年，云霄县住房公积金新开户单位36家，新增缴存人数1502人，同比增长115%。截至2021年12月底，全县住房公积金实缴单位342个，实缴职工16712人。全年归集住房公积金3.15亿元，同比增长6%。截至2021年12月底，累计归集总额27.17亿元，归集余额8.94亿元，同比增长14%。全县住房公积金人均缴存余额5.35万元，同比增长6%。全年住房公积金提取总额2亿元，其中，住房消费类提取1.4亿元，占提取额的70%。全年发放住房公积金个人住房贷款（含贴息贷款）1.56亿元，同比增长7%。截至2021年12月底，累计发放个人住房贷款16.28亿元，贷款余额9.11亿元，个贷使用率为101.9%。截至2021年12月底，全县住房公积金存量贷款继续保持零逾期，无风险。

【惠及民生】 2021年，云霄县支付住房公积金2.25亿元用于职工购买刚需和改善性住房，解决354户职工“住有所居”问题。截至2021年12月底，累计支持6333个家庭享受住房公积金低息贷款的实惠，减轻住房消费支出。全年全县使用住房公积金购房可间接提供房地产销售税收收入3400多万元，支持地方经济的发展。截至2021年12月底，累计提供县财政廉租房补助资金4000多万元，为云霄县保障性住房建设提供资金保障。随着住房公积金缴存人数的增加和归集规模的不断扩大，使用住房公积金购建房比重逐步增大，2021年购房人数占全县购房人数比例为18%，使用住房公积金购房占全县金融机构贷款比例为16%，住房公积金促进房地产市场健康稳定发展。

【政策调整】 从2021年7月1日起，公积金上限标准：缴存比例为12%、月缴存基数为22266元，月缴存额（包括个人及单位缴存部分，下同）由上年的5006元调整为5344元；下限标准：缴存比例为5%，月缴存基数1570元，月缴存额调整为158元；8月16日，将贷款申请人家庭在异地的住房公积金贷款情况纳入贷款次数审核范围；9月22日，将“职工被人民法院判刑，并与单位解除劳动关系，未处没收个人财产的”和“考取研究生或博士生”可直接提取账户内的存储余额，调整到“解除劳动关系”住房公积金提取的范围，需解除劳动关系半年以上方可提取账户内的存储余额；同日，取消“既有住宅增设电梯可提直系亲属的住房公积金”和“直系亲属指购房人（含配偶）的父母或子女可提取账户内公积金用于首套房追加首付款”。

【服务改进】 2021年，云霄县住房公积金管理部采取“线上+线下”与“传统媒体+现代媒体”相结合的方式，宣传住房公积金政策法规，拓宽宣传渠道，营造舆论氛围。持续推进“放管服”改革，推进住房公积金公共服务事项“网上办、掌上办、自助办、预约办、邮寄办”，住房公积金现有29项公共服务事项均由“最多跑一趟”提升至“一趟不用跑”。优化工作程序，规范住房公积金业务管理，精简要件资料，减少审批环节，缩短办理时限，提高工作效率，服务窗口非常满意率均达100%。推进网上政务服务“跨省通办”工作，9月新增开办住房公积金单位登记开户、住房公积金单位及个人缴存信息变更、购房提取住房公积金、开具住房公积金个人住房贷款全部还清证明、提前还清住房公积金贷款等5项“跨省通办”事项。

（吴原俊）

住房保障

【棚户区改造工程项目】　云霄县莆美镇莆下村村民安置房建设项目总建筑面积226526.59平方米，建设安置房1012套，总投资约9.8亿元，全年完成投资2.9675亿元，至12月底进度为1—12号楼主体结构工程及幼儿园主体施工。

云霄县下港片区棚户区改造建设项目总建筑面积455812.49平方米，建设安置房2101套，总投资约23亿元，项目于2021年3月29日开工，全年完成投资9.755亿元，至12月底进度为01地块基坑支护、塔吊设备安装、土方开挖、地下室主体及水乡主体施工；02地块桩基、基坑支护工程、缴纳土地出让金。

和平农场垦区危房改造项目总建筑面积约3500平方米，建设房屋35套，总投资约525万元，全年完成投资500万元，该项目由农业农村局牵头负责。

【租金补贴发放】　2021年，云霄县年度发放租金补贴任务100户，于2021年4月1日开始受理，共计受理171户，经比对、审查，符合条件152户，并于9月3日发放租金补贴20.88万元。

【保障性住房经营管理】　2021年租金总收入163.139万元，其中直管公房租金收入1.139万元，公共租赁住房（含廉租房）租金收入162万元。

（张文龙）

城市管理

【全国文明城市创建专项整治行动】　2021年，县城管局开展全国文明城市创建专项整治行动，对各大主次干道整治1条，巩固一条，规范3大农贸市场经营秩序，加强卫生保洁，营造文明购物环境。整治行动累计查处流动摊点960余处、占道经营2400余家，整治空调室外机1200余台，劝导人行道违停车2000余起、拖离违停车辆1500余辆，清理各类违规墙体喷绘小广告、牛皮癣1000多起。

【占道经营治理】　2021年，县城管局查处流动摊点960余处、占道经营2400余家；开展学校周边环境整治160余次；集中整治市容市貌180余次。开展全县占道空调外机整治，下发整改通知书1000多份，整治空调室外机1200余台。

【广告店招监管】　2021年，县城管局拆除户外广告140余面，拆除面积4000多平方米，其中大型户外广告40面，破损店招100多家；清理各类违规墙体喷绘小广告、牛皮癣1000多起；审批店名广告共计533家。

【工程运输车（渣土车）整治】　2021年，县城管局联合相关部门开展执法113次，出动执法人员366人次，依法查扣违规渣土车辆44台。立案处罚“滴洒漏”违规渣土运输车辆49台，处罚金额为2.22万元。

【“百路千村”“两违”综合整治】　2021年，“百路千村”“两违”综合整治环境全域提升行动共计处置“两违”面积68.98平方米，任务完成率104.53%，超出市下达目标要求4.53个百分点；接市级暗访“四清四化”问题清单共321起，结案321起，结案率100%；接省自然资源厅下发图斑案件5宗，结案5宗。基本实现12条申报道路两侧可视范围内的“四清”工作。

【农贸市场管理】　2021年，县城管局抓好市场内日常经营秩序，做好市场周边迂回流动摊贩管理，引导入市经营，规划停车位引导群众规范停车，做到停放有序；严格落实归行入市、入档摆放、亮照经营，督促市场内各经营户严格按照规划的位置规范摆卖，严禁占道经营，保证市场内各通道畅通。通过高标准的卫生保洁，巩固“创卫”成果，降低“四害”（苍蝇、蚊子、老鼠、蟑螂）密度，从源头上控制病媒生物的滋生。

【市容环卫保洁】　2021年，县城管局全面加强城区道路清扫保洁力度，增加保洁人员和清运车辆，实行动态巡回保洁，增加路面洒水以及路缘石、人行道的冲洗作业频次，采用“人工+机械”的作业模式，安排工作人员对城中村、背街小巷等部位进行拉网式排查，集中清理背街小巷积存死角，做到全覆盖、无死角、全天候清扫保洁，日均清运量约为150吨。

【物业安全管理】 2021年，县城管局持续深入推进物业消防安全专项整治三年行动，开展物业执法检查30次，出动人员150人次，累计排查发现一般隐患41项，发出整改通知书21份，均已整改完成。督促辖区物业服务企业进驻“漳州智慧城管”系统，纳入行业监管，接受信用评分。物业服务企业入库率100%，项目入库率达94.5%。

【燃气安全管控】 2021年，云霄县应参加年检的燃气供应站点5个，经审查，均年检合格。另收新供应站点审批申请3个，经实地考察，符合相关要求，已审批通过；开展城镇燃气大排查大整治和燃气专项整治行动，全年开展执法检查42次，出动人员210余人次，其中，巡查市政管线100公里和小区庭院管网40公里，检查用气场所120家（其中商业综合体1座，集贸市场29家，餐饮场所90家），检查燃气场站24座次（液化气场站共2座）；居民入户安检500户（液化气145户，天然气355户），检查第三方施工工地5个，签订《燃气管道施工保护协议》5份。累计排查各类隐患62处，整改61处。查处液化气“黑气”2起、查扣销毁钢瓶200只、取缔2个“黑气点”，行政处罚罚款1万元。

【老旧小区改造】 2021年，县城管局牵头改造交通运管宿舍和城关中学教师宿舍等2个老旧小区，涉及4幢93户，建筑面积约1万平方米。主要改造2个小区雨污和供水管网系统，改善小区电动车、机动车停车位、增设充电桩、休闲娱乐场所、停车棚、完善周边绿化亮化，清理收集杂乱电线电缆、增设垃圾收集屋等。该项目7月底开工，10月中旬竣工，项目已验收完成。

【数字城管平台】 2021年，云霄县数字城管共计通过系统上报问题28218件，受理27756件，处置27662件，按期结案27377件。处置前三的案件为暴露垃圾22359件，垃圾桶满溢1531件，无照经营游商1338件。环卫凯盛处置24742件，一中队处置265件，二中队处置1685件，三中队处置442件，四中队处置463件。

【生活垃圾填埋场治理】 2021年，县城管局对云霄县下河乡新坡村生活垃圾填埋场进行垃圾挖掘、筛分，为提高效率，将生产一班工作制改为生产两班工作制，每日筛分量达到800立方米，9月19日完成全部垃圾筛分工作，投资金额2900万元。完成全部污染土治理及外运工作，总治理土方量12027.1立方米。县城管局委托第三方检测机构对治理后的土壤及基坑、侧壁、修复车间土壤开展检测，检测结果均达到治理标准。此次治理，解决了该地填埋场长期污染问题，改善了农村人居环境，提升群众幸福感。

（林昕）

圣城集团

【概况】 福建云霄圣城投资集团有限责任公司属国有独资有限责任公司，注册资本为10亿元，2021年有8家全资子公司和2家股份制公司。集团公司主要承担城市基础设施建设与运营管理，承接城市棚户区改造和保障性住房建设，实施城市规划区内村民安置房建设，做好国有资产管理，适时开展房地产开发，补齐民生短板，改善人居环境，推动城市建设，促进云霄县又好又快发展。集团成立以来，共投资建设项目54个，总投资85.6859亿元。

【国有资产经营效益】 2021年，福建云霄圣城投资集团有限责任公司营业收入为5.33亿元，净利润为1095.79万元，总资产为46.6亿元，净资产为14.57亿元，负债率为68.72%。2021年集团公司目标任务分别为固定资产投资任务目标8亿元，已完成固定资产投资17.11亿元，完成率213.88%；缴纳税收任务目标5000万元，已完成缴纳税收8865万元，完成率177.3%。全年完成县委、县政府养鸡生蛋、破壳消薄等重点攻坚任务，兑付投资收益款933.375万元。

【主要建设项目】 2021年，圣城集团共有建设项目28个，其中，在建项目12个，开展前期工作项目16个，省重点项目3个，市重点项目7个，县重点项目14个。

城市配套设施建设方面，云霄县莆政路提升改造工程由云霄县房地产综合开发公司建设，总投资41701万元，累计完成投资41701万元，2021年6月完工；云霄县奋进路道路建设工程总投资1003.2万元，累计完成投资990万元，2021年7月开工；云霄县滨北路道路工程总投资51031万元，累计完成投资25000万元，2021年8月开工；云霄九美提升泵站及配套工程总投资711.8万元，累计完成投资550万元，2021年8月开工。

保障性安居工程建设方面，云霄县莆美镇演武亭村村民安置房建设项目总投资71393万元，累计完成投资71393万元，2021年12月完工；云霄县莆美镇中柱村安置房建设项目总投资33329万元，累计完成投资3310万元，2021年1月开工。

社会事业项目建设方面，云霄县御史岭公园项目总投资1492.9万元，累计完成投资1492.9万元，2021年6月完工。

向东渠精神教育实践基地建设项目总投资13476万元，累计完成投资13476万元，2021年1月开工，12月完工。

云霄县委党校（行政学校）新校区建设项目总投资20812万元，累计完成投资13000万元，2021年3月开工。

【子公司概况】 2021年，福建云霄圣城投资集团有限责任公司后期成立的云霄福圣人力资源有限责任公司、云霄县圣城建材有限公司、云霄县圣城房屋征迁有限公司和云霄县圣城建筑工程有限公司等4家子公司逐步走上正轨。云霄福圣人力资源有限责任公司主要承接代缴社会保险、劳务派遣、人力资源开发管理服务、人力资源信息咨询服务、人才培训、人才交流等业务；云霄县圣城建材有限公司主营业务为建材销售、建筑垃圾处理、核电配套工业园区整理等；云霄县圣城房屋征迁有限公司主要对接县房屋征收中心做好相关业务工作，已完成下港片区棚户区改造建设劳务采购项目及其扩容区项目的房屋征迁补偿工作，按计划全力做好江辉路威惠庙文化街、旧实小片区、人和路东段等改造建设项目及旧党校片区征迁改造项目房屋征收的前期工作；云霄县圣城建筑工程有限公司主要承接房屋及市政项目建筑，已取得建筑工程施工总承包三级、市政公用工程施工总承包三级资质，做好前期人员配备、施工班组入库等准备工作，开展瓦工、抹灰工等八个重点工种的职业资格培训。

（涂舒云）

自然资源

【耕地保护】 2021年，云霄县自然资源局严守耕地保护红线，完善耕地占补平衡责任落实机制，加大耕地保护补偿力度，加强土地规划管控和用途管制，强化全县永久基本农田保护。全年补充耕地29.37公顷（全部是水田），发放耕地保护补助资金2973.97万元。至2021年底，全县耕地保有量12022.32公顷，不低于土地利用总体规划确定的117411.33公顷，基本农田保护面积13543.6公顷，超过市政府下达的13543.33公顷保护任务。

（蔡如林）

【建设用地报批】 2021年，云霄县上报并获省政府批准城市批次建设用地10个、单独选址建设项目9个，农用地转用与土地征收总面积107.12公顷，其中农用地面积99.02公顷，耕地面积40.59公顷，满足全县各类项目用地需求。

（蔡如林）

【国有土地使用权出让】 2021年，全县供应各类项目用地55宗，供应土地总面积142.78公顷，收取土地出让金151714.79万元。其中，拍卖出让4宗，出让面积16.87公顷；挂牌出让4宗，出让面积9.14公顷；协议出让4宗，出让面积15.37公顷；划拨供应42宗，规划用地总面积101.4公顷。因历史遗留问题补缴土地出让金4宗，补办出让1宗，补缴违约金2宗，超计容面积3宗（补交土地出让金136.37万元）。

（蔡钦荣）

【地质灾害防治】 2021年，县自然资源局全面排查、核实辖区内的地质灾害点和高陡边坡点，确定地质灾害点26处，高陡边坡点266处；编制《2021年云霄县地质灾害防治方案》；按照“三在前”（监测在前、预警在前、转移在前）原则，完善地质灾害群测群防网络，重新制作地灾点警示牌5个、高陡边坡点警示牌25个，发放防灾明白卡、避险明白卡35份。落实汛期地质灾害24小时值班制度，明确值班人员职责要求。年内落实省、市、县地质灾害治理项目22个，受益群众148户661人。至2021年，实现连续15年地灾“零伤亡”，被市自然资源局授予先进单位称号。

（柯松洲）

【地籍管理】 2021年，县自然资源局继续开展农村地籍与房屋调查，至12月底，莆美镇、火田镇、马铺乡、云陵工业开发区等4个乡镇（共48263宗地）调查成果通过漳州市自然资源局验收。至此，云霄县农村地籍与房屋调查工作全部结束。年内开展第三次全国国土调查，调查成果质量通过国家三调办核查。

（陈文庆）

【矿产资源与管理】 2021年，县自然资源局加强矿山监督检查，实施矿山储量动态监测，严格落实矿业权公示制度；坚持资源开发与矿山环境保护相结合，按照“谁开采谁恢复，谁受益谁治理”的原则，全面实行矿山“边开采、边治理”制度。至2021年底，全县持证矿山7家。其中，地热2家、建筑石料4家、高岭土1家。开展砂石专项整治工作，严厉打击非法违法采矿行为，全年立案查处非法采矿案件7宗，其中移送公安机关办理5宗。开展历史遗留废弃矿山核查工作，确定历史遗留废弃矿山31个。

（柯松洲）

【执法检查】 2021年，县自然资源局严格落实《国土资源动态巡查责任制》，发挥监察大队、国土资源所、村级协管员三级巡查网络的作用，全年动态巡查2040多次，部门联合执法96次，发现并制止各类自然资源违法行为154起。继续开展年度“卫片”执法检查，按照《自然资源部办公厅关于印发〈土地卫片执法图斑合法性判定规则〉的通知》的要求，对图斑涉及地块进行划分，逐宗核查地类、规划和审批情况。全县图斑911个，面积487.63公顷（7314.45亩）。其中，合法新增建设用地256个，违法用地34个，实地伪变化621个。依法立案查处34个违法用地。

（陈汉三）

【不动产权登记】 2021年，“外网申请、内网审理”逐步向所有不动产登记事项扩展，一般不动产登记办理时限压缩至1—3个工作日内。开通企业办证绿色通道，推出工业企业办证“90分钟办结”的优质服务，全年工业企业办证1宗。2021年办理不动产产权证书6005本，不动产产权证明7636件，办结率均达到100%。自2016年不动产统一登记以来，至2021年底，各类不动产权登记业务登簿合计91275件，不动产产权证书28581本（含林权证书380本、海域212本），不动产产权证明38402件，办结率均达到100%。

（吴依萍）

【规划编制】 2021年，县自然资源局完成《云霄县滨北新区西溪片（二期）控制性详细规划》《云霄县人和路北侧、宇宝昌西侧地块控制性详细规划》等21个地块的控制性详细规划报批；完成《云霄县莆美镇莆下村村民安置房修建性详细规划》《供销（云霄）国际农商城》等7宗建设项目修建性详细规划审批；完成《云霄县弘桥·云锦里》《云霄县陈岱中心小学陈岱幼儿园》等36宗建设项目总平面图及建筑设计方案审批；完成《云霄县城乡供水一体化工程项目用地》等26个用地规划选址；完成53个村（东厦镇6个、火田镇6个、列屿镇3个、陈岱镇7个、下河乡9个、和平乡9个、马铺乡13个）的村庄规划。

（罗长阳、方明坤）

【服务历史建筑】 2021年县自然资源局做好历史文化名城名镇名村、历史街区、历史建筑认定与公布工作，修缮省级历史文化名村莆美镇阳下村第二期重点实施项目——南门（协恭门）和历史建筑火田镇白石村太师椅楼。2021年9月，县自然资源局召集相关部门，审查县政府认定公布的128宗历史建筑的测绘建档和保护图则成果，并完成验收。

（罗长阳）

【收件办理】 2021年，县自然资源局全年受理办件411件，准予许可办结392件，限期办结率100%。办理用地预审与选址意见书25宗，建设用地面积103.78公顷；办理建设用地规划许可证3宗，建设用地面积19公顷；办理建设工程规划许可证40宗，总建筑面积131.97公顷；办理个人建房（新建）88宗，总建筑面积3.42万平方米；个人建房（补办）185宗，总建筑面积3.21万平方米；审定修建性详细规划及建设工程设计方案19宗；规划条件核实意见书21宗，总建筑面积83.15公顷；临时用地审批8宗，总用地面积85.87公顷。采矿权新立登记2宗；采矿权抵押备案1宗。

（吴锦辉）

海洋与渔业

【概况】 2021年，云霄县渔业总产值25.67亿元，比上年增长2.3%；水产品总产量267854吨，比上年增长2.35%。其中，海洋捕捞5473吨，淡水捕捞981吨，海水养殖246258吨，淡水养殖14142吨。全县在册管理渔船305艘（捕捞渔船254艘、捕捞辅助船11艘、养殖渔船40艘），其中大中型（船长12米以上）渔船55艘。全县水产养殖面积3154.186公顷。其中，海水养殖面积2947.892公顷，主要养殖泥蚶、缢蛏、青蟹、巴非蛤、海瓜子、石斑鱼、鲈鱼、河豚、黄鳍鲷等高优水产品，淡水养殖206.294

公顷，主要养殖罗非鱼、黑鱼、鲫鱼等品种。

【贝类产业园创建】 2016年以来，县海洋与渔业局依托云霄县礁美渔业种业园区，发挥财政性资金补助导向作用支持、培育全县贝类育苗产业，至2021年底，初步形成环东山湾贝类种业发展集群，云霄县现代农业（果蔬、贝类）产业园被省农业农村厅、省海洋与渔业局列入“省特色现代农业高质量发展‘3212’工程备选名单”。云霄县贝类产业园拥有贝类育苗场近百家，占地面积约733.3公顷，育苗水体面积35.6万平方米，提供五万个就业岗位，年产鲍鱼、菲律宾蛤仔、美洲帘蛤、泥蚶、缢蛏等名优海产贝类苗种2000亿粒，年产值15亿元，苗种外销率90%以上，主要销往辽宁、山东、浙江、广东、广西、福建等全国多个省（自治区）。

【渔业产业发展】 2021年，云霄县投入143.14万元财政性资金扶助福建仁兴实业有限公司、漳州鸿益食品冷冻有限公司、福建康海食品有限公司等三家企业建成水产品加工生产线。至2021年底，全县建成国家级健康养殖示范场2家、省级水产良种场3家、省级无公害水产品及产地3家；辖区拟穴青蟹养殖企业云霄县永芳水产养殖有限公司被列入全省水产绿色健康养殖“五大行动”示范基地，云霄永明水产养殖农业专业合作社被福建省水产技术推广总站列为贝类推广示范合作基地，养殖技术在全省水产行业推广。

【渔业安全生产】 2021年，县海洋与渔业局深化渔业安全生产整治三年行动、防商渔船碰撞专项治理等攻坚行动，全年组织渔业安全宣传教育“下乡进村”17场次，登临渔船宣传319艘次，开展警示宣传教育15场650人；培训船员6期225人；举办全县渔业安全生产应急演练1场；海上巡查65次，港口巡查413次，检查全县各类渔港、澳口793个次，检查渔船319艘次；排查整治事故隐患201项，清理拆解“三无”船舶58艘，立案15起，罚款1.55万元。2021年全县未发生渔船水上生产安全事故，县海洋与渔业执法大队渔业执法卷宗2020年、2021年连续两年获评“全国渔业行政执法案卷评查优秀案卷”，此为全市唯一。

【渔业污染防治】 2021年，县海洋与渔业局完成全县103个水产养殖入海排放口溯源排查并制作全县水产养殖入海排放口“一张图”；全县创建5家规模以上海水养殖主体养殖尾水达标排放或循环利用“典型示范”；投入50万元组织举办渔业增殖放流2场，累计放流鲢鱼苗、鳙鱼苗、草鱼苗151.07万尾；持续开展清理整治非法“电毒炸”鱼、违规违禁渔具等行动，全年开展海上行动65次、巡查内湖水库5次，联合多部门开展红树林违规违禁渔具清理行动3次，累计清理违规违禁渔具49槽（定置网），清除竹竿1551余支，清理沉式吊养面积5.6公顷，清海面积约38.4公顷，依法拆解电鱼船3艘，移送县公安局“峰头水库违法捕捞案件线索”1宗；移送海警部门“非法电鱼”案件线索2宗；排查清理牛蛙养殖133场，清理养殖面积10.7公顷。

【水产品质量安全】 2021年，县海洋与渔业局组织入户开展科技宣传和技术指导80户次，发放水产品质量安全宣传材料1000余份；自主完成水产品快检98批次，委托专业第三方检测机构开展水产品“千人1.5批次”抽检91批次，配合农业农村部、省、市局完成24批次水产品监督抽查、39批次海水贝类产品卫生监测，全部检测合格；开展养殖场、育苗场“一品一码”监督检查35场次，未发现禁用药物和违法违规行为。实现全年水产品养殖禁用药“零检出”和水产品质量安全事故“零发生”。

（黄晓雄）

漳江口红树林国家级自然保护区

【概况】 福建漳江口红树林国家级自然保护区位于福建省云霄县境内，是以红树植物、湿地鸟类、优良水产种质资源为主要保护对象的湿地类型保护区。1992年漳江口红树林自然保护区成立，1997年成立省级自然保护区，2003年晋升为国家级自然保护区，2008年2月被列入《国际重要湿地目录》。保护区面积2360公顷。其中，核心区700公顷，缓冲区460公顷，实验区1200公顷。

【生态修复】 2021年红树林管理局开展红树林有害生物除治，促进红树林天然恢复，增加红树林面积，改善红树林生态。全年除治互花米草1公顷、三叶鱼藤0.67公顷；防治红树林病虫害20公顷。

【科研监测】 2021年，红树林管理局与省林业调查设计院合作调查全省湿地水鸟、同步调查全球黑脸琵鹭，与厦门大学合作监测生物多样性，与国家林业和草原局华东规划设计院联合监测国际重要湿地生态。11月监测到国家一级保护、国际濒危水鸟黑脸琵鹭33只，并首次监测到一只脚上带有编号K18鸟类环志的黑脸琵鹭。

【全国红树林保护和修复会议（一）】 2021年11月27—29日，厦门大学环境与生态学院主办的“全国红树林保护和修复会议（一）暨第四届中国生态文明大讲坛”在漳江口红树林国家级自然保护区举行。福建省湿地保护中心，云霄县相关部门人员，以及云霄县东厦镇乡镇代表、中小学师生代表、群众近200人参加此次活动。与会专家教授系统讲解“红树林湿地保护、修复和管理”理论及技术，同时分享国内外社区参与保护地管理的成功案例等。此次活动提高了红树林保护地管理人员和一线工作者对红树林有效保护和修复必要性的认识，增进保护地普通民众和青少年群体对红树林的了解和保护意识。

（林伟山）

生态环境保护

【概况】 2021年，云霄县实施《云霄县国家生态文明建设示范县规划（2020—2025）》，推进生态文明建设示范创建工作。漳江高塘渡口国考断面水质各项指标均值达到国家考核Ⅲ类水质标准，云霄县风吹岭自来水厂饮用水源水质达标率100%，峰头水库出口、峰头水库库心、云霄公路桥、下河桥省考断面水质达标率100%。县城区空气优良天数比例100%；空气质量综合指数2.30，位居全市第二，大气6项污染物指标均达到国家二级标准，其中可吸入颗粒物（PM10）浓度37微克／立方米，优于年度目标值40微克／立方米；细颗粒物（PM2.5）浓度19微克／立方米，优于年度目标值22微克／立方米；臭氧最大八小时均值第90百分位数121微克／立方米，同比下降1.63%。

【行政审批】 2021年云霄生态环境局持续深化“政务服务标准化、规范化、便民化”改革，加大力度减程序、减环节、减材料、压时限，全面实现环评审批事项“邮寄办”“网上办”“掌上办”，推动行政审批服务提速增效。全年办理行政审批事项184件。其中，办理行政许可事项54件（环评审批25件、排污许可证核发12件、夜或午间建筑施工作业许可17件）；办理公共服务事项130件（排污登记41件、环保设施竣工验收25件、应急预案备案11件、环境影响登记表备案52件、环境影响后评价备案1件）。

【碧水保卫战】 2021年，云霄生态环境局推进农村生活污水治理工作。累计投资约620万元，建成佳园村大径和溪坪、高田村凤竹、圆峰村埔楼、岳坑村岑前埔等5个生活污水处理站点；根据县政府公布的农村黑臭水体清单，综合考虑村庄的实际情况，采取控源截污、清淤疏浚、生态修复等措施，投入资金500多万元，完成溪口村、莱埔村、圆峰村等7个村庄黑臭水体的治理，新增污水处理能力140吨／天。建立健全近岸海域海漂垃圾治理长效机制，按时序进度整治海漂垃圾。全年投入126.13万元，出动打捞船舶649艘次，打捞人员2481人次，清理海漂垃圾883吨。

【蓝天保卫战】 2021年，云霄生态环境局推进排污权有偿使用和交易工作，出具新增主要污染物总量指标确认意见函9份，充分运用市场机制提高环境资源配置效率；收储挥发性有机物意见1份；新增挥发性有机物排放替代方案10份，替代来源为2017年云霄县16家加油站已完成二次油气回收的挥发性有机物削减量，倒逼涉挥发性有机物企业淘汰落后产能，提升生产工艺水平；制定出台《云霄县扬尘污染综合整治工作方案》，督促并落实整改扬尘污染综合整治问题4个。加大对烟花爆竹燃放管控的宣传力度，严格落实烟花爆竹燃放管控措施，2021年未出现涉及烟花爆竹的各类问题或事故。

【净土保卫战】 2021年，云霄生态环境局积极督促两家市级以上土壤污染重点监管单位落实“土壤法”相关规定，指导排污单位开展自行监测，指导相关企业严格落实防治主体责任，规范开展隐患排查、自行监测等工作，严防新增土壤污染。扎实推进涉镉等重金属重点行业企业排查整治和“守护净土”重点监管企业排查整治专项行动，有效切断重点污染源进入耕地途径。积极配合农业农村部门推动耕地质量类别划分，并落实分类管控措施。对严格管控类耕地，依据农产品协同监测及评价结果，完成农产品严格管控区划定并退出特定农产品生产，有序推进严格管控类耕地治理修复；同时推动复垦为耕地的，依法分类管理。2021年，全县建设用地安全利用率100%。

【“绿盈乡村”创建】 2021年，云霄生态环境局对标《福建省“绿盈乡村”建设工作指南》，围绕“山更好、水更清、林更优、田更洁、天更蓝、业更兴、村更美”等八方面目标，推动村庄在“绿化、绿韵、绿态、绿魂”等方面实现从初级版、中级版到高级版梯次提升。2021年上报推荐2个高级版“绿盈乡村”，命名15个初级版“绿盈乡村”。截至2021年底，全县158个村庄中创建“绿盈乡村”的129个。其中，推荐高级版村庄13个；获得高级版“绿盈乡村”命名的村庄3个、中级版“绿盈乡村”命名的村庄7个。

【环境监管】 2021年，云霄生态环境局成立“治重化积”工作行动专班，下设百姓身边生态环境问题处理中心，开展集中治理重复信访、化解信访积案专项工作，解决百姓身边生态环境问题。2021年度，办理“12369”环保管理平台投诉32件、漳州市“12345”便民服务平台投诉331件，办结率100%。全年查处环境违法案件15件，下达行政处罚决定12起（罚款金额81.72万元），办理查封扣押案件2起，下达查封扣押决定书2起，办理行政拘留移送案件1起。全面监管10个三级网格、196个四级网格，年内环保网格化社会管理信息平台上报环保巡查事件18356件。

（张艺娜、张宇翔）

科学技术

科技政策落实

【项目申报】 2021年，县工信局组织云霄县共信电商文创园发展有限公司、云霄嘉惠众创空间管理公司成功申报市级示范众创空间，培育云霄首个人才孵化基地，组织芗田众创空间申报漳州市市级众创空间备案；组织中核国电漳州能源有限公司陈国才、海峡彩亮（漳州）光电有限公司李以华参加福建省第二批省级"创业之星""创新之星"人才遴选，中核国电漳州能源有限公司陈国才获得省级"创新之星"及200万元奖励资金。

【科技政策兑现情况】 2021年，县工信局组织福建利众诚食品有限公司申报福建省2020年科技创新券补助，并获得2.22万元资金；组织企业申报"创新八条"奖励措施，共3家企业符合申报，可获得奖励资金共计71.15万元；兑现2018年星火项目，漳州绿州农业发展股份有限公司的"柳叶梗雍菜优质高效栽培技术研究与示范推广"获得后补助资金30万元。兑现海峡彩亮（漳州）光电有限公司等13家公司2019年度研发经费分段补助，奖励金额达242.79万元。

（蔡美玲）

科技队伍建设

【实现科技特派员行政村全覆盖】 2021年，县工信局根据《中共漳州市委办公室 漳州市人民政府办公室关于印发〈关于深入推进科技特派员制度助力乡村振兴的实施意见〉的通知》和全市科技特派员工作推进会部署要求，全面深入推行科技特派员制度，加大科技人才选拔力度，全力推动行政村科技特派员全覆盖，促进科技特派员工作向二、三产业拓展，推动乡村振兴战略在云霄县全面实施。2021年全县共选派189名科技特派员入驻云霄县行政村（其中省级科技特派员23名，市级科技特派员16名，县级150名）。全县完成行政村科技特派员全覆盖，科技特派员工作稳步推进。

【星创天地培育】 2021年，科技特派员与企业深入合作，培育"星创天地"。科技特派员蔡恩兴与福建省国晟义发生态茶业有限公司形成利益共同体，利用自身专业技术与企业合作，培育发展现代农业众创空间，成功申报省级"星创天地"认证。义发星创天地有创业导师5人，入驻企业5家，全年共举办8场培训会，利用线下孵化载体和线上网络平台培育茶叶电商销售和茶叶种植团队，建立示范面积60亩。

（蔡美玲）

科技成果应用

【科技小巨人企业培育】 2021年，县工信局开展科技小巨人领军企业申请工作，推荐华锐锂能新能源科技有限公司和漳州金宝达服饰有限公司等7家企业申报科技小巨人领军企业并获得通过，截至2021年底，全县科技小巨人领军企业7家。

【高新技术企业培育】 2021年，县工信局积极培育高新技术企业，组织推荐福建省奥克兰光电科技有限公司等8家企业首次申报国家高新技术企业，组织华锐锂能新能源科技有限公司等7家企业申报参加国家高新技术企业复审。2021年度全县共有15家企业成功申报高新技术企业，截至2021年底全县有效期内高新技术企业共计21家；兑现促进科技创新发展八条措施，漳州市婧阳实业有限公司等3家企业涉及奖励资金达71.15万元。

（蔡美玲）

科普宣传

【科技人才活动周活动】 2021年5月24日，云霄县工信局成功举办2021年漳州市科技·人才活动周启动仪式，市、县两级有关部门、高新技术企业、协会、高校等40多个单位到场参展，组织4个产学研项目现场签约活动。通过开展群众性科技活动，进一步提升广大干部群众和青少年学科学、爱科学的热情。通过深入企业开展科技惠企政策宣传活动，引导企业用好用活国家、省市有关科技惠企政策，加大研发投入，加快创新发展，营造“大抓工业，抓大工业”的浓厚氛围。

【线上科技政策培训】 2021年，县工信局加强科技政策宣传、培训工作。组织企业参加线上直播培训，观看市科技局组织的高新技术企业申报线上培训；组织企业参加市科技局开展的科技大讲堂政策宣讲和“双创之星”“首席科技官”政策解读线上培训。举办云霄县研发费用归集线上直播培训会，邀请统计专业人员为各乡镇、开发区工业办主任、负责统计业务人员、高新技术企业和规模以上企业财务负责人和负责统计填报人员进行研发费用归集培训，确保做到应统尽统，提升全社会的研发经费投入。通过线上培训，有效提升云霄县工业企业的自主研发意识，提高创新能力、有效结合科技惠企政策促进企业发展。

（蔡美玲）

地震监测

【地震测报信息化】 2021年，县地震办通过微机联网和手机短信，及时接收省地震监测中心发布的福建省及附近海域地震活动信息，及时了解云霄及周边地区地震活动情况。重大节假日加强值班，每日向市地震局上报震情“0”报告。

【地震动物宏观观测点监测】 2021年，云霄县3个动物宏观观测点始终保持连续无间断观测的良好状态，并由专人做好数字统计和管理。2021年，因云霄县将军山养殖场和马铺乡丰达园不能满足宏观观测点的基本需要，经上级同意，不再作为地震动物宏观观测点。经深入调研，位于火田镇岳坑村的吉嘉禽畜养殖有限公司和和平乡河塘作业区的漳州康弘农牧有限公司规模较大，养殖的动物较多，且该园管理人员热心地震工作，责任心强，有利于地震前兆宏观观测工作，经上级同意，增设吉嘉禽畜养殖有限公司为省级地震动物宏观观测点，漳州康弘农牧有限公司为县级地震动物宏观观测点。

【台网队伍建设】 2021年，县地震办按地震监测工作规范，加强云霄强震台与烈度速报台的日常维护、检查，确保仪器正常运行。至2021年底，省防震减灾“十一五”重点建设项目台站分布在云霄县有2处。其中强震台位于云陵镇元光小学校园内，烈度速报台位于距云霄县城15公里左右的火田镇水头村水库旁。

【地震预警信息发布终端建设】 2021年，县地震办组织召开全县防震减灾工作会，召集各有关部门共同细化方案，继续推动地震预警信息发布终端建设工作，加强地震信息预警终端建成后的监督、管理。截至2021年，已完成全县223处地震预警信息发布终端建设任务，并全部投入使用，保持终端在线率达90%以上，提升地震监测预报能力。

【防震减灾应急疏散演练】 2021年，县地震办在云霄县各中小学、幼儿园、社区、机关、企业举办了地震应急疏散演练活动，共100余场，发放宣传册2万余册。每场疏散演练都达到预期效果，普及安全知识，增强公众的安全意识，使群众真正掌握在灾害中能够迅速逃生、自救、互救的基本方法，提高公众抵御灾害和应对紧急突发事件的能力。

【元光中学防震减灾科普体验馆升级】 2021年，县地震办拨付2万元推进防震减灾科普馆的空调设备安装和宣传材料制作。该科普体验馆是云霄县重要的地震科普教育基地，展馆建设共分为科普知识区、科普体验区、自救训练区等3个部分，让广大群众通过对地震的真实体验，产生危机防灾意识、感受灾害时的心态和学习自救能力。

【地震应急避难场所维护】 2021年，云霄县设有地震应急避难场所16处，分别位于将军山公园、人民公园、元光中学、元光小学、下坂公园、云霄第一中学分校、阳霞小学、新体育场、梅山小学、火田中心小学、云霄第三中学、陈岱中心小学、荷步中心小学、云霄第五中学、东方小学、云陵工业开发区第一学校。县地震办高度重视，要求各避难场所的责任管理单位要做到专人负责避难场所的日常管理工作，有巡查、有维护、有记录，保障救灾物资和设施安全，巩固创建成果，积极配合相关部门做好测评工作，遇到问题及时与地震办联系，妥善解决问题，确保所有地震应急避难场所真正发挥作用，惠及民生。

【防震减灾知识宣传】 2021年，县地震办利用“5·12”国家防灾减灾日、“7·28”唐山大地震纪念日、国际减灾日等时段，积极开展防震减灾宣传活动。组织参加漳州市首届防震减灾广场舞比赛和首届防震减灾科普讲解大赛，并分别获得三等奖、优秀奖和优秀组织奖；联合中核国电漳州能源公司、云霄县防灾减灾委员会办公室、县委党史和地方志研究室在人民公园举办防震减灾知识咨询与宣传活动，创新采用“线下展览+线上直播”同步进行的方式，让防灾减灾宣传普及工作走进市民生活；联合云霄县第二实验幼儿园举办防震减灾科普体验馆亲子参观活动，向家长及小朋友发放防震减灾科普读物，进行地震知识问答活动；运用网络通信平台，向全市微信用户推送防震减灾朋友圈，提示关注防震减灾人人有责；更新科普体验馆及避难场所、示范社区各宣传栏的宣传内容，翻印制作《中国防震减灾法》、《福建省防震减灾条例》、防震减灾宣传手册、宣传单用于防震减灾各项宣传。

（陈晓逸）

教 育

概 况

【学校建设】 2021年，改建下河第二幼儿园、马铺第二幼儿园等2所幼儿园，完成云霄三中学生宿舍楼、莆美中柱小学教学楼等2个项目建设，续建陈岱竹港幼儿园、王府幼儿园等2个项目，新开工建设东厦浯田小学教学综合楼、列屿紫阳小学教学综合楼等2个项目，投入资金4607万元，建设面积17614平方米。加大基础教育装备配备力度，投入资金1015.9万元，为学校购置多媒体教学设备、食堂厨房设备、教师办公电脑、食堂净水设备、音体美教学设备、理化生实验设备、学生铁床、图书等，为14所义务教育学校的食堂配备工作人员，解决寄宿制学校的后勤保障问题。

【教师队伍】 2021年，云霄县招聘新教师148名，其中采用“政府购买服务”方式招聘非正式编制教师小学5名、幼儿园40名。认定并发放中小学幼儿园教师资格证书512本。加大师德师风的监管和惩治力度，多形式开展师德教育活动，定期排查整治师德师风19种不良行为，严格教师日常管理。加强名师队伍培养，选派15名校长、教师到省市优质学校跟岗学习，选派67名校长、教师参加省级基础教育师资培训，遴选漳州市第七批中小学研究型名师6名、学科带头人16名，认定福建省中小学学科带头人7名。发放追加教师奖励性绩效工资总量、将教师文明奖金纳入财政预算等，多渠道提高教师待遇。按照《关于妥善解决辞退代课教师问题的实施方案》，对符合条件的54名辞退代课教师发放养老补助金。

【招生考试】 2021年，组织实施省级及以上的教育考试9场次，参考人次62875人次；2021年，福建省作为第三批高考综合改革的省份，实行“3+1+2”的新高考模式，较往年的高考有了较大的改变，全县报名参加普通高考人数2032人，通过兼报高职分类考试被录取的考生34人，高考应考考生1998人，包含历史组考生811人，物理组考生1187人，有130位考生外语选考日语。全县中考报名考生10945人，九年级5388人，八年级5557人，中招普高录取人数2724人，公费师范男生录取16人，公费幼儿师范生录取6人。因新冠疫情影响，经市教育局请示省考试院同意后，将成人高考考点由设区市调整到区县，云霄县承担云霄和东山两县的成考考生，其中，云霄籍考生1073人，东山籍考生461人。严格落实各级各类考试的组织标准和举措，统筹抓好疫情防控和安全保密工作。

【民办教育】 2021年，云霄县共有民办学校120所，其中民办中等职业学校1所，民办初中1所，民办十二年一贯制学校1所，民办幼儿园107所，校外培训机构10所。贯彻落实中办、国办《关于进一步减轻义务教育阶段学生作业负担和校外培训负担的意见》，出台《云霄县开展校外培训机构不规范问题大排查整治工作方案》和《关于进一步规范全县校外培训机构减轻学生校外培训负担的意见》，对全县10所培训机构重新登记审核，及时录入全国校外教育培训监管与服务综合平台模块，实现与相关部门信息共享，加强部门协作，加大联合执法的工作频次，强化综合治理，形成工作合力。加强培训机构党的建设，规范培训机构工作台账和审批登记。严格机构资金预警监管、收费退费管理、培训内容备案审查、培训时间限定要求、机构人员资格管理，严查在职教师兼职补课，严查违法违规广告行为。完善家校社协同育人机制，完善长效治理机制，持续推动“双减”工作再上新台阶。

【校园安全】　2021年，云霄县教育系统按照上级疫情防控工作有关要求，严格落实“两案九制”工作制度和“一校一策”工作方案，严密抓好师生健康管理，加强防疫知识培训，规范防疫物资配备，组织开展防控应急演练，全员开展核酸检测、疫苗接种，扎实做好疫情常态化防控工作。落实《云霄县学校安全工作“党政同责、一岗双责”规定》，推动安全责任落实到岗到人，91%的学校达到新一轮“平安校园”创建标准。加强校园及周边安全建设，加装校园重点部位的监控，改造学校安全防护设施140处，清理流动摊点16起；完善交通安全设施3处，净化校园周边环境。组织开展各类安全、法治宣传教育活动，定期组织广大师生开展防灾减灾、消防、防暴恐等应急演练。加强家校联系，向学生家长宣传安全知识，提醒家长关注学生的安全，累计发放告家长一封信及各类宣传单30万余份。开展学校维稳工作，重大事件及敏感节点期间，实行学校维稳情况每日“零报告”制度，强化校园网络舆情监控，畅通维稳信息渠道，开展校园反邪教警示教育活动，定期部署开展学校防范非法宗教、境外机构渗透排查整治工作，增强师生自觉远离邪教的意识和能力。

【学校德育】　2021年，开展喜迎中国共产党成立100周年“学习新思想·做好接班人”主题阅读、“学习中共党史·不忘初心使命”主题阅读、“童心向党”“我们的节日”“清明祭英烈”“扣好人生第一粒扣子”“学宪法、讲宪法”等主题教育实践活动。改革创新思政课，将《习近平新时代中国特色社会主义思想学生读本》安排入课程、进入课堂，开展首期县级思政课优秀论文评选活动，全县有10个德育课题通过市级第七期德育专项课题立项。开展“文明城市”“文明校园”“绿色学校”“无烟学校”创建活动。建立“云霄县新时代文明实践中心教育服务点”，常态化开展志愿服务活动。评选表彰“新时代好少年”“三好学生、优秀学生干部、先进班集体”工作。举办第二届中小学生艺术节、校园读书节、中学生篮球联赛、青少年校园足球联赛。县教育局被评为全省普法工作先进单位，荣获全市“师生暑假读一本好书”“漳州市第三届中小学生艺术节”“全省第七届中小学生艺术节”活动优秀组织奖；将军山学校被评为首批漳州市中小学心理健康教育特色学校；云陵一小荣获2021年全市“学习中共党史·不忘初心使命”主题阅读活动优秀组织奖；云霄一中夺得全省示范性高中建设学校体育特色项目第三届电子枪射击比赛团体总分第一名等。

【学生资助】　2021年，县教育局精准识别建档立卡户家庭子女，采取多种形式加大资助政策宣传力度，确保各级各类学生资助全面、及时、足额发放到位，实现建档立卡贫困户子女享受教育扶贫政策“不落一人，不落一项”。全年发放各类资助金额1185.7582万元，受益学生17086人次。其中，义务教育阶段贫困生生活补助发放3394人次，发放金额113.3432万元；义务教育寄宿营养餐补助6750人次，补助金额331.4万元；学前教育政府助学金发放654人次，发放金额64.25万元；普通高中国家助学金发放1066人次，发放金额121.42万元；普通高中免学费补助474人次，补助金额37.92万元；中职助学金发放261人次，发放金额26.1万元；中职免学费补助4427人次，补助金额464.335万元。发放福建省富闽教育助学金26.5万元，受助学生60人。开展大学生生源地信用助学贷款工作，发放助学贷款2546.151万元，受助学生3394人次。

（张小景、蔡志鹏、陈晓宏、朱永文、方海上、谢伟源、张建全）

基础教育

【学前教育】 2021年，云霄县共有幼儿园136所，其中公办33所、集体办2所、民办103所，小学附设班26个。在园幼儿15605人，其中公办园9697人、民办园5908人。推进公办幼儿园项目建设，落实城镇小区配套幼儿园建设，多渠道扩充学前教育资源。新建公办幼儿园1所、改建2所，在公办幼儿园就读幼儿占比提高至62.14%。建立政府购买普惠性民办园服务机制，对低收费、普惠性的民办园进行补贴，发放补贴资金91.965万元，推进普惠性民办幼儿园公益普惠发展，在普惠性幼儿园就读幼儿占比96.07%。创建4所县级示范性幼儿园。继续落实福建省教育厅关于精准帮扶乡村小规模学校附设幼儿园（班）工作的通知要求，按照"精准帮扶，托底提质"思路，帮助结对农村幼儿园、乡村小规模学校附设幼儿园（班）树立先进的保育教育理念，建立科学的管理体系和管理方法，完善各项规章制度，促进各项工作的科学化、制度化和规范化建设，提高管理水平和师资队伍素质。

【小学教育】 2021年，云霄县共有小学105所，其中完小校69所，教学点36所。十二年一贯制学校1所，九年一贯制学校2所。小学在校生30454人。贯彻落实《福建省教育厅关于推动城乡义务教育一体化发展不断提升乡村学校办学水平的通知》文件精神，全面落实乡村振兴战略，开展厦门市翔安区与漳州市云霄县教育对口交流协作，印发《云霄县教育局关于开展城区学校与乡村学校建立对口帮扶关系的通知》，组织4所城区优质学校与39所乡村小学对口帮扶。继续推进漳州市优质小学教育资源孵化工程，选派2名"种子校长"和1名"种子名师"参与市级基地校第四期"孵化"。继续推进福建省义务教育管理标准化学校创建工作，有6所完小校通过第六批"福建省义务教育管理标准化学校"省级评估与验收。10所乡村小学申报创建第一批乡村温馨校园。贯彻落实"双减"政策，强化"五项管理"，组织开展课后延时服务。根据《福建省教育厅关于进一步加强普通中小学教学常规管理工作的指导意见》，完善学校教学常规管理制度。组织评选推送精品课，获省优2人，获部优1人，小学教学质量进一步提升。

【中学教育】 2021年，云霄县共有中学16所，其中初中学校9所、九年一贯制学校2所、完全中学3所、高级中学1所、十二年一贯制学校1所。初中在校生14821人，高中在校生6697人。认真学习贯彻中央、国务院的"双减"政策，一手抓防疫、一手抓教学教研，积极开展课后服务扩面提质活动，深入实施初中"壮腰"工程，落实公民办同步招生、就近入学和电脑随机派位录取的招生政策，促进公民办学校优质均衡发展。继续推进义务教育管理标准化学校创建，火田中学、云霄三中、云陵工业区第一学校被确定为义务教育管理标准化学校。全县初中义务教育管理标准化学校占比达100%。初中教育质量呈现均衡发展的态势，各学校各学科齐头并进。推进普通高中多样化发展，深化高考综合改革，发挥云霄一中教育集团的作用，扩大优质教育资源，高中教育质量有较大幅度提升。

【特殊教育】 特殊教育学校设有复式教学班6个，在校生58人，送教上门学生68人，在编教师18人，兼职送教教师37人。特教学校充分发挥"云霄县特殊教育资源中心"的功能作用，积极开展对全县重度残疾儿童少年送教上门教师的培训与指导，开展随班就读培训会议，推进融合教育的发展。省级课题《特教语文教学对学生表达能力培养实践研究》如期结题，在教学中起到引领推广的作用。落实双减政策，积极开拓烘焙课、陶艺课等特色课程，提高课后服务质量。

（何晓莹、张火林、吴革）

职成教育

【云霄职业技术学校】　2021年，云霄职业技术学校招收新生1048人，有687名中职学生毕业，在校生总数2892人。学校设有学前教育、幼儿保育、汽车运用与维修、光电仪器制造与维修、电子商务、戏曲表演（潮剧）、工业机器人、家政服务与管理、护理、药剂等10个专业。探索人才培养模式改革试点，学前教育专业与漳州城市职业技术学院合作办学“3+2”五年制大专教育以及“二元制”人才培养模式改革；智能光电技术应用专业、汽车制造与试验技术专业、电子商务专业分别与厦门海洋职业技术学院、漳州理工职业学院、漳州科技职业学院合作办学“3+2”五年制大专教育，学校办学水平不断提升。

【云霄唯美职业技术学校】　2021年，云霄唯美职业技术学校招收新生148人，在校生234人。学校设有高星级饭店运营与管理、市场营销、茶艺与茶营销、文秘、音乐表演、运动训练等6个专业。

【云霄电大工作站】　2021年，云霄电大工作站招收新生429人，毕业生数276人，在校生数800人。

【云霄县老年大学】　2021年，云霄县老年大学学员数526人，学会15个，会员791人，开设课程15门，13个班级。

【县级社区教育中心】　2021年，云霄县有县级社区教育中心1个：云霄社区学院（依附云霄电大工作站）。学院有专职教师14人，兼职教师18人，管理人员4人，志愿者25人。云霄社区学院下辖乡镇社区学校10所，教学点183个。

（张森耀）

文　化

【社会文化】　2021年，县文化馆以庆祝中国共产党成立100周年为主题，开展一系列文艺活动，丰富群众文化生活。举办庆祝中国共产党成立100周年系列活动，包括“百位书家书盛世·百位画家绘中华”云霄县庆祝中国共产党成立100周年书画现场创作活动、“百支舞队跳喜舞，百位农工唱赞歌”云霄县庆祝中国共产党成立100周年群众性文艺展演（歌手比赛、群舞展演）、云霄县庆祝中国共产党成立100周年“习近平用典”主题书法创作巡回展、“书香墨韵·文化云霄”书画作品展2场、云霄县迎新年文艺晚会、“百年征程·百年伟业”云霄县庆祝中国共产党成立100周年成就图片展、组织节目《龙舟划起来》参加《百年征程　走向辉煌》庆祝中国共产党成立100周年群众性文艺晚会等，联合新华书店开展“翰墨飘香，新春送福”免费送春联活动；举办“人民的非遗　人民共享”云霄县庆祝2021年文化和自然遗产日系列活动，包括非遗展演、非遗项目展示、列屿中学非遗教学成果展等。依托公众平台举办8期的云霄县书画家作品新春微展、21期的线上书画作品微展及元宵节灯谜竞猜线上活动、魅力四“摄”谢勤杰、戴园笙、高志坚、周先丽摄影作品微展等。

【文化遗产保护】　2021年，县文化馆积极搜集整理非遗项目材料，申报云霄县第三批非物质文化遗产项目代表性传承人，20人获得确认，2名传承人获得市级确认，并开展省级非遗项目（云霄县乌龙茶制作技艺）培训活动。坚持开办“小梅花潮剧培训班”，开展非遗进校园传习活动。排练潮剧节目《乌山颂》参加“第四届福建省曲艺丹桂奖少儿大赛”获得三等奖。先后在列屿中学、菜埔小学开设“黄金漆画”“闽南木雕”“潮剧”等项目普及传习活动，邀请省市级传承人进行教学，并举办“人民的非遗　人民共享”云霄县庆祝2021年文化和自然遗产日系列活动。分别在列屿中学、陈岱镇竹港村开办开设黄金漆画、闽南木雕制作工艺项目培训培训班，共招收学生70余人。完成云霄县非遗展示中心数字化项目建设。

【文化艺术】　2021年，县文化馆以庆祝中国共产党成立100周年为主题，积极开展文艺创作。组织书协会员参加中国计生协会“永远跟党走·奋进新征程——庆祝建党100周年”第四届全国会员艺术作品征集活动，其中吴伟山、周和国、唐智忠分别获得二等奖、三等奖、优秀奖；书协林秘昌作品入展“八闽丹青奖”——福建省书法双年展。组织书协会员参加漳州市民政系统“共筑中国梦　同抒家国情”书法绘画摄影比赛，吴伟山、唐智忠、朱松德三人分别获得一等奖、二等奖、优秀奖；组织参加“谱写富美新漳州”书画作品展，汤文谦、林宗跃等6人作品入展；林顽毅、吴伟山、方大定等5人作品入展“庆祝中国共产党建党100周年‘学史明理·礼赞百年’漳州市书画展”；县文化馆小梅花潮剧班编排潮剧节目《乌山颂》参加“第四届福建省曲艺丹桂奖少儿大赛”获得三等奖。在疫情形势下，县文化馆充分利用网络媒体形式，依托“云霄文艺”微信公众号，每周发布翰墨飘香、群英荟萃专栏文章，推介云霄县优秀书画家、文艺家及作品。

【文化交流】 2021 年，县文化馆组织小梅花潮剧班编排潮剧节目《乌山颂》参加“第四届福建省曲艺丹桂奖少儿大赛”获得三等奖。创排潮剧现代戏《乌山魂》，作为中国共产党成立 100 周年文艺作品在 12 月 6 日参加福建省第八届艺术节暨第二十八届戏剧会演，并取得剧目二等奖，作曲二等奖，演员一、二、三等奖等多项奖项。

【其他工作】 2021 年，县文化馆组织非遗传承人、舞蹈、声乐及其他公益性讲座近 10 次，参加人次 800 余人。创办“将军山文化讲堂”，不定期举办各类文艺讲座，包括音乐、舞蹈讲座等。多次组织书法家到下河乡、莆美镇等乡镇义务写春联，到学校、企业开展笔会活动。组织文化艺术团、文化志愿者到火田镇、下河乡、莆美镇、马铺等乡镇举办文艺演出。

（黄晓兰、方政波）

新闻出版

【融媒体中心建设】 2021 年，云霄县融媒体中心建设 5G 智慧广播，将传统的电台播出技术与 AI（人工智能）技术结合，快速生成 24 小时安全播出的电台节目，具有实时的热点新闻、天气播报等全天候的板块节目，丰富百姓的精神文化生活，让群众通过互联网、通过手机线上听广播，随时随地了解信息，把党的声音传至最后一公里；建设云霄乡讯数字报刊，将传统的纸质版《云霄乡讯》再现为利于互联网传播的数字媒体，让群众能随时随地通过手机、互联网阅读《云霄乡讯》，可以在互联网上看见与纸质报纸一模一样的版式，再现报纸的版面语言魅力。

【新闻报道】 2021 年，云霄县融媒体中心坚持传统媒体与新媒体相结合，线上与线下相结合，围绕中心服务大局，聚焦党史学习教育，做好疫情防控宣传引导，持续关注民生热点，综合运用新闻报道、典型宣传、短视频等形式，深耕本土新闻，围绕“产业发展项目建设年”“六比一看”活动，策划产业发展、项目建设、乡村振兴、生态环境保护等宣传报道，全面展现云霄抓征迁、上项目、比招商、拼进度的新举措新成效，激发干部群众比学赶超、干事创业的热情。发挥党和政府之间的桥梁纽带作用，引导群众、服务群众。深入挖掘云霄地域文化、风土人情，有效拓展新闻信息服务的深度、广度、锐度、温度，主题报道氛围浓厚。

【宣传渠道拓宽】 2021 年，云霄县融媒体中心主动对接上级主流媒体，创新运用直播、H5 等新型传播手段，开通入驻新华社、央视频、人民号、视频号、抖音号、头条号等新媒体平台，制作推送大量的新媒体产品，提升影响力，扩大覆盖面，对外传递云霄好声音，展示云霄的良好形象。

（汤培坚）

广电网络

【网络建设】 2021 年，福建广电网络集团云霄分公司投入 412.29 万元进行工程建设，项目建设立项 26 个，总共铺设光缆 62.826 公里。其中，火田镇莆中村、东车村等 4 个村 ODN（光分配网络）网工程 11.359 公里；东厦镇船场村、荷西村等 6 个村 ODN 网工程 13.747 公里；列屿镇广电机房至云霄中心机房第二路由（列屿镇段）县干工程 8.172 公里；324 国道云陵下坂段、火田古楼段管线迁改工程 3.491 公里、23.057 公里；共计完成 15 个村和社区的双向网改及 9 个新建小区的新区入网。双向覆盖用户数 13193 户。双向覆盖率达到 82%。

【服务体系建设】 2021 年，福建广电网络集团云霄分公司加强客服服务体系建设，提供线上、线下服务体系建设；在春节、元旦、国庆等重要节假日及全国两会等重要会议期间，严格按照上级的部署要求，加强网络安全管理，开展应急演练、加强值班值守、启动应急预案，实行重大事件事故“零报告”制度等，多措并举确保重要节假日、重要保障期播出安全和网络安全。积极配合政府单位完成视频会商联调工作，确保会议正常进行。主动作为，先后完成云陵开发区、陈岱镇、列屿镇等3个集中医学观察隔离点网络建设，保障和平乡、火田镇隔离点信号畅通，助力疫情防控。

【转型升级】 2021年，福建广电网络集团云霄分公司推动业务新增量，推进马铺乡、云陵工业开发区、陈岱镇等34个未联网行政村有线数字广播电视光纤联网工作，实现全县有线数字广播电视全覆盖；推动扶贫帮扶工作，提高“低保、优抚、特困”三类用户群众精神文化生活质量；推进“视频监控+IP广播+大屏”三位一体的智慧村居项目建设；推进县级融媒体中心平台建设。加强项目设备和系统维护工作，助力县级融媒体中心充分发挥平台优势，提升主流舆论阵地传播力、引导力、影响力和公信力。

（方欣）

旅　游

【旅游数据统计】 2021年，云霄县累计接待游客313.84万人次，同比增长6.3%；旅游总收入为31.88亿元，同比增长5.5%。

【旅游宣传活动开展】 2021年，县旅游发展服务中心参加“三月三”坡兜畲族乡村振兴现场会、威惠庙美食节、第三届福建省“读中华经典　颂时代华章”诵读比赛云霄赛区选拔赛等文旅志愿服务活动；开展“5•19”中国旅游日下河杨桃岛主题活动；参加第十七届厦门海峡旅游博览会、福建旅游交易会，现场宣传推介云霄旅游资源景点，共分发旅游宣传品和宣传手册10000余份。

【旅游线路策划】 2021年，县旅游发展服务中心结合建党100周年，策划制作“闽南苏区·红色云霄”精品旅游线路——《寻红色足迹　访千年古郡》宣传折页，以云霄红色旅游资源优势为基础，整合全县旅游资源，串点成线，形成三条精品旅游线路。线路一：中共闽南地委机关旧址红色旅游+生态养生二日游；线路二：中共闽南地委机关旧址红色旅游+乡村休闲二日游；线路三：坪水乡苏维埃政府旧址红色旅游+开漳文化二日游。

【旅游基础设施建设】 2021年，县旅游发展服务中心积极向上争取项目补助资金20万元，推进福建省金牌旅游村——和平乡棪树村旅游服务中心项目建设，该项目纳入全省文旅项目库，截至2021年底，项目已建成并顺利通过验收。

【景区和非景区景点安全管理专项整治】 2021年，县旅游发展服务中心开展景区和非景区景点安全管理专项整治工作。排查辖区内景区和非景区景点的安全隐患，全县重点排查30个景区和非景区景点，共排查65项安全隐患问题，已全部整改结束；先后对各旅行社、A级景区开展安全检查，共发起6次专项检查行动，出动24人次，发现隐患问题3个，限期整改企业2家，已全部完成整改。

（张彤）

卫生·体育

卫 生

【医疗技术服务】 2021年，云霄县医院、中医院发挥龙头作用，努力提升医疗水平。县医院继续巩固胸痛、创伤和卒中中心的建设成果，保持孕产妇及新生儿危急重症救治中心救治能力，提升危急重症救治能力，整合多学科联合救治体系、规范诊疗行为以及优化诊疗流程，建设信息化平台，全力构架起快速、高效、全覆盖的急危重症医疗救治体系，打造高水平医疗平台。云霄县中医院于2021年1月25日增设内三科，主要以内分泌代谢疾病、风湿免疫疾病、肾脏病、血液系统疾病及恶性肿瘤等中西医结合治疗为特色的内科综合科室，科室是胡希恕经方医学云霄传承基地、福建省中医风湿病联盟单位、“星火计划”癌痛规范化诊疗培育单位。云霄县中医院呼吸与危重症医学科（PCCM）规范化建设于5月21日通过国家项目组认证评价。

【基础设施建设】 2021年，云霄县投资375万元，增加床位75张（其中：县医院10张、中医院15张、康济医院50张）。云霄县医院整体迁建项目主体工程封顶，2021年度投资4960万元。云霄县疾病预防控制中心于2021年6月7日举行竣工剪彩暨揭牌仪式，项目共征地13亩，总建筑面积5500平方米。东厦镇卫生院竹塔分院综合楼、下河中心卫生院医技楼分别于2021年4月、5月动工建设。云霄县医院投资1881万元，对感染性疾病科及呼吸内科病房进行改造，并购置仪器设备。东厦镇卫生院完成中医馆项目建设。

【社区卫生】 2021年，云陵镇下辖13个社区及4个行政村，总户籍71526人，截至2021年底，共计建成居民健康档案70078份，电子档案70078份，其中65岁以上老年人6632人，高血压5203人，糖尿病1995人，严重精神病障碍334人。落实预防接种属地化管理，为辖区及周边儿童开展接种服务85726人次，建证率100%，一类苗接种率100%。新生儿管理规范管理率100%、新生儿访视率95%、规范管理孕产妇早建卡率92%、产后访视率95%。为辖区内65岁以上老人到社区接受免费体检及开展中医药服务，接受健康管理人数4861人，管理率71%。规范管理高血压患者为4945人，管理人群控制率62.43%，规范管理糖尿病患者为1810人，管理人群血糖控制率69.97%。累计上报传染病例61例，报告率100%；管理结核病患者21人，规范管理21人，规范管理率100%。0—36个月接受中医健康管理4356人，健康管理率85%。

【农村公共卫生】 2021年，云霄县实施13项基本公共卫生服务项目，全县居民健康档案电子建档率达99.51%，老年人规范健康管理率82.79%，0—6岁儿童健康管理率96.35%，老年人、儿童中医药健康管理率分别为72.76%、79.92%，早孕建册率和产后访视率分别为95.36%、96.15%，高血压患者规范管理率、2型糖尿病患者规范管理率均为100%，严重精神障碍患者健康管理率96.60%，肺结核患者管理率100%，传染病、突发公共卫生事件报告率均为100%，国家一类疫苗接种率均在95%以上。全县基层医疗卫生机构组建156个团队、390名卫技人员开展家庭医生签约、履约服务。全县常住人口38.76万人，家庭医生签约服务共签约17.72万人，常住人口签约率45.70%。重点人群14.57万人，已签约9.70万人，签约率66.40%；建档立卡户农村贫困人口签约17022人。

【妇幼保健】 2021年，云霄县增补叶酸预防神经管缺陷项目服用人数2246人。免费婚前医学检查完成男400人、女412人。完成免费孕前优生检测男611人、女624人。地中海贫血防控完成采血筛查709对。免费产前筛查全县完成血清采血929人。完成宫颈癌筛查1918人，乳腺癌筛查1078人。新生儿遗传代谢性疾病和先天性心脏病免费筛查项目：1—12月代谢性疾病筛查采血数2455人，先心筛查数2467人。2021年县妇幼保健院满意率98.58%，位列全市第一。

【人才队伍建设】 2021年，云霄县通过福建省省级“三支一扶”招募“三支一扶”岗位5人，分别为和平乡卫生院2人、火田卫生院药学专业1人、列屿镇卫生院中药学1人、马铺乡卫生院针灸推拿专业1人。毕业定向县级医院临床医学专业委培生就业报到9人。定向乡镇卫生院医学大专生签约9人（临床医学专业7人、医学影像技术专业2人）；定向县级医院临床医学本科生签约11人（云霄县医院9人、霄县中医院2人）。新设4家名医工作室：云霄县医院设立漳州市医院陈诺琦名医工作室、福建省肿瘤医院方卫民名医工作室、云霄县中医院设立厦门市仙岳医院尤秀敏名医工作室、云霄县妇幼保健院设立厦门市妇幼保健院陈永浙名医工作室。

【卫生监督执法】 2021年，云霄县开展医疗机构依法执业监督，共查处医疗卫生机构违法违规行为案件7起，罚没16.03万元。监督检查公共场所经营单位375家，监督覆盖率达100%，立案查处3起，罚没金额2.76万元。对云霄县集中式供水水质进行定期抽检，共检测出厂水10份，合格率为100%；末梢水109份，合格率为100%，开展放射诊疗工作的医疗单位14家，取得放射诊疗许可证单位14家；放射工作人员42名，持有放射工作人员证34名；放射诊疗机构监督覆盖率100%，放射双随机检查完成率100%。

【爱国卫生运动】 2021年，云霄县爱国卫生运动委员会组织开展第33个爱国卫生月活动，各乡镇和各成员单位以“文明健康 绿色环保”主题，开展科普宣传活动8场，举办相关科普讲座2次，发放、张贴宣传材料10615份，全县共清理卫生死角1226处、清理十乱594处、清理垃圾465吨。各乡镇、县城区公共场所和城管局共投放灭鼠药25.72吨，投放消杀药品17.5吨、漂白粉105.37吨。全县共投入消杀资金245.86万元、四害密度监测3.61万元。

【深化医改】 2021年6月，云霄县医院医共体医院、云霄县中医院医共体医院揭牌成立。2021年起对县医院、中医院、妇幼保健院三家公立医院书记实行绩效年薪制，县医院工资总额核定为6963.5万元，县中医院工资总额核定为6363.84万元，县妇幼保健院工资总额核定为1454.15万元，发挥工资总额管理的激励约束作用，完善医院内部薪酬分配制度，促进公立医院持续健康发展。2021年，云霄县按病种付费出院人数占总出院人数的比例为60.44%，其中县医院61.06%、中医院58.78%。全年公立医院医疗服务收入（不含药品、耗材、检查、化验收入）占公立医院医疗收入比例为37.79%，基层医疗卫生机构诊疗人次数占医疗卫生机构总诊疗人次数比例为67.74%，均达到省对市绩效考核指标目标值要求。全年药占比（不含中药饮片）27.55%，比上年30.75%下降3.2个百分点，百元医疗收入（不含药品收入）消耗卫生材料15.64元，比上年16.69元下降了1.05元。

【新冠疫情防控】 2021年，云霄县累计排查境外返云霄入云人员510人，省外返云霄入云霄16329人，集中医学观察507人，均未发现身体异常。全县共设置12个接种点和3支疫苗接种机动队，42个接种台，组建接种队伍，进行接种业务培训，共同筑牢防控屏障。全年全县累计接种疫苗76.32万剂次，其中第三针接种83563针剂，完成市下达任务的139.01%。县医院、县中医院、县疾控中心建立新冠病毒核酸检测PCR（聚合酶链式反应）实验室，全县日最大检测能力8700份/天，超过市级下达的6000份/天的核酸检测能力建设指标。落实“八类重点”人群核酸检测做到“应检尽检”，对一般人群做到“愿检尽检”，全年全县共有核酸检测重点人员85315人，检测359627人次，检测重点场所外环境、食品及外包装标本21882份，检测结果均为阴性。组建4支县级流调队，共计48人，全年接到密接协查函27人，其中10人在外地（转外地疾控处置）；本地17人，均按照规定进行集中医学观察。全力支援省内风险区疫情防控，先后组织7批295人次的核酸采样检测人员赴莆田、厦门、漳州三地支援。

（曾晓文、吴愚）

计划生育

【生育】 2021年，云霄县统计年共上报当年出生3803人，出生率8.35‰，其中政策内出生3546人，政策符合率93.24%，出生性别男2029人，女1774人，出生性别总比为114.37。初婚1632对。

【优惠政策】 2021年，云霄县共兑现农村奖扶1249人，奖扶金173.52万元；城镇奖扶787人，奖扶金96.36万元；原农村独女贡献奖356人，奖励金12.82万元；农村二女结扎奖励7159人，奖励金257.72万元；新农合补助14919人，补助资金462.50万元；农居保补助9426人，补助资金28.53万元；计生低保户增加10%低保金280户，增发24.69万元；慰问计生特殊家庭74户（含伤残家庭），慰问金额8.9万元；发放特别扶助对象123人，特扶金149.24万元；护理费补助1人，每年护理费补助0.6万元；特扶家庭继续落实公交车乘车补助、意外伤害保险、免费体检、参加新型养老保险等相关补助制度。

【便民服务】 2021年，云霄县开展特扶对象家庭签约服务，落实开通计划生育特殊家庭就医“绿色通道”。鼓励支持各地因地制宜开展各种形式的关爱活动，认真组织计划生育特殊家庭走访慰问活动。全面落实三孩政策，通过乡镇便民服务窗口和网上登记，方便群众办理登记手续。热情接纳群众来信来访，对群众反映的一些办证、奖励和侵权等问题做了耐心解释和答复处理。指导和监督所管辖区域的托幼机构登记备案工作，确保应备尽备，共有10家托育机构完成注册工作，1家托育机构完成备案工作。

【常规管理】 2021年，县卫生健康局共完成各类评先评优、职称评聘、调动、提拔和公务员、事业单位招聘入职等计生审核2849批次，其中个人2821人，单位28个，否决个人78人。

（张云红、李宝文）

体育

【青少年竞技体育】 2021年，云霄县共组织297名运动员参加漳州市第十四届运动会跆拳道、武术散打、拳击、摔跤、足球、篮球、乒乓球、羽毛球、三人篮球、游泳、田径等11个项目比赛，取得金牌15枚、银牌27枚、铜牌41枚。

【体育产业发展】 2021年，县文体旅局注重培育体育企业发展，推动体育产业项目建设，根据《漳州市体育产业发展专项资金管理办法》的相关规定要求，励道昌体育文化传播有限公司和漳州乐健体育管理有限公司获得2021年度漳州市体育产业发展专项资金项目补助。

【体育场馆建设】 2021年，县文体旅局根据云霄县人民政府常务会议纪要第九次会议取得位于云霄县县道575两侧P地块，作为云霄县足球训练中心建设用地。训练中心用地约20.5亩，训练中心建设项目包括：标准足球场105米×68米、排水沟、室外道路、停车位、围墙、草皮和配套用房等。云霄县足球训练中心项目（一期）已开工，建设项目总投资623万元。

社会民生

人力资源

【专业技术人员管理】 2021年，云霄县人力资源和社会保障局做好监督和指导各个系列的职称评审工作，对全县各系列送评的材料进行详细查阅预审，使职称评审工作规范、有序进行；做好事业单位岗位设置方案核准和人员聘用备案工作；做好工勤人员技术等级考试（免试）资格审核工作，及时完成上级下达的任务。是年，现场审核机关事业单位工勤人员技术等级考试报名70人。截至2021年12月底，职称评审审核465人，初级207人、中级164人、高级94（其中正高级11人）；职称聘任中高级职称233人，其中高级职称76人。

（方伯尧）

【录用调配管理】 2021年，云霄县公开招聘事业单位工作人员188人。上半年，招聘卫技人员14人（含5月赴山东济南公开招聘专项卫生人才11人和卫生系统定向委培生3人），招聘新教师99人（含2020年11月赴天津公开招聘专项教育人才6人和教育系统免费师范生4人）；下半年，9月考试招聘事业单位工作人员75人（其中卫技人员28人）。11月赴外省招聘急需紧缺专业人才19人（其中：教育类研究生10人，卫生类本科生、研究生9人）。是年，19名支教、支医、支农的“三支一扶”大学生到基层工作，“服务社区计划”高校毕业生招募7名。

（方伯尧）

【工资福利管理】 2021年，云霄县人力资源和社会保障局根据年度考核结果审核发放机关及参公单位工勤人员年终一次性奖金；事业单位工作人员考核合格以上晋升薪级工资6422人，月增资555639元，人均87元。对52名达到退休年龄人员办理退休手续，完成在职基金核减和退休基金核增。办理正常工作调动、考录人员工资转移手续355人；办理转正定级、学历变更工资手续113人；办理晋升职务、工人等级晋升工资手续12人；办理乡镇补贴、教龄、警衔津贴、特岗津贴及其他津补贴调整变动手续398人；办理受处分人员的工资核减手续；办理职称聘任手续654人。核准机关事业单位工作人员及离退休人员病故后的遗属抚恤和生活补助39人，调整全县退职人员基本养老金和遗属生活补助标准。办理全县机关、事业单位工作人员辞职辞退18人。

（方伯尧）

【人才服务】 2021年，云霄县人力资源和社会保障局扎实做好人事人才公共服务工作，重点做好大中专毕业生档案管理、人事代理、高校毕业生就业协议书签订、毕业登记等业务工作。截至2021年12月份，档案入库2130份（累计存库量16223份）。

（方伯尧）

【退休干部管理】 2021年，云霄县人力资源和社会保障局稳妥实施退休政策，强化日常工作管理。围绕“六个老有”和落实“两个待遇”这条主线，做好退管工作：继续加强基层现有退管队伍建设，抓好市退教协、县老年活动站等退管联系点建设，务实工作基础，畅通全县各系统退管工作联系渠道；畅通出口，严格执行机关事业单位工作人员退休规定，年初列出达龄退休人员名单，提前1个月发通知，当月办退，第二个月发放退休金，是年办理机关事业单位工勤人员和机关事业工作人员达龄退休人员52名。

（方伯尧）

劳动就业

【就业和再就业】 截至2021年12月，完成城镇新增就业941人，失业人员实现再就业422人，城镇就业困难人员再就业172人，城镇登记失业率3.06%（市局下达控制在4.5%内），全县参加失业保险人数23134人。做好允许法定年龄内有劳动能力有就业要求，处于无业状态的城镇常住人员和就业困难人员进行就业、失业登记。是年，县人力资源和社会保障局向失业人员发放失业保险金2533人次282.40万元、医疗保险金2533人次83.34万元；向灵活就业人员852名发放社保补贴、医保补贴计348.45万元。

（方伯尧）

【职业培训】 截至2021年12月，发放就业创业证403本。不断提升劳动者就业能力，强化技能培训，完成项目制、企业岗位技能提升互联网+、以工代训、失业保险技能提升等就业技能培训2262人。

（方伯尧）

社会保障

【城乡居民养老保险】 截至2021年12月，云霄县城居保应参保人员19.7062万人，已参保人员19.6459万人，参保率99.69%。2021年12月养老金应发放61733人，实际发放60041人，发放率97.26%。城居保待遇人员资格认证应认证人数62026人，已认证人数58732人，认证完成率94.69%。截至2021年12月，城居保基金收入11592.30万元，基金支出9323.79万元，基金累计结余27517.18万元，个人账户累计结余24522.84万元。截至2021年12月，应纳入被征地养老保障人员15人，实际发放被征地养老保障金人员15人，历年发放被征地养老保障金计13.767万元，项目征收耕地历年累计8330.0484亩，预留社会保障资金历年累计预留11090.9918万元。

（方伯尧）

【企业社保】 2021年，云霄县人力资源和社会保障局继续巩固养老金100%社会化发放成果，确保全县企业离退休人员按时足额领取基本养老金，截至2021年12月，全县离退休人员12344人，月人均养老金2220元。加强与税务部门协调与配合、共同完善养老保险统筹机制，建立健全养老保险业务管理制度，积极配合税务部门做好疫情防控期间国家社会保险缴费工作，截至2021年12月，全县养老保险参保单位1830户，在职参保职工47406人，征收养老保险费21395.54万元，养老保险待遇拨付28011.34万元。努力推进退休人员社会化管理服务工作，推进国有企业退休人员社会化管理工作，完善社会化管理服务工作的具体实施，实现退休人员移交工作的平稳过渡。继续做好工伤保险工作，全县各类企业、事业、行政单位纳入工伤保险人数43512人，征收工伤保险基金791万元，工伤保险待遇拨付442万元，管理上不断完善工作程序，规范审批手续和支付项目，保证基金的专款专用。协助财政局、县政府做好无力参保的县级以上集体所有制企业退休人员老年生活保障金领取资格审核工作，协助相关部门做好项目的代发放工作，截至2021年12月，云霄县符合无力参保退休人员837人已发放生活保障金，支付539.61万元，做到按月足额及时发放，有效保障参保人员的权益。积极开展参保扩面工作，县社会劳动保险中心通过召开工作会议、走访乡镇、印发社会保险参保宣传单3万余份、微信短信转发宣传等多方式、多渠道进行全面宣传精准扩面工作，并下达给各乡镇扩面参保任务数近6100人。

（方伯尧）

【工伤认定与退休审批】 截至2021年12月，云霄县人力资源和社会保障局收到工伤材料齐全并已受理件数130起，是年办结件数103件，做出工伤认定人数102

名，不给予工伤认定1起。是年受理无力参保材料31件，坚决做到材料提交齐全才给予受理，严格把控，绝不出现材料少交漏交、材料受损、材料手续不齐全等情况发生。

（方伯尧）

【机关社保工作】 截至2021年12月，云霄县纳入机关事业单位养老保险的参保单位167家，参保缴费人数8114人，通过税务部门征缴养老保险费和职业年金18156.27万元。

（方伯尧）

【劳动与社会保障监察】 2021年，云霄县人力资源和社会保障局加大劳动监察执法力度，维护劳动者合法权益。是年接待来信来访投诉24起，受理投诉24起，其中办结24起，涉及劳动者136人，涉及金额108万元，接待劳动法律法规咨询1200人次，完成合同签订率97%以上，受理各种劳动关系案件结案率92%以上。开展劳动用工执法检查，截至2021年12月，主动检查各类用人单位58户，涉及劳动者2685人；开展劳动用工执法检查专项行动5次，2次专项检查行动主动监察用工单位89户，涉及职工1348人；审查用人单位报送书面材料26户，涉及职工697人，补签续签劳动合同176人。深入社区、乡镇企业举办普法宣传咨询，宣传劳动保障法律、法规，用人单位和职工反映良好，用人单位依法规范劳动用工和职工维权意识进一步加强，为建立和谐劳动关系奠定坚实基础。依法确保劳动者权益，制定实施欠薪应急保障金实施办法，设立财政专户，存入欠薪应急保障金100万元人民币。制定建设领域农民工工资保证金制度，及时办理缴交施工企业的保证金确认及退还，是年全县农民工工资保证金存量31户5278.80万元。

（方伯尧）

医疗保障

【概况】 2021年，云霄县城镇职工参保41442人（含常山开发区），城镇职工医疗保险基金收入7911万元、支出12286万元。全县参加城乡居民医保383443人（含常山开发区），人均筹资标准880元（中央、省、市、县四级财政配套600元，个人缴纳280元），城乡居民医保基金收入33157万元、支出40916万元。

【精准扶贫医疗叠加保险】 2021年，云霄县建档立卡贫困对象，第一道精准扶贫补助15492人次，总补偿额65万元，第二道精准扶贫（34种重大疾病）补助11379人次，总补偿173.23万元；风险金总补偿457.07万元。

【扶贫兜底医保补助倾斜】 2021年，对建档立卡贫困对象在云霄县内医疗机构住院及看特殊门诊的除医保报销、大病保险、医疗救助、精准扶贫医疗叠加保险外，给予医疗总费用5%（自付费用为100%）的保险补偿。对在县外医疗机构住院及看特殊门诊的给予自付费用80%的保险补偿。是年兜底补助2458人次，总补偿64.29万元，切实减轻建档立卡贫困对象的医疗负担，有效缓解因病致贫、因病返贫问题，为巩固脱贫攻坚成果提供坚实保障。

【巩固拓展脱贫成果全面接续乡村振兴】 2021年，精准聚焦831名农村特困人员、8980名农村低保对象及108名纳入相关部门监测的其他农村低收入人口，确保不漏1户，不落1人，确保不出现返贫和发生新的贫困。云霄全县农村特困人员、农村低保人员及农村低收入人口住院报销2571.05万元，门诊特殊病种报销1501.01万元。

【打击欺诈骗保】 云霄县75家定点药店及18家定点医院，配合省市医保局专项检查并结合云霄县医保局管理部日常检查，对县域内“两定”（定点医疗机构和定点药店）机构进行稽查209家次，查处违规医疗机构13家，取消医保签约资质1家，追回违规医保基金153.48万元，查处违规零售药店48家，约谈并责令限期整改48家，追回违规医保基金0.87万元，有效维护医保基金安全。

【医保电子凭证的激活和推广】 激活电子医保凭证可享各类在线医疗保障服务，包括医保业务办理、医保账户查询、医保就诊和购药支付等，实现“看病不用卡，只刷医保码”，切实提高医保公共服务水平和群众医保获得感。医保电子凭证是医疗保障工作信息化、标准化的重要载体，在全县范围内逐步普及。

（郭丽云）

民　政

【低保动态管理】　2021 年，云霄县民政局加强低保动态管理，是年城乡低保标准为家庭人均收入 7908 元，城市低保人均补助水平 440 元 / 月，农村低保人均补助水平 361 元 / 月。11 月城乡低保、特困供养审批确认权限全面下放至乡镇。截至 2021 年底，全县城乡低保 6573 户 10507 人，特困供养对象 881 人（其中建档立卡对象纳入农村低保 2940 人、特困供养 88 人），累计发放城乡低保金 4470.78 万元，高龄补贴 89.99 万元，特困供养金 1192.3741 万元。在新冠肺炎疫情防控期间，给予全县城乡低保对象、集中供养特困人员每人每月发放副食品补助 100 元，1—3 月，发放副食品补助计 290.68 万元。

【“救急难”工作】　2021 年，云霄县民政局及时高效实施“救急难”工作，发放急难救助资金 725.9 万元，救助困难家庭 2390 人次。先后 3 次下拨乡镇临时救助备用金 182 万元，用于对受新冠肺炎疫情影响和因突发性、紧迫性问题导致基本生活陷入困境的困难群众及时实施急难救助。

【儿童福利保障】　2021 年，云霄县民政局继续将事实无人抚养儿童纳入保障范围，待遇按散居孤儿保障标准执行，截至 2021 年 12 月，排查出全县有困境儿童 156 人，留守儿童 106 人，孤儿 18 人（其中集中供养 3 人、分散供养 15 人），事实无人抚养儿童 156 人，累计发放散居孤儿和事实无人抚养儿童基本生活补助资金计 237.5 万元，集中供养孤儿寄养费 12.8 万元。

【残疾人两项补贴】　2021 年，云霄县民政局持续做好残疾人两项补贴发放工作，截至 2021 年底，全县领取困难残疾人生活补助金 5972 人，护理补助金 5859 人，计发放残疾人“两项补贴”资金 1630.91 万元。

【流浪乞讨救助管理】　多措并举做好流浪乞讨人员救助工作，积极开展寒冬送温暖和夏季送清凉活动，全年救助流浪乞讨人员 68 人，其中将 5 名符合条件的流浪乞讨人员纳入当地特困供养范围并安置在县社会福利中心或康济医院，送医救治 6 人，帮助寻亲 10 人，切实保障流浪乞讨人员基本生存权益。

【养老服务】　2021 年，云霄县民政局继续推进区域性养老服务中心建设，列屿镇敬老院按照五星级养老服务中心标准进行提升改造，建设成既能集中供养城乡特困老年人，又能为经济困难的高龄、失能老年人以及其他社会老年人提供生活照料、康复保健、文体娱乐、助餐助急、精神慰藉等服务，集机构、居家、社区养老服务功能为一体的区域性养老服务中心，9 月完工投入使用。全面推进居家养老服务工作，满足居家老年人多样化、多层次、个性化的养老需求，是年，投入 650 万元为符合条件的老人购买居家养老专业化服务。开展助餐点试点工作，拓展互助养老服务功能，设置老年人助餐点，为居家、周边老年人提供就餐、配送餐服务，选取火田镇岳坑村幸福院、马铺乡湖洋村作为老年人助餐示范点，2 个项目 9 月完工投入使用。全面落实高龄老人优待工作，继续发放 80—99 周岁无工资性收入的老人高龄补贴和百岁老人营养补贴，计发放高龄补贴、营养补贴 635.4 万元，重阳节活动期间走访慰问 29 名百岁老人并发放慰问金 8.7 万元。

【殡葬改革】　2021 年，云霄县民政局巩固殡葬改革成果，持续在云陵镇、莆美镇开展“集中治丧”、文明治丧行动，民政局、公安局、卫健局“三合一”便民服务窗口不断巩固提升服务质量，清明节期间因新冠肺炎疫情影响，创新清明节祭扫服务方式，推出线上采用微信公众号网络祭扫，线下现场祭扫采用限流、错峰，严格控制祭扫人数，防止人员聚集，确保群众健康祭扫、安全祭扫、文明祭扫。落实惠民政策，继续执行对全县城乡居民基本殡葬服务费实行免除，是年全县免除城乡居民基本殡葬服务费约 382 万元（含特困人员、低保、优抚、革命三老等），殡仪服务中心减免殡葬服务费约 46 万元。按照《云霄县关于印发云霄县城乡公益性骨灰楼堂规划建设实施方案的通知》部署，持续推进马铺乡、火田镇、莆美镇、东厦镇等四个乡镇公益性骨灰楼堂建设，截至2021年底，马铺乡骨灰楼建设项目完成主体工程建设、配套用房的建设，总建筑面积1964.93平方米，火田镇公益性骨灰楼建设项目完成征地、控制性详细规划等前期二作，莆美镇骨灰堂建设项目完成征地、控制性详细规划及建筑设计方案等前期工作

【社会组织登记管理】 2021年，云霄县民政局进一步培育发展和规范管理社会组织工作，做好社会组织的登记、年报和管理。是年社会团体成立登记注册9家、变更项目4家、注销注册登记1家；民办非企业成立注册登记5家、变更项目5家。截至12月底，全县有社会组织309家，其中社会团体153家、民办非企业单位155家、基金会1家。年检工作改为社会组织年报，首次实行网上填报、审核和网上公开，完成年报155家，其中社会团体75家、民办非企业单位79家、基金会1家。组织开展“双随机”检查工作，通过县民政局网站及时公布社会组织登记、变更、注销、年检等相关信息，设立公布行业协会商会违规涉企收费举报电话，加强民间社会组织的监督管理。

【社会工作和志愿者服务事业】 2021年，云霄县民政局根据《对获得社会工作者职业资格证书人员给予奖励的实施方案》要求，发放获得社会工作者职业资格证书人员奖励金，奖励31名，奖金9.6万元。建立健全社会工作人才激励机制，积极动员全县民政系统工作人员、社会组织、村（社区）及各部门人员参加全国社会工作者职业水平考试。发展社会服务机构，成立登记社工机构1家。培育扶持社工机构，通过招标方式购买社会工作服务项目，落实社会工作服务项目1个：云霄县民政局、云霄县乡镇（开发区）社会工作服务站购买服务项目。在全县建设9个社会工作服务站，配备22名社会工作者。大力推动乡（镇）、村（社区）开展志愿服务活动，做好志愿者注册、社会团体开展志愿服务的网上审核工作，通过召开会议、微信宣传、宣传栏等多形式宣传志愿服务工作。

【福利慈善】 2021年，云霄县民政局贯彻福建省民政厅实施2021年“慈善手拉手”专项行动计划，发挥慈善项目引领作用，持续开展“慈善情暖千家”“金秋助学”“重阳敬老”等项目实施，做好“公益慈善项目大赛”的宣传发动，推动社会组织公益慈善项目参与申报，积极参赛。进一步做好慈善组织捐赠管理工作，规范云霄县慈善组织（县红十字会）开展公开募捐活动，合理高效使用捐赠资金和物资，依法公开捐赠信息。做好慈善组织年检工作，加强对慈善组织的监督管理，并向社会公布年检结果，接受社会监督。

【区划地名管理】 2021年，云霄县民政局根据国务院《地名管理条例》《福建省地名管理办法》规定，新命名住宅区8处（即“客寮新村”“绥景里”“弘桥云锦里”“宏冠高铁新城”“南湖印小区”“宏茂城市花园”“王府广场”“福圣苑”）。按照上级民政部门部署，开展“保护地名文化、记住美丽乡愁”乡村地名信息服务提升行动。

【基层政权与社区建设】 2021年，云霄县民政局完成2021年度村（居）民委员会换届选举工作。2021年是第14届村（居）委会换届选举年，换届选举从9月开始动员部署，到12月中旬全部完成全县158个村、39个社区的换届选举任务，100%实现“一肩挑”，其中选举一次成功有157个村和39个社区，重新选举成功的1个村，同时做好村（居）务监督委员会的选举和建章立制工作。加强社区人才队伍建设工作，根据《漳州市民政局等五部门关于组织实施2021年高校毕业生服务社区计划的通知》要求，全县招募高校毕业生服务社区人员7人，服务于7个社区，8月全部上岗。按照省民政厅《关于做好2021年服务社区高校毕业生年度期满考核和离岗前后管理服务工作的通知》要求，完成13名高校毕业生服务社区情况年度、期满考核工作。是年新增社区居民委员会1个（云陵镇望安社区居民委员会）。

【行政区域界线联合检查】 2021年，根据漳州市民政局《关于做好2021年度全市行政区域界线联合检查工作的通知》部署，云霄县行政区划联检任务是诏安—云霄线，诏安县与云霄县行政区域界线全长67.39公里，设有2个界桩（含三

面桩），涉及云霄县3个乡镇（陈岱镇、和平乡、下河乡）及常山经济开发区。经与诏安县联合制定行政区域界线联合检查工作实施方案，实地勘察界桩2颗，建立联检档案，按时完成年度县级界线联检任务。

（方锶）

老区工作

【革命“五老”优待工作】 2021年，云霄县老区办及时足额发放革命“五老”人员及遗孀的生活补助，从2021年8月1日起调整革命“五老”人员定期生活补助标准，在现行每人每月定期生活补助标准基础上增加150元，调整革命“五老”人员定期生活补助标准为每人每月1800元，革命“五老”人员遗偶的生活补助按每人每月250元发放，截至12月，有革命“五老”人员19人，“五老”遗偶38人，全年发放生活补助57万元。全面落实革命“五老”医疗补助政策，开展二次医疗补助，全年有5人次革命“五老”人员得到医疗费补助，计补助金额7424.87元，确保革命“五老”人员病有所医。组织开展走访慰问活动，在春节、重阳节期间，走访慰问革命“五老”人员及遗偶，为革命“五老”人员及遗偶发放慰问金和慰问品8.08万元。

【老区项目建设】 2021年，省、市、县不断加大对老区村扶贫发展扶持，省老区办下达云霄县中央老区专项扶贫发展资金30万元，经审核后确定扶建项目3个，所有补助款项全部拨付到项目实施单位，均已完工；市老区办下达云霄县市级老区专项扶贫发展资金45万元，市级老区生产发展资金扶持马铺乡下庵村葡萄柚、红美人培育及基地设施建设20万元，马铺乡宝石村青马宝谷观光农业园区基础设施建设15万元，下河乡新坡村顺强养猪场生产运输基础设施10万元，项目完成施工建设。进一步修缮保护好革命遗址，是年向上争取革命遗址保护利用专项资金75万元，用于补助修缮和平乡通贝村坑仔尾旧楼革命遗址修复工程35万元、和平乡棪树村顶寮尾祠堂革命遗址修复30万元、下河乡梅林村卢胜在梅林村银坑革命遗址修复10万元，所有补助款项全部拨付到项目实施单位并已完工，正在完善布展。进一步加强老区非文物革命遗址核对工作，根据2020年度普查结果，上报省老区办和市史志室反馈意见对云霄县革命老区非文物遗址画册的内容进行认真核对及核实。加强政策宣传，引导动员云霄县社会组织广泛参与老区村乡村振兴，从传承红色基因、发展特色产业、抓好教育扶贫等方面开展交流对接，实现老区村全面振兴发展，截至12月底，引导社会组织与16个老区村签订“一对一”帮扶合作协议。

（方锶）

移民安置

【概况】 云霄县大中型水库移民总人数29391人，2021年省局核定享受直补移民人数14375人，登记到村项目扶持移民15016人，移民总人数、直补人数均排全市第一。移民分布全县11个乡镇（开发区），涉及46个行政村（包括省局指定托管的常山开发区深武移民自然村）。

【移民后期扶持】 2021年，省水利厅批复云霄县库区移民后期扶持项目23个，下达移民资金3150.46万元（其中直补到人资金867万元、项目扶持资金2283.46万元）。是年云霄县库区移民开发中心着力推进项目实施进度，通过每月向各乡镇通报项目推进情况、直接向施工单位发送督办函等方式推进项目进度，要求所有的库区移民项目从设计、预算、招投标到实施、监理、竣工验收等全部由项目所在乡镇、村负责，库区移民中心负责督促、指导、服务，把好资金投向不越范围，项目实施内容不走样，全力推进项目开工、实施、验收，提高后扶资金使用效率，尽快完成资金拨付、投入使用，造福移民群众。

【资产型生产开发项目建设】 2021年，云霄县库区移民开发中心根据“突出工业、突破工业”工作要求，继续加快库区移民创业园项目建设工作。年度项目计划中重点安排839万元用于“云霄县库区移民创业园”项目，各项工作正有序推进中：一期单体项目1号厂房、2号厂房计出租10909平方米；一期单体项目综合楼建筑面积10696平方米，其中：1层为餐厅，2层至8层为办公区（4087平方米）与宿舍区（112间面积6609平方米），该项目已封顶，预计2022年5月底竣工。

（谢熙）

老龄工作

【老年教育】 2021年，云霄县有各类老年大学（学校）183所，其中，省级示范学校1所、市级示范校11所。县老年大学获得“福建省达标老年大学”称号。

（张惠群）

【老年社会保障】 2021年，云霄县78883人享受社会保险养老金。其中，机关事业单位养老保险4208人，社会劳动养老保险12404人，城乡居民养老保险62271人。发放80—99周岁无工资性收入的老人高龄补贴和百岁老人营养补贴657.52万元。是年，县政府购买的居家养老服务惠及云霄县11000名老人（其中5000人享受居家养老线下服务）。

（张惠群）

【“敬老月”活动】 2021年国庆节、重阳节活动期间，县领导进村入户走访慰问百岁老人29人、发放慰问金87000元。机关企事业单位和乡镇、开发区政府开展爱老敬老活动，慰问、走访本单位离退休老干部、老职工及高龄、失能和重病的困难老人。

（张惠群）

云霄县关心下一代工作委员会

【概况】 2021年11月，《中共云霄县委关于调整充实云霄县关心下一代工作委员会组成人员的通知》（云委干〔2021〕150号文），调整充实县关工委组成人员，任命县人大常委会副主任郑逢源为主任、马铺乡三级调研员张煌辉为常务副主任。至2021年底，全县建立各级关工委235个。其中，县级关工委1个，乡、镇（开发区）关工委10个，村（社区）关工委196个，学校关工委28个。全县组建关工委报告团1个，报告员4人，不离校报告员28人；农村留守儿童心理健康辅导员7人。2000年以来，“新加坡华侨陈东平、陈君任奖学助学奖教基金”发放奖学助学奖教金121.5万元，2万多名学生受益。

【思想教育】 2021年，县关工委以庆祝中国共产党成立100周年为契机，会同县教育局、县委老干部局在全县中、小学生中开展“党史学习教育”“庆祝中国共产党成立100周年集邮讲座暨邮集巡展”主题活动，加强对青少年的思想道德教育。县关工委报告团报告员和28个不离校报告员分组分批在全县各中、小学宣讲28场次，1.82万多名学生参加；开展“红心向党”征文、演讲及朗诵活动，开展“听一个故事”“读一本书”“看一场电影”“唱一首红歌”“做一件好事”“写一篇体会文章”等“六个一”主题实践活动，全县2.2万多名学生参加，青少年在活动中了解党的历史，感受党的恩情。

【奖学助学】 2021年县关工委代管的“新加坡华侨陈东平·陈君任奖学助学奖教基金”，发放2021年度云霄一中、二中，陈岱中心校等3所小学以及陈岱中心幼儿园奖学助学奖教金10万元。全县各级关工委发动“亲帮亲”“邻帮邻”民间互助、结对帮扶活动，筹集资金70余万元，资助近千名贫困学生。

【关爱帮扶】 2021年，县关工委结合省级文明县城创建工作，开展“大手牵小手”“元月送温暖”等关爱留守儿童、困境儿童志愿服务活动，走访慰问火田镇、和平乡25户留守儿童、困境儿童，赠送学习用品和慰问金1.2万元。

（蔡惠清）

云霄县慈善总会

【概况】 2021年，云霄县慈善总会募集善款264.3万元，开展各项救助5140人次，拨付救助资金437.91万元（含定向）。

【慈善救助】 2021年，春节期间“慈善情暖千家”慰问活动，慰问重病、困难单亲家庭以及乡镇（开发区）确认符合慰问条件的其他类型特殊对象1458名，发放慰问金87.48万元；重阳节安老慰问活动，慰问高龄老人3047人63.04万元（其中百岁老人35人，每人慰问800元）；“金秋助学”活动资助全县240名品学兼优、家庭贫困的学生，发放助学金89.5万元；重病救助及其他救助活动395人次，发放救助金197.89万元。

（方添城）

民族事务

【少数民族村建设】 2021年度，中央和省、市民族发展任务资金项目跟踪落实5个项目91万元。云霄县立足巩固脱贫攻坚成果，全面推进乡村振兴战略重大决策部署，深入开展持续推进“挂钩帮扶”行动，助推少数民族村加快发展。

（郑海珠）

【民族宣传月活动】 2021年，云霄县深入开展民族团结进步宣传月活动，4月14日，下河乡举办首届“三月三坡兜畲族风情节”，共度畲族民俗节日、共赏畲族古韵风情、共享乡村振兴成果。

（郑海珠）

宗教事务

【宗教、民间信仰工作】 2021年，云霄县民宗局实施宗教活动场所“四学四进六好”（“四学”：学习党史、新中国史、改革开放史、社会主义发展史；“四进”：国旗、宪法和法律法规、社会主义核心价值观、中华优秀传统文化进宗教活动；“六好”：政治品格好、服务社会好、场所管理好、教风教养好、财务规范好、安全责任落实好）专项活动，加强宗教团体、教职人员教育培训，深入推进“四史”学习教育进宗教活动。抓好宗教资源与文旅产业、乡村振兴衔接，在确保稳定的基础上，加快释放威惠庙、魏妈庙等宗教文化资源作用，探索“宗教+文旅”融合发展新路子。

（郑海珠）

【宗教团体防疫及公益活动】 2021年，云霄县民宗局履行部门职责，对全县98家宗教场所开展新冠肺炎疫情防控常态化检查。是年，县民宗局组织宗教界人士深入开展“宗教慈善”活动，落实助学助困260余万元。

（郑海珠）

乡 镇

云陵镇

【概况】 云陵镇位于云霄县中部，镇城区坐落在大臣山与将军山之间的平原地带。辖区面积约16平方公里，2021年耕地75.5公顷，田地32.3公顷，山地900.3公顷，林地268.3公顷。管辖17个社区、4个行政村。云陵镇围绕县委、县政府“中心开发、南延北扩”发展战略，立足该镇实际，持续做大做强中心城市建设，发展繁荣城区商业圈，优化人居环境，为奋力谱写新云霄建设新篇章贡献云陵力量。2021年云陵镇实现规模工业总产值9820.8万元，固定资产投资107406万元，限额以上社会消费品零售总额23253.5万元。全年一般公共预算总收入23399万元，地方一般公共预算收入16877万元。

【工业经济】 2021年，云陵镇围绕“产业发展项目建设年”“六比一看”工作部署，突出招商引资，实施重点项目16个，其中工业项目8个，城建项目8个，项目总投资共计42.16亿元，年度投资17.60亿元，1—12月完成投资18.39亿元，完成年度计划的104.5%。落实“百名干部挂百企”，建立领导班子挂钩服务制度，为项目建设保驾护航。大力推进“六比一看”工作，外出招商8场次，签约项目5个，累计投资额6.4亿元。开工县级重点项目5个，建成或部分建成市级重点项目1个，县级重点项目7个。

【乡村振兴】 2021年，云陵镇协助建设省级示范家庭农场1家；发放耕地地力保护补贴30037.25元，惠及180户农户；发放4000元补贴5户农业科技示范主体；超额完成农产品质量快检任务。开展春季、夏季、夏秋、秋季四次村庄清洁专项行动；开展农村户厕问题摸排工作；开展3次大棚房排查工作；完成宅基地 “一站式”审批机制建设。完成10户美丽庭院评选挂牌工作。完成法律明白人培训及评选工作，共培育并建档63名“法律明白人”。建立防止返贫动态监测和帮扶机制，落实周报表，月总结制度，一键报贫13人；完成发放中央、省级财政衔接推进乡村振兴资金9.3万元；国网项目库及资金在线监管平台，帮助36户脱贫户发展产业；完成2022年中央、省级2笔财政衔接推进乡村振兴资金摸底，下达资金4.37万元；6个贫困学生享受雨露计划补助，获得补助共1.8万元；开展脱贫户电工技能培训，共计23人按时培训。

【疫情防控】 2021年，云陵镇坚持“接种、宣传、排查、管控”四位一体同推进，截至12月13日，18周岁以上群众累计接种第一剂次人数56289人，第一针接种率98%；坚持宣传全覆盖，发放宣传单2万张、张贴宣传海报230张，转发疫情防控推文1000条次，发动400余名镇村两级干部入户开展宣传。进一步完善排查管控体系，成立疫情防控领导小组，21个社区（村）增设管控专班，在全辖区展开“拉网式”排查，通过指派专人对居家隔离对象跟踪、管控、服务，落实责任到人。

【城乡建设】 2021年，云陵镇推动旧城改造，完成九美提升泵房及配套管网的征地拆迁扫尾工作，12月6日启动旧党校征迁改造项目签约活动，仅五天内，签约率达85%；举办“威惠美食文化周”，“五一”国际劳动节期间威惠广场日均人流量达2万人次，店面商家营业收入超百万元；推进砂石场整治，县纪委监委通报的4个沙石经营性堆场及自查发现的3个砂石堆场全部整改到位。开展镇辖区范围内“两违”建筑物整治，“两违”App“百路千村”待处理问题总共22宗，已处理完结19宗；整治土地卫片违法图斑同级68宗，完成65宗，至年底无新增农村乱占耕地建房问题。“大棚房”整治工作已完成图斑对比和排查，无违规现象。

【文明创城】 2021年，云陵镇成立全国文明城市工作领导小组，出台《云陵镇社区（村）创建全国文明城市工作考评实施细则》，设立为4个督查组，每周一、周五清理全镇辖区卫生，每周不定时督查，将督查结果纳入社区（村）主干及两委绩效考评。设置文明城市公益广告，利用LED电子屏幕、围璃、宣传栏、展板等，弘扬社会主义核心价值观，大力推行市民公约、村规民约，鼓励晒家风、晒家训，结合党史学习教育、新时代文明实践等，广泛开展好邻里、文明家庭、十星文明户等评选活动，培育社会文明新风尚。荣获省级文明乡镇称号，辖区内汀洋社区连续6届荣获省级文明社区称号。

【基层治理】 2021年，云陵镇深入推进扫黑除恶专项斗争工作，常态化治安巡逻，辖区犯罪率同比下降14%。全面开展消防安全隐患排查专项行动，完成“三合一”经营场所消防技术改造154家。组建半专业森林消防灭火队，处理森林火情9起。处理信访件54件，其中初访31件、重访23件、办结41件、息访息诉19件，化解积案1件。推动市域社会治理现代化试点工作，以望安社区为示范点在全镇推广组建以物业公司管理人员和志愿者为主要成员的“110式小区网格员”队伍，在党员服务群体和社会服务群体组织带动下，打造法律援助、打假防治、治安巡逻、纠纷调解等4支具有特色的邻里服务志愿队。全面开展涉诈重点地区整治攻坚行动，建立工作专班，组织镇、村工作人员上门劝返。

【换届工作】 2021年，云陵镇圆满完成镇党委、人代会及村级组织换届选举工作。21个社区（村）实现100%“一肩挑”，村（社区）书记、主任同一个人担任。新一届社区、村一肩挑平均年龄分别为41.13岁、48.25岁，大专及以上学历占比分别为94.12%、75%；社区、村“两委”平均年龄分别为37.55岁、41.27岁，中专、高中及以上学历占比分别为97.71%、83.78%，队伍结构进一步优化。

【社会事业】 2021年，云陵镇开展“帮困送温暖”活动，截至11月低保家庭1035户1558人，补助发放945万元。发放社会事业费10万元、临时救助资金24万元，重残补助214万元，切实保障困难群众基本生活。

（王燦）

莆美镇

【概况】 莆美镇位于云霄县中部，属城乡接合部，是县行政服务中心所在地，也是全县政治、经济、文化中心。全镇面积约40平方公里，辖11个社区，16个行政村，户籍人口6.8万人，常住人口11万人。2021年全镇完成规模以上工业产值10.88亿元；规模以上工业增加值3.27亿元；固定资产投资18.94亿元，增长116%；出口创汇1.43亿元，工业税收0.32亿元，社会消费品零售总额1.53亿元；一般公共预算总收入2.62亿元；地方一般公共预算收入1.78亿元。

【工业经济】 2021年，莆美镇通过以商招商、以企引企、产业链招商等形式，引进和储备成长性强、有潜力的企业。对接洽谈项目6个，成功签约投资1000万元的金城伟业印刷、投资1000万元的东南亚跨境电商营运及投资5000万元的漆海堂工艺美术品项目，均落地。

【农业经济】 2021年，莆美镇农业特色产业持续向优。按照乡村振兴总体要求部署，以“县域产业”发展为统领，充分发挥自身优势，努力走好三产融合发展新路子。加快结构调整，打造特色农业，对辖区内莆美枇杷、向北米粉等优质品种进行推介，引导农户种植优质品种。发挥农村创新创业带头人的引领示范作用，推进三产融合，进一步提升价值链、延长产业链。全镇优质枇杷种植（多少）亩。

【城乡建设】 2021年，莆美镇打赢环境污染防治攻坚战。积极开展村庄清洁行动，已全面施行“村收集、镇转运、县处理”垃圾处理模式，打造美丽宜居家园。开展“百路千村”环境整治，从攻坚态势持续好、整治成效巩固好、环境品位提升好三方面努力，全年拆违面积8.5万余平方米。加大河段巡查力度，抓好漳江高塘渡口国控断面稳定达标、山美溪水质提升和阳下溪、政和溪黑臭水体治理工作。清理牛蛙10场、5亩。开展非法采砂洗沙集中整治行动，整治砂石乱堆乱放9家。莆美镇获评“福建省森林乡镇”称号。以点带面，推动乡村全面振兴。进一步完善演武亭富美乡村和阳下历史文化名村等村级项目建设，演武亭村将军山郊野公园（演武亭段）二期道路改造工程已建成，阳下村文物古建筑维修工程及历史环境要素整治提升工程完工。坚持以优惠政策吸引域外人才、以产教融培育乡土人才、以真情实意关爱回乡人才，成功打造一支“懂农业、爱农村、爱农民”的乡村振兴人才队伍。

【项目建设】 2021年，莆美镇以重点项目为抓手，努力促进产城融合，打造莆美经济发展新动能。华龙科技文化城项目征迁工作持续推进，一期开工建设，二期完成征地120亩。昇达昶明纺织设备制造项目办理建设用地规划许可证和国有土地使用权证，科思美项目、豪锦生物科技项目进入征地扫尾阶段。紧跟“中心开发、南扩北延”发展战略，抓住良好机遇，全力以赴将莆美镇打造成现代宜居、充满活力的新城区。演武亭村民安置房完成抽签和选房工作；莆下村民安置房主体工程建设全面封顶；中柱安置地项目指挥部成立，完成人和路东段提升改造项目征迁3.06万平方米。

【社会事业】 2021年，莆美镇稳定和扩大就业，帮扶失业人员再就业。推动城乡养老保险、医疗保险提标扩面，实现全镇最低生活保障全覆盖。持续巩固提升脱贫攻坚成果，为114户建档立卡贫困户发放中央财政专项扶贫资金2万元，为161户建档立卡贫困户发放2020年度教育健康生活补助9.44万元，向困难群众发放196万余元。

【疫情防控】 扎实做好“外防输入、内防反弹”工作。针对境外偷私渡、国内中高风险地区和境外返云人员进行分类管控，实施网格化、精细化管理。截至12月16日，累计排查境外返云霄人员321人（含港澳台）、外省入云霄人员4507人。落实重点场所防控管理，严抓辖区内2个农贸市场、8家超市、30家酒店宾馆、2家电影院、2家娱乐场所、1058家餐饮经营单位、3家医院、10家银行、14所学校等公共场所戴口罩、测体温、扫码通行、不聚集、通风消毒等常态化防控措施，对售卖存储进口食品、生鲜食品、冷冻食品的批发市场、农贸超市、餐饮场所以及储存场所等，全面开展日常清洁和消杀，并对相关从业人员以及外卖、快递等重点人群定期进行抽样核酸检测，抽检1211份。推进疫苗接种有序开展。严格落实属地主体责任，成立新冠病毒疫苗接种工作领导小组，村（社区）主干作为疫苗接种工作第一责任人，保障疫苗接种工作有序推进。各村（社区）积极做好属地村（居）民接种的宣传发动、氛围营造、群众预约登记，有序组织属地村（居）民接种疫苗。

【换届工作】 2021年，莆美镇选举产生新一届镇党委、纪委和政府班子，镇领导班子结构得到优化，整体功能得到强化。村级优选新“两委”，先后12次主持召开党委会专题研究村级换届事宜，提前梳理换届工作6个台账，深入调研村情选情，筛查2个重点村和2个难点村，做到全程跟踪、重点跟进。27个村（社区）一次性完成换届选举，产生“两委”成员225人，全面实现“六个100%”目标。把牢发展党员质量关、程序关，实行全程动态管理，排查整顿农村发展党员工作，累计发展党员36名。通过村级换届，新一届“两委”班子各项指标均符合结构要求，达到年龄、学历“一降一升”，实现村务党务一手抓、农村工作全面管，为5年任期推动乡村振兴打下良好基础。

【基层治理】 全面开展农村房屋

复查整治，复查房屋15199栋，拆除重大危险房屋11间，整治裸房立面面积12310平方米。深入开展安全生产大排查大整治行动，开展执法检查指导服务8次，排查生产经营单位78家，整改隐患65项。始终保持打假工作高压态势，坚决遏制制售假卷烟行为“反弹回潮”，保持辖区内烟机、炒丝场“零查获”。深入开展电信网络专项整治行动，有效打击电信网络诈骗行为。用心用情服务群众，合力抓好信访难题化解，成功调处和化解各类矛盾纠纷196件、信访问题66件；录交“12345”政务热线中心交办件240个。

持续巩固提升“村财增收三年规划”成果，16个行政村村财收入同比增长39%，全部达到10万元以上，新增村财收入50万元以上村2个。投入100余万元，优化提升佳兜、君豪、宝龙等村（社区）办公场所基础设施和服务功能。打造基层党建看点，围绕城市基层党建重点任务，辖区内15个小区全部成立兼合式党支部，通过“县镇领导挂钩”工作机制和“党员双报到”工作机制，打造哲祥万好小区近邻党建示范点，以点带面推动共建共治共享的城市基层治理新格局。突出党建领航乡村振兴，总结村财增收、安置房建设实践成果，投入近50万元打造演武亭村党建走廊、文化广场和村史展厅。

【特色农副产品】　2021年，莆美镇发展枇杷特色种植业。改善大山及蕉坑枇杷基地基础设施，打造枇杷专业合作社技术交流和销售平台，改良枇杷种植品种，通过改嫁接或改种、引进现代农业种植技术，培育新品种，提高枇杷种植产量和质量。推进枇杷销售“触网”，打破传统外销模式，依托电商销售、网络直播等平台，精准对接消费者需求，吸引大批年轻人参与网络销售和果园管理。改进枇杷包装方式，推广“泡沫网格”的包装模式，并通过具有价格优势的快递服务，形成“互联网＋快递＋枇杷”的合作共赢产业模式。

【乡村旅游景点开发】　莆美镇东连漳江出海口，南接常山华侨农场，西北面是巍峨美丽的将军山，西南面是绵绵的莆美大山。莆美镇区位优越，交通运输便捷发达。国道324线贯穿全境，北距厦门经济特区150公里，南接建设中的厦深高速铁路。拥有国家文物保护单位陈政墓和献宝山烈士陵园、仙峰岩、南山寺等，明代抗倭城堡特色古迹。

2021年，阳下村打造集生态、文化、旅游于一体的历史文化古村落，按照“保护为主、抢救第一、修旧如旧、合理利用、传承发展”的方针，进行总体规划设计，整体改造项目分一期、二期工程逐步开展，将核心保护区内的“继志堂”、“翰林第”以及西北区30号古厝等3座古建筑纳入修缮范围，同时创办成家风馆、民俗展览馆和村老年人活动中心，将历史文化建筑与乡村文化生活融合。演武亭村依托将军山公园旅游文化资源，不断加大规划引导和基础设施投入力度，引导村民在巩固农业生产的同时，抢抓机遇发展住宿、餐饮等现代服务业，对村民原本分散经营的小饮食店铺进行规范管理，整体规划建设有特色的农庄美食小区。

建立青年党员创业基地，涵盖果蔬种植采摘、农家餐饮等，鼓励村民参与乡村旅游，引导村民种植枇杷等经济作物，增加创收渠道，有效增加收入，让乡村旅游成为富民增收的重点产业。

（蔡毓宁）

东厦镇

【概况】　东厦镇地处闽南沿海、漳江出海口两侧，位于云霄县城东南5公里处，省道漳云线和漳诏高速公路贯穿全境，漳诏高速公路云霄出入口设在该镇，水路可通厦门、汕头等沿海各大城市，东距厦门经济特区105公里，南距汕头经济特区120公里，水陆交通非常便捷。全镇约有6万人口，下辖15个行政村和1个镇办农场，面积113平方公里。

【工业经济】　2021年，东厦镇完成规模工业总产值9.88亿元，固定资产投资2.17亿元，社会消费品限上零售总额0.34亿元，工业税收2282.7万元，财政总收入4874万元，外贸出口1.7亿元，外资到资50万美元。

【农业经济】　2021年，东厦镇聚焦农渔龙头企业技改升级，建设完善佳洲岛农民创业园数字农业项目，协助浩恒泰等企业引进新技术、新设备，实施工厂化生产、智能化运作。围绕发展壮大海洋经济目标，支持宝森水产、盈利丰水产、益海水产等水产养殖企业增资扩产，示范带动全镇高优水产养殖、海产品种苗培育集约化、基地化、产业化发展。

【旅游产业】 东厦镇历史悠久，文化古迹甚多，有“海底森林”之称的国家级红树林湿地保护区、被誉为“东厦脊梁”的梁山、佳洲岛生态农业观光园、漳江出海口的“定海神针”石矾塔、天地会“洪门”创立地高溪庙与观音亭、白塔“龙湫岩”、竹塔“龙泉岩”等。东厦镇人文荟萃，佳洲岛是明朝乡贤林偕春的祖籍地，仙人峰上开漳圣王陈元光祖母魏妈的园陵守护着东厦镇。

【项目建设】 2021年，东厦镇聚焦重特大项目招商，扎实推进落地建设、竣工投产，全年招商引资项目8个，总投资12.5亿元。15个重点项目完成投资6.149亿元，漳江口湿地科研与教学基地建成投用，为红树林资源保护、修复管理提供重要科学支撑；顾恒茶叶生产、龙泽仁兴食品加工生产、海润新材料等项目开工投产，逐步释放发展新动能。

【疫情防控】 2021年，东厦镇抓好常态化疫情防控，按照“外防输入、内防反弹”的要求，健全和完善指挥体系和应急预案，加强值守，强化排查，落实对境外和国内中高风险地区返云霄入云霄等重点人群排查登记制度，做到严格管控、定期监测、主动服务，继续保持零确诊、零疑似“双零”记录。抓好全员核酸检测前期准备，持续做好群众动员工作，发动村民积极接种新冠疫苗。

【社会事业】 抓好民生保障工作，推进巩固拓展脱贫攻坚成果同乡村振兴有效衔接，严格落实“四个不摘”要求，开展农村低保、扶贫济困、慈善等救助活动，发放低保金、特困金、孤儿救助金、临时救助金等共计760余万元。深入开展关爱留守儿童和困境儿童工作，2021年竹塔村儿童主任王建扬荣获“全国农村留守儿童关爱保护和困境儿童保障工作先进个人”。加大民生项目建设力度，加大船场幼儿园、东厦中心小学等教育配套设施建设，实施农村饮水安全巩固提升安全工程，持续提升农村供水保障水平。投入80万元对水库、海堤等水利设施进行除险加固，加快构建与乡村振兴相协调的水安全保障体系。

【基层治理】 抓好社会稳定工作，深化“平安东厦”建设，提升平安“三率”水平，持续开展扫黑除恶专项斗争，全面遏制打假反弹势头，加大防电信诈骗宣传和滞留缅北人员劝返工作，强化协作、源头治理、依靠群众，构建“全镇反诈”格局。2021年东厦司法所荣获“全国模范司法所”称号，强化普法宣传教育，建立20名专兼职人员组成的人民调解员队伍，纠纷调解成功率达100%。大力抓好安全生产、森林防火、防汛抗旱等工作，没有集体越级上访和群体性事件发生，未发生重特大安全生产事故。

【红树林退养还湿】 2021年，东厦镇全力攻坚红树林“退养还湿”工作，落实市委市政府、县委县政府相关工作要求和部署。2018年至2021年共完成退养9073.12亩，完成总任务的107.6%。其中2018年完成退养还湿220.21亩，2019年完成退养还湿816.95亩，2020年完成退养还湿3919.26亩，2021年完成退养还湿4116.7亩，已完成全部养殖池退养。漳江口保护区生态环境持续改善提升，迎来近万候鸟越冬，中华白海豚连续三年现身漳江口。

【污染防治】 2021年，东厦镇开展人居环境整治，对标对表“五美”要求，在省级乡村振兴试点村——荷东村、佳洲村，共计41户获评省、市、县级“美丽庭院”示范户。深入落实河湖长制，完成蔗港溪万里生态水系建设，持续开展牛蛙养殖整治、畜禽养殖污染防治、农药减量增效等工作，有力保护漳江流域水生态，有效治理农村黑臭水体。顺利推进污水PPP项目，21个处理站已全部竣工并试运营。

【乡村振兴】 2021年，东厦镇以荷东村、佳洲村两个省级试点村为示范，2021年投入400余万元，高质量打造乡村振兴样板村，稳妥有序推进项目实施，完成荷东等片区高标准农田建设，村内宜绿则绿、宜用则用，积极培育良好家风、淳朴民风，加速推动“串点连线成片”，打造“富民强村、景美人和”的乡村振兴新名片。

【特色农副产品】 截至 2021 年底，东厦镇辖区地理标志商标已达 9 个，分别为佳洲岛贴沙鱼、漳江口跳跳鱼、东厦锯缘青蟹、漳江口大蚝、东厦文蛤、竹塔泥蚶、东厦缢蛏、漳江口竹蛏、云霄雍菜。

（方嘉慧）

火田镇

【概况】 火田镇地处云霄县北部，辖 21 个行政村和 1 个社区，98 个自然村，人口 6.2 万人，镇域面积 196 平方公里。火田镇是漳州郡治的发祥地，被誉为“开漳古镇”，是云霄县唯一省级历史文化名镇。该镇有丰富的温泉资源，有 467 公顷古茶树群落和 33 公顷生态茶园；有 8 枚国家地理商标，数量位列全县第一。

【工业经济】 2021 年，火田镇实现地区规模工业总产值 12.85 亿元，规模工业增加值 5.37 亿元，限额以上社会消费品零售总额 1.12 亿元，固定资产投资 8.87 亿元。全镇有 12 个县级以上重点项目，其中市级以上重点项目 3 个，计划投资总额 23.93 亿元，年度计划投资总额 3.95 亿元，全年完成投资 4.75 亿元，完成年度计划的 120%，开工项目 7 个，竣工（投产）项目 8 个，竣工率 100%。

【项目建设】 2021 年，火田镇征迁面积完成 151.05 公顷，其中完成抽水蓄能前期开工子项目 30.87 公顷征迁任务，“两路两洞”顺利施工，上、下库路竣工，加快高田乌珩自然村易地搬迁（安置 57 户 181 人），为投资百亿抽蓄项目落地建设打下坚实基础；完成滨北新区 120.19 公顷征迁，其中县医院整体迁建项目门诊医技楼封顶并转入室内砖墙施工，32 号储备地块完成净地出让，原高登一期地块进入扫尾阶段，完成砍青 13 公顷，滨北路项目区完成扫青 12.17 公顷，东车段全线贯通，保障气象局、长照康养等重点项目落地，打通县城以北新的交通动脉，推动产城融合。婧阳增资扩产项目、臣露农产品深加工项目等 8 个县重点项目提前竣工投产；高地利制罐项目进入试投产阶段；风竹水库道路改线工程建成通车。

2021 年 10 月，福建（云霄）农商博览城项目由福建省中吉禾农产品批发市场有限公司投资建设。完成投资 7920 万元，占地 5.95 公顷，总建筑面积约 11.7 万平方米，成为漳州市内大型综合性专业农商交易基地。

【招商引资】 2021 年，火田镇签约项目 5 个，分别是漳州市臻豪利烘焙有限公司、汕头市农塑塑料制品有限公司、揭阳市揭东银马五金制品有限公司、丰特食品（福建）有限公司、云霄恒爱医院有限公司，总投资 10.1 亿元；在云霄县民营企业发展大会上，签约汕头市农塑塑料制品有限公司、揭阳市揭东银马五金制品有限公司，总投资 4 亿元；提高资产利用率，盘活镇区旧粮站、旧税务所等 1.3 万平方米老旧资产及闲置厂房 3.65 万平方米，开辟企业落地投资新热土，5 家企业拎包入住；火田镇商会共 142 名会员，商会协助引入 6 家公司，其中两家被列入限上企业储备库。

【乡村振兴】 2021 年，火田镇有 2 个省级乡村振兴示范点（白石、高田）、1 个市级乡村振兴示范点（瑞堂）及 4 个县级乡村振兴示范点（瓦坑、岳坑、西林、火田）。投入 716 万元，推进白石、高田等 10 个乡村振兴示范建设项目；完成 4 个村村庄规划编制；修缮云霄县首批党支部遗址白石村交椅楼，建设白石党建公园，禧山旧村改造项目完成设计、概算和赔补差额收取等前期工作；开展后浦—水头高标准农田建设，完成总投资 27 万元的岳坑村县级土地开发项目，完成溪口、岳坑、圆峰等 3 个项目 6.47 亩土地开发立项，有效增加耕地后备资源；完成莆中段、高田段、火田段万里生态水系工程、漳江西溪安全生态水系工程建设和中小河流域佳园段治理工程，河道水质稳步提升。

全镇有“火田大茂山茶”“火田菠萝”“火田青枣”“火田金樱酒”“火田金柑”“火田生姜”“西林龙眼”“岳坑大蒜”等 8 枚地理级商标。该镇有丰富的温泉资源，有 467 公顷古茶树群落和 33 公顷生态茶园。火田镇依托温泉、山水资源和开漳文化，借助白石古茶树观光园和抽水蓄能电站建设，主打白石乡村生态游、温泉养生游、开漳文化游和核蓄观光游 4 条旅游路线，打造集开漳文化观光、温泉养生度假、乡村农家体验、库区科普教育等功能于一体的旅游胜地。

【人居环境】 2021 年，火田镇投资 740 万元，专项整治溪口村 204 栋、6 万多平方米的裸房，提升裸房整治示范村建设。新增农村公厕 3 座，全镇有公厕 47 座，实现每万人口 3 座以上公厕；新建道路 15 公里、路灯 8.3 公里。火田镇推进“百路千村”，整治“四清四化”（清铁皮、清危房、清围占圈地、清违规广告，路面净化、路边美化、夜间亮化、沿线绿化）74 宗；完成 8845 间房屋安全隐患排查及 100 户困难群众住房安全鉴定；推进农村生活污水处理设施及配套管网建设，全镇需建设污水处理场站 41 个，完成场站 37 个；全镇垃圾处理实现社会化运营；投资 300 万元，分别针对溪口温泉处沉淀池及排洪沟、菜埔村沉淀池，无害处理后资源化利用；重点整治非法采砂采石和牛蛙、禽畜养殖，实现牛蛙“零养殖”，保护好火田溪、漳江西溪水源地。

【文明创建】 2021 年，火田镇成功申报“省级文明乡镇”。整合旧漳州府、古楼驿、五通庙、菜埔堡、溪口厝、戴郡马亭、四角楼、高田葛布山陈元光原养处等文物古迹，挖掘陈元光、戴君胄、张士良、蔡思充、张佑治等历史人物故事，打造“西林—菜埔—溪口—火田—高田—白石”开漳文化长廊，弘扬“艰苦创业、团结包容、继往开来”的开漳精神；修缮白石村云霄县首批党支部遗址交椅楼，建设白石党建公园和革命纪念馆，打造党史教育基地；完成高田村家风家训馆建设，22 个村（社区）实现村文化综合服务中心全覆盖；对 627 处历史建筑建立档案，对 20 多处历史建筑和革命遗迹保护和设计；依托镇、村综合文化服务中心，建设新时代文明实践所 1 处和实践站 22 处。

【社会事业】 2021 年，火田镇办理低保 119 户 209 人、五保户 33 户 33 人，发放种养补助 3 批 75 万元，发放健康教育扶贫补助 15.95 万元，帮助 37 名中职、高职教育学生申报“雨露计划”补助。完成 3 间困难户对象危房改造工程；持续落实“两不愁三保障”和饮水安全，贫困村村财收入均达 10 万元以上；完成水头、大坑、新园 3 个村的幸福院建设，改建火田村幸福院，补齐民生短板。完成 19480 户住房安全评定，1128 户困难户住房安全鉴定；开展民生项目竞赛，73 个项目参赛，投资达 3288 万元。圆峰祥云桥主体工程竣工，实现全镇行政村公共照明设施全覆盖；推进“思亲堂”骨灰楼堂项目建设，发现并消除交通隐患 44 处，辖区内无较大安全生产事故发生。重拳打击涉假涉诈犯罪，帮助信息网络犯罪立案 73 起，镇辖区实现烟机“零查获”；整治卫片图斑 484 宗。

【疫情防控】 2021 年，火田镇隔离点启用 5 次，接收越南等地隔离人员 112 人次，完成疫苗接种 81448 剂次；组建 25 支防疫党员突击队、先锋队、服务队，齐心协力共同战“疫”，深度摸排 13988 户 5.9 万人次，设置 25 个核酸检测采检点，28 个采样工作台；有序推进重点人群第三针加强免疫接种工作及 3—11 岁人群疫苗接种工作，其中 3—11 岁人群疫苗接种工作，火田卫生院应种人数 3737 人，已完成 3765 人；昼夜坚守，严把全镇 62 个入村检测点和 2 个入城卡口；移动网络平台发布疫情防控短信 21887 条，粘贴宣传公告 1000 多张，悬挂宣传横幅 400 条，确保疫情防控信息及时传播到群众中。

【特色农副产品】 2021 年，火田镇高田菠萝、水头青枣、菜埔韭菜、溪口生姜、竹笋、白石大茂山茶、金柑、金樱酒、长寿粿、岳坑大蒜等知名特色农副产品走俏市场，推动火田农旅产业层次提升；引进信茂兰花、厦云花卉、浩丰蔬菜、仟生生物等农业企业，培育一批精品农副产品和知名品牌。

“火田大茂山茶”种植面积有 500 多亩，形成生产、加工、运输、销售为一体的综合体系，形成卖场、加盟店、直营店、茶艺馆等多元经销模式，年产量 14 万千克。“火田生姜”产于火田镇溪口村金钩自然村及周边地区，种植规模 150 多亩，年产量 1 万多千克。“火田青枣”从台资农业企业引进青枣栽培技术以及高优农业技术和管理经验，大力推进青枣种植基地建设，形成以水头村为核心的产、供、销一体化产业链，全年青枣种植面积 8000 多亩，年产量 26880 吨，年产值达 2.5 亿元，从事青枣生产经营主体有10多家。

“火田菠萝”以高田村黄竹排自然村为主产区，全年种植面积2400多亩，每亩产量2500千克以上，年产值约4200万元。

“火田金柑”全年种植面积300余亩，每亩产量4000千克以上，年产值250万元。“西林龙眼”西林村全年种植龙眼约100亩，每亩年效益1800元。“岳坑大蒜”产于火田镇岳坑村“楼仔”“岩仔”2个自然村，岳坑村全年种植大蒜5.6亩，年产值5万元。

（谢镇城、刘艳丹）

陈岱镇

【概况】 陈岱镇是云霄县的南大门，东与东山县一水相隔，南临诏安县，西与常山经济开发区交界，北与列屿镇接壤。距沈海高速八尺门站3公里，距云霄动车站12公里，国道324线、357线交织而过，交通顺畅便捷。全镇总面积68.1平方公里，海岸线长21.5公里，管辖18个行政村，人口4万余人，是集工业、农业、商贸、旅游经济产业发展于一体的滨海城镇。

【疫情防控】 2021年，陈岱镇全面贯彻“坚定信心、同舟共济、科学防治、精准施策”的总要求，落实联防联控机制，构筑群防群治防线，死守“内防输出、外防输入”关口，建立战时组织指挥体系，强化疫情防控组织保障，设立6个工作专班，加强人员信息排查，做好人员管控，疫情防控体系不断健全；按既定时间节点，持续加快推进全民疫苗接种工作，免疫屏障更加牢固；完善陈岱镇临时集中隔离点设置，配套12间隔离房、污水处理池、医疗废物暂存点等设施；组织开展岱北村全员核酸检测实战演练，共采检2850个样本，全员核酸检测能力得到提升。

【工业经济】 2021年，陈岱镇全年实现一般公共预算总收入4619万元，地方一般公共预算收入2616万元，工业税收3485万元，限额以上社会消费品零售总额1534万元，规模工业总产值24.4亿元，固定资产投资2.18亿元，工业投资1.76亿元，技改投资0.33亿元，外贸出口1570万元人民币。11个市县重点项目完成投资7.76亿元，实现开工项目7个、竣工项目4个。试投产项目3个；新增入库项目9个，计划投资额31.6亿元。招商引资工作卓有成效。成功签约引进项目4个，总投资10亿元，完成工商注册项目3个。

【农业经济】 2021年，陈岱镇大力培植农业龙头企业，形成以龙头企业为引领、农民专业合作社为支撑的现代农业发展新格局。发展空心菜、鲍鱼、河豚等特色优势农产品，打造现代特色农业品牌，成功注册“礁美海瓜子”“陈岱东方鲀”“陈岱长寿菜”地理商标3枚。推进高标准农田、农田水利基础设施建设，加快传统产业转型升级，鼓励试验示范推广新技术，指导培育特色农业，以发展芭乐、龙眼、长寿菜、鲍鱼苗、东方鲀等农渔业产业为重点，形成“一村一品”。大力发展生态养殖业，依托海洋资源优势和八尺门打通的历史契机，用好21.5公里海岸线，培育以礁美、岱山、白礁等11个沿海村海产品养殖，力求从小而散向产业化、品牌化、园区化转型，加快对接省海洋渔业厅，规划设计礁美78家鲍鱼苗养殖场升级为鲍鱼苗养殖园区，打造乡村振兴示范点。

【旅游经济】 2021年，陈岱镇紧紧围绕“建设宜居宜业宜创宜游滨海小城镇”目标，将生态旅游与经济建设齐抓共管，充分发挥陈岱生态资源优势，结合海产品发展，探索“海鲜+温泉”发展模式，邀请旅游专家进驻调研谋划，挖掘并打造生态休闲温泉旅游路线，招引文化底蕴产业、沿海小餐饮、游艇、儿童游乐园等项目，激活内生动力，充实旅游配套设施、项目、功能，不断积攒人气，更好发挥“玉岱金汤”旅游资源优势。金汤湾海水温泉度假酒店作为五星级旅游饭店，年接待国内外游客70万人次，金汤湾2009年9月开业，2011年12月获评国家AAAA级旅游景区，2013年12月获评国家五星级旅游饭店，2020年入选“清新福建·气候福地”首批滨海休闲度假福地。

【区域规划】 2021年，陈岱镇立足实际，明确发展定位，围绕建设宜居宜业宜创宜游的滨海小城镇目标，完成《陈岱镇总体规划修编

（2018—2035）》编制，根据整体规划，分步实施的开发思路，启动市场综合体、市民广场及食品加工和冷链物流区开发建设。重点抓好集镇优化提升，向北加快推进岱北安置房、新农贸市场、商业广场、兴陈路、工业四路、污水处理厂等重点项目建设；向南盘活岱东、岱南可建设用地，用于房地产项目、休闲旅游等综合性开发；完成聚星楼、陈岱宗祠的修缮工程；加快旧镇区聚星路、竹港路白改黑和管线下地改造。多方争取项目和筹措资金，实施村道路面拓宽、水毁修复、道路硬化，抓好乡村道路安保工程和四好农村路建设。

【环境整治】 2021年，陈岱镇加强企业监管，强化对竹港溪区域内21家（包括常山）工业企业的监管，推进企业排污许可制落实，推行清洁生产，统一要求区域内企业污水全部纳入常山污水厂处理，从源头降低废水排放和加大私排查处力度。强化生活污水治理，完善生活污水配套管网建设，将竹港村周边各村农村生活污水处理设施改造提升、管网铺设和运行管护整体打捆打包进行市场化运营管理，切实提高生活污水治理水平。推动养殖清退，全镇涉及7个村共3095.18亩，其中有证养殖361.5亩，无证有合同1259.1亩，无证无合同1474.58亩。强化牛蛙整治，各村严格落实属地管理责任，组织人员对辖区内的牛蛙养殖进行全面排查，各有关部门、驻村工作队加强配合、联动执法，对未自行退养整改的牛蛙养殖户采取强制拆除措施，进行去功能化处理。2021年，共去功能化18户，拆除面积18.5亩，整治率达100%。

【社会事业】 2021年，陈岱镇结合“再学习、再调研、再落实”活动，紧紧围绕“我为群众办实事”实践活动要求，全力推动解决一批群众急难愁盼问题，提交上报15个“我为群众办实事”项目，已完成镇区违章搭盖整治、殡仪服务集中出殡点、中小学生安全饮水、敬老院建设等12个项目。持续开展“我们的节日”主题活动，端午节组织开展“永远跟党走，端午情谊浓”主题活动，重阳节开展“情浓重阳，礼敬老人”主题活动，走访慰问316名老人，慰问金额合计69200元。开展重点检测对象、低保户、老年人入户走访签约及免费健康体检、健康教育及政策宣传工作。心系国防建设，高度重视武装工作，完成上级下达征兵任务。建立健全退役军人信息台账，严格落实各项优抚政策，切实维护军人军属合法权益。完善信访工作，通过信访评理制度，镇村共开展信访评理26次，化解信访矛盾纠纷26起，调解了1起初信初访事项并签订息访息诉协议书。

【脱贫攻坚成果巩固】 2021年，陈岱镇建档立卡脱贫户239户675人，其中脱贫不稳定11户42人，受疫情影响7户23人。落实一键报贫3户，帮助1户困难户落实临时救助、1户申请低保补助，累计协助办理小额信贷6户，对已脱贫家庭中正在接受全日制中、高等职业教育（含中专和技校）的子女给予资金补助，发放雨露计划补助资金4.8万元16人、产业帮扶资金29.4万元。2021年，县级脱贫村大山顶村、峰外村集体经营性收入均不低于5万元，其中大山顶村2021年集体经营性收入12万元、峰外村2021年集体经营性收入75万元，镇贫困户家庭人均纯收入达到18366元，较上年增长16.5%，脱贫攻坚成效持续巩固。

【基层治理】 2021年，陈岱镇高度重视抓基层党建工作，紧紧围绕县委党建工作重心，扎实推进镇村经济发展、社会稳定。履行党建工作职责，扎实开展组织生活。召开党建工作专题会4次，讲党课、研讨26次，有效提升党员干部的理论素养，投入50多万元，提升白礁、峰外、岱北的村级组织活动场所。抓好干部队伍建设，顺利完成村级换届。按照要求整顿转化软弱涣散党组织2个，坚持选人和选举程序“双严格”，一次性圆满完成村级组织换届工作，顺利实现6个100%目标，120名村“两委”的平均年龄、学历等指标均优于任务标准。推动工作质量提升，打造党建工作品牌。发挥全国文明村及红色领航示范点创建作用，以点带面推进乡村振兴工作。深化“串点连线成片”示范创建，以省级乡村振兴实绩突出村竹港村为中线，往南串联白礁村，培育发展花蛤育苗产业，往北串联礁美村，推进鲍鱼原种场产业园区建设，打造“产业振兴”的典型样板。

【特色农副产品】 2021年，陈岱镇发展礁美万亩巴非蛤养殖基地、白礁万亩泥蚶养殖区、曾江垦区河豚养殖基地、礁美鲍鱼苗养殖区等养殖地，盛产海瓜子、泥蚶、花蛤、巴非蛤、河豚、对虾、螃蟹、石斑鱼、美国红鱼等海产品，其中东方鲀、白对虾、巴非蛤、鲍鱼、石斑鱼等名贵水产品养殖享有一定的知名度，礁美的巴非蛤远销国内外市场；种植农业方面，农业园区发展态势良好，努力打造峰外柳叶白梗空心菜（俗称云霄蕹菜）、岱北金针菇、圣女果等农业知名品牌。陈岱镇巴菲蛤养殖主要集中养殖在礁美村，2021 年辖区养殖基地 1000 公顷。

（汤松才）

列屿镇

【概况】　云霄县列屿镇位于福建省云霄县东南部沿海，总面积 96 平方公里，其中陆地面积 47 平方公里，海域面积 49 平方公里，处于东山湾底，海岸线逶迤绵长 18.0 公里，与漳浦县古雷半岛、东山县铜陵镇隔海相望，一衣带水，是少有的避风良港，素有“沧海桑田、鱼米之乡”的美称。全镇下辖 12 个行政村，总人口 26063 人，户数 5739 户，拥有 1 所中学、2 所完小、1 所公办幼儿园、1 所卫生院、1 家自来水公司。2021 年，列屿镇公共财政总收入 8000 万元，增长 29.63%；地方级财政收入 4600 万元，增长 37.43%；农民人均可支配收入 19328 元，增长 7.7%。

【工业经济】　2021 年，列屿镇政府坚持贯彻“突出工业、突破工业”部署，深入开展“五个一批”和“六比一看”竞赛活动，推进核电等重大项目建设。2021 年度实现规模工业总产值 11.2 亿元；工业税收 6500 万元，税收总量全县第一；新增固投入库 12 个项目，总入库数全县第一。

【农业经济】　2021 年，列屿镇政府农业总产值可达 10.95 亿元，比上年增长 6.5%；农民人均可支配收入 19328 元，年均增长 7.7%。油车村、人家村、宅后村、青径村 4 个村种植大户申请产能区经营主体水稻种植和“五新”（新品种、新技术、新肥料、新农药、新机具）技术推广补贴，种植面积均达到 30 亩以上。农业产业布局基本形成，优势特色产业日趋显现。以山前村、油车村、人家村、青径村为主的大棚蔬菜种植区，以山前村为主的水产养殖区，以山前村、域外村、人家村为主的巴非蛤、牡蛎养殖区，以青径村为主的紫菜生产加工区，以半山村为主的农业观光园区等。优质特色农产品生产正向规模化、区域化、标准化方向发展，基本形成一批优势特色产业，紫菜、巴非蛤等产品远销国内外。

【项目建设】　2021 年，列屿镇政府谋划县级重点项目 17 个，总投资 44.41 亿元，年度计划投资 4.39 亿元，全年计划 8 个新开工项目已全部开工建设，9 个计划投产项目已全部竣工投用，实现开竣工百分百，完成年度投资计划率 105%。新招商签约“好益生健康科技项目”“华仁祥中央厨房项目”“方舟建筑工程机械项目”等 3 个项目，计划总投资 12.7 亿元。食品加工生产、嘉铭矿业云霄石顺山矿区建筑用花岗岩（机制砂用）、达长盛生产建筑用花岗岩机制砂、云晟外贸综合服务、鹏砂建材生产、融发冷链仓储物流等 6 个重点在谈项目有序接洽推进。

【基础设施建设】　2021 年，完成沿海大通道列屿段建设，完成亮化疏港公路及沿海大通道列屿段；建设海防执勤路、山前海防路、南山和山前机耕路等重要镇区道路；完成镇区自来水管网铺设工程，解决群众长期以来饮水难问题；启动污水处理厂、梅山片污水管网铺设、列屿片高标准农田配套等重点工程，完成五谷王、林坪、葫芦岭、黄长岭等水库除险加固，为农业发展提供坚实基础，让群众共享更多发展成果。

【社会事业】　2021 年，列屿镇建成梅山幼儿园、紫阳幼儿园，完善中小学校园建设、增设教学设备、改善师生住宿条件。建成一村一个公办卫生所，有效提高辖区医疗水平。实现列屿镇 12 个村幸福院覆盖率 100%。建成祖训家风馆、“社会主义核心价值观主题公园”、剑石岩书画写生基地，修缮“朱子讲堂”，实现村级综合文化服务中心全覆盖。全部贫困户均在 2018 年实现脱贫摘帽，两个县级扶贫开发重点村——山前村、南山村成功实现脱贫摘帽。连续五年新农保参保达到 90% 以上、新农合参保达 95% 以上。

【特色农副产品】 2021 年，列屿镇政府以创建“列屿巴非蛤”“列屿青鱼”“列屿青脚蟹”“列屿石斑鱼”等国家地标商标为依托，做大做强巴非蛤、吊蚵、远洋捕捞等主导品牌产业，人家、山前、城外等养殖大户积极到外地探索养殖巴非蛤等海产品，推动列屿海洋渔业特色化、产业化、规模化，不断探索新产品，引进新技术，如陈跃辉大规模引进养殖金刚虾、汤永元工厂化养殖鲍鱼苗均已初见成效；重视发展现代农业，成功引进漳州绿野、牧贸精品养殖等现代养殖业；积极培育新型农业经营主体，以山前村“金吉盛”果蔬专业合作社、人家村“金绿园”果蔬专业合作社为龙头带动，扶持农民发展设施农业和休闲观光农业，扩宽农民增收渠道。

【乡村旅游景点开发】 2021 年，列屿镇政府继续推进旅游建设，开发灵鹫寺剑石岩风景区。剑石岩风景区包括灵鹫寺、商朝贝丘遗址、唐代紫阳书院和剑石岩保护区，规划面积 4000 亩，规划建设项目包括藏经阁、灯塔、莲花池、水上娱乐、度假村、野营设施等。

【核电配套】 围绕核电上下游配套做文章，在沿疏港公路两侧规划 3000 亩土地作为核电产业配套园区，聚焦核电关联项目，形成综合产业链条，为核电周边产业发展留足空间；将在山前村规划建设 800 亩商住区，建设“核电广场”，打造核电商贸服务区，高标准配套“银行一条街”“海鲜美食一条街”，集中解决核电参建人员及家属的“吃住行、游购娱”活动需求；大力推进核电主题观光，进一步整合提升灵鹫寺、剑石岩景区，争取把核电安全警示教育基地、核电科普基地融入“核电广场”的主题要素进行开发建设，做大做实“核电三产”，增加群众收入。

下河乡

【概况】 2021 年，下河乡完成规模以上工业总产值 5.49 亿元，完成固定资产投资 5.95 亿元，地方财政收入 2085 万元。下河乡荣获全省脱贫攻坚先进集体，“六比”竞赛全县第二。

【工业经济】 2021 年，下河乡坚持“突出工业、突破工业”，深入开展“产业发展项目建设年”活动和“六比一看”竞赛，“六比”竞赛排名全县第二。全年新增规模工业企业 1 家（为乐电气）；新增资质等级建筑企业 1 家（福建盈新建设发展有限公司）；新引办湘榆光电、弘桥智谷电商产业园、华鸿新能源、福营新材料制造等 4 个项目，计划总投资 6 亿元。华锐、奥克兰等骨干企业保持良好态势，7 家规模工业企业完成产值 5.49 亿元，完成工业税收 918.86 万元。向东渠精神教育实践基地、县委党校、新坡简易垃圾填埋场等 13 个在库项目全年贡献固投 5.95 亿元。

【乡村振兴】 2021 年，下河乡突出抓好上河、下河 2 个省级乡村振兴示范村和省级乡村振兴实绩突出村坡兜村建设，加快下河杨桃岛 3A 级景区、坡兜少数民族特色村寨创建工作。坡兜村按照“畲村特色、生态理念、旅游标准、示范带动”的要求，推进“一寨五园”建设。下河村被评为 2021 年全国特色产业亿元村，坡兜村成功举办全县乡村振兴现场会，被评为漳州市实施乡村振兴战略先进集体。实施下河杨桃岛游客服务中心提升改造、上河古渡口休闲旅游配套、坡兜村南塘里机耕路硬化等项目 13 个。推进 9 个村“多规合一”村庄规划编制。

【特色农业】 下河物产丰富，素有“水果之乡”的美誉，其中杨桃、蜜柚、金枣被称为“下河三宝”。“下河杨桃”获国家地理标志认证，成为厦门金砖会晤指定水果，摘得中华品牌商标博览会金奖，被列入“全国名特优新农产品”名录。截至 2021 年底，全乡杨桃种植面积达到 1.35 万亩，采摘面积超过 8000 亩，年产量 4 万多吨，产值上亿元。“下河金枣”历史悠久，皮薄肉嫩，色香味俱佳，主要产区在下河乡外龙村。“下河蜜柚”曾于 1958 年参展北京，被列为名优果品，1983 年省科委举办柚类展览会名列全省第二，1989 年参加全国农产品展览会，被农业部评为全国优质农产品。其果实重为 2—4 千克，瓣囊大，砂囊肥，肉嫩汁多味清甜，多为无核。下河村尚留有多株百年蜜柚老树。

2021 年，下河乡依托下河万亩杨桃基地，进一步创新生产、加工、经营模式，不断延长产业链，推进杨桃深加工，提升产品附加值。其中，盈漳、和丰、富达等农民专业合作社与嘉利王、金冬冬等多家本土食品加工企业合作，生产风干杨桃、冻干杨桃、杨桃罐头、果饯、饮料等杨桃系列产品，投放市场后获得好评，年销售额达 1000 多万元。

【项目建设】 2021 年，下河乡积极融入县城开发建设，做热滨北新区西溪片区。宏茂城市花园商品房 864 套，全部竣工交房；弘桥云锦里一期开盘，295 套商品房全部售罄。向东渠精神教育实践基地全面落成，“西湖公园”成为新的网红打卡点；县委党校、第二自来水厂、县种子管理站、县档案馆、足球训练基地以及锦泰、渠诺、中农批项目有序推进中。顺利完成向东渠精神教育实践基地征迁扫尾，有序铺开原东林电子东侧、档案馆北面两条道路征迁工作。协助完成土地成片开发 73.6 亩，处置批而未供土地 23.43 亩。

【社会事业】 2021 年，下河乡投入 1085 万元实施车圩溪安全生态水系项目。加强农村饮水安全建设，外龙水厂顺利投用，解决周边 3 个村 5200 名群众安全饮水问题。投入 26 万元实施西溪新坡至上窖段一级饮水源保护隔离工程；投入 35 万元实施仙石、曲溪、梅林农村饮水工程维修养护工程。新建、改建农村公路 4.8 公里。投入 180 万元新建下河第二幼儿园，新增学前教育学位 90 个。开展低保漏保漏救专项整治，新办理低保、特困户 159 户 258 人，向低保户、特困户发放补贴 680.3 万元，发放临时救助 16 万元。排查化解矛盾纠纷 279 起，化解率 100%；全面开展安全生产集中整治，全乡保持安定稳定，群众获得感、幸福感、安全感有效增强。

【基层治理】 2021 年，下河乡深入开展党史学习教育和“再学习、再调研、再落实”活动，学习弘扬向东渠精神，上下同心，争先创优。坚定不移推进从严治党，认真贯彻中央八项规定及其实施细则，严格执行“三重一大”决策制度，自觉接受人大的法律监督和政协的民主监督，主动接受舆论监督，人大议案建议和政协提案办复率 100%。深化基层自治，实现“六个 100%”工作目标。在图斑整治、人居环境整治、砂石整治中“赛马”“相马”，从未担任过村主干的“两委”中择优 6 人担任“一肩挑”，从年龄较大、有经验、敢担当、善作为的老主干中留任一批，50 周岁以上村书记 7 个，以实绩论英雄，不搞“一刀切”，24 个村主干老中青搭配，村级组织战斗力进一步提升。实施“村部建设提升工程”，投入 138 万元新建、改建内龙、龙透、曲溪村级组织活动场所。将土地开发复垦作为村财增收的重要途径，新坡等 7 个村完成村集体经营性经济收入超过 343 万元。

【乡村旅游景点开发】 下河村以盛产优质杨桃远近闻名，万亩杨桃成为村民脱贫致富的支柱产业，下河杨桃荣获全国地标金奖，下河村成为全国“一村一品”示范村、全国乡村特色产业亿元村、福建省美丽休闲乡村、福建省乡村旅游村；七高礤村有着得天独厚的自然景观和红色文化资源，这里有飞流而下的云海瀑布、有革命战争时期云和诏县委机关旧址，从七高礤村西边的大山上奔流而下的溪水形成了七个大小不等的瀑布群，七高礤村得名与此，大崇大草山屹立在七高礤村的西边，海拔 986 米，是云霄县下河乡最高的一座山。坡兜畲族村位于云霄县西北部，距离县城 15 公里，是云霄县唯一的少数民族村，以坡兜畲村交椅楼、钟氏祖祠、崇耀府、宗耀堂和茶马古道为核心的一鉴钟情园，畲族风情浓郁，融古民居、古陶瓷生产线、古庙古祠古道于一体，显示出畲族传统文化的古貌和耕读世家的风尚，是一处以结合党建文化为主题和具有钟馗文化特色的畲族文化园；车圩村手擀水面筋道入味，成为下河乡特色美食基地；内龙村陶淑楼、车圩村燕翼楼、后山村槑裎楼等土楼星罗棋布。

（陈可姗、何明凤、吴镇斌、张汉宝）

马铺乡

【概况】 马铺乡辖区面积约 161 平方公里，其中山地面积 13200 公顷，耕地面积 1233.3 公顷，林业面积 11733.3 公顷。下辖 28 个行政村、237个自然村，总人口44300人，常住人口约2.4万人。2021年，全乡实现规模工业总产值6.09亿元；农业总产值7.29亿元，同比增长13.59%，农民人均可支配收入21665元，同比增长11.57%；一般公共财政总收入2078万元，地方级财政收入1148万元。

【工业经济】 2021年，马铺乡在全乡36家工业企业的基础上，新引办1家投资10亿元的福建艾丽鑫智能科技有限公司，规模以上工业企业达到7家，实现规模工业总产值6.09亿元，规模工业增加值1.94亿元，固定资产投资4.47亿元，社会消费品零售总额1213万元，外贸进出口3945万元。

【农业经济】 2021年，马铺乡农业经济生产总值72928.251万元，同比增长13.59%；农民人均可支配收入21665元，同比增长11.57%。大力发展农业特色产业，充分发挥龙镜村“镜花缘”、客寮村“淮山产业园”示范引领作用，做新马铺淮山、脐橙、茶叶等老品牌产业，做精树葡萄、天香葡萄、红美人新进高优水果产业，做真名贵花木、优质生态养殖等特色产业。投资1010万元建设枧河、客寮、上洋和新楼、桥头两个高标准农田建设项目，夯实农业发展基础。

【项目建设】 2021年，马铺乡县级以上12个重点项目（5个工业项目，2个交通项目，1个服务业项目，1个能源项目，3个社会事业项目），全年完成投资6.33亿元，完成年度计划的125.22%；全力保障项目建设提速提效，2个省级重点项目，其中闽粤联网工程已投资2.99亿元，完成四通一平和基地建设，正在进行主体装备安装。4个市级重点项目按序时进度推进，其中2个已竣工：农拓中草药养生园，已完成投资3000万元，完成游客接待中心、餐厅、住宿和园区配套道路建设，以及800亩中草药种植基地；淮山观光产业园如期完成任务目标，已完成投产。

【农民合作社】 马铺乡共成立各类农民专业合作社68家，家庭农场129家。其中，客寮矾山果蔬专业合作社被评为国家级示范合作社，马铺库区花木专业合作社、富硒家庭农场、华丽家庭农场被评为省级示范合作社、家庭农场，高山湖家庭农场、大栋后果品家庭农场被评为市级家庭农场，“何氏农业”被认定为省级著名商标。矾山果蔬专业合作社所生产的淮山被福建省农业农村厅认定符合无公害农产品相关标准，获颁无公害农产品证书。

【特色农副产品】 马铺乡雨量充沛，水源充足，属南亚热带季风气候，年平均温度21℃，农产品种类繁多，具有优良的农业生产条件。依托“基地+合作社+农户”的发展模式，全乡28个行政村均实现“一村一品”。其中金竹柏、铁红鸡蛋花畅销省内外，淮山、枇杷、金枣、百香果、树葡萄等富硒产品深受广大养生消费者的欢迎。天香葡萄、“红美人”果冻橙、药材橙、湖洋甜茶等高优农业代表产品走俏市场。截至2021年底，马铺乡种植淮山面积3463亩，专业种植户达1500多户，产值近2443万元，主要分布在客寮、新楼、粗溪、枧河、磜头、杨美等6个村；种植花卉苗木4736亩，100亩以上的花卉苗木基地12个，50亩以上的花木经营大户25户，集中分布在库区杉脚、青美、大坪、坑口和龙镜等5个村，主要种植茶花、桂花、台湾花旗木、台湾铁红鸡蛋花、罗汉松、金竹柏等50多种品种，全年花卉销售总额近6000万元，户均增收2.5万元；种植金竹柏7万多株，面积达1200多亩，全年镜花缘金竹柏2万多株，面积300多亩，其中龙镜村投资近1400万元，建成了全省最大的金竹柏休闲观光基地。

【社会事业】 马铺乡建档立卡贫困户659户2423人，2021年所有结对帮扶的干部全部进村入户至少4次，帮助落实帮扶资金超122万元，明确帮扶项目15个。加强小额信贷发放管理，做好脱贫人口小额信贷政策宣传，对符合条件的脱贫户做到应贷尽贷，2020—2021年底累计协助办理小额信贷32户金额117.2万元。2017—2021年，危房改造累计竣工572户，安全住房率达到100%，有效消除危房存量，实现住房安全有保障。全乡低保户574户1038人、特困户158户158人，实现应保尽保。全年累计发放低保、五保、优抚对象补助资金209.70万元，全乡社会保障体制更加完善。通过金秋助学、雨露计划、善融电商助学及各村的助学基金等渠道筹措资金，累计资助全乡困难学生77人次。以民生项目为抓手，主动融入县域经济共同发展格局。全乡新修道路11.7公里，实现国道357线峰头村至马铺乡政府道路全线亮化。推进并完成验收34座农村生活污水站PPP项目建设，全面为马铺群众长期安居乐业强化项目保障。总投资1016万元建设乡级骨灰楼堂一期工程，已完成主体建设并做好二期规划，满足马铺及周边群众方便祭拜的需求，推进全乡殡葬改革。

【换届工作】 2021年，马铺乡村级组织换届共选出村“两委”187名（其中连任93名，新进94名），村党组织委员102名，村委会委员121名（交叉任职36名），村“一肩挑”主干28名，35周岁以下70名，女性委员46名。新一届村党组织书记平均年龄为45.18岁，大专以上学历17名，占60.71%；村女性正职2名，占7.14%；村“两委”成员平均年龄39.49岁，中专高中以上学历76.47%，满足县委下达目标要求，村“两委”班子成员的年龄、学历、性别等结构比例进一步优化，做到学历、年龄“一升一降”，顺利实现“六个100%”目标。制定《村主干绩效考评管理办法》，实行责任指标细化考核，激发村干部工作主动性和积极性，营造争先创优工作氛围。

【基层党建】 2021年，马铺乡深入挖掘坪水苏维埃革命精神和库区移民创业精神等多元党建文化精神内涵，勾画特色党建品牌发展思路。进一步提升“苏维埃之光谱新章”党建品牌影响，以获评福建省“中央红军村”、漳州市爱国主义教育基地为契机，完成坪水村纪念碑、烈士陵园美化工程及何两花故居修缮提升，推进坪水与火田镇白石道路建设，培养志愿讲解队伍，推动云霄县第一名女党员何两花的故事在省妇联微信平台进行宣传。丰富库区移民创业精神载体，串联“龙镜村展示厅—扶贫产业示范园—党建文化公园—镜花缘生态农庄”精品线路，全方位推进串点连线党建品牌的辐射带动作用，打造党建引领乡村振兴标杆村。坪水村作为县级唯一党史学习教育学习点，全年吸引各阶层人士到访学习参观52批次3845人次，辐射带动邻近的下庵、杨美、粗溪、大仑建设坪水红色主题公园。

【乡村旅游景点开发】

坪水乡苏维埃政府旧址 1933年4月，红三团政治部主任李克己带一个连深入平和、云霄交界处的何地一带开展革命活动，组织农会，宣传和发动群众，并于1934年8月，成立云霄县第一个红色政权，即坪水乡苏维埃政府。坪水乡苏维埃政府是云霄县唯一建立苏维埃政权和进行过土改的苏区，其光辉的历程已载入史册。总投资10万元的坪水乡苏维埃政府纪念碑坐落坐坪水村，于2009年11月落成，其建筑主体高3.4米，宽2.2米。坪水村前后投入158万元将坪水苏维埃政府旧址、红军陵园、红军树、苏维埃革命纪念碑、革命陈列室等教育观摩点紧密连接起来，形成完整开放的红色教育环形路线，成为党性外训班的必到之处，成为云霄县革命传统教育的新景点。

镜花缘生态农庄 镜花缘生态农庄坐落于龙镜村大坪头自然村，是一个集党建引领、生态观光、乡村振兴、休闲娱乐于一身的特色农业基地，先后被评为“福建省巾帼示范基地”“漳州市五四红旗团支部”“云霄县农业十大观园”“福建省水乡渔村休闲渔业示范基地”“福建省3020创建工程乡村振兴产业联系点”等。占地1200多亩，划分为铁红鸡蛋花创业区、名贵花木观赏区、生态旅游观光区、特色水果采摘区四大功能区。主要种植金竹柏、铁红鸡蛋花、天香葡萄、树葡萄、墨黑葡萄、无花果等特色花果农产品，深受消费者的青睐，远销全国各地，年创产值可达1200多万元。推进农旅融合，打造“镜花缘”主题文化，开发“十里桃花道”“凝翠谷”“杜云轩”等旅游景点，建设库区洼山美食体验馆，建成水上高尔夫、趣味滑草、临水栈道垂钓、休闲射箭等项目，一年可实现旅游收入150多万元，带动当地农民通过农产品和旅游服务增收50万元。

醉美宝石 马铺乡文化景观、旅游资源高度富集，闽南特色村居、土楼建筑群、云山居士林太师公讲学遗址、油菜花基地、森林文化公园、蝙蝠石公园、霞城古桥等人文景观星罗棋布。

（林森）

和平乡

【概况】 云霄县和平乡位于云霄县西北部，云霄、诏安、平和三县结合部，东凭将军山与莆美镇接壤，西隔乌山山脉与诏安县红星乡毗邻，南连常山华侨经济开发区，北接下河乡，县道“建火线”斜贯全境，下辖13个行政村和9个社区，共有75个自然村，7092户30009人。乡场总面积111平方公里，其中山地面积15.3万亩，耕地面积2.07万亩，属南亚热带季风气候，全年无霜期达310天，平均气温20℃，热量丰富，光照充足，干湿分明，雨量充沛；多为丘陵地带，宜林宜果，盛产枇杷、青枣、荔枝、龙眼等水果及茶叶，素有“枇杷之乡”美称，也是著名的茶乡。2021年，和平乡实现一般公共财政收入1425万元，增长30.85%；地方公共财政收入完成755万元，增长21.28%；外贸出口8561万元，增长59.61%；规模工业总产值5.5亿元；限额以上社会零售总额0.7亿元；实际利用外资1917万元。

【工业经济】 2021年，和平乡持续深化“五个一批”工作机制，深入开展“产业发展项目建设年”“六比一看”竞赛活动和“百名干部挂百企”活动，出台《和平乡2021年招商引资考评办法》，健全招商联动机制，践行“妈妈式”服务，全年累计新签约亿元项目2个，当年落地1个；新开工项目7个，年度计划投资4.15亿元，完成投资4.2亿元，完成率101.2%。坚持以项目建设作为稳增长的重要抓手，实行项目化、表单化、清单化、责任化管理，24个县级重点项目加速推进，宙斯运动器材增资扩产等18个项目开工建设，大亚电线电缆顺利复工复产。

【农业经济】 2021年，和平乡（场）农业总产值7.02亿元，农民人均可支配收入21773元。和平乡致力于发展富硒枇杷、茶叶、蔬菜三大支柱农业产业，以5家农业龙头企业为“龙头”，带动创办农业企业65家、合作社40家、家庭农场72家，拓宽销售渠道，促进农业增效、农民增收。做优枇杷产业，通过建立枇杷采摘园，创新发展枇杷林下种养殖、亲子采摘、枇杷认养等模式，促进产销对接。依托合作社在管理、技术、资金上的优势，引导村民参与生态农业标准化、规模化、专业化生产，深度开发枇杷花、枇杷膏、枇杷蜜、枇杷露等枇杷深加工系列产品，提升农产品附加值，增加农户经济收入。全乡共种植枇杷2万多亩，年产枇杷近1200万千克，产值可达1.4亿元。做强茶叶产业，引进名优茶叶种植，茶叶从品种到制作工艺都有了较大提升，“黄观音”在全国茶叶质量评比中获得诸多荣誉，提升和平茶叶的知名度和美誉度，让老茶乡飘出新茶香。全乡茶叶种植面积近8000亩，产值超亿元。做大富硒蔬菜产业，通过扶持现代农业企业发展，示范引领群众发展种植富硒蔬菜，规模不断扩大。坎顶云农农业、径仔绿佳果蔬农民合作社、桥头源和农民专业合作社、河溪正方果蔬等利用近1000亩土地发展规模设施农业，打造集生态农业、休闲观光、农事体验为一体的现代观光农业，产业效益不断扩大。

【项目建设】 2021年，和平乡重点项目26个，其中投入2400万元实施和平乡整乡推进全域振兴、楼树枇杷产业展示馆、泮坑茶叶示范园和内洞特色枇杷屋等项目，扎实推进全乡“串点连线成片”示范建设。实施乌山革命纪念馆修复及景区基础设施建设，桥头内洞上坂等村红军哨所、交通站、战役指挥部旧址、红色学堂等红色旅游景点修复均已完成。和平生态茶园文化旅游项目完成茶叶示范园建设，新开发茶园50亩，完善茶园配套基础设施；进行村庄绿化、美化、亮化；新建旅游观光道路5公里；进行旅游观光节点改造提升及旅游配套基础设施建设；完成“讲古茶院”及民宿建设。上坂富美乡村生态园建设项目完成上坂新村开发项目、农特品市场交易中心、旅游接待中心等建设，实施亮化、绿化、美化工程，完善公厕、道路硬化、污水处理站、环村道路、上关桥等基础设施。全年处置批而未供土地2宗14.6亩，完成土地开发205亩、高标准农田1200亩，新增耕地面积105亩，增加乡财收入900多万元。国营和平农场深入贯彻落实中央农垦改革精神，扎实推进清产核资工作，清理占用土地1074亩，收取土地承包款208.1万元。实施农村生活污水处理PPP工程，完成主管网50.43公里，入户管61.14公里，覆盖61个自然村生活污水，出水排放达一级 B 标准。

【社会事业】 2021 年，和平乡压实“四方”责任，全力阻击新冠肺炎疫情，全年累计排查来云霄返云霄人员 3 万余人次、常住人口疫苗接种率超 97%，构筑起疫情防控的坚固防线。全面落实民生工程，如期完成 9 项为民办实事项目。坚持教育优先发展，发放奖教助学金 11.46 万元，奖励优秀教师 42 人，优秀学子 29 人，新增幼儿园学位 10 个、中小学学位 40 个，全乡奖教助学氛围浓厚，教学质量逐年提高。着力医疗健康服务环境规范化提升，投入 1000 余万元实施和平卫生院、村级卫生所标准化建设，实现合格村医全覆盖。紧扣“红区、青茶、黄果、绿蔬、土楼、蓝天”发展方向，乡村规划编制有序推进，棪树、内洞、泮坑 3 个村已完成村庄规划编制，西安、后坪、宜谷径、径仔、安吉、上坂等 6 个村区已完成规划编制初稿，计划总投资 5.5 亿元的和平乡革命老区乡村振兴示范项目已按程序呈报国家发改委。举办“茶果飘香 打卡和平”第二届线上枇杷节暨和平乡文旅推介会，累计点击量超 60 万人次，全年接待游客超 50 万人次，实现旅游经济收入3000万元以上。扎实开展“两违”综合治理专项行动，整治“两违”6.9 万平方米、清理违法图斑 144 个，棪树村进入第二批全国乡村治理示范村镇名录。全面落实河（湖）长制工作要求，扎实开展农业面源污染和牛蛙养殖整治，关闭牛蛙养殖场 53 个，拆除 25 间猪舍、提升改造 3 家养猪场，坚决打赢污染防治攻坚战。

径仔村获评省级森林村庄称号。

【基层党建】 2021 年，和平乡选优配强“两委”班子，规范有序完成村级“两委”换届选举工作，严格按照“六个 100%”目标选举产生新一届村级“两委”干部 132 名。狠抓干部队伍建设，压实“两个责任”，充分运用监督执纪“四种形态”，坚持无禁区、全覆盖、零容忍，教育引导广大干部知敬畏、存戒惧、守底线。压实主体责任，坚持党管意识形态，把意识形态工作与中心工作同谋划、同安排、同部署。打造特色党建品牌，围绕“创特色、立品牌”，打造“党建 + 乡村振兴”示范带，投入 900 万元建设泮坑共享茶厂和内洞棪树廊桥景观工程，擦亮产业发展底色；以乌山红色革命根据地为依托，挖掘“党建 + 红色文化”新阵地，投入 400 多万元实施乌山革命纪念馆修缮工程、坪坑伏击战旧址修建工程，组织拍摄完成《口述乌山革命史》纪录片和红色微电影《乌山之夜》，扎实推动党建联创“红色主题 + 生态游”经济带建设，锻造和平特色红色文化品牌。

【特色农副产品】 和平乡属南亚热带季风气候，全年无霜期达 310 天，平均气温 20℃，热量丰富，光照充足，干湿分明，雨量充沛，且多为丘陵地带，宜林宜果。通过建设农业大观园、建立专业合作社等形式，和平乡枇杷、茶叶等产品驰名省内外，黄金百香果等农特产品品牌日渐形成，大斜红菇、七乡芋头等在云霄更是久负盛名。

枇杷 和平乡种植“早钟六号”枇杷 2 万多亩，是全县最大的早熟枇杷生产基地。开发枇杷花、枇杷膏、枇杷露、枇杷蜜饯等枇杷深加工产品，提升枇杷产业附加值，促进一、二、三产融合发展，规划每年新嫁种高优枇杷 500 亩。2020—2021 年连续举办两届线上枇杷文化节暨和平乡文旅推介会，提高“和平枇杷”的知名度。

茶叶 和平乡茶叶种植面积约 8000 亩，主要分布在泮坑作业区、茶山作业区、桥头村、棪树村。其中，泮坑茶叶种植面积约 2000 亩，种植的茶叶品种主要有黄观音、八仙茶、单枞水仙、毛蟹等；茶山作业区、桥头村、棪树村主要品种有野生苦茶、大红袍、白鸡冠、金观音、紫红袍、肉桂、本山、雀舌、黄旦、夜明香等 13 个品种。

百香果 百香果可生食或作蔬菜、饲料。果瓤多汁液，加入重碳酸钙和糖，可制成芳香可口的饮料，还可用来添加在其他饮料中以提高饮料的品质，素有“果汁之王”“摇钱树”等美称。和平乡境内河塘百香果核心示范区致力于打造集种植基地、旅游观光、生产加工销售等于一体的综合性休闲园区。百香果种植面积达 200 多亩，主要种植黄金百香果，亩产值达 1.2 万元。

红菇 大斜红菇生长面积 500 亩，每年夏秋两季采收，年产值 20 万元。

芋头 东方芋头是东方村特产，已成为和平乡蔬菜产业的主导特色品种。

【乡村旅游景点开发】 2021 年，和平乡以乌山红色之旅为载体，深度结合现代观光农业与乡村旅游，打响“和平之旅”生态旅游品牌。统筹资金3800万元，完善沿线村庄旅游基础设施，推进四个农业大观园建设，打造富有特色的乡村游品牌。和平乡获评“中国旅游产业影响力美丽乡村”，棪树村获评“中国美丽休闲乡村”。内洞、桥头等2个村被列为全国旅游扶贫重点村，内洞、桥头、棪树等3个村被评为福建省特色景观旅游名村。全年累计吸引游客超50万人次，旅游经济收入3000万元以上。

乌山红色旅游景区　位于云霄西部的和平乡境内，东接常山开发区，南临诏安县，山脉走向呈南北趋势，最高海拔1117米，自北而南，绵延百里，是闽粤边区重要的山脉，漳诏高速公路经云霄县城可达，距云霄城区约30公里，交通便捷。景区内奇岩怪石处处可见，大自然的鬼斧神工令人赞叹不已，又是一块富有革命光荣传统的“红色土地”，是原闽南地委机关所在地，被誉为“闽南的井冈山”。

棪树文创村　棪树村历史悠久，民俗文化底蕴丰富，有“上刀梯”“趟火海”“捞油锅”“坐刀轿”等民俗活动。村庄生态环境优越，属富硒产区，地形地貌为多山丘陵，植被覆盖率极高，大体上形成有山皆绿的山体植被状态；村庄则深藏在层层果林之间，枇杷文创形象生动。村庄有云霄“小布达拉宫”的美誉。

内洞乡村游　民居古朴，风景优美，旅游资源丰富。有吴彩楼、百年榕、成事岭、原始森林及山涧溪流瀑布等景观，先后被列入首批国家旅游扶贫试点村、福建省首批旅游扶贫工作重点村、福建省美丽乡村、福建省第二批特色景观旅游名村、漳州市县级富美乡村示范村等，是一个村小资源多发展潜力大的小山村。

安吉乡村游　拥有原安吉人民公社、割藤埔土楼等景观。割藤埔土楼按马蹄形状而建，也称马蹄楼，有200多年历史，该楼设计建设房间25间。

宜谷径树滋楼　建于清乾隆己酉年（1789年），至今已有230多年的历史，该楼占地面积2461.76平方米，分三层，每层28间，总共84间。其结构分为两大部分，屋顶为琉璃瓦结构，建筑雄伟壮观，且具有抗震、防火、防盗的功能，堪称土楼建筑史上一朵奇葩。

泮坑专业茶村生态园　地处和平农场泮坑作业区，园区计划投资3000万元。重点突出整村专业制茶，以及生态茶园观光旅游特色。大力发展集生态种植、休闲观光、手工制茶体验为一体的传统茶村观光旅游业，将茶业与文化产业发展相融合，提升老茶村形象，打响泮坑“生态+”茶文化品牌，辐射带动和平乡整体茶产业发展，振兴和平老茶乡。

棪树枇杷生态观光园　地处和平乡棪树村、内洞村，园区计划投资6000万元。重点凸显枇杷观光、枇杷采摘、枇杷文化等特色。积极推广“现代农业+生态游”模式，规划建设枇杷生态园4500亩，整合棪树村、内洞村得天独厚的枇杷产业优势和天然景观资源，打造特色枇杷产业文创基地。

（郑铭杰）

人　物

单位组织和负责人

云霄县副处级以上领导职务人员名单

表 1

姓　名	性　别	职　务
蓝良木	男	县委书记
沈顺来	男	县委副书记，县政府党组书记、县长
方毅强	男	县委副书记、三级调研员
徐玮琳	男	县委常委、政法委书记
黄伟强	男	县委常委
林进财	男	县委常委，县政府党组副书记、副县长、三级调研员
郭明星	男	县委常委，县纪委书记、监委主任，三级调研员
张东洲	男	县委常委、组织部长、党校（行政学校）校长（兼）、县直机关工委书记（兼）
周志坚	男	县委常委
肖华顺	男	县委常委、统战部部长、县政协党组副书记，县总工会主席
吴志英	女	县委常委、宣传部部长
方成江	男	县政府党组成员、副县长
张秀华	女	县政府副县长、红十字会会长（兼）
林立鹏	男	县政府党组成员、副县长、三级调研员，木垒县委副书记
吴荣辉	男	县政府党组成员、副县长、公安局党委书记、局长、督察长
汤永坚	男	县政府党组成员、副县长
蔡权城	男	县政府党组成员、副县长
洪逸峰	男	县政府党组成员、副县长

续表 1

姓 名	性 别	职 务
林达祥	男	县人大党组书记、主任
方伟仪	男	县人大党组副书记、副主任、三级调研员
张永久	男	县人大常委会副主任
董勇贵	男	县人大党组成员、副主任
张清顺	男	县人大党组成员、副主任
林意纯	女	县政协党组书记、主席
许师逊	男	县政协党组副书记、副主席
吴淑芬	女	县政协副主席
汤志远	男	县政协党组成员、副主席
郭 玲	女	县政协副主席
柯秀娟	女	县人民法院党组书记、院长
林宏杰	男	县人民检察院党组书记、检察长、四级高级检察官
王秋阳	男	漳江口红树林国家级自然保护区管理局局长、县政府党组成员

（名单以 2021 年 12 月 31 日在职者为准）

2021 年云霄县领导干部花名册

表 2

姓 名	性 别	单位及职务
		中共云霄县委
蓝良木	男	县委书记
沈顺来	男	县委副书记
方毅强	男	县委副书记
徐玮琳	男	县委常委
黄伟强	男	县委常委
林进财	男	县委常委
郭明星	男	县委常委
张东洲	男	县委常委
周志坚	男	县委常委
肖华顺	男	县委常委
吴志英	女	县委常委
		云霄县纪检监察机关
		县纪委
郭明星	男	县纪委书记
方旺彬	男	县纪委副书记

续表 2

姓　名	性　别	单位及职务
吴印辉	男	县纪委副书记
方培新	男	县纪委常委
黄农政	男	县纪委常委
方志健	男	县纪委常委
周珍姬	女	县纪委常委
县监委		
郭明星	男	县监委主任
方旺彬	男	县监委副主任
吴印辉	男	县监委副主任
方培新	男	县监委委员
方志健	男	县监委委员
张宏伟	男	县监委委员
张镇垚	男	县监委委员
中共云霄县委工作机关及直属单位		
县委办		
王志远	男	县委办主任
张艺彬	男	县委办副主任
庄　园	女	县委办副主任
方永辉	男	县纪委监委驻县委办纪检监察组组长
梁丽英	女	县纪委监委驻县委办纪检监察组副组长
组织部		
张东洲	男	县委组织部部长
吴钦辉	男	县委组织部副部长
王桑坤	男	县委组织部副部长
张永结	男	县委组织部副部长
方宝忠	男	县纪委监委驻县委组织部纪检监察组组长
陈桔红	女	县纪委监委驻县委组织部纪检监察组副组长
宣传部		
吴志英	女	县委宣传部部长
梁炎林	男	县委宣传部副部长
周金生	男	县委宣传部副部长
罗耀宗	男	县纪委监委驻县委宣传部纪检监察组组长
林德海	男	县纪委监委驻县委宣传部纪检监察组副组长
统战部		
肖华顺	男	县委统战部部长
张俊池	男	县委统战部分管日常工作的副部长

续表 2

姓　名	性　别	单位及职务
蔡振新	男	县委统战部副部长
张江靖	男	县委统战部副部长
柳国平	男	县纪委监委驻县委统战部纪检监察组副组长
政法委		
徐玮琳	男	县委政法委书记
黄卫忠	男	县委政法委副书记
李养文	男	县委政法委政治处主任
吴永林	男	县纪委监委驻县委政法委纪检监察组组长
陈文级	男	县纪委监委驻县委政法委纪检监察组副组长
编　办		
黄锦标	男	县委编办主任
县直机关工委		
张东洲	男	县直机关工委书记
汤光宇	男	县直机关工委常务副书记
巡察办		
方培新	男	县委巡察办主任
高志炎	男	县委巡察办副主任
蔡镇勇	男	县委巡察办副主任
王政奇	男	县委巡察一组组长
朱秋茹	女	县委巡察一组副组长
黄志超	男	县委巡察二组组长
田　立	男	县委巡察二组副组长
吴文忠	男	县委巡察三组组长
游泽炎	男	县委巡察三组副组长
吴美泉	男	县委巡察四组组长
方嘉哲	男	县委巡察四组副组长
老干部局		
王桑坤	男	县委老干部局局长
朱建顺	男	县委老干部局副局长
文明办		
何煌辉	男	县委文明办主任
张妙丹	女	县委文明办副主任
党校（行政学院）		
张东洲	男	县委党校（行政学院）校长
张志山	男	县委党校（行政学校）常务副校长
吴顺昌	男	县委党校（行政学校）副校长
黄可珍	女	县委党校（行政学校）副校长

续表 2

姓　名	性　别	单位及职务
党史和地方志研究室		
王一雄	男	县委史志室主任
黄志钦	男	县委史志室副主任
朱晓娴	女	县委史志室副主任
吴鸿裕	男	县委史志室副主任
档案馆		
汤智谋	男	档案馆副馆长
张　毅	男	档案馆副馆长
融媒体中心		
石晓窗	男	融媒体中心主任
汤若蓉	女	融媒体中心副主任
黄高合	男	融媒体中心副主任
云霄县人大常委会		
林达祥	男	县人大常委会主任
方伟仪	男	县人大常委会副主任
张永久	男	县人大常委会副主任
董勇贵	男	县人大常委会副主任
张清顺	男	县人大常委会副主任
云霄县人大常委会工作部门和专门委员会		
人大办		
林添明	男	县人大常委会办公室主任
人事代表委		
吴秋生	男	县人大人事代表委主任
监察司法工委		
何加旺	男	县人大监察司法委主任
林经义	男	县人大监察司法委副主任
财经委		
林长镇	男	县人大财经委主任
柳迎香	女	县人大财经委副主任
农经委		
黄淑琼	女	县人大农经委主任
林爱群	男	县人大农经委副主任
科教文卫委		
张明坤	男	县人大教科文卫委主任
侨台委		
何文革	男	县人大侨台委主任

续表2

姓　名	性　别	单位及职务
		城环委
骆庆祥	男	县人大城环委主任
		信访办
张丽芬	女	县人大信访办主任
郭镇宗	男	县人大信访办副主任
		社会建设委
张　玫	女	专职副主任
		人大法制委员会
方伟仪	男	主任委员
何加旺	男	副主任委员
		人大财政经济委员会
张永久	男	主任委员
林长镇	男	副主任委员
		人大社会建设委员会
张清顺	男	主任委员
林添明	男	副主任委员
		人大监察和司法委员会
董勇贵	男	主任委员
何加旺	男	副主任委员
纪检组		
方安妮	女	县纪委监委驻县人大机关纪检监察组组长
陈灿辉	男	县纪委监委驻县人大机关纪检监察组副组长
		云霄县人民政府
沈顺来	男	县长
林进财	男	副县长
方成江	男	副县长
张秀华	女	副县长
林立鹏	男	副县长
吴荣辉	男	副县长
汤永坚	男	副县长
蔡权城	男	副县长
洪逸峰	男	副县长
		漳江口红树林国家级自然保护区管理局
王秋阳	男	红树林管理局局长
方柏州	男	红树林管理局副局长

续表 2

姓　名	性　别	单位及职务
云霄县政府工作部门及直属单位		
政府办		
朱泉源	男	县政府办政府办党组书记、主任
孔　炜	男	县政府办副主任
林海树	男	县政府办副主任
罗煜阳	男	县政府办副主任
吴耀进	男	县纪委监委驻县政府办纪检监察组组长
蔡民忠	男	县纪委监委驻县政府办纪检监察组副组长
发改局		
林榕庆	男	发改局局长、党组书记
张伟军	男	发改局副局长
张跃武	男	县纪委监委驻县发改局纪检监察组组长
方玉英	女	县纪委监委驻县发改局纪检监察组副组长
教育局		
方妙秦	男	教育局党组书记、局长
张连金	男	教育局副局长
周伟斌	男	教育局副局长
工信局		
林志民	男	工信局副局长
汤进松	男	县纪委监委驻县工信局纪检监察组副组长
公安局		
吴荣辉	男	公安局党委书记、局长
张忠伟	男	公安局党委副书记、政委
方达虎	男	公安局党委副书记、副局长
方颖毅	男	公安局副局长
高连木	男	公安局副局长
民政局		
张文清	男	民政局党组书记、局长
汤丽凤	女	民政局副局长
司法局		
汤毅民	男	司法局党组书记、局长
汤艺勇	男	司法局副局长
财政局		
陈健雄	男	财政局副局长

续表 2

姓　名	性　别	单位及职务
		人社局
吴文添	男	人社局党组书记、局长
蔡俩群	男	人社局党组副书记
许松枝	男	人社局副局长
		自然资源局
吴禧文	男	自然资源局党组书记、局长
吴丽真	女	县纪委监委驻县自然资源局纪检监察组组长
林高明	男	县纪委监委驻县自然资源局纪检监察组副组长
		住建局（人防办）
柳启生	男	住房和城乡建设局党组书记、局长、人防办主任
吴添顺	男	住房和城乡建设局副局长，人防办副主任
		交通运输局
吴泽洪	男	交通运输局党组书记、局长
方满林	男	交通运输局副局长
		水利局
朱炎昭	男	水利局副局长
		农业农村局（县委农办）
张志林	男	农业农村局党组书记、局长，农办主任，县扶贫办主任，县委乡村振兴办主任
方衍波	男	农业农村局副局长
林加添	男	农业农村局副局长
胡晓琳	女	县纪委监委驻县农业农村局纪检监察组组长
吴炎森	男	县纪委监委驻县农业农村局纪检监察组副组长
		文体旅局
赖燕梅	女	文化体育和旅游局党组书记、局长
张建东	男	文化体育和旅游局副局长
		卫健局
林添齐	男	卫生健康局党组书记、局长
方三川	男	卫生健康局副局长
高正义	男	县纪委监委驻县卫健局纪检监察组组长
林建仁	男	县纪委监委驻县卫健局纪检监察组副组长
		退役军人局（“双拥”办）
陈跃溪	男	退役军人事务局党组书记、局长，“双拥”办主任
方国勇	男	退役军人事务局副局长
林满和	男	退役军人事务局副局长
		应急局
孙志刚	男	应急管理局党组书记、局长

续表 2

姓 名	性 别	单位及职务
陈明发	男	应急管理局副局长
骆义雄	男	应急管理局副局长
		审计局
黄赐杰	男	审计局副局长
		林业局
张荣发	男	林业局党组书记、局长
蔡腾风	男	林业局副局长
		海洋渔业局
许 勇	男	海洋与渔业局党组书记、局长
		市场监管局
方伟民	男	市场监督管理局局长、党组书记
许瀚翔	男	市场监督管理局副局长
李毅荣	男	市场监督管理局副局长
		统计局
王永城	男	统计局党组书记、局长
黄蔚芳	女	统计局副局长
		信访局
孔 炜	男	信访局党组书记、局长
李伟生	男	信访局副局长
		城市管理局
方捷庆	男	城市管理局党组书记、局长
		行政服务中心
方志伟	男	行政服务中心管委会主任
张复勇	男	行政服务中心管委会副主任
王丽芸	女	行政服务中心管委会副主任
		地震办
林建松	男	地震办主任
陈婉琼	女	地震办副主任
		库区移民开发中心
方灿毅	男	库区移民开发中心主任
林庆云	男	库区移民开发中心副主任
张葵华	女	库区移民开发中心副主任
		供销社
吴松江	男	供销社副主任
朱良全	男	供销社副主任
罗棋龙	男	供销社副主任

续表 2

姓　名	性　别	单位及职务
		二轻联社
方劲丰	男	二轻联社主任
张洪辉	男	二轻联社副主任
商金泉	男	二轻联社副主任
		政协云霄县委员会
林意纯	女	县政协党组书记、主席
许师逊	男	县政协党组副书记、副主席
吴淑芬	女	县政协副主席
汤志远	男	县政协副主席
郭　玲	女	县政协副主席
		云霄县政协工作部门
政协办		
郑茂长	男	县政协办公室主任
		提案委员会
高顺义	男	县政协提案委主任
		经济委员会
陈德志	男	县政协经济委主任
施金文	男	县政协经济委副主任
		农业和农村委员会
方志伟	男	县政协农业和农村委员会主任
		教科卫体委员会
江丽丹	女	县政协教科卫体委主任
方　燕	女	县政协教科卫体委副主任
		社会法制委员会
许新生	男	县政协社会法制委员会主任人选
黄俊海	男	县政协社会法制委副主任
		台港澳侨委员会
林丽华	女	县政协台港澳侨委主任
		文化文史和学习委员会
吴阿枞	男	县政协文化文史和学习委主任
吴琳洁	女	县政协文化文史和学习委副主任
		纪检组
陈城炉	男	县纪委监委驻县政协机关纪检监察组组长
吴叶青	男	县纪委监委驻县政协机关纪检监察组副组长
		云霄县人民检察院
林宏杰	男	县检察院党组书记、检察长
陈耀芳	男	县检察院党组副书记、副检察长

续表 2

姓 名	性 别	单位及职务
吴炳聪	男	县检察院副检察长
陈文发	男	县检察院副检察长
吴志洪	男	县纪委监委驻县检察院纪检监察组组长
吴丽真	女	县检察院政治部主任
张伟民	男	县检察院检察委员会专职委员
方进权	男	县检察院检察委员会专职委员
云霄县人民法院		
柯秀娟	女	县法院党组书记、院长
周文龙	男	县法院党组副书记、副院长
陈立雄	男	县法院副院长
林国清	男	县法院副院长
吴建润	男	县纪委监委驻县法院纪检监察组组长
吴丽贞	女	县法院政治部主任
黄少荣	男	县法院专职审委
方伟明	男	县法院专职审委

云霄县群众团体

总工会		
肖华顺	男	总工会主席
汤重伟	男	总工会常务副主席
朱耀林	男	总工会副主席
何春丽	女	总工会副主席
团县委		
方丽君	女	团县委书记
方 岳	男	团县委副书记
张荣虾	女	团县委副书记
妇 联		
方静芸	女	妇联主席
张碧婷	女	妇联副主席
林 炜	女	妇联副主席
文 联		
何明坤	男	文联主席
侨 联		
高 健	男	侨联主席
工商联		
林典奇	男	工商联主席
张江靖	男	工商联党组书记、常务副主席

续表2

姓　名	性　别	单位及职务
台　联		
黄泽民	男	台联会长
残　联		
吴宏畴	男	残联理事长
科　协		
方镇和		科协主席
戴园笙		科协副主席
红十字会		
张秀华	女	红十字会会长
李晓杰	男	红十字会常务副会长
计生协会		
吴惠忠	男	计生协会副会长

云霄县乡镇（开发区）领导名录

中共云霄县云陵镇委员会		
方炬宇	男	云陵镇党委书记
蔡任邦	男	云陵镇党委副书记
胡春茂	男	云陵镇党委副书记
高　峰	男	云陵镇党委委员、纪委书记、监察组组长
何俩福	男	云陵镇党委政法委员
方英俊	男	云陵镇党委统战委员
方锡东	男	云陵镇党委委员
何海滨	男	云陵镇党委组织委员
何玉武	男	云陵镇党委宣传委员
云陵镇人大主席团		
郭颖辉	男	云陵镇人大主席
云陵镇人民政府		
蔡任邦	男	云陵镇人民政府镇长
周培文	男	云陵镇人民政府副镇长
洪毅军	女	云陵镇人民政府副镇长
中共云霄县莆美镇委员会		
林青海	男	莆美镇党委书记
方洪伟	男	莆美镇党委副书记
朱文全	男	莆美镇党委副书记
何金洲	男	莆美镇党委委员、纪委书记、监察组组长
陈耀森	男	莆美镇党委政法委员
石蓁榕	男	莆美镇党委统战委员

续表 2

姓　名	性　别	单位及职务
汤江城	男	莆美镇党委委员
吴荣辉	男	莆美镇党委组织委员
方昊涛	男	莆美镇党委宣传委员
莆美镇人大主席团		
张铜松	男	莆美镇人大主席
莆美镇人民政府		
方洪伟	男	莆美镇人民政府镇长
黄琳	女	莆美镇人民政府科技副镇长
蔡惠玲	女	莆美镇人民政府副镇长
张添城	男	莆美镇人民政府副镇长
中共云霄县东厦镇委员会		
吴文群	男	东厦镇党委书记
林昌盛	男	东厦镇党委副书记
陈荣辉	男	东厦镇党委副书记
吴万风	男	东厦镇党委委员、纪委书记、监察组组长
黄　专	男	东厦镇党委组织委员
罗龙金	男	东厦镇党委委员
吴建伟	男	东厦镇党委政法委员
陈政通	男	东厦镇党委宣传委员
高绍萍	女	东厦镇党委统战委员
东厦镇人大主席团		
黄志焕	男	东厦镇人大主席
东厦镇人民政府		
林昌盛	男	东厦镇人民政府镇长
朱宝炉	男	东厦镇人民政府副镇长
陈　晶	女	东厦镇人民政府副镇长
中共云霄县火田镇委员会		
罗荣辉	男	火田镇党委书记
方春明	男	火田镇党委副书记
李　骞	男	火田镇党委副书记
张伟宏	男	火田镇党委政法委员
张皇妹	女	火田镇党委统战委员
郑茂溪	男	火田镇党委委员、纪委书记、监察组组长
陈山泉	男	火田镇党委组织委员
郑木权	男	火田镇党委委员
蔡健怀	男	火田镇党委宣传委员

续表 2

姓 名	性 别	单位及职务
		火田镇人大主席团
张非同	男	火田镇人大主席
		火田镇人民政府
方春明	男	火田镇人民政府镇长
黄国强	男	火田镇人民政府科技副镇长
吴毅清	男	火田镇人民政府副镇长
蔡育忠	男	火田镇人民政府副镇长
		中共云霄县陈岱镇委员会
周金汉	男	陈岱镇党委书记
方长城	男	陈岱镇党委副书记
方志服	男	陈岱镇党委副书记
张群艺	男	陈岱镇党委组织委员
郭伟平	男	陈岱镇党委委员、纪委书记、监察组组长
吴庆龙	男	陈岱镇党委政法委员
李 鑫	男	陈岱镇党委委员
方月赏	女	陈岱镇党委宣传委员
方凌凌	女	陈岱镇党委统战委员
		陈岱镇人大主席团
吴至洪	男	陈岱镇人大主席
		陈岱镇人民政府
方长城	男	陈岱镇人民政府镇长
方晓森	男	陈岱镇人民政府副镇长
朱明强	男	陈岱镇人民政府副镇长
		中共云霄县列屿镇委员会
朱添泉	男	列屿镇党委书记
高澎涛	男	列屿镇党委副书记
林钰泉	男	列屿镇党委副书记
黄晓新	男	列屿镇党委委员、纪委书记、监察组组长
吴胜利	男	列屿镇党委政法委员
汤锦松	男	列屿镇党委组织委员
林建东	男	列屿镇党委委员
张玉萍	女	列屿镇党委宣传委员
吴 宇	男	列屿镇党委统战委员
		列屿镇人大主席团
沈江平	男	列屿镇人大主席
		列屿镇人民政府
高澎涛	男	列屿镇人民政府镇长

续表 2

姓　名	性　别	单位及职务
汤　鑫	男	列屿镇人民政府副镇长
方晓勤	女	列屿镇人民政府副镇长
中共云霄县下河乡委员会		
张景辉	男	下河乡党委书记
吴木华	男	下河乡党委副书记
朱增土	男	下河乡党委副书记、政法委员
吴小妙	女	下河乡党委统战委员
江云平	男	下河乡党委委员
黄威锋	男	下河乡党委宣传委员
杨伟佳	男	下河乡党委委员、纪委书记、监察组组长
蔡沛哲	男	下河乡党委组织委员
下河乡人大主席团		
吴晓巍	男	下河乡人大三席
下河乡人民政府		
吴木华	男	下河乡人民政府乡长
黄荣聪	男	下河乡人民政府副乡长
方相铭	男	下河乡人民政府副乡长
钟凯曦	男	下河乡人民政府副乡长
中共云霄县马铺乡委员会		
朱来香	女	马铺乡党委书记
林登峰	男	马铺乡党委副书记
蔡曾锐	男	马铺乡党委副书记
黄锦章	男	马铺乡党委政法委员
黄　捷	男	马铺乡党委委员
张文国	男	马铺乡党委组织委员
方志宏	男	马铺乡党委委员、纪委书记、监察组组长
杨柳春	男	马铺乡党委统战委员
周秀云	女	马铺乡党委宣传委员
马铺乡人大主席团		
李南生	男	马铺乡人大主席
马铺乡人民政府		
林登峰	男	马铺乡人民政府乡长
方培烽	男	马铺乡人民政府副乡长
方元河	男	马铺乡人民政府副乡长
中共云霄县和平乡委员会		
张建龙	男	和平乡党委书记
朱铜彬	男	和平乡党委副书记

续表2

姓　名	性　别	单位及职务
张俊标	男	和平乡党委统战委员
朱淑惠	女	和平乡党委组织委员
陈篁毅	男	和平乡党委政法委员
张淑荣	女	和平乡党委宣传委员
方添生	男	和平乡党委委员、纪委书记、监察组组长
郭毓奎	男	和平乡党委委员
和平乡人大主席团		
蔡毅清	男	和平乡人大主席
和平乡人民政府		
朱铜彬	男	和平乡人民政府乡长
汤志民	男	和平乡人民政府副乡长
方　航	男	和平乡人民政府副乡长
云霄经济开发区		
陈加山	男	云霄经济开发区党工委书记
郭阿坚	男	云霄经济开发区党工委副书记
罗振城	男	云霄经济开发区党工委副书记、政法委员
何俊武	男	云霄经济开发区党工委委员
林　衡	男	云霄经济开发区党工委委员
吴加福	男	云霄经济开发区党工委委员、纪工委书记、监察组组长
黄一琼	女	云霄经济开发区管委会副主任

云霄县属国有企业

福建云霄圣城投资集团有限责任公司		
方　祥	男	圣城投资集团党委书记、董事长
朱锦武	男	圣城集团党委委员、总经理
汤长发	男	圣城投资集团党委专职副书记
汤寒珠	女	圣城投资集团党委委员、纪委书记、县监察驻圣城投资集团监察专员
方文燕	男	圣城投资集团党委委员、副总经理
林俊聪	男	圣城投资集团党委委员、副总经理
云霄县商业总公司		
吴树生	男	商业总公司副总经理
方艺忠	男	商业总公司副总经理
林智雄	男	商业总公司副总经理
云霄县物资总公司		
周建宗	男	物资总公司副总经理
方友义	男	物资总公司副总经理
林智华	女	物资总公司副总经理

续表 2

姓　名	性　别	单位及职务
云霄县和平农场		
张超祺	男	和平农场副场长
方渊博	男	和平农场副场长
柳若杨	男	和平农场副场长
罗俊成	男	和平农场副场长
云霄宾馆		
方圣炜	男	云霄宾馆经理、党支部书记

备注：名单以 2021 年 12 月 31 日在职者为准，相同职务人员做适当归类，不作为排序依据。

荣　誉

2021 年度云霄县获得省部级（含以上）表彰的先进单位名表

表 3

序号	获奖单位	奖励名称	颁奖单位	颁奖时间
1	陈岱镇礁美村	全国民主法治示范村	司法部、民政部	2021 年 1 月
2	云霄县人民检察院第五检察部	全国巾帼文明岗	全国妇联	2021 年 3 月
3	云霄县	第六届（2018—2020 年度）省级文明县城	中共福建省委、福建省人民政府	2021 年 4 月
4	国网福建省电力有限公司云霄县供电公司	省级文明单位	中共福建省委、福建省人民政府	2021 年 4 月
5	云霄县人民检察院	省级文明单位	中共福建省委、福建省人民政府	2021 年 4 月
6	云霄县融媒体中心	省级文明单位	中共福建省委、福建省人民政府	2021 年 4 月
7	云霄县市场监督管理局	省级文明单位	中共福建省委、福建省人民政府	2021 年 4 月
8	国家税务总局云霄县税务局	省级文明单位	中共福建省委、福建省人民政府	2021 年 4 月
9	云霄县烟草专卖局（分公司）	省级文明单位	中共福建省委、福建省人民政府	2021 年 4 月
10	中核国电漳州能源有限公司	全国五一劳动奖状	中华全国总工会	2021 年 4 月
11	共青团云霄县公安局巡特警反恐大队支部委员会	全国五四红旗团支部	共青团中央	2021 年 4 月
12	云霄县民政局（老区办）	老区宣传工作三等奖	全国老区宣传工作会议组委会	2021 年 5 月
13	巡特警反恐大队	全国五四红旗团支部	共青团中央	2021 年 5 月
14	巡特警反恐大队	全省先进党组织	中共福建省委	2021 年 6 月
15	云霄县市场监督管理局	全省先进基层党组织	中共福建省委	2021 年 6 月
16	云霄县财政局	2020 年度县级财政局管理绩效综合评价	财政部	2021 年 9 月

续表 3

序号	获奖单位	奖励名称	颁奖单位	颁奖时间
17	东厦司法所	全国模范司法所	司法部	2021年10月
18	中核国电漳州能源有限公司	福建省科学技术奖项目《M310核电机组工程建设重大创新与技术改进》获福建省科学技术奖三等奖（科技进步类）	福建省人民政府	2021年11月
19	云霄县人民检察院	第十届全国检察机关“文明接待室”	最高人民检察院	2021年11月
20	中核国电漳州能源有限公司	全国优秀QC小组	中国质量协会、中华全国总工会、中华妇女全国联合会	2021年12月
21	云霄司法局	人民调解宣传工作先进集体	全国人民调解员协会	2021年12月
22	福建省云霄县实验小学张高谦中队	全国优秀少先队集体	共青团中央、中华人民共和国教育部、全国少工委	2021年12月
23	云霄县工商联	全国“五好”县级工商联	中华全国工商联合会	2021年12月

2021年度云霄县获得省部级（含以上）表彰的先进个人名表

表 4

姓名	工作单位	奖励名称	颁奖单位	颁奖时间
方涵宇	云霄县云霄第一中学2018级学生	全国优秀共青团员	共青团中央	2021年4月
张彬桂（县委文明办推选）	云霄县启飞青少年社会工作服务中心	2021年百名最美生态环保志愿者	生态环境部	2021年6月
吴智铭	福建省云霄县职业技术学校	全国第十一届残运会男子T38级400米铜牌	全国第十一届残运会暨第八届特奥会组织委员会	2021年10月
吴智铭	福建省云霄县职业技术学校	全国第十一届残运会男子T38级200米铜牌	全国第十一届残运会暨第八届特奥会组织委员会	2021年10月
吴智铭	福建省云霄县职业技术学校	全国第十一届残运会男子T38级100米铜牌	全国第十一届残运会暨第八届特奥会组织委员会	2021年10月
何玙健	—	全国第八届特奥会男子30及以上岁组4*50米混合泳接力、自由泳接力2枚金牌	全国第十一届残运会暨第八届特奥会组织委员会	2021年10月
何玮健	—	全国第八届特奥会男子12—15岁组50米自由泳、蝶泳2枚金牌	全国第十一届残运会暨第八届特奥会组织委员会	2021年10月
何玮健	—	全国第八届特奥会男子12—15岁组50米仰泳金牌	全国第十一届残运会暨第八届特奥会组织委员会	2021年10月

附　录

2021年县委、县政府及“两办”出台的重要文件

一、云霄县委文件

云委发文件

云委发〔2021〕1号　中共云霄县委　云霄县人民政府关于印发《2021年打击制售假冒卷烟工作责任书》的通知

云委发〔2021〕2号　中共云霄县委关于印发县委2020年工作总结的通知

云委发〔2021〕3号　中共云霄县委关于制定云霄县国民经济和社会发展第十四个五年规划和二〇三五年远景目标的建议

云委发〔2021〕4号　中共云霄县委　云霄县人民政府印发《关于全面推进乡村振兴加快农业农村现代化的实施意见》的通知

云委发〔2021〕6号　中共云霄县委关于学习贯彻习近平总书记来闽考察重要讲话精神　谱写富美新云霄现代化建设新篇章的决定

云委发〔2021〕7号　中共云霄县委　云霄县人民政府关于印发《云霄县打击制售假冒卷烟工作责任制》的通知

云委发〔2021〕8号　中共云霄县委　云霄县人民政府关于印发《云霄县打击整治外流涉诈犯罪工作责任追究办法（试行）》的通知

云委发〔2021〕9号　中共云霄县委　云霄县人民政府印发《关于选拔引进教育、医疗卫生优秀大学毕业生来云工作实施方案》的通知

云委发〔2021〕10号　中共云霄县委关于建立健全党委系统法律顾问制度的实施意见

云委文件

云委〔2021〕4号　中共云霄县委关于“2019—2020年度”基层党组织星级评定结果的通报

云委〔2021〕7 号	中共云霄县委、云霄县人民政府关于表彰 2020 年纳税企业的决定
云委〔2021〕9 号	中共云霄县委、云霄县人民政府关于表彰 2020 年度中心工作先进单位和先进个人的决定
云委〔2021〕10 号	中共云霄县委关于印发《开展“再学习、再调研、再落实”活动工作方案》的通知
云委〔2021〕16 号	中共云霄县委、云霄人民政府关于开展 2021 年为民办实事工作的通知
云委〔2021〕17 号	中共云霄县委、云霄县人民政府关于印发《云霄县关于开展中长期青年发展规划试点工作的实施方案》的通知
云委〔2021〕21 号	中共云霄县委关于表彰全县优秀共产党员、优秀党务工作者和先进基层党组织的决定
云委〔2021〕23 号	中共云霄县委关于调整常委工作分工的通知
云委〔2021〕24 号	中共云霄县委、云霄县人民政府关于印发《云霄县 2021 年“产业发展项目建设年”活动实施方案及考评办法》
云委〔2021〕25 号	中共云霄县委印发《关于落实〈省委 2020 年度全面从严治党主体责任检查的反馈问题〉整改任务分工方案》的通知
云委〔2021〕26 号	中共云霄县委、云霄县人民政府关于成立云霄县创建全国文明城市工作指挥部的通知
云委〔2021〕27 号	中共云霄县委、云霄县人民政府关于命名 2018—2020 年度县级文明村镇、文明单位（社区）、文明校园、文明家庭的决定
云委〔2021〕30 号	中共云霄县委批转《中共云霄县人大常委会党组关于做好全县县乡两级人民代表大会换届选举工作的意见》的通知
云委〔2021〕31 号	中共云霄县委印发《关于落实市委 2020 年度全面从严治党主体责任检查的反馈问题整改任务分工方案》的通知
云委〔2021〕40 号	中共云霄县委关于深刻领会习近平总书记重要指示精神在新征程上掀起新一轮学习弘扬谷文昌精神热潮的宣传贯彻意见
云委〔2021〕41 号	中共云霄县委　云霄县人民政府关于加强决策督查工作的通知
云委〔2021〕43 号	中共云霄县委　云霄县人民政府印发《关于 2022 年扶持壮大村级集体经济试点工作的实施方案》的通知
云委〔2021〕44 号	中共云霄县委　云霄县人民政府转发《县委宣传部、县司法局关于在全县开展法治宣传教育的第八个五年规划（2021—2025 年）》的通知
云委〔2021〕46 号	中共云霄县委关于印发《法治云霄建设规划（2021—2025 年）》的通知

二、云霄县人民政府文件

云政〔2021〕1 号	云霄县人民政府关于印发 2021 年云霄县旧党校片区房屋征收与补偿安置实施方案的通知
云政综〔2021〕3 号	云霄县人民政府关于印发云霄县“平安渔业示范县”创建活动实施方案的通知
云政综〔2021〕7 号	云霄县人民政府关于加强新高考适应性考试期间噪声污染监督管理的通告
云政综〔2021〕31 号	云霄县人民政府关于印发 2021 年度税收征管经费考核办法的通知
云政综〔2021〕40 号	云霄县人民政府关于印发云霄县村庄规划编制三年工作计划（2021—2023）的通知

云政综〔2021〕41 号　云霄县人民政府关于印发云霄县 2021 年度国有建设用地供应计划及 2021 年度住房用地计划的通知

云政综〔2021〕62 号　云霄县人民政府关于闽粤联网工程 500 千伏换流站建设用地土地征收的公告

云政综〔2021〕77 号　云霄县人民政府关于印发云霄县乡镇和开发区财政管理体制实施办法的通知

云政综〔2021〕105 号　云霄县人民政府关于 2021 年度第一批专项债融资项目有关事项的通知

云政综〔2021〕115 号　云霄县人民政府关于印发云霄县落实“天上看、地上查、网上管”土地卫片违法问题整改工作实施方案的通知

云政综〔2021〕132 号　云霄县人民政府关于印发云霄县进一步加强土地复垦开发项目资金使用管理规定的通知

云政综〔2021〕138 号　云霄县人民政府关于印发云霄县国民经济和社会发展第十四个五年规划和二〇三五年远景目标纲要的通知

云政综〔2021〕148 号　云霄县人民政府关于设立县政府行政复议委员会的通知

云政综〔2021〕186 号　云霄县人民政府关于印发《云霄县农村宅基地建房管理办法（试行）》的通知

云政综〔2021〕192 号　云霄县人民政府关于印发全县景区和非景区景点安全管理专项整治工作方案的通知

云政综〔2021〕195 号　云霄县人民政府关于 2021 年度第二批专项债融资项目有关事项的通知

云政综〔2021〕202 号　云霄县人民政府关于做好 2021 年度义务兵家庭优待金发放工作的通知

云政综〔2021〕215 号　云霄县人民政府关于印发云霄县 2021 年村（居）委会换届选举工作方案的通知

云政综〔2021〕230 号　云霄县人民政府关于云霄县火田镇风竹水库道路改线工程建设用地土地征收的公告

云政综〔2021〕231 号　云霄县人民政府关于漳州核电力能区配套设施工程建设用地土地征收的公告

云政综〔2021〕232 号　云霄县人民政府关于核电大道（Y260）道路工程建设用地土地征收的公告

云政综〔2021〕238 号　云霄县人民政府关于开展全县海上养殖综合整治的通告

云政综〔2021〕251 号　云霄县人民政府关于印发云霄县开展比改革亮点促营商环境全面提升行动方案的通知

云政综〔2021〕253 号　云霄县人民政府关于印发云霄县推进海洋经济高质量发展三年行动方案（2021—2023 年）的通知

云政综〔2021〕268 号　云霄县人民政府关于云霄县旧党校片区国有土地上房屋征收的通告

三、云霄县委办公室文件

云委办发文件

云委办发〔2021〕2 号　中共云霄县委办公室　云霄县人民政府办公室关于印发《云霄县县乡“属地管理”事项责任清单》的通知

云委办发〔2021〕3 号　中共云霄县委办公室　云霄县人民政府办公室印发《关于全面加强危险化学品安全生产工作的实施方案》的通知

云委办发〔2021〕4 号　中共云霄县委办公室　云霄县人民政府办公室关于印发《云霄县非法出入境人员摸排管控工作责任问责暂行规定》的通知

云委办发〔2021〕5 号　中共云霄县委办公室印发《关于巩固深化“不忘初心、牢记使命”主题教育成果的工作方案》的通知

云委办发〔2021〕6 号　中共云霄县委办公室　云霄县人民政府办公室关于印发《云霄县全面推行林长制实施方案》的通知

云委办发〔2021〕7 号　中共云霄县委办公室　云霄县人民政府办公室关于印发《云霄县县直有关部门生态环境保护责任清单》的通知

云委办发〔2021〕10 号　中共云霄县委办公室　云霄县人民政府办公室关于印发《云霄县建立健全农村村民住宅规划建设管理工作机制的意见》的通知

云委办文件

云委办〔2021〕2 号　中共云霄县委办公室　云霄县人民政府办公室关于 2020 年度“平安单位”考核评定结果的通报

云委办〔2021〕3 号　中共云霄县委办公室　云霄县人民政府办公室关于各乡镇（开发区）、县直单位 2020 年度绩效考评结果的通报

云委办〔2021〕6 号　中共云霄县委办公室　云霄县人民政府办公室关于 2020 年度有关工作考评结果的通报

云委办〔2021〕9 号　中共云霄县委办公室关于印发《县委常委班子 2020 年度民主生活会查摆问题整改方案》的通知

云委办〔2021〕11 号　中共云霄县委办公室关于印发《云霄县 2021 年督查检查考核年度计划》的通知

云委办〔2021〕15 号　中共云霄县委办公室　云霄县人民政府办公室关于健全重大事项报告制度的通知

云委办〔2021〕16 号　中共云霄县委办公室关于进一步深化机关作风整顿的通知

云委办〔2021〕18 号　中共云霄县委办公室　云霄县人民政府办公室关于 2020 年度市对我县绩效考评结果的通报

云委办〔2021〕20 号　中共云霄县委办公室　云霄县人民政府办公室贯彻落实《中共福建省委　福建省人民政府关于进一步深化医药卫生体制改革的意见》的通知

云委办〔2021〕21 号　中共云霄县委办公室　云霄县人民政府办公室关于印发《云霄县 2021 年卷烟打假综合治理绩效考核办法（暂行）》的通知

云委办〔2021〕23 号　中共云霄县委办公室关于印发《中共云霄县委法律顾问工作规则（试行）》的通知

云委办〔2021〕24 号　中共云霄县委办公室关于聘任县委法律顾问的通知

四、云霄人民政府办公室文件

云政办〔2021〕1 号　云霄县人民政府办公室关于印发政府工作报告重点任务分解方案的通知

云政办〔2021〕5 号　云霄县人民政府办公室关于印发云霄县易地扶贫搬迁安置住房不动产登记工作实施方案的通知

云政办〔2021〕12 号　云霄县人民政府办公室关于印发云霄县 2021 年粮食生产目标的通知

云政办〔2021〕15 号　云霄县人民政府办公室关于印发 2021 年云霄县城乡建设品质提升实施方案的通知

云政办〔2021〕17 号　云霄县人民政府办公室关于印发《云霄县水土流失治理项目区建档立卡贫困人口非柴燃料补贴实施方案》的通知

云政办〔2021〕19 号　云霄县人民政府办公室关于下达 2021 年度补充耕地任务的通知

云政办〔2021〕24 号	云霄县人民政府办公室关于印发防止耕地“非粮化”稳定粮食生产实施方案的通知
云政办〔2021〕35 号	云霄县人民政府办公室关于印发云霄县农村黑臭水体治理工程实施方案的通知
云政办〔2021〕36 号	云霄县人民政府办公室关于印发《云霄县村（社区）小型建设项目工程管理办法》的通知
云政办〔2021〕38 号	云霄县人民政府办公室关于继续推进工业企业补办不动产权属登记工作的通知
云政办〔2021〕40 号	云霄县人民政府办公室关于印发云霄县过渡期脱贫人口产业帮扶保险实施方案（2021—2025 年）的通知
云政办〔2021〕41 号	云霄县人民政府办公室关于进一步推进医疗卫生行业综合监管工作的实施意见
云政办〔2021〕44 号	云霄县人民政府办公室关于进一步强化农村建房安全管理的通知
云政办〔2021〕47 号	云霄县人民政府办公室关于印发云霄县加快知识产权强县建设实施方案的通知
云政办〔2021〕48 号	云霄县人民政府办公室关于在市场监管领域全面推行“双随机、一公开”跨部门联合监管的实施意见

2021 年云霄县国民经济主要指标完成情况

表 4

指标名称	计量单位	云霄县	
		总量	增长（%）
地区生产总值	万元	1999652	0.1
1. 第一产业增加值	万元	423343	6.9
2. 第二产业增加值	万元	671192	-12.7
3. 第三产业增加值	万元	905117	8.7
三次产业结构	%	21.2∶33.6∶45.2	
农林牧渔业总产值	万元	786016	7.5
规模以上工业产值	万元	988545	-25.8
非农户固定资产投资	万元	1382504	15.0
1. 工业投资	万元	971347	2.9
2. 房地产投资	万元	317633	143.0
社会消费品零售总额	万元	1077732	-1.8
一般公共预算总收入	万元	111612	7.1
地方一般公共预算收入	万元	78686	14.4
一般公共预算支出	万元	253816	11.4
实际利用外资（验资口径）	万元	649	--
城镇单位在岗职工平均工资	元		
城镇居民人均可支配收入	元	38272	7.9
农村居民人均可支配收入	元	21665	11.6

注：本表数据不含常山开发区，为快报数。

2021年云霄地区生产总值

表5　　　　单位：万元

	云霄县
GDP	1999652
第一产业	423343
第二产业	671192
第三产业	905117
农林牧渔业	433323
#农、林、牧、渔服务业	9980
工业	544284
#开采辅助活动	0
#金属制品、机械和设备修理业	286
建筑业	127194
批发和零售业	145215
批发业	27797
零售业	117418
交通运输、仓储和邮政业	91395
住宿和餐饮业	33861
住宿业	2901
餐饮业	30960
金融业	84453
房地产业	140223
房地产业（K门类）	44731
自有房地产经营活动	95492
其他服务业	399704
营利性服务业	175091
非营利性服务业	224613

注：本表数据不含常山开发区，为快报数，未经市统计局最终核实。

2021年云霄县纳税企业表彰名单

云霄县经济建设突出贡献奖一览表

表5　　　　单位：万元

序号	企业名称	2021年入库数
1	福建云霄圣城投资集团有限责任公司	8865.51
2	漳州利盛房地产开发有限公司	8070.55

注：纳税5000万元以上含5000万元。

云霄县经济建设贡献奖一览表

表 7　　　　单位：万元

序号	企业名称	2021 年入库数
1	云霄县农村信用合作联社	4707.2
2	中核国电漳州能源有限公司	2776.76
3	云霄志诚房地产开发有限公司	2192.25
4	福锦（漳州）房地产有限公司	1895.05
5	漳州唐兴房地产开发有限公司	1857.1
6	福建豪锦化妆品有限公司	1701.58
7	中国核工业二四建设有限公司	1675.61
8	国网福建省电力有限公司云霄县供电公司	1468.83
9	漳州市华信建材有限责任公司	1437.99
10	漳州中梁梦置业有限公司	1135.6
11	振牌（福建）海洋生物科技有限公司	1040.55
12	漳州市华威电源科技有限公司	1018.78

注：纳税 1000 万元以上含 1000 万元至 5000 万元以下。

云霄县纳税大户一览表

表 8　　　　单位：万元

序号	企业名称	2021 年入库数
1	云霄县弘桥房地产开发有限公司	905.34
2	云霄兆福房地产有限公司	851.75
3	中核混凝土股份有限公司漳州分公司	817.56
4	上海鹏砂实业有限公司漳州分公司	792.15
5	漳州印美油墨有限公司	766.82
6	福建建工集团有限责任公司云霄分公司	740.87
7	云霄瑞顿户外安全运动用品有限公司	714.2
8	中国人民财产保险股份有限公司云霄支公司	691.04
9	福建国厦建设工程有限公司	679.84
10	漳州市宏茂房地产开发有限公司	643.86
11	福建云星电子有限公司	626.67
12	中国工商银行股份有限公司云霄支行	590.06
13	中国建设银行股份有限公司云霄支行	581.58
14	漳州宙士新材料科技有限公司	551.44
15	中国核工业二三建设有限公司	529.41
16	云霄汇海风电有限公司	516.58
17	漳州市泰基房地产开发有限公司	516.18
18	漳州华锐锂能新能源科技有限公司	511.74

续表 8

序号	企业名称	2021 年入库数
19	漳州市镇发装饰材料有限公司	507.02
20	福建省榕源建设工程有限公司	492.36
21	漳州市鸿益饲料有限公司	481.97
22	漳州拓奇实业有限公司	462.72
23	中国平安财产保险股份有限公司云霄支公司	449.73
24	中国核电工程有限公司	448.89
25	海祥（云霄）房地产开发有限公司	437.34
26	福建新顺兴装饰材料有限公司	426.54
27	万顺通集团有限公司	417.51
28	漳州市天健医药有限公司	398.02
29	福建粤海饲料有限公司	382.75
30	漳州市安心居装饰材料有限公司	379.82
31	福建省富佳宝建材有限公司	360.81
32	中国农业银行股份有限公司云霄县支行	358.32
33	中国邮政集团有限公司福建省云霄县分公司	357.11
34	云霄润发村镇银行股份有限公司	341.02
35	漳州亚琦置业有限公司	333.2
36	福建利众诚食品有限公司	324.38
37	中交第四航务工程局有限公司	322.63
38	云霄县汉嘉工艺品有限公司	290.25
39	河北中核二四劳务有限公司	287.56
40	云霄长业水务有限公司	283.16
41	中建四局建设发展有限公司	282.99
42	福建七建集团有限公司云霄分公司	280.6
43	福建乐华食品有限公司	276.16
44	中石化森美（福建）石油有限公司漳州云霄加油站	266.55
45	福建省佰嘉木业有限公司	265.27
46	漳州核电科创园发展有限公司	258.91
47	漳州市婧阳实业有限公司	247.43
48	福建瀚翔泰建设工程有限公司	246.21
49	核工业西南建设集团有限公司	244.88
50	中国邮政储蓄银行股份有限公司云霄县支行	238.36
51	汕头市澄海区建筑总公司	230.82
52	漳州市恒晟商贸发展有限公司	230.34
53	云霄县斑鸠木业有限公司	227.44
54	福建省中吉禾农产品批发市场有限公司	222.49
55	中国人寿财产保险股份有限公司漳州市中心支公司云霄县营销服务部	218.41

续表 8

序号	企业名称	2021 年入库数
56	中国银行股份有限公司云霄支行	212.17
57	天泽业丰（漳州）电子科技有限公司	206.57
58	漳州铸嘉建材有限公司	206.54
59	玉山县清宏建筑劳务有限公司	205.2
60	漳州市供电服务有限公司云霄分公司	199.39
61	中国核工业二三建设有限公司漳州项目部	199.26
62	漳州云顶温泉大酒店有限公司	195.91
63	云霄县钢固建材有限公司	193.77
64	福建鑫正建设工程有限公司	192.62
65	福建鼎言建工有限公司	192.42
66	福建九九建设有限公司	190.99
67	福建启喆建设工程有限公司	189.23
68	福建御厦建设发展有限公司	187.73
69	漳州新源电力工程有限公司云霄分公司	187.71
70	瑞联电路板（福建）有限公司	183.2
71	福建一建集团有限公司	178.73
72	福建金汤湾房地产开发有限公司	177.41
73	福建省翔成建筑有限公司	175.66
74	云霄名城人造花有限公司	171.55
75	云霄县鸠山木业有限公司	171.16
76	舟山市华泰建筑工程有限公司	171.08
77	福建海峡银行股份有限公司云霄支行	169.95
78	佰凌集团有限公司云霄分公司	167.49
79	漳州市鑫强威实业有限公司	162.24
80	漳州宝龙置业有限公司	153.78
81	中国太平洋财产保险股份有限公司云霄支公司	151.19
82	福建国荣建设工程有限公司	150.5
83	兴业证券股份有限公司云霄云平路证券营业部	145.87
84	恒晟集团有限公司	143.25
85	福建省云霄县金园房地产开发有限公司	143.15
86	云霄县东州冷冻食品有限公司	141.07
87	漳州市怡景房地产开发有限公司	139.54
88	福建省金通建设集团有限公司	138.87
89	漳州东盛达电子科技有限公司	138.57
90	云霄县长亮工贸有限公司	134.25
91	福建万宏置业有限公司	133.76
92	漳州市金盾保安服务集团有限公司云霄分公司	132.95

续表8

序号	企业名称	2021年入库数
93	闽粤联网电力运营有限公司	132.23
94	鑫创鑫自动化设备科技（漳州）有限公司	130.79
95	福建省宏冠房地产开发有限公司	128.85
96	福建核建建材有限公司	127.59
97	云霄互惠光电科技有限公司	127.41
98	海阳市霖海工程装饰有限公司	124.89
99	福建丰达建设发展有限公司云霄分公司	124.65
100	福建贝森蜂窝新型材料有限公司	119.92
101	扬州市利文建筑安装劳务有限公司	119.6
102	福建元初科技有限公司	117.12
103	福建豪锦生物科技有限公司	113.53
104	漳州市东正包装制品有限公司	112.4
105	云霄县莆建建设工程有限公司	111.56
106	福建省森亿通木业有限公司	111.41
107	云霄县永源建材有限公司	109.82
108	福建泉云工贸有限公司	108.72
109	为乐电气（福建）有限公司	106.75
110	云霄县云峰粮油有限公司	104.49
111	汕头市达兴钢结构有限公司漳州分公司	104.14
112	漳州安然燃气有限公司云霄分公司	104.09
113	大家财产保险有限责任公司福建分公司漳州中心支公司云霄营销服务部	103.51
114	漳州晋荣光电有限公司	103.28

注：纳税100万元以上含100万元至1000万元。

2021年云霄县地理标志商标注册信息汇总表

表9

序号	注册商标名称	商标注册人	商标证号	注册商品	申报时间	注册时间	商标状态
1	云霄枇杷	云霄枇杷协会	3418548	枇杷	2002.12.27	2005.2.7	已注册
2	竹塔泥蚶	云霄县水产养殖协会	8518148	泥蚶（活）	2010.7.28	2011.2.14	已注册
3	东厦锯缘青蟹	云霄县水产技术推广站	9552702	锯缘青蟹（活）	2011.6.3	2012.1.14	已注册
4	列屿巴非蛤	云霄县水产技术推广站	9552743	巴非蛤（活）	2011.6.3	2012.1.14	已注册
5	下河杨桃	云霄县下河乡农村经济服务中心	9552703	杨桃	2011.6.3	2012.1.7	已注册
6	马铺淮山	云霄县马铺乡农村经济服务中心	9552744	淮山（新鲜蔬菜）	2011.6.3	2012.1.7	已注册

续表 9

7	下河金枣	云霄县下河乡农村经济服务中心	9954949	金枣（新鲜水果）	2011.9.13	2012.3.28	已注册
8	东厦文蛤	云霄县海洋管理站	9954948	文蛤（活）	2011.9.13	2012.3.28	已注册
9	东厦缢蛏	云霄县东厦镇农村经济服务中心	10737564	缢蛏（活）	2012.4.9	2012.11.07	已注册
10	漳江口大蚝	云霄县水产技术推广站	12980693	大蚝（活的牡蛎）	2013.7.26	2015.03.28	已注册
11	火田青枣	云霄县火田镇农村经济服务中心	15262178	鲜枣	2014.9.1	2016.10.14	已注册
12	火田菠萝	云霄县火田镇农村经济服务中心	15262180	菠萝	2014.9.1	2016.10.14	已注册
13	火田大茂山茶	云霄县火田镇农村经济服务中心	15262179	茶	2014.9.1	2016.10.14	已注册
14	西林龙眼	云霄县食品快检中心	24341118	新鲜龙眼	2017.5.26	2018.7.21	已注册
15	马铺巴戟天	云霄县食品快检中心	24341110	药用巴戟天	2017.5.26	2018.7.28	已注册
16	岳坑大蒜	云霄县食品快检中心	25226349	新鲜蒜	2017.7.10	2018.10.28	已注册
17	漳江口跳跳鱼	云霄县东厦镇农村经济服务中心	24341113	跳跳鱼（活的）	2017.5.26	2018.10.28	已注册
18	下坂牛肉丸	云霄县食品快检中心	25226353	牛肉丸	2017.7.10	2018.10.28	已注册
19	漳江口竹蛏	云霄县食品快检中心	24341116	竹蛏（活的）	2017.5.26	2018.10.28	已注册
20	马铺沉香	云霄县马铺乡农村经济服务中心	24341111	药用沉香	2017.5.26	2018.11.28	已注册
21	七乡香芋	云霄县食品快检中心	24341117	新鲜芋头	2017.5.26	2018.11.28	已注册
22	向北番薯	云霄县食品快检中心	24341119	新鲜地瓜	2017.5.26	2018.11.28	已注册
23	云霄鸡爪松番薯	云霄县食品快检中心	24464841	新鲜番薯	2017.6.5	2018.11.28	已注册
24	七高漈石蛙	云霄县食品快检中心	25226354	石蛙（活的）	2017.7.10	2018.11.28	已注册
25	列屿石斑鱼	云霄县食品快检中心	25226352	石斑鱼（活的）	2017.7.10	2018.12.28	已注册
26	列屿青脚花蟹	云霄县食品快检中心	25226350	花蟹（活的）	2017.7.10	2018.12.28	已注册
27	列屿青鱼	云霄县食品快检中心	25226351	青鱼（活的）	2017.7.10	2018.12.28	已注册
28	佳州岛贴沙鱼	云霄县食品快检中心	25226348	贴沙鱼（活的）	2017.7.10	2019.2.7	已注册
29	火田金樱酒	云霄县火田镇农村经济服务中心	27851094	金樱酒（果酒）	2017.12.4	2019.2.21	已注册
30	向北米粉	云霄县食品快检中心	24341114	米粉（条状）	2017.5.26	2019.4.21	已注册
31	马铺甜茶	云霄县马铺乡农村经济服务中心	29975047	用作茶叶用品的花或叶	2018.4.2	2019.5.28	已注册
32	火田生姜	云霄县火田镇农村经济服务中心	27851093	生姜（新鲜）	2017.12.04	2019.6.7	已注册
33	马铺风柜斗草	云霄县马铺乡农村经济服务中心	24341112	药用风柜斗草	2017.5.26	2019.7.28	已注册
34	火田金柑	云霄县火田镇农村经济服务中心	27851095	金柑（鲜）	2017.12.4	2019.9.7	已注册
35	礁美海瓜子	云霄县陈岱镇农村经济服务中心	39172636	海瓜子（活的）	2019.6.28	2020.7.6	已注册
36	陈岱东方鲀	云霄县陈岱镇农村经济服务中心	39172635	河鲀鱼（活的）	2019.6.28	2020.12.7	已注册
37	磜头脐橙	云霄县马铺乡农村经济服务中心	38449831	新鲜橙	2019.5.27	2020.12.21	已注册
38	陈岱长寿菜	云霄县陈岱镇农村经济服务中心	39172634	蕃薯叶（新鲜蔬菜）	2019.6.28	2021.4.14	已注册

索引

说明

一、本索引采用主题词分析法，按主题词首字汉语拼音字母顺序排列。

二、类目、分目标题用黑体字。“专记”“大事记”“人物”“附录”内容不作索引。

三、索引主题词后的数字表示页码。

四、空一字起排的款目为上一主题的“附见”。

D

E

F

G

H

J

K

L

M

N

P

Q

R

S

T

W

X

Y